KB141739

유민영 · 전성희 편

차범석 전집
8

희곡
2000-2005

태학사

차범석 전집 – 희곡 8(2000~2005)

초판 1쇄 인쇄 2018년 11월 23일
초판 1쇄 발행 2018년 11월 30일
엮은이 유민영·전성희
펴낸이 지현구
펴낸곳 태학사
등록 제406-2006-00008호
주소 경기도 파주시 광인사길 223
전화 마케팅부 (031) 955-7580~2 편집부 (031) 955-7584~90
전송 (031) 955-0910
홈페이지 www.thaehaksa.com   **전자우편** thaehak4@chol.com

ISBN 978-89-5966-999-8 04680
ISBN 978-89-5966-991-2 (세트)

「통곡의 땅」 표지

〈그 여자의 작은 행복론〉 포스터

〈그 여자의 작은 행복론〉 공연사진

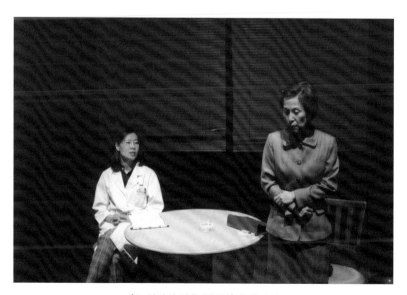

〈그 여자의 작은 행복론〉 공연사진

〈그 여자의 작은 행복론〉 포스터

車凡錫 제8 戱曲集

玉丹어!

「옥단어!」 표지

〈옥단어!〉 포스터

〈옥단어!〉 포스터

〈옥단어!〉 포스터

〈침묵의 해협〉 포스터 – 후에 〈무정해협〉으로 개제

발간사

유민영

차범석 선생은 생전에 감투 쓰는 것에 그렇게 연연하지는 않았지만 그의 비중에 걸맞게 문화예술계 인사들이 오르기 어려운 큰 자리를 모두 거쳤다. 가령 한국문예진흥원장과 대한민국예술원 회장, 그리고 예술대학장 등이 바로 그런 자리였는데, 그 외에도 각종 잘디잔 감투를 누구보다도 많이 썼었다. 그러나 그가 어디에 글을 쓸 때, 붙이는 호칭에는 언제나 극작가라고 적었다. 이처럼 그는 여러 가지 감투는 잠시 지나가는 자리고 자신은 어디까지나 극작가로서 자부하고 있었지 않나 싶다.

그럴 수밖에 없는 것이 그의 평생을 놓고 볼 때 교사, 방송국 PD, 교수, 그리고 문예진흥원장 등 고정월급으로 생활한 기간보다는 극작가로서 원고료를 받고 산 기간이 더 길 것이기 때문이다. 그만큼 그는 자신이 일생을 보내면서 역사 속에 남길 유산은 어떤 자리가 아니라 문화예술계에 던져놓는 방대한 작품이라고 확신했던 것으로 보인다.

따라서 그가 생전에 가장 갈망했던 것은 전집출판이었고, 사후에는 자신의 이름을 딴 희곡상 제정이었다. 그래서 그는 만년에 12권짜리 전집을 발간하려고 목차까지 다 짜놓고 출판사와 접촉하다가 출판사정이 여의치 않아 무산됨으로써 생전의 꿈을 이루지 못하고 소천했지만 사후의 꿈인 희곡상 제정만은 유족과 조선일보사의 협조로 잘 되어 유망한 후진을 계속 양성하고 있다.

저간의 사정을 가장 잘 아는 이는 유족이지만 필자 역시 선생과 가까이 지내면서 그에 관한 이야기를 많이 했던 터라서 항상 숙제를 안고 있었다. 그러다가 이번에 유족 측의 용단과 태학사의 호의로 그의 꿈인 12권짜리 전집을 발간케 되어 숙제를 푼 것 같아 기쁘다. 그런데 이번에 전집을 준비하면서 선생을 잘 안다고 생각했던 필자마저 놀랄 정도로 그가 방대한 작품을 남겼음을 발견케 되었다. 희곡사적으로는 유치진에 이어 소위 리얼리즘극을 심화 정착시킨 작가지만 그의 창작범위는 상상을 초월한다. 즉 희곡을 필두로 하여 무용극본, 오페라극본, 시나리오, 악극대본, 그리고 방송드라마 등에 걸쳐 편수를 헤아리기 어려울 정도로 엄청난 작품을 남긴 것이다. 그가 작품만 쓴 것도 아니고, 자전을 비롯하여 수많은 연극평론과 에세이도 남겼다.

그런데 더욱 놀라운 것은 그 많은 글을 그가 순전히 수작업 手作業으로 해냈다는 사실이다. 선비적인 기질 때문인지 그는 일평생 컴퓨터, 운전, 휴대폰, 카드까지 거부하고 만년필과 볼펜으로 수십만 장의 원고지를 메꾼 셈이다. 문제는 작품이 너무 넘쳐서 12권 속에 모두 주어 담을 수가 없다는데 있었다. 그래서 할수없이 나머지 작품들은 다음 기회에 별도로 내기로 하였다.

이 전집이 순탄하게 나올 수 있도록 도와준 차범석재단 차혜영 이사장 및 유족, 작품을 열심히 찾아내고 교정까지 보아준 전성희, 이은경 교수, 지방에서 멀리 올라와서까지 도와준 김삼일 석좌교수와 홍미희 목포문학관 학예사, 그리고 박명성 대표 등에 감사하고 태학사 지현구 사장 및 직원들에게도 고마움을 표한다.

아버지의 전집 발간에 부처

차혜영

사랑하는 아버지!

아버지 가신지 12년이 지났습니다.

세월이 흘러도 아버지는 생전의 그 모습 그대로 카랑카랑한 목소리는 제 가슴에 남아 아버지의 못 다 이룬 이야기들을 들려주시는 듯, 문득 문득 부족한 제 자신에 죄송한 마음이 들곤 합니다.

쓰고 싶은 일 하고 싶은 일이 너무 많아 83년의 시간이 너무나도 부족 하셨나요? 바람처럼 살다보니 시간조차 쫓아오지 못해서 늙지도 않는다 는 아버지의 욕심이 사단이었나 싶습니다.

아버지 가신 뒤 우리는 그저 무력하게 아무것도 할 수 없었습니다. 그 때 저희를 일깨워 준 '신시뮤지컬 컴퍼니'의 박명성 대표의 은혜는 영원히 잊지 못합니다.

머뭇거리지 말고 하루 빨리 '차범석 재단'을 만들어 다음 해 부터라도 아버지를 기리는 일을 해야 한다고 우리를 설득했지요.

참 복도 많으신 우리 아버지! 아버지의 양아들 박 대표는 우리가 해야 할 일이 무엇인지 아버지의 뜻을 알고 있었답니다. 거기에 평생 아버지의 행동대장이시던 어머니는 사시던 집을 팔아 부족하지만 결코 부끄럽지 않은 재단이 탄생되었습니다. 10여 년 재단을 운영하며 아버지께서 가장 안타까워하시던 『차범석 전집』을 숙제처럼 가슴에 지니고 있었습니다. 그러던 지난 2016년 6월 6일 아버지의 10주기 날 저녁 유민영 교수님께서 전화를 주셨습니다.

"『차범석 전집』을 내야지? 오늘 문득 그 생각이 나서 말이야. 더 늦으면 나도 힘들어" 교수님은 그 날이 아버지 기일인지 모르셨다며 놀라셨습니다. 저는 순간 아버지께서 교수님의 생각을 빌어 말씀해 주시는 것 같은 착각에 가슴이 떨렸습니다.

그때부터 유민영 교수님의 기획 하에 전성희 교수님의 집요한 열정은 폭풍처럼 아버지의 여든 세 해의 시간을 무섭게 파고 드셨습니다. 가끔 저는 교수님의 일 하시는 모습에서 아버지의 깐깐한 모습을 보는 듯 깜짝 놀라기도 했습니다.

세월이 지나도 변함없는 의리와 애정으로 저희를 지지 해주시는 포항의 김삼일 교수님, 아버지의 발자취가 모조리 남아있는 목포 문학관의 홍미희 학예사님의 아낌없는 성원, 또한 첫 작업부터 완성까지 무조건으로 힘든 일 함께 해 주신 이은경 교수님, 그리고 저희의 풍족치 못한 재정에 항상 고민 하시면서도 출판을 맡아 주신 태학사 지현구 대표님이 계셔서 꿈같은 『차범석 전집』이 세상에 빛을 보게 되었습니다.

사랑하는 아버지!

『차범석 전집』의 책 커버는 아버지께서 어머니께 선물하신 저고리를 모티브로 어머니의 영정사진에서 전성희 교수님의 기발한 아이디어로 진행되었지만 이 모든 것에서 또 하나의 기적을 보는 듯 합니다. 아버지께서는 저 세상에 계시면서 우리를 총지휘 하시는 것 같은 착각 말입니다. 저희는 아버지라면 어떠셨을까를 항상 염두에 두고 하나하나 조심스럽게 만들어 나갔습니다.

아버지의 흡족해하시는 모습을 훗날 만날 수 있기를 기대합니다.

아버지의 영전에 아버지 여든 세 해의 소중한 작품을 바칩니다.

차범석의 생애와 예술

전성희

차범석은 한국연극사에서 최고의 사실주의 희곡작가이며 64편의 희곡을 발표한 다작의 작가다. 한국에서 사실주의 연극의 시작은 유치진에 의해서였지만 찬란하게 꽃을 피운 것은 차범석이다. 그러나 무용, 뮤지컬, 오페라, 국극, 악극에 이르기까지 다양한 예술 분야뿐만 아니라 방송 대본에 이르기까지 전방위적인 활동을 펼쳤던 차범석을 연극계의 인물로만 한정할 수는 없다. 그가 가장 애착을 가졌던 분야는 연극이었지만 그의 뛰어난 극작술과 다양한 예술에 대한 이해는 여러 장르의 대본을 창작할 수 있는 바탕이 되었고 그 결과 연극 이외의 분야에도 많은 작품들을 남길 수 있었다.

차범석은 1924년 11월 15일(음력 10월 19일) 전라남도 목포시 북교동 184번지에서 아버지 차남진(車南鎭) 어머니 김남오(金南午) 사이에서 3남 3녀 중 차남으로 태어났다.

일본 유학생 출신의 아버지는 중농 규모의 할아버지 유산을 잘 관리했을 뿐만 아니라 간척사업에 착수, 농토를 늘려 천석지기 지주가 되었는데 이는 아버지가 진취적이면서도 이재와 치산에 밝았기 때문일 것이다. 그 덕에 차범석은 유복한 가정에서 성장할 수 있었고 이러한 안정적인 가정환경은 차범석이 식민지의 궁핍한 상황에서도 교육과 일정부분 제도적 보살핌을 받을 수 있었다.

차범석은 외향적이며 저돌적인 형이나 소유욕이 강하고 고집스러운 아우의 성정과는 달리 말수도 적었고 자기주장을 하기 보다는 조용히 책을 읽거나 어머니의 곁을 지켰다. 보통학교 4학년 때 교지 「목포학보」에 〈만추〉라는 글을 실어 '예사롭지 않은 문재'가 엿보인다는 말을 듣고 소설가를 꿈꾸기도 했다.

이 무렵부터 차범석은 목포극장과 평화관을 드나들며 영화 관람에 빠졌고 1930년대 전후의 영화를 두루 섭렵, 극예술에 대한 이해를 넓힐 수 있었다. 6학년이 되던 해 그는 최승희의 무용 발표회를 보고 큰 충격과 감동을 받았다. 최승희는 차범석에게 '무대라는 세계, 막이 객석과 무대를 갈라놓은 공간, 보여주는 자와 봐주는 자 사이의 공존의 의미를 깨우쳐 준 첫 번째 예술가였다.

어릴 적 차범석의 이름은 평균(平均)이었는데 중학교 입시를 앞두고 범석(凡錫)으로 개명, 이후 줄곧 범석이라는 이름으로 활동했다. 광주고등보통학교(후에 광주서중으로 개칭) 진학을 위해 목포를 떠나 광주로 갔지만 소극적인 성격은 변함이 없었다. 호기심이 많았던 그는 책방을 드나들며 하이네나 바이런의 시집, 일본 소설들을 읽고 장차 문학가가 되어야겠다는 꿈을 키웠다. 그러면서도 차범석은 어린 시절 목포에서 그랬던 것처럼 광주에서 보낸 5년 동안 약 4, 50편의 영화를 관람하고 영화 잡지까지 사서 보는 등 적극적으로 영화의 세계에 빠져 들었다. 후에 연극으로 진로를 변경하기는 했지만 극의 세계라는 같은 뿌리의 영화에 마력을 느꼈다. 방학이 되면 목포 본가에 내려가서 골방에 있었던 세계문학 등을 독파했다.

아버지는 차범석이 의사가 되기를 원했지만 그는 의사보다는 문학과 예술에 뜻을 두고 있었다. 아버지와의 불화는 권위적인 아버지가 어린 시절부터 형과 차별 대우를 했던 것에서 비롯, 그를 내성적이고 비사교적인 반면 '회의적이고 반항적이면서 한편으로는 미지의 세계에 대한 도전성과 공격성'을 갖고 있는 사람으로 성장하게 했다.

학교를 졸업하고 진학을 위해 도쿄로 건너가 2년 동안 입시 준비를 하면서도 극장에를 드나들었다. 이 극장은 '예술적인 호기심에다 불붙인 하나의 매체이자 기폭제'였으며 차범석에게 '직접적으로 드라마가 무엇인가를 암시하고 시사하고 터득해 준 교실'이었다. 이 무렵 차범석은 영화뿐만 아니라 일본 연극에도 관심이 생겨 자주 관람했다.

연이어 입시에 실패한 차범석은 재수 준비를 하고 있었는데 전쟁으로 위험하니 귀국하라는 아버지의 명령으로 급히 돌아왔다. 차범석은 귀국하자마자 군대를 가야하는 징집의 위기를 맞았지만 병역면제의 혜택을 받기 위해 1년 과정의 관립광주사범학교 강습과에 입학을 했다. 교육에 뜻이 있었던 것이 아니었기 때문에 현실도피 생활에서 오는 자포자기의 심정과 허무는 그를 술로 이끌었고 이후 차범석의 건강과 삶에 큰 영향을 미쳤다. 교사 발령 4개월 만에 징집, 4개월간의 군대생활 중 해방이 되고 다시 모교에 복직하게 되었다.

그는 1946년 문학공부를 위해 연희전문학교 전문부 문과에 입학, 뒤늦게 사회적 정치적으로 개안을 하게 되었다. 친일세력에 대한 과거청산이 역사적 필연성에 있다는 것과 동학혁명정신이 광주학생독립운동이나 3.1운동 정신과도 맥을 같이 한다는 것이다. 이러한 역사의식의 재확인은 자아각성으로 연결되고 그 결과 문학이나 연극에 대한 인식과 태도도 달라질 수밖에 없었다. 그래서 차범석은 일제 말기에 폐간되었던 문학잡지 「문장」의 전 질을 구해 읽으며 다시 문학공부를 하는 등 문학의 참다운 뿌리를 찾기 위해 노력했다. 자신이 가야할 길이 문학과 연극에 있다는 신념으로 문학서클 '새마을회'에서도 활동하고 '연희극예술연구회'를 조직하기도 했다.

대학 시절 "우리가 처해있는 현실을 그대로 거울 속에 비춰보고 싶다"는 그에게 유치진의 강의는 사실주의에 대한 확신을 갖게 해주었고 이후 자신의 연극관으로 삼게 되었다. 그러면서 차범석은 직업극단의 공연과 연습장까지 찾아다니는 등 점차 연극 세계에 깊이 빠져들어 갔다.

1949년 유치진이 만든 제1회 전국남녀대학 연극경연대회에 '연희극예술연구회'가 차범석 역/연출의 〈오이디프스 왕〉으로 참가, 우수상을 수상했다. 차범석은 연극경연대회에 함께 참가했던 각 대학의 연극인들을 모아 '대학극회'를 조직하는데 앞장섰다. 그리고 1950년 초 국립극장이 설치되자 당시 유치진 극장장의 배려로 전속단원이 되어 현장에서 활동할 기회를 가질 수 있었다. 그러나 그것도 잠시 한국전쟁이 발발하자 고향으로 피난을 갔던 차범석은 목포중학에서 교편을 잡았다. 교직생활 중에도 습작을 게을리 하지 않으면서도 '목중예술제'를 만들었다. 목중예술제에서 1951년 처녀작 〈별은 밤마다〉를 무대에 올리고 주연까지 맡았다. 이 시기에 〈닭〉, 〈제4의 벽〉, 〈전야〉, 〈풍랑〉 등의 습작품을 정훈잡지에 발표했다.

대학 다닐 때 방학이면 고향에 내려와 목포청년들과 주변의 섬들을 여행하며 얻었던 소재를 바탕으로 〈밀주〉를 창작, 1955년 조선일보 신춘문예에 가작으로 입선하였다. 가작 입상에 만족을 못한 차범석은 이듬해 조선일보 신춘문예에 재도전, 〈귀향〉이 당선되었다. 〈밀주〉는 흑산도, 〈귀향〉은 해남을 무대로 그가 나고 유년시절을 보낸 바닷가 마을이 배경이다. 차범석은 〈밀주〉에서 가난한 어민들의 찌든 삶을 그렸지만 〈귀향〉에서는 가난한 농민을 묘사하면서 그 이유가 사회의 부조리와 모순 때문이라는 것을 지적했다. 이 지점에서 그의 희곡의 특성, 즉 로컬리즘을 바탕으로 한 사실주의 출발을 확인할 수 있다.

신춘문예 당선을 계기로 서울로 이주, 덕성여고에서 교편을 잡고 중앙무대를 향한 열정을 불태우며 창작에 몰두했다. 그러면서도 대학극회에서 같이 활동했던 김경옥, 최창봉, 조동화, 박현숙, 노희엽, 이두현 등과 '제작극회'를 결성, 한국연극에 새로운 바람을 일으켰다. 이 시기에 차범석은 활발하게 희곡을 창작, 문예지에 〈불모지〉, 〈4등차〉, 〈계산기〉, 〈상주〉, 〈분수〉, 〈나는 살아야 한다〉 등을 발표했다. 앞서 발표했던 로컬리즘을 바탕으로 한 사실주의극과는 다르게 고향을 벗어나 전쟁으로 좌절한 사람들을 사실적으로 묘사했다. 특히 〈껍질이 째지는 아픔 없이는〉은 4·19 1주년 기념공연으로 제작되었는데 혼탁한 정치 상황에서 드러난 신, 구세대 간의 갈등을 형상화한 것으로 차범석의 정치, 사회의 비판적 인식을 확인해 볼 수 있는 작품이다.

이러한 창작 경향은 이후에 〈산불〉(1961년)로 절정을 이루었다. 차범석의 대표작이며 '한국 사실주의 희곡의 최고봉'이라고 일컬어지는 〈산불〉은 6·25전쟁을 겪은 작가가 전쟁을 객관화시키는 사유의 시간을 통해 이데올로기가 인간을 어떻게 파괴하는지를 리얼하게 보여주었다. 그러한 점에서 〈산불〉은 한국 사실주의 연극의 수준을 한 단계 끌어올렸다고 할 수 있다. 차범석은 당시의 연극들이 '답답한 소극장 응접실 무대' 위주였던 데에서 벗어나 대숲이 있는 마을을 무대로 "이념의 대립과 갈등이 동족 전쟁을 야기하고 궁극적으로 인간 그 자체를 파괴해 간다는 강렬한 메시지"를 전달, 차범석 전후의 대표작이 되었다.

〈산불〉은 국립극장 초연 당시 큰 인기를 얻었고 이후 영화로, 방송 드라마로, 오페라로, 뮤지컬(〈새도우 댄싱〉)로 다양한 매체의 전환을 통해 관객과 만날 수 있었다. 원 소스 멀티 유즈라는 측면에서 보면 〈산불〉은 원천컨텐츠로서의 가치가 충분한 작품이다.

차범석은 〈산불〉의 성공 이후 신협 재기를 위한 이해랑의 요청으로 〈갈매기떼〉를 집필, 국립극장 무대에 올려 〈산불〉 못지않은 인기를 끌었다. 목포 부둣가에 있는 영흥관이라는 식당을 둘러싸고 벌어지는 정치권력과 조직폭력배간의 갈등, 그리고 그로 인해 무구하게 희생당하는 서민들을 그려냈다.

〈산불〉과 〈갈매기떼〉의 성공으로 고무된 차범석은 전문적인 극단을 창단하기로 마음을 먹었다. 당시 연극계가 동인제 극단시대로 진입하기

차범석의 생애와 예술

시작했고 드라마센터의 개관이라는 연극상황의 변화가 일어나고 있었기 때문에 이전의 아마추어적인 '제작극회'로는 변화에 대처할 수 없을 것이라는 판단에서였다. '제작극회' 다른 멤버들의 반대를 무릅쓰고 1963년 연극의 대중화와 전문화를 지향하는 극단 '산하(山河)'를 창단했다. 현실과 동떨어진 번역극 대신 창작극을 주로 공연했고, 극단 창단 당시 의도했던 대로 지방공연도 가지면서 왕성하게 활동을 이어갔다.

이 무렵 차범석은 MBC로 직장을 옮겨 바쁜 와중에도 극단 '산하'의 일뿐만 아니라 창작에도 매진, 〈청기와집〉, 당시 유명 배우 강효실을 위해 집필, '산하'에 상업적 성공을 안겨준 〈열대어〉, 〈풍운아 나운규〉, 동성애 문제를 다룬 〈장미의 성〉, 〈대리인〉, 정치와 정치인을 풍자한 〈왕교수의 직업〉 등의 희곡 외에도 '산하'의 공연을 위해 여러 편의 각색 작업과 연출로도 참여하였다.

1969년 사단법인 한국연극협회 제 7대 이사장으로 선출되면서 협회 일에 열심을 냈고 원래 하고 있었던 방송국 일과 작품 집필, 극단 운영 등으로 건강에 이상이 생겼다. 1970년 봄 간염으로 병원에 입원, 방송국까지 그만 두었지만 발병 전에 국립극장에서 차기공연작으로 위촉한 장막극 〈환상여행〉을 집필했다. 그는 책임감 때문에 와병 중에도 약속을 지키기 위해 무리를 하면서도 완성을 했다.

차범석이 병원에서 퇴원 후 1년간의 요양생활을 하는 동안 같이 활동했던 사람들이 이런저런 이유로 그의 곁을 떠났다. 그는 인생이 철저하게 외로운 것이며 이 길은 자신이 원해서 가는 것이니 누구도 원망하지 않겠다는 결단을 내렸다.

1972년 차범석은 MBC-TV 요청으로 일일연속극 〈물레방아〉를 집필했다. 〈물레방아〉는 당시로서는 드물게 5개월 동안 방영, 100회를 넘겼으며 이러한 롱런은 MBC-TV 사상 최초였다. 이전에 라디오 드라마와 TBC (동양방송) 단막극, 〈태양의 연인들〉과 같은 특집극을 쓰기도 했지만 TV

일일연속극은 그로서도 처음이었지만 성공적이었다. 드라마의 성공은 차범석에게 경제적 안정을 가져다주었고 그래서 차범석은 연극 현장으로 돌아올 수 있었다.

1974년 6년 동안 맡았던 한국연극협회 이사장직을 이진순에게 내주고 그 해 봄 극단 산하의 사무실도 마련하고 연극현장의 기록이 소실되는 것이 안타까워 〈극단 산하 십년사〉를 펴내는 등 다각적인 연극활동을 펼쳤다. 그런데 1975년 동양극장과 '산하' 간의 전속 계약을 체결, 계약금과 중도금을 지불하고 의욕적으로 공연을 준비하던 차에 동양극장의 매각 사실을 알게 되었다. 속수무책 사기를 당한 차범석은 잔금은 안 털렸으니 다행이라고 스스로를 위로했다. 이러한 차범석의 긍정적 태도는 이후 창작태도에도 영향을 미쳤다.

유신의 시대를 거치면서 유신을 지지하기보다는 오히려 부정적인 시선을 견지하고 있었던 그였지만 〈약산의 진달래〉, 〈활화산〉 같은 새마을 극본을 쓰기도 했다. 그렇지만 새마을운동의 찬양이 아니라 "나와 함께 살아가는 이 시대의 이야기"로 가난과 싸우는 농촌여성의 "삶을 리얼하게 묘사함으로써 우리가 안고 있는 퇴영적이면서도 부정적인 행태를 드러내"려 했다. 이 시기에 그의 역사인식은 자연스럽게 개화기를 향했다. 〈새야새야 파랑새야〉에서는 동학도와 같은 민중의 저항을, 〈손탁호텔〉에서는 외세의 압력에도 불구하고 꿋꿋이 자존을 지키기 위해 투쟁하는 서재필과 같은 진보적 청년들의 연대를 그리면서 창작의 지평을 넓혀갔다.

1970년대 중반에 들어서면서 연극계는 상업주의가 팽배하고 있었는데 이것은 '산하'가 지향하는 연극 대중화와는 달랐다. 차범석은 연극에 있어 앙상블을 중요하게 생각했기 때문에 한두 명의 스타에 의존, 웃음을 파는 연극을 극도로 경계했다. 그런데 상업주의가 판치던 당시의 연극현실은 동인제 시스템을 고수했던 차범석에게는 절망적이었다. 그런 상황에서도 문학성과 연극성을 지닌 레퍼토리라면 승산이 있을 것이라고 판단,

1979년 〈제인 에어〉를 무대에 올렸다. 그러나 관객들의 외면으로 흥행에 실패하고 말았다. 일련의 일들로 차범석은 '산하'가 추구하는 대중성에 대한 회의가 일어나고 '산하'의 해산문제까지 생각하기도 했다. 그렇지만 차범석은 유신정권의 횡포와 비민주적 정권욕으로 급격하게 경색되어가는 시대에 연극을 통해서 이야기를 해야겠다는 결심을 했다. 연극대본의 사전심사제로 창작극의 공연이 어렵게 되자 숀 오케이시의 〈쥬노와 공작〉 연습에 들어갔다. 1980년 5월 공연을 보름 앞두고 광주민주화항쟁이 일어나자 차범석은 공연중지를 선언했다. 그 이유는 사람들이 총칼에 쓰러지고 있는데 연극을 하고 있을 수 없다는 것이었다.

실의에 빠진 차범석에게 MBC-TV에서 농촌드라마 의뢰가 들어왔다. 옴니버스 형식의 농촌드라마 〈전원일기〉를 1년 동안 총 48회 집필했다. 1980년 10월 22일 '박수칠 때 떠나라'를 시작으로 1981년 10월 20일 '시인의 눈물'까지 꼭 1년을 썼는데 어수선한 시국에 농촌에 대한 향수를 자극해 최고의 드라마로 자리를 잡았고 이후 20년 동안 방송되면서 최장수 드라마로 남았다. 그런데 차범석은 연극을 하기 위해 방송국의 간청에도 불구하고 〈전원일기〉 집필을 포기했다.

'산하'에 돌아와 1980년에 준비하다 중단했던 〈쥬노와 공작〉을 무대에 올려 보았지만 흥행에 참패하고 말았다. 그리고 '산하'의 재기를 위해 옛 멤버들을 규합해 보려했지만 이마저도 여의치 않았다. 결국 〈산불〉 공연마저 실패하고 1983년 '산하'를 해단하는 어려운 결정을 내렸다.

그를 무대로 이끌었던 유년시절의 최승희 공연의 영향과 대학시절 춤을 배우러 다녔던 경험 때문이었는지 1982년 조영숙무용단의 〈강〉을 시작으로 최청자무용단의 〈갈증〉 등 무용극으로 창작의 장르를 확대해 나갔다. 이후에 무용극 〈도미부인〉(1984년 국립무용단, LA 올림픽참가공연), 〈십장생도〉(1988년 홍정희발레단), 〈저 하늘 저 북소리〉(1990년 국립무용단), 〈고려애가〉(1991년 국립발레단), 〈꿈의 춘향〉(1992년 서울시

립무용단), 〈파도〉(1995년 국립국악원 무용단), 〈오데로〉(1996년, 국립무용단) 등 여러 편의 무용극 대본을 창작했다.

1983년 차범석은 청주대학교의 요청에 의해 연극영화과 교수로 부임했다. 조용한 곳에서 창작의 기회를 가질 수 있다는 점이 그에게 매력적으로 다가왔고 학생들과의 생활이 연극판에서 지친 그에게 활력을 주었다. 그러나 그가 예술대학장직을 맡으면서 휴식은 끝나고 말았다. 당시는 학원민주화 운동이 번지고 있었을 때였다. 누구보다도 민주화를 열망해왔던 그였지만 과격해진 학생들의 기물파괴 등의 파괴적인 행동은 받아들일 수 없었다. 목포 북교초등학교, 덕성여고에서 교사로 재직하고 있을 때 불의를 보면 참지 못하고 투쟁을 했던 그로서도 학생들의 그런 행동은 받아들일 수 없었고 결국 보직에서 물러났다.

그 때 '서울88예술단'이 조직되면서 차범석에게 단장을 맡아달라는 제의가 들어왔다. 단장직을 수락했지만 총체가무극이라는 것이 그가 생각했던 연극의 방향과 맞지 않았을 뿐만 아니라 관의 간섭이 싫었던 그는 창립공연으로 〈새불〉을 올리고 다시 대학으로 복귀했다. 생래적으로 구속을 싫어하고 자유를 추구했던 그로서는 이러한 상황이 견디기 어려웠을 것이다. 오죽했으면 목포북교 초등학교 시절 자신이 담당했던 학급의 급훈이 자유였을까.

대학으로 돌아간 그는 특정사회단체의 요청이기는 하지만 신채호를 다룬 〈식민지의 아침〉, 김대건 신부의 일대기를 그린 〈사막의 이슬〉 등 활발하게 창작활동을 이어갔다. 1989년 학교 측에서 총장으로 추대하려는 움직임이 보이자 교수직을 사퇴하고 이후 서울예술대학의 교수로 자리를 옮겨 창작에 몰두했다. 이 시기에 차범석은 창작방식에 있어 변화가 일어나 이전의 창작방식에서 벗어나 형식과 주제가 다양한 작품을 발표했다.

1992년 징용 노무자의 딸 야마네 마사코의 자전적 수기를 바탕으로 쓴 〈안네 프랑크의 장미〉는 '일본제국주의의 만행을 용서와 화해의 차원에서 접근' 하였으며, 〈통곡의 땅〉은 백범 김구의 삶을 작품화하면서 한국현대사에서 이념문제를, 〈나는 불섬으로 간다〉에서는 소작쟁의와 그로 인해 생긴 연좌제 문제를 제기하기도 했다. 작가적 연륜이 깊어가면서도 차범석의 의식은 언제나 날카롭게 깨어 있어 부당하거나 문제가 있는 것에 대해서는 비판적 태도를 취하는 스탠스만큼은 변함이 없었다. 이색적으로 〈바람 분다, 문 열어라〉에서는 여성들의 변화를, 〈그 여자의 작은 행복론〉에서는 어머니와 아들 간의 근친상간적 욕망을 그려내는 등 소재의 영역도 넓혀갔다.

차범석은 본래 대중예술과 고급예술을 경계 짓는 것에 대해 우려를 해왔다. 어떤 작가보다 사회의식이 있는 작품을 쓰면서도 대중성 또한 중요하게 생각했다. 노년의 차범석은 그 경계를 허물고 〈가거라 38선〉 같은 악극의 대본을 쓰거나 의뢰를 받은 것이긴 하지만 뮤지컬 〈처용〉, 오페라 〈백록담〉, 〈연오랑 세오녀〉의 대본 등을 썼다. 그러면서도 〈옥단어!〉(2003년)와 같은 작품에서는 깊은 사유의 절정을 보여주었다. 이 작품은 '단순한 연극이 아닌 우리의 현대사와 그 아픔을 되돌아보자는 데에 그 의미를' 두고 있다. 차범석은 〈옥단어!〉에서 자신이 '평생 동안 삶의 방식으로 지켜온 자유정신을 투영'시켰으며 떠돌이 옥단이를 통해 인생의 허망함을 보여주면서 한국적 사실주의의 진전을 이루어 냈다는 평가를 받았다.

2006년 세상을 떠날 때까지 차범석은 다양한 장르를 경계 없이 넘나들며 많은 작품들을 발표했던 현역 작가였으며 연극인이었다. 자리에 욕심을 낸 적이 없었던 차범석이지만 한국연극협회 이사장, 한국문예진흥원장, 대한민국예술원회장 등을 지내 예술인으로서 영광도 누렸다.

차범석 전집 8

■

차례

발간사 유민영 001

아버지의 전집 발간에 부쳐 차혜영 003

차범석의 생애와 예술 전성희 005

통곡의 땅 017

그 여자의 작은 행복론 149

옥단어 218

바다는 넘치지 않는다 300

악어새 369

무정해협 437

일러두기

* 명백한 오자, 탈자 외에는 가능한 원본을 그대로 수록했음을 밝힌다.

* 신문기사·작품 〈 〉, 책제목 「 」로 표기했다.

* 잘 사용하지 않아 의미가 명확하지 않은 단어는 각주를 붙여서 설명했다.

통곡의 땅 (2부 24장)

• **등장인물**

김창수(김구)

도창(남녀)

동학교주 최해월

손병희

박인호

고능선

김순영(김구 부친)

곽씨(김구 모친)

최준례(김구의 처)

양 목사

전덕기(상동교회 회원)

최재학

노승

하은당 스님

문종칠(죄인)

선우진(비서)

주모

쓰찌다(일본군 중위)

황성일보 기자

사회자

여인(불공드리는 부잣집 마나님)

죄수 갑·을·병·정, 손님 A·B·C·D, 동학군 대원 갑·을·병·정, 일본 헌병들, 교도 갑·을·병·정, 동학군들, 이동녕, 김철, 김갑, 윤기섭, 오영선, 국무총리, 이동휘, 이지흥, 신채호, 윤봉길, 주애보(중국 여인), 비서 부장 조경한, 조직부장 김학규, 재정부장 신창균, 엄항섭, 조완구, 선우진(비서), 안두희, 아들(신), 헌병대장, 사복형사, 신문기자 갑·을·병·정, 청년 단원 갑·을, 군중 A·B·C·D·E·F 갑·을, 비서 A·B·C, 품바꾼, 소복 입은 여인, 군중들

서막

중간막 중앙부 전면에 백범 김구의 대형 사진이 투영된다. 좌우에서 각각 검은 두루마기와 소복으로 단장한 도창(남녀)이 조용히 등장. 촛대에 점화하고 향을 피운다. 두 사람이 서 있는 자리는 본 무대보다 높게 설치된다. 두 사람의 장중하고도 절제된 노래가 시작되면서 이윽고 흰 옷 차림의 남녀 춤꾼이 등장한다. 노래와 춤은 어디까지나 경건하고 장중하되, 결코 비통하거나 단장의 아픔이어서는 안 된다. 그것은 오히려 슬픔을 이기고 아픔을 삭여낸 절제된 표현이라야 한다. 그렇다고 해서 어찌 위대한 선구자를 흠모하는 눈물이야 없겠는가.

남　님은 가셨소. 멀리도 가셨소.
　　　우리 곁을 떠나신 지 반백년
　　　남산의 그 푸르름,
　　　한가람 그 물줄기는 변함없건만
　　　님을 향한 마음은 갈수록 달아오르네

여　님은 가셨소. 멀리도 가셨소.
　　　생자필멸은 하늘의 뜻이라지만
　　　시절 따라 뭇 생명은 되살아나는데
　　　님은 왜 못 오시나 가슴 저미네
　　　님이 가신 그 길목마다
　　　봄에는 진달래 가을에는 들국화
　　　피를 토하는 두견의 울음소리는
　　　세세연년 이어졌건만

이루지 못한 님의 뜻은
아직도 허공에 떠 있네

남녀   어허 어허 어허
님은 가셨어도 그 길은 보이네
가셔서는 안 되었던 님과의 이별은
날이 갈수록 새로워지나니
님의 뒤를 따르리다
님이 못 가셨던 그 길을 가리다

암전

제1부

제1장

동학 교주 최해월의 집 사랑채. 검소하나 기품이 감도는 분위기. 중앙에 최해월 교주가 보료 위에 좌정하고, 좌우로 손병희·김연국·박인호 등 10여 명의 교도가 배석하여 주문을 봉창한다. 엄숙한 의식이 진행 중이다. 향로에서 피어오르는 연기가 가냘프다.

일동 시천주 조화정
영세불망 만사지
지기금지 원위대장
……

낭랑하고도 열기에 가득 찬 주문봉독이 끝나자 교도가 다시 향을 피운다. 최해월 교주가 자세를 고쳐 앉으면서 좌중을 휘둘러본다. 위풍이 당당하다. 그의 말투는 경상도 말씨이다.

해월 한울림네들, 내 한 말씀 들으시오.
일동 (경건하게 읍을 한다) 예……
해월 사람이라카는 건 저마다 생명이 있고, 그 생명은 저마다 조화를 이루어 층하가 없으니까네, 사람 위에 사람 없고 오직 하늘이 있을 뿐인 기라. 그러니까네 사람과 땅과 하늘은 궁극적으로 하나인 기라. 천지인은 근본적으로 하나인 기라!
병희 빈장 어른, 한 말씀 올리겠습니다.

해월   병희, 무슨 말인고?

병희   지금 서남 지방에서는 관군까지 동원되어 동학인을 체포 학살
      하는가 하면, 전라도 고부 땅에서는 전봉준 접주가 기병하여 고
      부 군수에게 항거하였다 하옵니다. 그리고 어떤 군수는 도유의
      전 가족을 구금하는가 하면, 말단 관리배들까지 덩달아 백성들의
      재산을 긁어모으기에 혈안이 되고 있다니 우린 언제까지 이렇게
      앉아 있어야 합니까?

인호   그렇습니다, 교주 어르신네. 들리는 말로는 충청도 진천군 만승
      면의 광혜원 장터에서는 수만 동학군이 진영을 벌이고 있다 하는
      데……

해월   (유연하게) 인호야, 그라이 우리도 총칼을 들고 싸우잔 말이가?

인호   바, 반드시 그렇지는 않습니다만……

해월   호랑이가 물러 들어오면야 우째 가만히 앉아 죽겠는가, 참나무
      몽둥이라도 들고 일어서야지.

병희   그렇다면 어째서 빈장 어른께서는 거사하지 말라고 우기십니까?

해월   (여유 있게) 우기는 게 아니라 때를 기다리는 기라, 때를!

일동   때를요? (수군거린다)

해월   전라도에 있는 남접 南接들이 우리 북접 北接에게 함께 일어서야
      한다고 몇 차례 사발통문을 보내는 것도 익히 알고 있는 기라.
      그러나 지금은 그 때가 아닌 기라……

인호   때라구요?

해월   아모! 만사에는 때가 있는 기라…… 때가.

병희   때도 놓치면 아무런 효험이 없습니다.

교도 갑   그렇습니다. 언제까지나 이렇게 기다리고만 있을 일이 아닙니다.

교도 을   남접과 힘을 합하여 왜적을 몰아내야 합니다!

교도 병   왜놈들에게 앉아서 당할 수는 없습니다! (젊은 교도 몇 사람이 여기

저기서 상반신을 일으키며 호응을 한다)

교도 정   앉아서 당할 일이 아닙니다!

교도들   총이 없으면 죽창으로라도 대응해야 옳습니다! 왜놈들에게 이 땅을 내줄 수는 없소!

일동   옳소!

좌중의 분위기가 자못 격화되고 열기가 더해 가자 최해월이 무섭게 눈을 부릅뜨며 대갈일성, 교도들을 위압한다.

해월   (호령하되 결코 흥분된 어투는 아니다) 기다리는 기라! 지금은 그 때가 아니라고 안 하더냐? 잉?

그의 위엄에 모두들 기가 죽은 듯 머뭇거린다. 이때 마루쪽 장지문이 확 열린다. 모두들 일제히 돌아본다. 열아홉 살의 김창수가 서 있다. 떡갈머리에 백립*을 쓰고 흰 두루마기에 괴나리봇짐 하나를 덜렁 멘 총각이다. 그러나 나이에 비해 육체는 숙성해서 딱 벌어진 양 어깨가 믿음직스럽다.

교도 갑   뭣하는 놈이냐?

그러나 창수는 대답 대신 그 자리에 무릎을 꿇고 엎드리며 최 교주를 향해 넙죽 큰절을 한다. 모두가 의아해진 표정이다.

창수   이렇게 불쑥 들어선 무례함, 용서하십시오. (최해월 교주를 쳐다본

---

* 흰 베로 싸개를 한 갓.

다) 아까부터 어르신네께서 하신 말씀은 빼놓지 않고……

해월 엿들었나? 흠…… 그 녀석 하곤…… (하며 옆사람에게 눈짓을 한다)

창수 한 가지만 여쭙겠습니다. 그 때가 언제입니까? 언제가 그 때입니까?

해월 자네는 어디서 온 누군고? 잉?

창수 (허점을 찔린 듯) 죄, 죄송합니다. 소인은 황해도 해주 백은방에서 온 김창수라고 합니다. (하고 넙죽 절을 한다. 좌중에서 '창수'라는 이름을 되뇌며 술렁인다)

해월 김창수라…… 동학인인가?

창수 예, 양서 兩西 동학당의 아기 접주입니다. (모두들 아기 접주라는 말에 웃는다. 그러나 비아냥거림이 아니다)

해월 아기 접주라…… 그래, 우째 나를…… 찾아왔제?

창수 동학의 이치가 무엇인지 더 알고 싶어서…… 해월 어른신네를 뵙고 더 좀 깊이 알고 싶어서…… 염치 무릅쓰고 불쑥 들어선 무례를 용서해 주십시오. (다시 깍듯이 큰절을 한다)

해월 (첫눈에도 호감이 간 듯) 황해도 해주라…… (병희와 인호에게 수군거리며 미소를 짓는다. 그들도 동의한 듯 빙그레 웃는다)

창수 어르신네 말씀대로라면 분명 우리는 이 땅의 주인이라야 합니다. 그러하오나 지난 두 해 동안 소인이 각 고을을 두루 돌아보건대 현실은 딴판이니 어찌하면 좋을지 모르겠습니다.

해월 (흥미를 느낀 듯) 무엇을 보았으며 무엇을 느꼈단 말이고?

창수는 잠시 마음을 가다듬고 나서 노래를 부른다.

창수 하늘 아래 땅이 있고
땅 위에 사람이라면
하늘은 곧 사람

그러나 관은 백성 알기를

개돼지 보듯 하고

지주는 농군 알기를

벌레 짓밟듯 하니

고을마다 원성이요

마을마다 통곡이네

하늘이 무심타는

백성의 소리

그 누가 알아주리

그 누가 풀어주리

창수의 두 눈에서는 어느덧 뜨거운 눈물이 고여 흘러내린다. 좌중이 숙연해진다. 창수의 두 주먹이 자신도 모르게 마룻바닥을 내리치자 모두들 그 열기에 공감한다. 해월도 눈을 지그시 감는다. 창수는 문득 자신의 흥분된 모습이 부끄러워 자세를 고쳐 앉아 냉정을 되찾는다.

창수 송구스럽습니다. 용서하십시오.

해월 개의치 말거래이. 하고 싶은 얘기가 있으모 다 털어놓는 기라.

창수 예. (용기를 얻은 듯) 설상가상으로 왜놈들이 들이대는 총칼 아래 산천초목이 몸을 떨고 애매한 민초만 죽어 가니…… (다시 흥분되며) 도대체 이 땅은 누구 땅이며, 이 나라 주인은 누구입니까? 못 참겠소. 복통 터져 못 살겠소! (마룻바닥을 치며 다시 통곡한다)

해월 그토록 자네의 피가 끓는데 우린들 와 식었단 말인가. 산천이 울고 초목이 떨고 있는 이 지경을 다 알고 있는 기라.

창수 (고개를 바로 들고) 그러기에 불원천리 이렇게 찾아왔습니다. 비록 가난한 상인의 집안 태생이지만 서당에서 한문을 깨쳤습니다.

　　　　　　　　　　　　　　　　　통곡의 땅

해월　한문을? 어느 정도인고?

창수　당시 唐詩, 대학 大學, 사략 史略, 통감 痛鑑은 물론 소장, 제사축
　　　문, 심지어 혼서문에 이르기까지 두루 배웠으니 주변에서 무식총
　　　중 無識叢中에 일명성 一明星이라는 평까지 들어 왔습니다. (좌
　　　중은 그의 당당하고도 유식한 풍모에 새삼 탄복의 빛을 보인다)

병희　무식총중에…… 일명성이라?

인호　무식 무지랭이 가운데서 빛나는 별이란 뜻이렷다!

창수　송구스럽습니다.

일동　핫하……

병희　그만한 그 학식을 닦았으면 과거에라도 응시하여 양명출세도 해
　　　볼 만한데…… 어찌해서 이렇게……?

창수　재작년 임진년 봄 열일곱 살 때 응시할 양으로 해주 땅 관풍각에
　　　서 열린 과거 과장에 찾아갔었습니다. 그러나 중도에서 자리를
　　　박차고 나와 버렸습니다.

병희　나가 버리다니? 문제가 어렵던가?

창수　추악한 작태가 보기 싫어 나와 버렸습니다.

해월　추악한 작태라꼬?

창수　과장에는 선비, 상인, 노소귀천이 무질서하게 모여들어서 저마다
　　　머리를 디밀고 부리는 추태란 한마디로 구역질이 났습니다. 시
　　　관, 통인, 심지어는 심부름꾼에게까지 아첨하고 엽전꾸러미 건네
　　　주며 매관매직하는 현장을 목도하자 저는 더 이상 그 자리에 머
　　　무를 수가 없었습니다. 벼슬이며 과거며 입신출세란 가식과 위선
　　　일 뿐 백성을 잘 살게 하는 일과는 아무 상관없는 일이라는 생각
　　　이 들었습니다.

해월　(유심히 바라보며) 그래서?

창수　얼굴 좋은 게 몸 좋은 것만 못하고 몸 좋은 게 마음 좋은 것을

따를 수 없다는 생각이 들자 방랑의 길을 떠났습니다.

병희   그럼 동학에 입문한 건 그 후부터였군?

창수   예, 하오나 아직도 풀리지 않은 숙제가 많습니다. (해월을 정시하며) 동학이 외치는 제세안민이나 축멸왜적만으로는 전부가 아닌 듯하옵니다. (자세를 고쳐 앉으며) 어르신네, 소인은 불과 열아홉 살 어린 몸입니다. 장차 제가 가야 할 길이 어디이며 이루어야 할 일이 무엇인지를 분명히 알고 싶어 이렇게 찾아왔습니다. (간절히) 어르신네 말씀해 주십시오!

해월   (눈을 지그시 감은 채) 개지불이 진지불이인 기라……

창수   (못 알아듣고) 개지불이 진지불이? 그게 무슨 뜻입니까?

해월   (눈을 똑바로 뜨고) 끊임없이 고쳐 나가고 끊임없이 앞으로 나가노라면 목적한 지점에 도달할 날은 오는 기라.

창수   개지불이…… 진지불이.

해월   동학이 지금 할 바를 다하고 있는 것도 아닐 뿐더러 또한 쉽게 이루어질 일도 아닌 기라…… 지금 그 마음속의 고통을 가지는 것보다는 역행을 해야 되는 기라. 실패는 성공의 어머니이고, 고민은 쾌락의 본이니 너무 상심 말거라. 대장부란 벼랑에서 잡은 나뭇가지일지라도 때로는 놓을 수 있는 용기가 있어야 하는 기라! 알겠나? 잉?

창수   (창수의 눈에 눈물이 고인다) 어르신네! 명심하겠습니다.

해월   (옆사람들에게) 나이는 어리지만 장차 큰일을 할 재목감이제. 안 그렇나?

일동   예.

해월   (좌중을 보며) 그럼 우리 다 함께 주문을 외웁시다.

일동   예.

그 중 한 사람이 다시 향을 피운다. 일동이 소리 높이 주문을 합창한다. 창수는 그 신비스럽고도 위엄이 느껴지는 분위기 속에 휘말려 간다.

창수　인내천······

암전

제2장

멀리 팔봉산이 배경으로 보이는 들판. 석양이 붉게 불타고 있는 노을 속에 동학군의 의기충천한 모습이 개선군의 춤으로 표현된다. 척왜척양, 천지개벽, 제세안민 등의 구호가 쓰인 깃발들을 앞세운 대열이 파도처럼 일렁인다. 그것은 하나의 새로운 꿈꾸는 사람들의 의지적인 율동이며 개가이다. 오직 승리만을 꿈꾸는 열기와 열기가 불덩어리처럼 타고 있어 어찌 보면 광신적이며 약동적인 춤이다. 그 대열 가운데 김창수의 모습도 보인다. 대부분이 남정네나 부녀자도 더러는 섞여 있다. 그리고 대부분이 농민층이라 옷차림도 흰옷을 주조로 하되, 연회색과 연갈색 중간색이 악센트를 준다. 음악은 우렁차고 격앙된 분위기이다. 군중들의 함성과 합창이 중간에 섞이면서 가끔 북과 징 등 타악기가 분위기를 더욱 고조시켜 준다. 한바탕의 춤과 노래가 끝나자 누군가가 김창수에게 다가가서 만세를 선창하자 모두들 따라서 만세를 부른다.

일동　김창수 접주 만세! 천지개벽! 만세!

군중들의 환호성이 차츰 가라앉자 창수가 자리에서 일어선다.

창수   여러분! 오늘은 기억할 만한 날이오. 지난 9월부터 오늘까지 저기 팔봉산 아래다 본소를 치고 싸워온 지 10개월, 제세안민과 척왜척양의 기치를 높이 쳐들고 싸워온 지난날을 돌아보건대 만감이 착잡합니다. 신천, 재령, 사리원, 안악, 송화, 몽금포…… 들불처럼 번져 가던 우리 동학의 외침소리에, 억눌린 자 일어서고 죽어 가는 자 되살아났으니 이 보람, 이 기쁨을 그 어디에다 비기겠소!

일동   옳소! 김창수 장군 만세!

창수   이는 오로지 사람이 하늘이요 하늘이 사람이라는 인내천의 원리에 공감한 백성들의 깨우침이니 이제 개벽은 그리 멀지 않았소!

일동   옳소!

창수   우리는 일심동체, 공존공생함으로써 천지개벽이 이루어질 그 날까지 칡뿌리처럼 뻗어 가리라!

일동   옳소!

창수가 한 대원에게 귀엣말로 지시를 내리자 대원이 전체 대원들에게 지시를 내린다. 그동안 무대는 황혼에서 잿빛 장막으로 변하고 바람까지 불어 황량한 느낌이다.

대원   들으시라우. 오늘은 날이 저물었으니끼니 이곳에서 야영을 하고 내일 아침 떠나기로 하겠수다! 알갔시오?

일동   예……

대원   그럼 각 분대별로 해산!

일동   예……

모두들 패를 갈라 좌우로 퇴장한다. 무대에는 김창수 혼자 남는다. 그는 한 그루 나무 그늘 아래 앉아 신발을 벗는다. 먼지를 털고 허리띠를 풀어 숨을 몰아쉰다. 이때 한쪽에서 대원이 나온다.

대원   저쪽에 잠자리를 펴놨습니다.

창수   난 여기서 잠깐 눈만 붙이겠으니 내 걱정일랑 마시오.

대원   그렇지만 날씨가 차서.

창수   괜찮으니 어서 가봐요!

창수는 양팔을 몇 번 움츠렸다 폈다 하다가는 그대로 길게 눕는다. 바람소리가 전보다 거세어진다. 대원은 겸연쩍어하며 퇴장한다. 어둠이 더욱 짙어간다. 사이. 무대 한구석에 창수의 어머니 곽 씨의 환영이 나타난다. 작달막한 체구이나 강인하고 의지가 굳은 여성이다. 밭일을 하다가 돌아온 듯 소쿠리와 호미를 들었다. 그녀는 소쿠리와 호미를 한 귀퉁이에다 내던지고는 물을 떠서 손을 씻는다.

곽씨   창수야, 창수야 상기도 안 일어났니? (머리에 쓴 수건을 벗어 손을 닦고 옷의 먼지를 턴다. 큰소리로) 창수야! 날레 일어나 니 아비 일 좀 거들어 드리려마! 몸도 약하신데 혼자서 묵은 밭 일구시느라고 낑낑거리신다…… (말하려다 말고 창수 쪽을 쏘아보며 날카롭게) 창수야! 에미 소리 안 들리니? 잉? 에미 얘기는 들을 필요도 없니?

창수   (잠에서 깨어나 일어난다. 무척 앳된 동작이다. 크게 기지개를 켠다) 아…… 오마니 잔소리에 그만 좋은 꿈을 깨고 말았네!

곽씨   어드레? 꿈?

창수   예. 기가 막힌 꿈이었는데 그만……

곽씨   (실소하며) 흠…… 네 팔자가 개팔자구먼. (빨랫감을 꺼내 손질하며)
       이렇게 세상 뒤숭숭한데 단꿈만 꾸다니……

창수   오마니!

곽씨   (들은 척도 않고 일을 계속한다)

창수   (응석부리듯) 오마니!

곽씨   에미 아직은 귀 안 먹었어! 할 얘기 있으면 하려마!

창수   (머뭇거리다가) 저…… 세상 구경하고 싶습니다.

곽씨   (일손을 놓고) 어드레? 세상 구경?

창수   이 코딱지만한 해주 땅을 벗어나서 더 넓고 큰 세상을 보고 싶단
       말이에요. 책만 읽는다고 다인가요. 배운 지식을 써먹어야지……

곽씨   (아들이 대견해 보이며) 진심이가?

창수   오마니도…… 제 나이 열일곱이에요. (응석을 부리듯) 오마니 그
       러니 노잣돈 좀 주셔요. 조금만……

곽씨   (일을 다시 계속하며 선선히) 그렇게 하려마!

창수   예?

곽씨   노잣돈 줄 테니 넓은 세상 구경하고 오라우!

창수   정말?

곽씨   자식이 중하지 돈이 중하갔어? 사람 있고 돈 있지…… 그 대신
       한 가지 에미하고 약속해야 한다.

창수   예, 뭔데요?

곽씨   (일손을 멈추고 창수를 정시하며) 큰 것만 보라우, 알갔어?

창수   큰 것이라니오?

곽씨   대와 소를 가릴 줄 알아야디. 무엇이 크고 무엇이 작은 일인지도
       모르고 덮어놓고 시정 잡배들 속에 섞여 떠밀려 가지 말라우. 이
       에미는 낫 놓고 기역자도 모르지만 그 이치만은 조부님한테서 배
       워서 안다. 우리 집안이 이렇게 쇠락했지만 본시는 뼈대도 있고

심지도 있었던 내력 너도 잊지 않았겠지?

창수 예, 아버님한테서도 자주……

곽씨 그것만 명심하면 되었어. (허공을 보며) 사내 대장부는 넓은 세상을 봐야디. 큰 물고기는 넓은 바다에서 사는 법이니끼니…… (미소를 머금고) 창수야. 어디메고 넓은 세상에 나가 큰 것을 보고 오라우. (빨랫감을 챙겨 들고 퇴장한다. 환상에서 깨어난다)

창수 오마니! 오마니! (두리번거린다. 바람소리가 전보다 거세다. 자리에서 일어난다. 생각에 잠긴다) 대와 소를 가려라? 무엇이 크고 작은지를 가려내라. 아…… 멋모르고 흘러 보낸 두 해 동안에 내가 한 일이라면 무엇인가? 동학에 입문하여 싸워온 이 길목에서 과연 나의 뜻을 이룰 수 있을 것인가.

아직도 길은 멀고
어둠은 무겁게 내려앉았네
목이 쉬도록 외쳐대는 소리
돌아오지 않은 메아리
개벽은 언제 오는가
짓밟힌 사람들은 언제 고개 드는가
사람이 하늘이라면
사람이 하늘이라면

이때 멀리서 총소리가 들려온다. 예사롭지 않은 예감이 든다. 여기저기서 동학군이 잠자리에서 일어난다.

창수 무슨 일이오?

대원 갑 총소리요.

대원 을 관군들의 반격이오.

창수 관군들이?

대원 병 야음을 틈타 기습해 왔소.

대원 정 후퇴합시다! (총소리가 더 치열하게 가까워진다)

창수 안 되겠다! 모두 가까운 산으로 피신하라! 어서!

일동 피신하라!

삽시간에 대열이 무너져 내리며 우왕좌왕한다. 어둠 속에서 총알이 터지는 붉은 화염이 꽃처럼 명멸한다. 창수는 결연한 가운데서도 어떤 패배감을 예감한 듯 허공을 노려본다. 적의 총소리와 함성, 그리고 동학군의 아우성 소리 속에 무대가 어두워진다.

암전

제3장

유학자 고능선의 집. 사랑채, 선비다운 분위기. 병풍 앞에 단좌한 고능선의 품위 있는 모습. 그 앞에 고개 숙여 무릎을 꿇고 있는 김창수의 초라한 몰골이 대조적이다. 고능선은 상체를 좌우로 서서히 흔들며 얘기를 듣고 있다. 그의 앞에 읽다 만 두터운 서적이 문갑 위에 쌓여 있다.

능선 (조용히 몸을 흔들며) 그래 이 고능선을 찾아온 용건은 무엇인고?

창수 예…… (압도당한 듯 눈부시게 쳐다보고만 있다)

능선 보다시피 나는 옛 글이나 읽으며 소일하는 그런……

창수　스승님 연소몰각*하고 천학비재*한 저는 앞으로 어떻게 세상을 살아가야 할지 몰라 허공에 붕 떠 있는 몸입니다. 한때 동학에 입문은 했지만 그 길만이 망해 가는 이 나라를 바로 세우는 길인가하고 하루에도 몇 차례 자문자답하며 지냈습니다.

능선　(눈을 여전히 감은 채로) 만고천하에 흥해 보지 못한 나라 없고 망해 보지 못한 나라도 없었느니라.

창수　하오면 망해 가는 이 나라를 어찌하면 되겠습니까?

능선　망국이란 반드시 국토와 백성을 그대로 둔 채 군위만 바뀌는 건 아니니라. 망국이란 국토와 백성과 그리고 주권까지 다 함께 송두리째 빼앗기는 일이니라.

창수　지금 왜놈들처럼 말입니까?

능선　그렇다. 그러나 나라가 망하는 데도 신성하게 망하는 경우와 추악하게 망하는 경우가 있다는 점을 명심해야 하느니라.

창수　(혼자소리처럼) 신성하게 망함과…… 추악하게 망함이라?

능선　옳거니! 신성한 망함이란 백성이 정의로움을 위해 끝까지 싸우다가 복몰 覆沒하는 일이요, 추악한 망함이란 적에게 아부하다가 그 술수에 항복하는 일일진데……

창수　그렇습니다. 바로 오늘의 우리 국정이 그 꼴이고 조정 궁궐 안이 그 지경이옵니다! 자고로 오래 가서 망하지 않은 나라 없고 오래 살아 죽지 않은 자 없다고 했으니, 장차 우리가 망하지 않고 살아남을 길은 어디 있으며, 망할 것을 망하지 않게 할 길은 어디 있습니까?

능선　현 조정의 고관대직들처럼 외국놈들에게 아첨하지 말 것이며, 청국과는 상호 협조하되 긴 안목으로 결탁하는 일이니라.

---

* 나이가 어리고 철이 없음.
* 학식이 얕고 재주가 보잘 것 없음.

창수　(긴장하며) 청나라 하고 결탁을 하다뇨?

능선　그렇지! (눈을 크게 뜨고) 청국은 기어코 다시 일어설 것이다. 작년에 왜놈들에게 참패를 당했지만 언젠가는 복수전쟁을 하게 될 터이니 앞으로는 청나라를 알아야 할 일이니라.

창수　청나라를 알려면…… 청나라에 들어가란 말씀이신가요?

능선　가야지. 가서 사람도 만나고 풍물도 배우고 사람을 사귐으로써 다가올 시대에 대비해야지!

창수　저 같은 연소몰각한 사람도 가능할까요?

능선　(웃으며) 아기 장수란 별명이 사실이라면 하고도 남지! (자리에서 일어나며) 장차 큰일을 하려면 큰 세상, 넓은 바다로 나가야지!

창수　저희 모친께서도 그렇게 말씀하셨습니다.

능선　(강조하며) 대장부란 마음이 울적할 때는 바깥 바람도 쏘여야 하는 법일세! 작은 내 자신을 버리고 넓은 세상으로 들어가야지! 헛허……

창수　(입 안의 소리로) 오마니! 오마니 말씀과 어쩌면…… (얼굴에는 새로운 희망과 감동이 뭉게구름처럼 피어오른다) 스승님! 가겠습니다! 그렇게 하겠습니다! 견딜 수도 없고 잊을 수도 없는 이 골 깊은 상처를 씻어내기 위해서도 넓은 세상으로 가겠습니다.

능선　밟히면 밟힐수록 뿌리 내리는 보리처럼 뻗어 나가야 하느니라.

창수　스승님 말씀대로 따르겠습니다. 왜적은 우리와 더불어 살 수 없는 숙원宿怨입니다. 하물며 지난달에 우리 국모를 분살한 그 원한을 어찌 잊을 수가 있겠습니까. 참을 수 없는 수모였습니다. 임진왜란 때부터 수없이 우리 국토를 넘어다보는 왜적들의 불의 무도한 만행을 어찌 잊을 수가 있겠습니까! 청국으로 가서 이 분통을 터뜨릴 길을 찾겠나이다!

제4장

김창수의 집. 허름하나 깔끔하게 손질이 간 꾸밈새는 이 집안의 가풍을 말해 준다. 창수 아버지(김순영)가 기름불 아래서 책을 읽고 있다. 저만치 돌아앉은 어머니 곽 씨는 헌 옷을 꿰맨다. 아버지는 병약해 보이나 어딘지 심지가 들어 보이는 풍모이다. 밤의 침묵을 깨고 멀리서 개가 짖는다. 바람소리가 지나간다. 다시 적막이 흐른다. 아버지가 허공을 쳐다본다.

부   오늘이 며칠이오?

곽씨   (일을 계속하며) 2월 열아흐레지요. 머지않아 3월이야요.

부   (긴 한숨)

곽씨   (실 매듭을 입으로 끊고) 세월은 잘도 가누먼…… (문득 고개를 들고) 창수 이녀석…… 어디메쯤 갔을까요?

부   글쎄…… 지난번 가을에 강계를 거쳐 집안, 통화를 들러갈 계획이라는 편지만 왔을 뿐 소식이 끊겼으니…… (책을 덮고 담뱃대를 꺼낸다. 부싯돌을 그어서 불을 붙인다) 중국 땅은 지금쯤 꽁꽁 얼어서…… 오도가도 못하는 게 아닌가? (담배 연기를 내뱉고서) 공연한 짓 했어.

곽씨   공연한 짓이라니요?

부   창수 녀석 노잣돈 하려고 부리던 말을 5백 냥 받고 남의 손에 넘겼으니 말이다.

곽씨   우리 창수가 그 돈을 헤프게 쓸 것 같습네까? 떠날 때도 참빗과

필묵 등을 사개지고 갔이요. 가다가 노자가 모자라면 장사를 하
겠다면서…… 흠…… 우리 창수놈 그래 뵈도 속이 깊습데다……
(마냥 넉넉한 미소를 짓는다)

부　　제 놈 몸 하나 살기 위해서 말은 팔아 중국 땅 가는 노자를 쓴
　　　게 속이 깊어? 헹! 애시당초 잘못되었디.

곽씨　(분명하게) 창수를 믿습네다. 두고 보시라우요.

부　　제 놈 나이도 이제 스무 살이라구! 장가 들어 아새끼 낳고 집안
　　　지킬 생각도 해야디 그게 역마살 낀 장돌뱅이처럼 돌아다녀서야
　　　언제……

곽씨　(거칠게) 말씀이 지나치지 않습네까?

부　　아니…… 임자가 왜 그렇게 눈에 쌍심지 켜대고……

곽씨　보시라우요. 아무리 그렇기로서니 창수가 장돌뱅이로밖에 안 보
　　　입네까? 열일곱 살에 아기 장군이라 남들이 떠받드는 자식이 고
　　　작해서 장돌뱅이로밖엔 안 보입네까?

부　　(약간 후퇴하는 빛으로) 누가 꼭 장돌뱅이라고 했어? 이를테면 그
　　　렇다 그거지. 낸들 왜 창수의 재능을 모르갔어. 다만 이 험악한
　　　세상에 겁없이 떠돌아 다니다가는……

곽씨　그럼 왜놈들에게 굽실거리며 배 채우기를 바랍네까?

부　　임자는 왜 다짜고짜로 밀어붙이려고만 하디? 내 말은……

곽씨　그만두시라우요! 어떻든 창수는 장차 큰일을 하고도 남을 거예
　　　요. 두고 보시라우요! 부모가 자식을 못 믿고서야 어케 무엇을
　　　믿는담! 흥!

부　　임자는 내 마음도 잘 모르면서리 화부터 내기가?

이때 개 짖는 소리가 가까이서 소란스럽다. 얼마 전부터 바람소리도
거세진다.

곽씨	(밖에서 짖는 개에게 화풀이라도 하듯) 시끄러워! 그만두지 못하갔어? 이 쌍놈의 개새끼가…… (하며 빗자루를 들고 방문을 홱 열어제친다. 때마침 쏟아지던 눈보라가 바람을 타고 방안으로 휘몰아친다. 기름불이 사정없이 흔들린다. 긴장하며) 뉘기여? 응! 거기 서 있는 게 뉘, 뉘……
부	누가 왔어? (하며 일어선다)

이때 김창수가 들어선다. 초라한 모습이다. 머리며 어깨에 흰 눈을 이고 있다. 창수가 방문을 닫는다. 어딘가 초조한 게 마치 누구에게 쫓김을 받는 느낌이다. 옛날하고는 달리 단발을 했다.

창수	오마니!
곽씨	창수야!
부	이게 어케 된 일이가? 기별도 없이…… 잉?
창수	절 받으셔요.
부	응?
곽씨	기래 절은 받아야지. 흠…… (자리에 앉자 창수가 큰절을 하고 좌정한다) 중국에 갔던 일은 어케 되었니?
창수	동삼성을 거쳐 북경까지 가려고 계획은 세웠지만 뜻한 바 있어 되돌아왔습니다.
부	(의아해서) 되돌아왔어? 그럼 지금 어디메서 오는 길이가?
창수	안악에 들러 치하포에서 오는 길입니다.
곽씨	치하포? 아니 그럼 중국에서는 벌써 돌아왔어?
창수	예.
부	임자, 우선 저녁이라도 먹게 해야디. 먼길 온 아이를 붙들고 얘기만 하고 있기요?

곽씨	내 정신 좀 보라지, 훗흐…… 창수야 내 곧 맛있는 토장국 끓여 저녁상 볼 테니 날래 몸이나 씻으라우.
창수	(당황한 듯) 아닙니다. 그럴 시간 여유가 없습니다.
부	여유라니?
창수	곧 떠나가야 합니다.
곽씨	떠나? 어디메로 또 떠난다고 기래? 1년 만에 돌아왔으니 푹 좀 쉬어라.
창수	아, 아닙니다. 그, 그럴 여유가 없다니까요? (안절부절못하며) 오마니, 나 양식하고 속옷 좀 챙겨주시겠어요?
곽씨	뭬라고? (아버지를 돌아보며) 여보 지금 얘기 들으셨이요?
부	창수야, 오자마자 또 어디메를 가겠다는 게야?
창수	예, 저…… 실은……
곽씨	앉은 자리 더워질 사이도 없다더니 너를 두고 하는 말이다야. 훗흐…… 좌우단간에 좀 쉬었다가 저녁이나 먹고……
창수	(약간 신경질적으로) 그러고 있을 시간 여유가 없다니깐요! 전 지금……

멀리서 또 개 짖는 소리가 들려온다. 창수는 반사적으로 바깥 세계에 신경을 곤두세운다. 두 사람은 아들의 태도에 뭔가 낌새를 느끼는 눈치다.

부	창수야 너 지금 무슨 일을 꾸미고 있디? (창수는 머뭇거린다)
곽씨	날래 얘기 하지 못하갔어? 응? 처음부터 네 거동이 좀 수상쩍다 했더니만…… 도대체 어디메로 가겠다는 게야?
창수	저……
부	이 밤중에 꼭 가야만 되갔어?
창수	(망설이다가 정좌를 하고 부모를 똑바로 바라보며) 실은…… 지금

	······ 쫓기는 몸입니다.
곽씨	쫓겨?
부	누구에게 말이가?
창수	일본 경찰에게······ (개가 아까보다는 가까운 곳에서 짖어 댄다)

곽씨   (창수의 팔을 붙들며) 창수야, 자세히 얘기 좀 하라우! 니가 무슨 죄를 지었기에 일본 경찰에게 쫓기는 지경이 되었냐구? 응? (강하게) 그럴 만한 이유가 있지 않겠어?

부   (타이르듯) 창수야, 말하라우. 네 오마니나 나는 놀라지 않을 테니 어서 말하라우.

창수   (잠시 두 사람을 번갈아 보다가 담담하게) 사람을 죽였습니다.

곽씨   뭐, 뭐라고?

부   사람을 죽여?

곽씨   살인을 했단 말이가?

창수   예.

부   그게 누구가? 뭘 하는 놈인데······

창수   (침착하게) 일본 군인입니다.

부   일본 군인?

창수   육군 중위 쓰찌다를 죽였습니다.

두 사람은 어안이 벙벙해져 와들와들 떤다. 바람소리가 더 거세어진다. 멀리서 파도소리가 밀려온다.

암전

제5장

파도소리와 갈매기 소리. 무대 밝아지면 치하포 포구 주막집. 가운데
술청이 있고 그에 잇대어 20여 명이 혼숙할 수 있는 방이 있다. 해질녘
의 쓸쓸한 해변가, 노을이 피보다 붉다. 투숙객들은 더러는 눕기도 하
고 앉아 있기도 한다. 투전판을 벌이는 사람도 있고 짚신을 손질하는
사람도 있다. 술청에서는 젓가락 장단으로 노래를 부른다. 흥겨운 뱃
노래 가락이다. 술이 거나하게 취했다. 그들과 약간 거리를 둔 자리에
쓰찌다가 외상을 받고 식사를 하고 있다. 차림새는 분명한 조선 사람
인데 밥을 먹는 거동이 어딘지 익숙하지 못하다. 안방에 누워 있는
손님이 구성지게 〈수심가〉를 부른다. 술청에서 술을 마시던 손님 A가
아까부터 쓰찌다를 훔쳐보더니 옆사람 B의 옆구리를 쿡쿡 찌른다.

손님 B 아얏! 남의 옆구리는 와 쿡쿡 찔르고기래! 소 갈비 대신 내 갈비
구워 먹으려고?

모두들 킬킬 댄다. 손님 A가 그게 아니라고 변명하는 시늉을 하며 쓰
찌다를 턱으로 가리킨다. 손님 B가 그 쪽을 쳐다본다. 그걸 눈치챈 쓰
찌다가 약간 돌아앉는다.

손님 A 좀 이상하지 않아?
손님 C 이상하긴…… 눈은 둘이요, 코는 하나에 입도 하난데 뭐가 이상
하다고……
손님 A 아까 나룻배를 타고 올 때부터 이상한 눈치였지. 누구하고 말을
하려 들지도 않고…… 혼자서만 있는 게……
손님 B 이것 보라우. 너한테 말을 걸 만한 구석이 어디 있는가 말이다.

통곡의 땅

코는 매부리코에다 입은 아구 입이요, 머리는 옥수수 수염처럼……

손님 A 듣기 싫어! (하며 쥐어박는다)

손님 D 마누라 엉뎅이 생각나서 그러니? 헷헤……

손님 B 이 친구 잠버릇이 험악한 게 내게 올라타려고 하니 원……

일동 헛허……

이때 방 한구석에 누워 있던 손님이 벌떡 일어난다. 창수다. 단발을
했다.

창수 (큰 소리로 부엌 쪽을 향해 외친다) 주모! 주모!

모두들 그 우렁찬 목소리에 놀란 듯 돌아본다. 창수가 일어나 술청으
로 나온다.

창수 (약간 화가 나서) 주모! 어떻게 된 거야?

주모 (소리만) 예이……

창수 밥 시킨 거 어떻게 됐냐구?

주모 (소리만) 지금 개지고 가겠소!

창수 대답만 할 게 아니라 날래 가지고 와요!

주모 (소리만) 예…… 나갑니다요!

주모가 큰 양푼에 밥을 고봉으로 눌러 담아 가지고 부엌 쪽에서 급히
나온다. 짝달막한 키에 자라목의 생김새가 자못 회화적이다.

주모 죄송합네다!

창수 (양푼을 받아 큰 빈 양푼에다 덥석 엎어 붓고는 국을 만다)

주모	(호기심과 놀라움에서) 이게 몇 그릇째인지나 아시고 잡수십네까?
창수	(손가락 다섯을 펴보이며) 아직 두 그릇 남았지. (일동 까르르 웃는다)
주모	도대체 손님 뱃속엔 뭐가 들었기에 밥을 그케 많이…… 드십니까?
창수	내 배? 그야 오장육부가 들었지.
주모	뉘긴 육장칠부랍데까? (일동 까르르 웃는다)
창수	모르는 소리 마오. (밥을 먹으면서) 세상에는…… 쌀 가마니째 먹는 놈이 있는가 하면…… 남의 나라 농토를…… 송두리째 삼키는 놈도 있다구요. 그런 놈에 비하면 이까짓 밥 다섯 그릇 정도는 새발에 피가 아니라 모기 뒷다리에 난 사마귀지요. 헛허…… (일동 까르르 웃는다)
주모	그런 놈이 세상 어디메 있갔소?
창수	(수저를 들다 말고) 있으면 어떻게 하겠소?
주모	어카긴…… 내레 밥값 안 받겠수다!
창수	정말이지? (모두에게) 다들 들었지요?
일동	예…… 들다마다요…… 헛허! (좌중이 술렁거린다)
손님 A	그게 누구요?
손님 B	그놈 뱃속이 어케 생겼는지 한번 보고 싶수다! 헛허……
주모	세상 어디메에 그런…… 인간이 있갔수? 내레 머리에 털 나고 그런 사람 보지도 듣지도 못했이오! 홋호……
창수	저기 있잖소! (하며 쓰찌다를 가리킨다. 모두 일제히 그 쪽으로 시선이 쏠린다. 쓰찌다는 부러 동요의 빛을 감추고 태연스럽게 밥을 먹는 척한다)
주모	저 손님…… 뉘시길래요?
창수	(먼산을 바라보며) 오장육부가 아닌 육장칠부를 가진 인간이지!
일동	예?
손님 A	(B에게) 보라우! 내래 뭐라고 했어? 아까부터 수상쩍다 했잖았어? 잉?

창수   (자리에서 일어나 쓰찌다에게 다가간다) 일어서! (반응이 없다) 내 말
안 들려? (야유하듯) 조선말도 잘하고, 김치, 깍두기 잘 먹고 조선
옷은 제법 입었다만 내 눈은 못 속인다. 흥!

쓰찌다는 비시시 웃으며 쳐다본다. 그 순간 창수가 밥상을 걷어차자
마룻바닥에 흩어진다. 좌중에 긴장감이 감돈다. 폭풍전야 같은 압박
감이다.

주모   왜 기리요? 말로 하시라우요! 말로! 우리 주막 살림 까부수기예
요? 내참! (흩어진 그릇과 반찬을 급히 줍는다)

손님   보시라우요. 도대체 이 사람이 뉘신데……

창수   (침착하나 단호하게) 왜놈이오!

일동   왜놈? (모두들 웅성거린다. 그러나 쓰찌다는 고개를 수그린 채 미동도
안 한다)

창수   분명한 왜놈이요! 우리 국토를 삼키고 우리 나라 주권을 송두리
째 찬탈하려고 넘어다보는 왜놈이요! (그의 먹살을 쥐어 틀며) 왜
대답이 없니? 말해! 왜놈이지? 우리 눈을 속이려고 이렇게 두루마
기를 입었지만 (다른 사람들에게) 이놈을 끌어내시오!

손님 A, B, C가 와르르 달려들어 쓰찌다를 주막 앞마당으로 끌어낸다.
모두들 따라나온다. 저마다의 입에서 놀라움과 분노의 소리가 터져
나온다. "왜놈이다!" "쥑일 놈!" "쌍놈의 새끼!" 등 욕설이 튀어나온다.

창수   이 놈 옷을 벗겨요!

서너 병이 쓰찌다의 옷을 벗긴다. 두루마기와 바지저고리를 벗기자

일본 사람들이 입는 속옷 모모히끼에 무명베 하라마끼 차림이 드러난다. 모두들 놀란다.

창수 무릎 꿇어! (쓰찌다가 땅바닥에 무릎을 꿇는다. 그러나 입가엔 이지러진 미소를 머금은 태연자약한 자세이다) 나는 네놈이 황주 포구에서 목선을 탈 때부터 유심히 지켜보았다. 아무리 변장을 해도 내 눈은 못 속인다! (사이) 어디 사는 누구냐?

쓰찌다 (천천히 유들유들하게) 황해도…… 장연 사는……정원보요.

창수 정원보? 본관이 어디냐?

쓰찌다 (당황하며) 본관?

창수 정씨 성의 본관이 있을 게 아닌가?

쓰찌다 (머뭇거리며) 그, 그건…… 저…… 그……

창수 (비아냥거리며) 성은 가졌지만 본관은 모른다. 이건가…… 흠…… 그럴 테지. 원래 일본놈은 족보란 게 없으니 본관을 알 턱이 없겠지! 게다가 네놈 말투는 황해도 말씨가 아닌 한성 말씨다! (추상같이) 바른 대로 대라!

쓰찌다 (묵묵히 고개만 숙이고 있다)

창수 조선 사람으로 변장을 한 이유가 있을 게 아닌가! (사이) 왜 말을 못하는가? 첩자인가? 아니면 지난번 우리 국모를 시해한 부랑당 미우라 고로의 졸개냐? (사이) 말을 해라! (하며 그의 턱을 한 손으로 치켜 드는 순간 쓰찌다는 배에 감고 있는 하라마끼에서 단도를 뽑아 창수를 찌르려 한다. 군중들이 놀란다. 창수가 잽싸게 그 손목을 발로 걸어차자 단도가 땅에 떨어진다. 창수가 쓰찌다의 목을 조인다) 네놈 정체가 뭐냐? 살고 싶거든 바로 대라!

쓰찌다 고로세! (죽여라!) 어서…… 죽여라! (발악을 한다)

창수 아무나 죽는 게 아니다. 정체를 밝히기 전에는 네놈에겐 죽을 자유는 없다! 말해라!

쓰찌다 (사이) 대 일본제국 군인이다. (모두 놀란다)

창수 계급은?

쓰찌다 육군 중위다. 자 이제는 죽일 수 있겠지? 일본 군인 정신이 얼마나 철저한가를 보여주기 위해서도 나는 결코 비겁한 죽음은 하지 않을 것이다. 차라리…… 나는…… (그 말이 떨어지기 전에 그는 땅에 떨어진 단도를 집어 자기 배를 찌르려 한다. 그 순간 창수가 그의 목을 힘껏 누른다)

창수 에잇! 죽어! 죽어! (혼신의 힘으로 목을 조른다)

모두들 경악과 긴장과 공포에 떤다. 이윽고 쓰찌다가 숨을 끊은 듯 쭉 뻗는다. 창수의 거친 숨소리가 더욱 빨라진다. 조명이 어두워지며 창수만을 비춘다. 무대는 다시 제4장으로 바뀐다. 저만치서 창수의 아버지와 어머니가 희미한 불빛 속에서 천천히 다가온다.

창수 아바지…… 오마니…… 국모를 시해한 원수를 갚기 위하여 왜놈을 죽였습니다. 국가의 대치 大恥를 씻기 위해 왜놈을 죽였소. 설령 내가 감옥에 갇힌다 해도 슬퍼하지 않을 것이오. 아니 죽음을 당한다 해도 그것은 나의 영광이오. 대한의 대장부로 태어나서 국치를 씻기 위해 목숨을 바친 몸이니 어떠한 법사 法司의 조치도 두려워하지 않겠소! (김창수의 두 눈에서 분통의 눈물이 흘러내린다. 다음 순간 창수는 땅바닥에 무릎을 꿇는다. 눈보라가 휘몰아친다)

곽씨 창수야, 네가 그런 고초를 당한 줄도 모르고…… 흑…… 흑……

창수 오마니 불효막심한 아들을 용서하십시오. 앉은 자리 더워질 사이 없이, 이 못난 아들을 위해 고생하신 오마니, 바다 같은 아버님 은혜에 만분의 일도 갚지 못한 채 죄인이 되었습니다. 행여 바람이 불면 날릴세라 먼지가 앉으면 흐려질세라 애지중지 키워 오신 그 은혜를 어찌…… (통곡하며) 아버님…… 어머님……

얼마 전부터 무대 한쪽 어둠 속에서 일본 헌병 5, 6명이 서서히 다가온다. 손에는 총과 포승이 들려 있다. 얼굴은 안 보이나 공포와 위협감이 납덩이처럼 내리누른다. 바람소리 더 거세어진다.

곽씨   창수야!

부   어서 피신해야디! 어서……

창수   아바지! 오마니!

헌병이 방문을 걷어차고 들어선다. 세 사람이 돌처럼 굳어 버린다.

암전

제6장

인천 옥중. 전막으로부터 1년 후 여름. 후텁지근하고 퀴퀴한 공기가 금세 느껴지는 듯한 감방 안 분위기. 무대 중앙에 10여 명의 죄수가 김창수를 중심으로 좌우로 둘러앉아 노래를 배우고 있다. 김창수가 선창하면 죄수들이 따라 부르니 마치 서당에서 학동들이 글을 배우는 광경처럼 천진스럽기만 하다.

창수   (창) 갈까 보다…… 갈까 보다…… 임을 따라 임과 둘이…… 갈까 보다……

일동   (창) 갈까 보다…… 갈까 보다……

창수   (창) 잦은 밥을 다 못 먹고…… 임을 따라 임과 둘이…… 갈까
보다.

일동   (창) 잦은 밥을 다 못 먹고……

창수   (창) 부모 동생이 이별하고…… 임을 따라 임과 둘이…… 갈까
보다.

일동   (창) 부모 동생…… 다 이별하고…… 임을 따라……

죄수 갑이 목메인 소리로 소리를 하니 화음이 깨진다. 김창수가 마룻
바닥을 탁친다.

창수   (화를 내며) 누구냐? 소리가 왜 그 모양이냐?

모두들 죄수 갑을 돌아본다. 그는 고개를 폭 수그린 채 훌쩍거리고
있다.

창수   왜 그래? 소리 배우기가 진력났어?

죄수 갑   (묵묵히 앉아 있다)

죄수 을   (옆의 죄수에게 음탕하게) 저 간나 새끼, 간밤에 허벅지에다 그걸
들이대고 생방아 찧더니만 병이 났음메! 힛히……

일등   힛허……

죄수 병   티껍게 굴지 말라우야! 누군 신바람 나서 소리 배우는지 알간?
우리가 기생인가 말이디! 고럼, 노는 겸에 염불한다, 힛허……

일동   힛허……

창수   내가 자네들에게 왜 소리나 옛날 이야기를 가르치는지 그 까닭을
아는 사람 있나?

모두들 멍청하게 두리번거린다. 서로 아느냐고 묻기도 하고 모른다고 도리질도 한다.

창수   (빙그레 웃으며) 모를 테지. 나는 지난 병신년 5월 열하루 새벽 해주 감옥에 수감되었을 때, 놈들의 모진 고문에 못 이겨 죽음의 고비를 넘긴 지 몇 차례 있었지.

죄수 갑   쪽빠리를 때려 죽였다는 게 사실입네까?

창수   (아랑곳없이) 나는 그때 차라리 죽었으면 했었지. 그러나 두 달 후 다시 이곳 인천 감옥으로 이송되면서부터는 생각이 달라지더군!

죄수 을   우째 달라졌음메?

창수   (침착하나 단호하게) 살아야 한다! 무슨 일이 있어도 살아남아야겠다는 생각이 들었지.

일동   예?

창수   왜냐면 우리를 위해서 옥바라지를 해주신 가족들도 가족이지만 우리 조국을 왜놈들 아가리에 송두리째 맡길 수 없다는 생각이 들었지.

죄수 병   그게 말대로 됩네까? 이 감옥 안에서 뭘 어떻게 합네까?

창수   감옥 안에서 할 수 있는 일이란…… (사이) 우리가 하나가 되는 일이다.

일동   하나가 되다뇨?

창수   (사이) 지금은 비록 옥중에 갇혀 있지만 언젠가 바깥 세상에 나갈 날을 기다리는 희망을 갖기 위해서이다. 하늘을 날으는 새를 봐. 바람에 흔들리는 나뭇가지를 보라고, 언 땅을 뚫고 나오는 새싹들을 보면 느껴질 게다. 모두가 희망이요, 자유를 갈망하는 몸짓일진대 사람이 어찌 그 소망을 잃어야겠는가. 언젠가는 열리는 옥문 밖으로 나가 부모 형제 다시 만나 빼앗긴 국토 다시 찾을 그날을 위해서 우리는 살아남아야 해. 알겠어?

모두들 숙연해진다. 죄수 갑이 얼굴을 쳐든다. 눈물 자국이 보인다.

죄수 갑 선상님!

창수 자네가 왜 우는지 아네. 가족 생각이 나서였지?

죄수 갑 예, 내레 죽고 싶도록…… 보고 싶고…… 죽고 싶도록…… 윽…… 윽.

창수 알다마다, 여기 있는 사람들 마음은 매한가지일세. 자네들이 비록 못 먹고 못 배워서 주벽잡기에 절도, 강도죄를 저질렀지만 옥문이 열리는 그날을 위해 새사람이 되기 위해서 노력을 해야 하네. 그래서 (소리를 낮추며) 이 땅에서 왜놈들을 몰아내야 하네. (다시 소리를 높이며) 그렇게 되기 위해서 우리는 하나가 되어야 하고, 하나가 되기 위해서 배우는 걸세! 알겠는가? 소리를 배우는 까닭을……

일동 (크게) 예!

창수 됐어! 자, 그럼 처음부터 다시 불러 보자. (창) 갈까 보다…… 갈까 보다……

일동 (창) 임을 따라…… 임과 둘이…… 갈까 보다……

노래가 고조되었다가 차츰 낮아지면서 장내 조명이 희미해진다. 이와 동시에 무대 한쪽이 밝아지며 「황성신문」 편집국 일부가 나타난다. 두어 사람이 집무 중이다. 기자 갑이 갓 나온 신문을 펼치고 읽는다.

기자 갑 (기사를 읽는다) 1896년 9월 12일…… (벽에 걸린 달력을 쳐다보고) 열흘 전이군. (다시 읽는다) "인천감리 이재성 씨가 법부에 보고한 바에 의하면, 해주 안악군 치하포에서 일본 장사 쓰찌다를 타살하여 강물에 내던지고 단도와 은전을 탈취한 죄로 체포하여 공초를 돌리니 조율 치판하여 달라고 하였더라." (옆 사람에게) 김창수란 친구 대단한데!

기자 을 그뿐인가. 옥중에서 독서를 어찌나 열심히 하는지 박식하기가 이 만저만이 아니라는군. 게다가 백여 명의 파렴치한에게 한글과 노래는 물론 윤리, 도덕까지 강론을 한다니 이를테면 옛날에 예수 그리스도가 무지몽매한 사람들에게 베풀었던 행적과 다를 바가 없다는군!

기자 갑 그럼 다음 호에다 김창수 구명을 위한 기획기사를 내도록하는 게 어때? 특종기사감이지!

기자 을 좋지! 이건 특종기사가 아니라 여론을 일으켜 사형에서 감형시키는 구명운동으로까지 확산시켜야 해. 모르면 몰라도 조정에서도 그 여론을 무시는 못할 테니까! 정 기자 국장 앞으로 기안을 올려요!

기자 갑 알았어!

암전

제7장

인천 감옥 안. 그러나 감방 안팎으로 30여 명의 죄수가 넘쳐서 춤판과 노래로 한창이다. 옆에서 지켜보고 있던 간수들도 덩달아 춤판에 끼어든다. 병신춤, 허튼춤 등 저마다 멋대로 추는 춤이 세련미는 없으나 신명나는 굿판임에는 틀림없다.

합창 경사로다 경사로다

인천 감영에 인물 났네

어제는 사형수요. 오늘부터는 대수

에헤야…… 에헤야…… 얼씨구…… 절씨구……

경사 났네, 경사 났어. 해주 텃골에 인물 났네

어제까지는 아기장수 오늘부터는 천하장수

에헤야…… 에헤야…… 얼씨구……

경사 났네, 경사 났어. 금수강산에 새별이 떴네

어두운 세상 밝혀 줄 북두칠성이 따로 있나

에헤야…… 에헤야…… 얼씨구……

춤판이 무르익어 갈 때 김창수가 모습을 나타낸다. 어딘지 경직된 표
정이다.

창수   (큰 소리로) 진정하시오! 조용히 하래두!

죄수들 춤을 멈추고 돌아본다.

죄수 을 경사에 노래와 춤은 으레 따르는 법 아닙네까? 헷헤……

일동   옳소! 헛허……

창수   뭣이 경사란 말인가?

죄수 을 나라님께서 형님을 특별히 사면하셨음메. 헛허……

죄수 정 (연설조로) 사형형 정지하는 친칙을 내리셨으니 경사 아니오?

창수   (쓰게 웃으며) 그게 왜 경사란 말이다! 내게는 오히려 치욕이다.
수모다!

일동 (어리둥절해 한다) 예?

죄수 정 치욕이라니! 그럼 계속 감옥에 갇혀 있는 게 옳단 말입네까?

창수 옳고 글코를 따지기 전에…… 내 마음에 들지 않는다!

죄수 갑 마음에 안 든다니요?

죄수 병 그 까닭이 뭡네까?

일동 말씀하시라우요!

창수 그래…… 말해 주마. (잠시 생각에 잠기다 말고) 사람이 현인 군자의 죄인이 되어도 대천입지 戴天立地에 수치감을 감당할 수 없으려니 한번 죄인이 되고 나면 종신토록 치욕을 견디기 어려운 법이다. 내가 대군주의 특전을 입어 여기서 풀려난다면 내 스스로 죄인임을 인정하는 꼴이 아닌가! (죄수들이 더러 고개를 갸웃거린다) 나도 애당초 왜놈을 죽인 일을 죄악으로 보지 않았으니 나는 죄인이 아니다. 천지 신명에 맹세하나니 국모를 살해한 왜놈에게 원수를 갚았을 뿐 나는 죄인이 아닌데 어찌 스스로 죄인임을 감수하겠는가! 나는 결코 비루하게 구명을 청하기도 싫고 은혜를 입기도 싫다.

죄수 갑 그럼 어케 하시갔소?

죄수 병 옥살이 더 하시갔소?

죄수 을 씨도 앙이 먹히는 소리 하지 말기여!

죄수 갑 무슨 다른 방법이라도 있습네까?

창수 (자신 있게) 방법은 있다!

일동 예? (놀란다)

창수 (한 사람 한 사람을 돌아보며) 여러분들이 합심만 해준다면 방법은 있다.

죄수 을 말씀해 주시오!

죄수 갑 그동안 이 무지랭이들에게 글을 가르쳐 주시고 사람된 도리를 깨우쳐 주신 은혜를 생각해서라도 무슨 일인들 못하겠소. 결초보은하갔소!

창수 (손목을 쥐며) 고맙네!

죄수 정 날래 말씀하시라우요! 오금이 저려서 오줌이 찔끔거립네다!

창수 (낮은 소리지만 단호하게) 내 발로 나가는 일이다.

일동 예?

창수 탈옥이다.

일동 (약속이나 한듯 동시에) 탈옥?

창수 그렇다! 왜놈들의 온정도 싫고 상감의 특칙도 싫다! 내 스스로 이 옥문을 부수고 내 발로 당당히 걸어나갈 것이다! (얼굴을 번갈 아 보며 힘주어) 남의 힘에 기대는 게 아니라 자력으로 나가는 거 다! 구걸도 싫고 더부살이도 안 된다! 나는 나야! 김창수다!

어느새 창수의 눈에 눈물이 고여 흘러내린다. 죄수들이 감동되어 그 자리에 엎드려 흐느낀다. 어느덧 그 흐느낌이 모여서 통곡으로 변 한다.

암전

제8장

창수의 집 뜰. 해묵은 나무 아래 곽 씨가 치성을 드리고 있다. 단정하 게 두 손을 비비며 축원하는 그녀의 모습은 차분하고 흐트러짐이라고 는 볼 수 없는 게 의연하기까지 하다. 그녀는 굳은 의지와 자제력을 잃지 않고 침착하다.

어머니　비나이다, 비나이다. 칠성님께 비나이다. 병자년 7월 열하루생 창수에게 그저 살아남을 힘만 내리소서. 일찍이 소년급제 바랐더니, 혼탁한 세상 썩은 냄새 구역질 난다하며 과거 공부도 내팽개친 내 아들 창수. 가진 것은 없어도 도량 넓기가 황해 바다요. 기골이 장대하고 기력이 세기가 창해역사 부럽지 않으니 그 이상 무엇을 바라리까! 갑오년 동학군 봉기하자 모두들 약관 15세 소년을 접주로 떠받들었고, 병신년 5월 열하루 국모 시해의 원한을 갚기 위하여 왜놈을 살해한 죄로 해주, 인천 감옥으로 전전하기 1년. 상감의 특칙을 마다하고 홀연 인천 감옥을 탈옥하여 행방을 감추었으니 (차츰 울음이 복받친다) 어디서 아들을 찾겠으며 어느 날 창수를 만나게 되려는지, 바람결에 들리는 소식으로는 동적강을 건너 삼남지방으로 떠났다고도 하는데, 천생이 역마살이 끼었는지라 뜬구름처럼 떠도는 우리 창수 좀 보살펴 주시오. 비나이다 비나이다 칠성님께 비나이다······

제9장

이윽고 곽 씨의 모습이 사라지면서 중간막이 내려오며 무대가 밝아진다. 멀리서 풍물소리가 들려온다. 남도의 풍물패가 등장하여 한판 굿을 벌인다. 신명나는 농악이다. 구경꾼도 어깨춤 궁둥이춤 보릿대춤이 절로 난다. 풍물패가 퇴장할 무렵 중간막이 오른다. 저만치서 김창수가 등장한다. 백립에 흰 두루마기 차림이며 괴나리봇짐을 걸머졌다. 그 뒤에 노승이 따라 나온다. 배경은 자욱한 연무 속에 가려진 산사. 산문과 숲이 보인다. 노승의 행색은 허술한 차림이나 어딘지 뼈대가 들어 있어 품위가 들어 보인다.

창수 아…… 경치 한번 좋구나! 바쁘지 않은 놈이니 여기서 잠깐 땀이 나 식히고 가야지. (창수가 나무 그늘 바위에 걸터앉아 땀을 씻는다. 저만치 떨어져 앉은 노승이 눈치를 살피듯 넌지시 말을 건다)

노승 우리 통성이나 하고 지냅시다.

창수 (짚신을 털다 말고) 예?

노승 어디서 오신 뉘시오?

창수 스님은 뉘시오?

노승 속성은 소蘇 씨이고 태생은 익산이오. 보아하니 남도 태생은 아 닌 것 같은디…… 안 그렇소?

창수 (약간 경계의 빛을 보이며) 그, 그렇소 나는…… 개성 출생이오. 조 실부모하고 강근지친 強近之親이 없어 혈혈단신으로 삼남 지방 의 강산 구경이나 할까 하고 이렇게 만유 중이라오 헛허……

노승 (믿기지 않는 듯) 강산 구경…… 만유 중이라…… 그래 강산 구경하 니 소감이 어떻소?

창수 (따끔해지며) 소감이라뇨?

노승 뭔가 느낀 바가 있을 법도 하다 이거지요. 헛허……

창수 물론 있지요. 있고말고요.

노승 얘기나 들어 봅시다그려. 소매만 스쳐도 인연이라는 불가의 가르 침대로 우린 전세에 어디서 만난 적이 있었는지도 모를 일이오. 그래 어디어디를 들렀소?

창수 마곡사에서 수일을 묵고 광주, 나주, 순창, 담양의 죽림에서 머리 를 식힌 다음 장흥, 보성, 해남에서 삼동 三冬을 지냈으니 눈 속에 피는 동백 피를 토한 듯 붉었고, 강심에 물오리 떼 한가롭게 노니 는 게 일품입데다. 역시 양반의 낙지 樂地는 삼남 三南이요, 상놈 의 낙지는 서북 西北이더군요.

노승 헛허…… 양반은 삼남, 상놈은 서북이다? 헛허…… 그렇지만 한

백성인데 반상을 구별하고 사람 박대가 있을 순 없지요. 하늘 아
래 사람이요, 사람이 하늘이라던 동학의 가르침도 있으니 말이오.

창수 (긴장하며) 동학을 믿으십니까?

노승 아니오. 나는 수도승이오.

창수 삼남 지방에는 신명이 있어 좋더군요. 아까도 오다가 풍물패를
만났지만 어딜 가나 깃발 세우고 장고 울리며, 선소리꾼이 고를
치고 남녀 농군이 풍물질하니 흥도 절로 신명도 절로 나서……
아…… 나도 풍물꾼이 될까 하오만…… (말하다 말고 자신을 응시
하는 노승과 눈이 마주친다)

창수 왜 그런 눈으로 보시오?

노승 그렇게 안 보이는디?

창수 뭐라고요?

노승 보아하니…… 음…… (이리저리 훑어본다)

창수 (반농담삼아서) 아닌 말로 좀도둑으로나 보인감료?

노승 좀도둑이 아니라 (여유 있게) 더 큰 도둑이 될 것이구먼그랴! 헛
허……

창수 (발끈 화를 내며) 뭐, 큰 도둑?

노승 노형 미안하오! 그렇게 화를 내지 달아요. 그저 농담으로 한번
그래 본거니께…… 헛허…… 다만 나도 삭발하고 불가에 들어
선 지가 어언 30년이 넘었고…… 세상 신고 다 맛봤으니께 웬만
한 관상은 할 줄 알지…… 흠……

창수 그래 내 관상이 고작해서 도둑이란 말씀이오?

노승 그 이야긴 농담이라니께 그래 썼네! (대뜸) 노형, 출가할 생각 없소?

창수 출가라뇨? 나더러 중이 되란 말씀이오?

노승 중도 중 나름이지요.

창수 (피식 웃으며) 나는 본래 학식이 나약하고 재질이 없는 쌍놈인데

중이 되다니 천부당만부당하오.

노승　(엄하게) 거짓말! 내 눈은 못 속이제! 노형의 그 눈빛 속에는 불길이 훨훨 타고 있다 이거여. 내 말인즉……

창수　불길이?

노승　그렇고말고! 그 불길을 꺼버리지 않으면 장차 큰일을 저질고 말 것이구먼! 그 불길을 사그라트리기 위해서는 중이 되는 수밖에 없다 이거여. 내 말인즉……

창수　불길도 싫고 중도 싫소!

노승　사람이 산다는 건 오탁세계에서 벗어나 청량계로 향하고, 지옥에서 극락으로 세간에서 걸음을 옮겨 출세간의 걸음을 걸어가는 법. 일신을 위한 출세나 부귀는 찰나적인 허상일 뿐, 삼세를 돌아 영생불멸하는 길이 바로 부처님의 가르침이오.

창수　(냉소하며) 영생불멸도 외쳐 보고 척왜척양도 내걸고, 제도안민도 꿈꿔 왔건만 내게 남은 건 없을 무자 하나뿐이었소. 천지간에 떠돌다 가는 솜털 같은 목숨이라. 산천초목이 거기 있듯 나도 그저 여기 있고 밤이 가면 해가 뜨듯 나도 잠자고 깨어날 뿐. 지금은 세상만사가 다 귀찮을 뿐이라오. 아…… (한숨을 내뱉는다)

노승　노형! 고명한 대사를 찾아가 불도를 학습하면 강사가 될 수 있을 터이니 어서 결심하싯쇼. 삭발을 하란 말이오!

창수　그런 대사를 알지도 못하오. 안다고 해도……

노승　내가 소개할 것이오. 저기 보이는 절의 보경대사의 상좌이신 하은당 스님을 찾아갑쇼!

창수　하은당 스님이라고?

노승　재력도 넉넉하니 학자금 걱정은 없을 것이구먼! 그러니 주저 말고 삭발을 해요! 내 말을 한번 믿어 보라니께! 응?

창수는 노승의 언행에 신빙성이 있다고 보았는지 은근히 마음이 쏠린다.

창수　하은당 스님이라고 했소?

노승　그렇제! 청정법계 淸淨法界에서는 온갖 생각이 모두 재로 변하는 법이여. 노형은 지금 그 먼지같은 생각을 버려야 해! 아니 마음속으론 그렇게 하고 싶을 텐디…… 안 그려? 헛허…… 내 눈은 못 속이제! 못 속여, 핫하……

창수　좋소. 하은당 스님을 뵙게 해주시오. 불도를 닦겠소.

노승　그랬으면 그렇제! 헛허……

암전

제10장

산사의 법당 앞. 독경 소리가 한가롭다. 매미 우는 소리가 비 오듯 하다가 뚝 멎고는 또 울어댄다. 나른한 여름날이다. 이윽고 독경 소리가 멎으며 법당 안에서 하은당이 나온다. 첫눈에도 위엄이 있어 보이나, 어딘지 고집스럽고 까다로운 성품임을 알 수가 있다. 그 뒤에 부잣집 마나님과 몸종이 따라 나온다. 불공을 드리러 온 보살이다.

여인　(합장하며) 스님, 여러 가지로 심려를 끼쳐드려 죄송허구먼요.

하은당　원 별 말씀을 다…… (합장을 한다)

여인　하은당 스님께서 그토록 정성껏 불공을 올려주셨으니 우리 애도 극락정토에 갔을 것이구먼요.

하은당　그러기에 아까 불경에서도 일렀지만 수행하는 데는 하심을 한다는 게 가장 중합니다.

여인 하심이라뇨?

하은당 하심이란 다름이 아닌 자신을 낮추는 마음입니다. 사람은 물론 짐승에서 벌레에 이르기까지 하심을 해야 합니다. 그래서 불가에 서는 일체의 살생은 금기요, 만물의 생명은 소중히 여기는 까닭 이 여기 있습니다. (입 안의 소리로) 나무관세음……

여인 여러 가지로 감사합니다. 그럼 저는 여기서 이만……

하은당 벌써 내려가시려구요?

여인 예. 청주까지 가려면 지금 떠나야 막차 시간에……

하은당 그렇군요. 그럼 신작로 어귀까지 누굴 시켜서…… 배웅을 해야 지요. (큰 소리로) 원종아!

여인 아닙니다. (몸종을 돌아보며) 얘가 있으니께……

하은당 그래도 어디 그럴 수가 있습니까요? 마나님께서 어떤 분이신 데 요. (다시 더 큰 소리로) 원종아! 원종아! 어디 있느냐?

원종 (나무 뒤에서) 예. 여기 있습니다, 스님! (삭발하고 승복을 입은 창수 가 나온다)

하은당 (태도가 돌변하여 엄격하게) 이놈! 거기 있으면서도 왜 대답이 그렇 게 늦단 말이냐?

원종 잘못하였습니다, 스님.

하은당 보살님 뫼시고 신작로 어귀까지 다녀오너라.

여인 아니에요, 스님! 저희들끼리 갈 수 있으니 너무 걱정 마셔유. (몸 종에게) 어서 가자.

하은당 그럼 제가 저기까지만…… 모셔다 드리죠. (원종에게 싸늘하게) 법 당 안 치워라.

원종 예…… (원종이 급히 법당 안으로 들어간다)

하은당 (유난히도 공손하게) 그럼 내려가실까요?

여인   예……

하은당이 앞장을 서고 두 사람이 그 뒤를 따른다. 법당 안에서 빈 차그
릇을 들고 나오다가 그 광경을 바라보는 원종의 표정이 착잡하고도
심란해 보인다. 다시 매미가 울어댄다.

원종   하심이라…… 자신을 낮추는 마음…… 그런데 스님은 왜 나한
        테는 그렇게 쌀쌀맞게 대하시는지…… 살생이 나쁜 줄 누가 모
        르겠는가. 그것을 행하는 사람은 없고 말로만 떠드는 주제에
        …… (이때 하은당이 돌아온다. 미간을 찌푸리며 못마땅해 한다)

하은당   뭘 혼자서 중얼거리느냐?

원종   (당황하며) 아, 아니올시다…… 저……

하은당   학습은 다하고 있느냐?

원종   예? 예……

하은당   (냉담하게) 그럼 어디 물어 보자 (천천히 거닐며) 초발심자경문 初
        發心自警文은 다 외웠느냐?

원종   예, 스님.

하은당   그럼…… 진언집 眞言集도?

원종   예. 다 읽었습니다, 스님.

하은당   그럼 오계란 뭣인고? 말해 봐라.

원종   예. 오계란 승려가 지켜야 할 다섯 가지 계율인즉 살생, 투도 偸盜,
        사음 邪淫, 망어 妄語, 그리고 음주로서 일명 오상 五常이라고도
        합니다.

하은당   (엄하게) 그런데 너는 왜 오계를 범하고 있느냐?

원종   예? 제가 언제……

하은당   마음속에서 이미 범하고 있느니라. 그래 장래 꿈이 뭣인지 말해

봐라.

원종　……

하은당　지금까지 세상을 떠돌아다니면서 지은 죄가 없는가?

원종　……

하은당　자칭 망명객인 양 영웅심과 공명심에 부풀어 사람까지 죽였지
　　　　않았는가?

원종　그, 그건 나라를 위해서였습니다.

하은당　(경멸하며) 나라를 위해서라고?

원종　국모를 시해한 왜놈들의 포악한 행위에 분격해서였지 결코……

하은당　(말꼬리를 잡으며) 그래서 살인을 했다 이거냐? 그리고 동학 접주
　　　　가 되어 남의 재산을 약탈하고 학살과 방화를 자행하고……

원종　억눌린 농민을 살리기 위해서였지 결코……

하은당　거짓말! 네 자신을 위해서였겠지! 평생의 한이던 상놈의 껍질을
　　　　벗고 싶고, 양반이 되어서 평상한 양반에게 숙원을 갚기 위해서
　　　　였지?

원종　그, 그건……

하은당　그건 허영이다. 야욕이야! 그것은 불가에서는 한치도 용납될 수
　　　　없는 일이니라.

원종　그럼 당하고만 있어야 옳습니까?

하은당　뭐라고?

원종　동학의 가르침은 반상의 차별도 없고 인내천이라 했는데 불가에
　　　　서는 그게 허용이 안 된다면……

하은당　(일갈하며) 이놈! 어디서 말대꾸냐?

원종　그뿐만이 아니라 제가 알기로는 사찰 안에도 계급이 있는 것 같
　　　　습니다.

하은당　계급이라니? 그게 무슨 해괴망칙한 소리냐?

원종	언젠가 우연히 추수책 秋收冊을 본 적이 있사온데……
하은당	추수책?
원종	작인들로부터 추수를 받는데 백미로는 2백여 석이고 금전으로는 수십만 냥이 넘는 것을 보았습니다.
하은당	아, 아니! 이, 이놈이……
원종	스님, 사찰에서 그게 왜 필요합니까? 중생을 제도하는 게 목적인 사찰에서 그 많은 추수를 받는다는 건 아무리 생각해도……
하은당	이놈! 함부로 입을 놀리긴가? 알고 보니 흉악한 거렁뱅이를 끌어 들여 왔구나! (안을 향하여) 거기 아무도 없느냐! 용맹아, 서민아!
원종	스님!
하은당	생김생김이 그렇게 미련스럽게 생겼으니 고명한 중이 되기는 틀렸다! 얼굴이 저렇게 못생기기도 어렵지! 흥!

하은당이 화를 내며 퇴장한다. 원종은 한동안 말없이 엎드리고 있다가 서서히 고개를 든다. 회한의 빛이 짙다. 무대가 차츰 어두워지며 한 줄기 조명이 원종을 비춘다.

원종	알 수 없는 일이로다. 높으신 덕 쌓으신 큰 어른의 말씀이 어찌 저토록 낮단 말인가? 내가 언제 부귀영화를 탐했던가? 입신 출세를 꾀했던가? 가난한 사람을 위하고 불의를 보고 좌시 못했던 나의 처신을 왜 몰라주시는가? 내가 여기 있음은 임시적인 은신일 뿐 번뇌 없는 열반의 세계에 일생을 희생할 생각은 추호도 없다. 더 이상 이곳에 머물 필요는 없다! (입고 있던 승복을 벗어 내던진다)

암전

제11장

무대 한쪽에 창수의 부모가 거처하는 방이 조명을 받는다. 아버지가 자리에 누워 있다. 오랜 투병의 흔적이 역력하다. 곽 씨가 걱정스러운 듯 팔다리를 주무른다. 아버지는 중환인 듯 숨소리가 거칠고 피골이 상접된 몰골이 이제 죽음이 가까운 사람임을 쉽게 알 수가 있다.

곽씨　(약사발을 들며) 약 식습네다. 날래 드시라우요.

아버지　약은…… 무슨…… 이제…… 죽는 날이나…… 빨리 왔으면…… 좋갔구먼…… 음……

곽씨　죽는 일이 마음대로 됩네까?

아버지　오늘이…… 며칠인고……

곽씨　섣달 여드레예요.

아버지　(가까스로 자리에 일어나 앉으며) 창수란 놈…… 올해…… 몇 살인고?

곽씨　스물다섯이에요.

아버지　(긴 한숨) 스물다섯? 충청도…… 마곡사에서…… 기별 있던 후…… 감감 소식이니…… 제 애비…… 죽어도…… 모르고…… 음……

곽씨　원 영감도…… 우리 창수가 어떤 아들인데요……

아버지　그 놈은…… 전생에…… 역마살이…… 끼어서…… 평생을…… 객지로만……

곽씨　전라도 무주의 인삼 밭에서 보았다고도 하고…… 그 누구는 강화도 장곶에서 봤다고 합데다. 그 앤 어디 가나 몸 건강하니 언제고 돌아올 거예요. 나는 누가 뭐래도 창수를 믿어요. 초년 고생은 은 주고도 못 산다 했시요. 흠…… (사뭇 흡족해 하는 표정이다)

아버지 임자는…… 자식놈도…… 안 기다려지나? 독한 에미나이구먼 …… 임자는……

곽씨 독하다마다요. 서슬이 퍼런 세상에 독한 마음 아니고 어케 살아 갑니까. 역적은 날뛰고, 왜놈들은 넘어다보고 오랑캐가 엿보는 칼날 같은 세상엔 마음이 독해야 살아남고, 살아남아야 아들도 만나디요……

여기에 화답이라도 하듯 창수의 목소리가 들려온다. 〈수심가〉 소리다. 곽씨가 긴장을 한다.

곽씨 영감, 저 소리 들리시우?

아버지 무슨 소리?

곽씨 귀에 익은 소리예요.

아버지 (쓰게 웃으며) 이제…… 헛소리까지…… 들리남?

곽씨 아니에요. 틀림없이……

자리에서 일어나서 방문을 연다. 다음 순간 곽 씨가 감전된 사람처럼 서 있다.

곽씨 (입술이 떨리며 입 안의 소리로) 창수야! 왜 그러고 있어? 어서 들어 오려마!

아버지 창수라고?

이때 검정 두루마기 차림의 창수가 천천히 모습을 나타낸다. 그는 격 앙된 감정을 억누르며 아버지 앞에 무릎을 꿇고 큰절을 하다 말고 그 대로 방바닥에 엎드려 흐느껴 운다. 아버지도 곽 씨도 복받치는 울음

통곡의 땅

을 어찌할 바 모른다.

창수 아버지! 가엾은 우리 아버지. (창수가 노래를 부른다)

늦가을 들판에 선 한 그루 나무

마른 가지에 매달린 마른 잎새 하나

아…… 지난 여름날의 그 푸른 빛

어디로 사라지고

병든 잎새만 떨고 있나

세월은 가고 꿈은 사라지고

실낱같은 숨소리만 남았네

아…… 모두가 그렇게 가는 것을

미움도 사랑도 꿈도

바람에 떨어지는 잎새처럼

모두가 그렇게 가는 것을

창수가 몸부림치며 통곡한다. 곽 씨는 아들의 등에 얼굴을 파묻고 운다. 아버지가 야윈 손을 내밀며 뭐라고 말을 하려 하나 제대로 말이 나오질 않는다. 창수가 무릎걸음으로 다가간다. 아버지가 창수의 얼굴을 쓰다듬는다. 눈물이 하염없이 흘러내린다.

아버지 불쌍한…… 자식…… 애비 잘못…… 만나…… 고생…… 고생만…… 하더니…… 윽…… 흑……

창수 아니올시다…… 아버님이야말로 불효자식 때문에…… 윽……

곽씨 (울음 반 눈물 반으로) 에그…… 어쩌면 부자간에 그리도 꼭 닮았을까…… 큰 강아지에 작은 강아지가 엉겼구먼! 훗흐…… (허탈한 웃음으로 변한다. 창수와 아버지도 멋쩍게 웃는다) 이러고 있을 게 아니디. 내 나가서 저녁을 지어 올 테니까…… 창수야. 시장하지?

창수 아닙니다. 저 곧 떠나야 해요.

곽씨 또 떠나? 어디메로?

아버지 어디…… 간다고?

창수 한성에서 몇몇 동지들이 모임을 가지기로 약속이 되어 있어서 ……

곽씨 하룻밤 묵지도 않고 가련? 창수야.

창수 그리고 한 가지 용서를 빌어야 할 일이 있는데요.

아버지 무슨…… 잘못이라도…… 저질렀어?

창수 그게 아니라…… 제 이름을 고쳤습니다.

아버지 이름을 고치다니? 그게 무슨 소리가?

창수 아버님께서 지어 주신 이름은 죽을 때까지 가지고 있어야 옳은 줄 알면서도 주변 사정이 여의치 못해서…… 그만……

곽씨 옳지. (낮게) 왜놈 경찰들이 귀찮게 따라다닌다. 이거가?

창수 예. 경찰의 수배가 여간 엄한 게 아닙니다. 그래서……

아버지 그래…… 뭐라고…… 고쳤지?

창수 김구라고요.

이버지·곽씨 김구?

창수 예. 거북 구 龜자, 외자입니다.

아버지 김…… 구……, 김구라.

곽씨 부르기 간편해서 좋구먼! 김구! 홋흐……

창수 허락하시겠죠?

곽씨 허락이고 나발이고 어데 있니? 네 이름 네가 지었는데…… 김구. 흠…… 그럼 앞으로는 '구'야…… 이렇게 부르런? 홋흐……

창수 예. (두 사람을 번갈아 보며) 소자 구, 이만 일어나겠습니다. (하며

큰절을 한다)

곽씨 꼭 떠나야만 하갔어? 하룻밤쯤 묵으면 안 되간? (아버지의 표정이 어둡다. 곽씨도 목이 잠겨 말이 막힌다)

창수 죄송합니다. 동지끼리의 약속이라서……

곽씨 그래 이번에는 얼마나 기다리면 되겠니? 반년? (사이) 일 년? (사이) 아니면……

창수 (긴 한숨) 어머니! 기약할 수가 없습니다. 그러나 한 가지만 약속하죠.

곽씨 약속을?

창수 왜놈들을 이 땅에서 몰아내기 전까지는 자주 들르지 못합니다. 저는 그런 운명의 별 아래 태어났습니다. 용서하십시오!

아버지 (더욱 시들해지며) 또…… 가는구나…… 차라리…… 아주…… 멀리…… 가버렸으면…… 기다릴 필요도…… 없을 텐데…… (목이 메이며) 이놈아…… 이 매정한 놈아…… 윽…… 너를…… 기다리다가…… 기다리다가…… 애비는…… 윽…… 흑…… 가지 마…… 가지 마…… 흑…… 구야…… 가지 마… 흑…… (어린이가 보채듯 울부짖는다)

곽씨 영감 이러지 마시라요! 떠나는 놈 심정도…… 모르시고서리…… (창수에게) 구야, 안 되겠다. 아버지를 한번 업어 드려!

창수 업어요?

곽씨 우는 애기 달래는 데는 업는 게 약이지. 안 그래? 홋호…… (창수는 그제야 무슨 뜻인지 알고 아버지에게 등을 돌려 보인다)

창수 아버지. 제 등에 업히세요.

아버지 응? 업어? 싫다야……

곽씨 구가 시키는 대로 하시라요. 이젠 아들의 말에 순종해야 할 차례인 걸요. 날래 업히시라우요! (곽 씨가 아버지를 이끌어 창수 등에 업힌다. 아버지도 싫지 않은 눈치 같다. 창수가 아버지를 업고 일어선다. 너무나 가볍고도 무기력한 무게에 금세 가슴이 아프다)

창수   (천천히) 나를 낳아 키워 주신 우리 아버지. 비록 상민으로 가난은 했지만 배워야 산다고 하시던 우리 아버지. 손발에 굉이 박히고 가슴에 멍이 들도록 고생만 하시다가 살은 녹아내리고 뼈만 남으신 아버지. (점차 감정이 복받치며) 이토록 가벼운지 몰랐어요. 한 다발의 가랑잎만도 못한 아버지의 몸무게를 내 어찌……

곽씨   구야! 안다. 네 마음 다 안다!

창수   이렇게 되시도록 나는…… 나는…… 흑…… 어머니, 아버지 두고는 못 가겠어요! 못 가겠습니다! 흑…… (하며 다시 방바닥에다 아버지를 내려놓는다. 그 순간 아버지는 나무토막처럼 흘러내린다. 이미 숨이 끊어진 송장이다)

창수   아버지!

곽씨   여보. 정신차리시라요!

창수   아버지! 이렇게…… 이렇게 가시면 안 됩니다. 아버지! 한 말씀 하셔야 합니다. 아버지!

곽 씨가 아버지를 바로 눕힌다.

곽씨   잘 가셨디. 잘 가셨어. 아들 등에 업혀서 자장가를 들으시며 잠드셨으니 영감은 이 세상에서 가장 복 많은 어른이외다. 효자 등에 업혀서 잠드셨으니 그 이상 뭣을 더 바라겠습네까! 영감!

창수   (절규하며) 아버지! 아버지!

암전

제12장

신천 사평동 교회 사무실. 검소한 꾸밈이나 벽에 걸린 십자가와 성화
그리고 성경 구절이 눈에 띈다. 탁자와 나무 의자가 놓여 있다. 최준례
가 다소곳이 의자에 앉아 있으나 어딘지 불안하고 초조한 표정이다.
검정 통치마에 연녹색 저고리 차림이 다소는 현대적 여성임을 알 수가
있다. 교회당 안에서 들려오는 풍금 소리에 맞추어 찬송가 소리가 한
동안 들리다가 멎는다. 예배가 끝난 시간이다. 이윽고 양성칙 목사가
들어선다. 겨드랑이에 두꺼운 성경책을 끼고 있다. 최준례가 자리에
서 일어난다.

양목사 (반기며) 아…… 와 있었군. 최준례 양! 잘 왔어요.

최준례 안녕하셨습네까? 양 목사님. (하며 허리를 굽힌다)

양목사 기다렸디? 어서 앉으려마. 자……

최준례 예…… (다시 앉는다. 양 목사가 마주앉는다. 그러나 최 양은 뭔가 불
안한 표정이다)

양목사 오마니께선 못 오신다고?

최준례 예. 갑자기 형부하고 의논할 일이 있어서 사리원에 다녀오시겠다
고……

양목사 바쁘시갔디, 홀어머니께서 가사를 꾸려 나가시자면…… 허지만
최 양의 일이니끼니 당사자만 오면 되었디. 안 그래? 헛허……

최준례 (멋쩍게 따라 웃는다)

양목사 (몸을 내밀며) 그럼 단도직입적으로 얘기 시작하지우. (신중하게)
그 얘기…… 결심했어?

최준례 (고개를 수그린 채 대답이 없다)

양목사 언제까지 끌 건 없어. 싫으면 싫고 좋으면 좋다고 말하라우! 설마

독신주의는 아니갔디? 응?

최준례 그건 아닙네다…… 다만……

양목사 신랑감인 김구에 대해선 오마니께도 다 얘기했으니끼니…… 들었지?

최준례 예.

양목사 (약간 걱정이 되듯) 이미 두 번씩이나 약혼을 했었드랬는데 공교롭게도 파혼했디. 한 처자는 급환으로 병사했고 또 한 처자는 안창호 씨의 누이동생 안신호 양이었는데 사정이 생겨서 그만……

최준례 예. 안신호라는 처자 얘기는 익히 알고 있습네다.

양목사 기래? 어케 생각했어?

최준례 아주 훌륭한 처자라고 생각합네다. 그렇게 자기 소신껏 말하고 소신껏 행동할 수 있다는 게…… 부럽습네다.

양목사 그럼 준례 양은 안신호 양이 김구하고 혼약했다가 파기한 걸 찬성한단 말이디?

최준례 물론이디요. 듣건대 그전에 부모님이 양주삼이라는 청년을 장차 사윗감으로 작정했다는 사실을 알고 나선 신의를 지키기 위해서 혼담을 파기했다는 얘기디요?

양목사 양주삼이 상해에서 공부하고 뒤늦게 돌아와서는 혼인을 하자니 안신호 편에서도 어쩔 수 없었지. 허지만 안신호 양은 결코 김구를 배신하거나 변심해서가 아니었다구! 안신호는 김구에게 이렇게 말했다는 게야. (사이) 설령 파혼은 했지만 평생 존경하며 오라버니처럼 모시겠다.

최준례 훌륭한 처자예요! 거기에 비하면 나 같은 사람은 그 발 밑에도 못 따라 갈 처지디요. 학식으로 보나 가정 환경으로 보나……

양목사 그럼 김구하고의 혼담은…… 마음에 안 든다는 뜻인가?

최준례 (머뭇거린다)

양목사 김구는 그동안 일본 경찰에 쫓겨다니며 객지를 전전하다가는 지금은 예수교를 열심히 믿고 있디. 그리고 젊은이들에게 신교육을 가르치는 믿음직한 청년이디!

최준례 잘 알고 있습네다. 다만……

양목사 다만?

최준례 (고개를 들고) 당사자끼리 한 번도 만나 보지 않고서 혼인을 할 순 없지 않습네까?

양목사 (허점을 찔린 듯) 뭬라구?

최준례 시대는 변했습네다. 옛날에는 그저 부모가 정혼해 주면 무조건 혼인을 했지만…… 지금은…… 그게 아니라고 봅네다.

양목사 (탁자를 탁 치며) 됐다! 됐어!

최준례 (놀라며) 예?

양목사 최준례 양이 그 정도까지 깊게 생각하고 있을 줄이야…… 헛허……핫하……

최준례 (당황하며) 아, 아닙네다. 그렇다고 결혼을 작정한 건 아니야요. 목사님!

양목사 알갔어! 일단 당사자끼리 직접 만나 보고나서 결심하겠다, 이거 아니갔어?

최준례 예? 예……

양목사 내 그럴 줄 알고 김구를 미리 대기시켜 놨드랬지! 헛허…… (출입문 쪽으로 가서 밖을 향해) 들어오라우! 김 군!

최준례 에그머니 목사님! (하며 몸둘 바를 모른다)

이윽고 김구가 들어선다. 검정 두루마기에 전보다는 단정해진 모습이다. 그는 그다지 당황한 빛은 안 보이나 어딘지 수줍음을 탄다.

김구 실례하겠습니다.

양목사 서로 인사하라우. 서로 간에 예비 상식은 가지고 있겠지만……
헛허…… (최준례가 몸을 돌려 수줍어한다) 자…… 이제부터 두 사
람끼리 실컷 의견을 나누고 나서 결혼을 하든 말든 마음대로 하
려마. 헛허……

김구 죄송합니다, 목사님. 저는 그저 목사님께서 하실 말씀 있으니 잠
깐 예배당에 들르라고 해서 왔을 뿐…… 일이 이렇게 될 줄은……

양목사 너스레 떨지 말라우! 사내자식 나이 스물여덟인데 눈치 코치 어
디메다 두고 다니갔어? 헛허…… 아무튼 나로서의 책임은 다했
으니끼니…… (김구에게) 그 대신 이건 알아두라우.

김구 예?

양목사 중매쟁이는 평생 은인이라는 걸 잊지 말라우! 헛허…… 그럼
…… (하며 나간다)

두 사람만 남게 되자 더욱 불안해지는 최준례는 손가락에 손수건을
감았다 풀었다 한다.

김구 앉으시죠. (먼저 앉는다. 최준례도 말없이 앉는다. 까치가 울고 간다.
사이) 양 목사님 말씀을 듣고 나서…… (눈치를 보며) 한번 뵙고
싶었습니다. (사이) 저의 얘기 소상히 들으셨겠지요?

최준례 (목례로 대답한다)

김구 저는…… 가진 거라고는 아무것도 없습니다. 가난한 집안에서
태어나서…… 그저 건강한 이 몸뚱아리 하나뿐이외다! 흠……

최준례 알고 있습네다. 어려서부터 아버님 밑에서 한학을 배우셨고……
열다섯 살에 동학에 입문했다가 불가에도 잠시 적을 두신 적도
있고…… 지금은 장연 사직동에서 예수교를 믿으시며 장연공고

선생님으로 계시다는 얘기도 다…… 들었습니다.

김구 그런 생활 속에서도 변함없이 지니고 있는 생각은 일본놈을 이 땅에서 몰아내야만 된다는 집념 하나뿐이오. 그래서 감옥살이도 서너차례 했고 온갖 고문도 당하다 보니 부모님께 효도는커녕 고생만 시켜 드렸지요. 훗흐…… (쓰게 웃다 말고) 그러니 결혼 따위는 상상도 못할 일이라서 이렇게 노총각으로…… 헛허…… (밝게 웃는다)

최준례 사정은 저도 매한가지지요. 집안이래야 별것 없어요. 편모 슬하에 언니와 나, 자매뿐이고…… 그리고 저도 파혼을 한 적이 있습네다.

김구 (놀라며) 그래요?

최준례 오마니께서 한 동리에 사는 강 모라는 청년에게 일방적으로 허혼을 하셨음을 알고 제가 스스로 파혼을 했시요!

김구 (탄복하며) 그렇습니까?

최준례 그때 제 나이 열여덟 살이었지만 결혼은 자유 결혼이라야 한다는 믿음을 가지고 있었디요.

김구 잘하셨습니다. 지금 세상은 변해 가고 있습니다. 새로운 세계를 위해서는 우리의 사고방식도 행동도 달라져야 합니다!

최준례 그런데 아직도 철도 안 든 아이들을 강제 결혼시키는 조혼 풍습이 남아 있다니 한심스럽지 않습네까?

김구 (자세를 바로 하며) 최준례 씨!

최준례 예?

김구 (담담하나 굳은 의지로) 저와 결혼해 주시오! 이 이상 물어볼 것도 알고 싶은 것도 없습니다.

최준례 그렇지만 저는 학식이 모자라서 김 선생 같은 훌륭한 분을 맞이하기에는 모자란 점이 너무 많아요.

김구 그게 문제됩니까? 공부는 지금부터라도 늦지 않습니다.

최준례 공부를요?

김구 나는 오래 전부터 내가 결혼할 처자에게는 세 가지 조건을 내세웠소.

최준례 (어리둥절하며) 세 가지 조건?

김구 첫째는 재산을 따지지 않을 것, 둘째는 학식이 있어야 할 것, 셋째는 서로 만나 마음을 터놓고 뜻이 일치될 것! 이 세 가지입니다.

최준례 (눈부신 것을 보듯) 어머나……

김구 최준례 씨는 그런 점에서 한 가지만 문제가 될 뿐 다른 것은 걱정 없어요.

최준례 그렇지만 저는……

김구 약혼을 하게 되면 우선 공부를 계속 하셔야죠.

최준례 공부라뇨?

김구 경성의 경신학교에 입학하십시오. 제가 책임지고 주선해 드리겠소!

최준례 (감동하며) 저를 경신학교로 유학시켜 주갔습네까?

김구 이 김구, 가진 것은 없어도 신의를 지키는 일만은…… 그 누구한 테도 지지 않을 겝니다. 최준례 씨! 앞으로는 여자도 공부를 해야 합니다. 여자라고 남편 시중 들고, 애기 낳고, 살림만 하면 된다는 시대는 지났습니다. 배워야 해요! 아는 것이 힘입니다. 아시겠 어요?

최준례 (떨리는 목소리로) 역시…… 제가 생각했던…… 그대로였습네다! 그렇지만 김 선생님 어머님께서는……

김구 우리 오마닌 정식 교육은 못 받았지만 세상 보는 안목은 바닷속 보다 더 깊은 분입니다. 제가 몇 차례 감옥살이 하면서 죽음의 고비를 몇 번이나 넘길 수 있었던 이유는 바로 우리 오마니의 끈기와 사랑의 덕이었소! 그러니 우리 오마니께서도 우리 혼담에

는 반대하시지 않을 거요! 믿어 주시오. (하며 한 손을 쥔다)

최준례 그, 그렇게 생각하신다면 저도 이상 더……

김구 고맙소! 고맙소! (두 사람이 양손으로 뜨거운 악수를 한다. 교회 종소리가 울려온다)

암전

제13장

중간막이 내려온다. 이와 함께 폭풍 같고 노도 같은 굉음이 터진다. 이윽고 군중들의 만세 소리에 이어 호루라기 소리와 어지러운 군마의 발자국 소리에 이어 총소리가 여기저기서 터진다. 무대가 밝아지며 데모하는 민중들이 각각 스크럼을 짜고 무대를 돈다.

민중들 을사조약 절대 반대! 절대 반대!
침략자 이등박문은 즉각 물러가라, 물러가라!
매국노는 사죄하라, 사죄하라!
일본의 앞잡이 오적들은 자결하라, 자결하라!
2천만 대한 동포는 일본의 노예가 아니다. 아니다!

선두에 선 자가 구호를 외치면 다른 민중들이 합창하듯 외친다. 이들의 구호와 동작은 하나의 율동으로 표현되어야 하며 결코 아름다운 춤이어서는 안 된다. 이윽고 무대 한구석에 한 젊은 기자가 스포트라이트를 받는다. 그는 손에 든 「황성신문」을 낭독한다. 장지연의 명사설 〈시일야방성대곡〉이다. 군중들이 조용히 땅바닥에 엎드린다.

기자 "동양 3국의 안녕을 솔선 주선하기로 나선 이등박문은 천만 뜻밖에 5조약을 내놓았도다. 개 가죽을 쓴 우리 대신들은 일신의 영달만을 위하여 황제 폐하와 2천만 동포를 배반하고 4천 년 금수강산을 왜놈들에게 내주었도다. 슬프다. 원통하다. 2천만 우리 동포가 남의 노예가 되었으니! 동포들이여, 살았는가 죽었는가? 4천 년 민족정신이 하룻밤 사이에 홀연히 멸망하나니 이대로 끊기고 말 것인가? 2천만 동포들이여!"

이와 동시에 엎드려 있던 데모 군중들이 일제히 함성을 지르며 일어선다. 그들 손에는 크고 작은 태극기가 들려 있다. 그들은 노래를 부르며 춤을 춘다.

군우들 동포여, 아는가 모르는가
이제는 초가삼간도 내 집이 아니오
문전옥답도 내 땅이 아니오
푸른 산 시냇물도 내 강산이 아닐세
이…… 육신이 죽어서
묻힐 땅도 없게 되니
아…… 어찌 눈을 뜨고 하늘을 보리
아…… 어찌 얼굴을 들어 조상을 보리

노래가 끝날 때부터 다시 군화 소리, 총소리, 호루라기 소리가 밀려든다.

암전

제14장

경성 상동교회 안. 에벳 청년회 임시 총회장. 벽에는 시국관계 표어가 내걸려 있다. 전국 각지에서 파견된 수십 명의 대표가 모여 있다. 무대 중앙 상단에 전덕기·이동녕·이준·최재학 등 주동적 인물들이 배석하고 있어 장내는 뜨거운 열기로 달아오르고 있다. 그 아래 대표단속에 김구가 섞여 있으나 쉽게 알아볼 순 없다. 박수 소리가 우렁차게 울려 퍼진다.

사회　지금까지 전덕기 대표께서 취지 설명이 있었습니다. 그런 다음은 이동녕 선생께서 그동안 추진해 온 우리 청년회의가 결의한 내용을 보고하시겠습니다.

사회가 이동녕에게 허리를 굽힌다. 이동녕이 자리에서 일어나자 박수가 터진다.

이동녕　감사합니다. 이렇게 전국 각지에서 불원천리하고 열성적으로 참가해 주신 젊은이들을 대하니 우리 대한제국은 아직도 건재하다는 걸 실감하겠습니다. (바깥을 가리키며) 놈들이 제 아무리 악법을 만들어 우리에게 족쇄를 채우고 큰칼을 씌우고 입과 눈과 귀를 가린다 해도 우리는 아직 살아 있습니다. 아니 살아남아야 합니다. 그래서 그 살아있다는 증거를 보여주기 위해서는 우선 황제 폐하 앞으로 상소문을 올리기로 결의했습니다.

일동　상소문을?

민중 갑　상소문 내용이 무엇인기요? 그것부터 알아야만이 우리 회원들도 안심이 되겠십니더…… 안 그렁기요?

민중 을 음 그려! 동지 말이 백번 맞구먼!

이동녕 잠깐…… 내 얘기를 끝까지 듣고 나서 질문을 하시오. 이 집회는 (벽면을 가리키며) 공식 명칭은 에벳 청년회 임시 총회이지만 사실 상은 (신중히) 소위 신조약 철폐를 위한 대회이니 만큼 사정이 절 박하며, 또 놈들의 감시가 없다고는 볼 수 없소.

여기저기서 불안한 웅성거림이 번진다.

이동녕 따라서 시간 여유가 없으니 우선 결의 사항부터 듣고 나서 질문 을 하시기 바랍니다. (서류를 펴보고 나서) 아까 말한 상소문 문안 작성은 저기 앉아 계신…… 이준 대표에게 일임했소. (하며 눈짓 을 하자 이준이 자리에서 일어서서 가볍게 절을 한다. 박수가 터진다) 그리고 상소할 대표단원은 최재학 선생이 맡고…… (최재학이 일 어나서 절을 한다. 박수가 터진다) 대표단은 여기 계신 전덕기 · 정 순만 · 이준 · 김기홍 그리고 본인, 이렇게 다섯 명으로 정하고 그 것은 한 번으로 그칠 것이 아니라 제2, 제3의 상소단을 조직하되 지속적으로 할 것이며 그 책임은 우리 모두가 함께 질 것이며 살아도 함께, 죽어도 함께 하자는 데 그 뜻을 모았소. 어떻소?

일 등 옳소! 옳소! (환호성과 함께 박수가 터져 나온다)

이동녕 그럼 여러분의 박수 소리는 곧 찬성한 뜻으로 알고 즉각 추진키 로 하겠소. 이상! (이때 민중 속에서 김구가 손을 번쩍 든다)

김 구 사회! 질문해도 되겠소?

사 회 예. 어디서 오신 뉘신지 자기 소개부터 해주시오. (김구가 앞쪽으 로 나온다. 모두들 주시한다)

김 구 저는 평안북도 진남포 '의법 청년회' 총무직을 맡고 있는 김구라 고 합니다.

사회 말씀하시오.

김구 왜놈들이 우리 국권을 강탈하고 억지로 조약을 체결했다는 사실은 천하가 다 알고 있는 기정 사실입니다. 그런데 이제 와서 상소문을 올린다고 해서 무슨 효력이 있을지 의문입니다. (좌우가 웅성거린다)

이동녕 김…… 이름이 뭐라고 했지?

김구 김구입니다. 거북 구자 구.

민중 병 그러고 보니께 거북이처럼 단단하게 생겼구먼 음…… 헷헤…… (일동 웃는다)

이동녕 그래. 김구 동지의 생각은 뭐요?

김구 행동으로 나가야 합니다.

이동녕 행동? 구체적으로 말해 주시오.

김구 우리 대표단이 전원 대한문 앞으로 몰려가서 우리의 참뜻을 폐하께 직접 전달하는 게 옳다고 봅니다. 망설일 때가 아닙니다. 직접적인 행동만이 남았습니다.

일동 옳소! 옳소!

모두들 찬동의 의사를 표시한다. 이때 한 청년이 호외를 들고 급히 등장하여 사회자에게 건네준다. 사회가 읽고는 급히 이동녕에게 준다. 모두들 시선이 쏠린다. 간부들이 호외를 읽느라 머리를 맞댄다.

민중 갑 무신 일인기요? 알고나 지냅시다.

사회 민, 민영환 대감께서…… 자 자결하셨소!

일동 뭐라고? 민 충정공이? 자결을 하다니…… (어수선해진다)

사회 조용히 하시오! 진정하시오!

김구 그것 보시오. 민 충정공께서도 이미 상소를 올렸지만 받아들여지지 않았기 때문에 한사코 죽음으로 항거하신 게 분명합니다! 안 그렇소?

일동 옳소. 김구 동지 말이 맞아요.

김구 그러니 이제 상소를 한다고 해서 문제가 해결된다는 보장은 없소.

김덕기 그럼 어떤 대책을 세우자는 거요?

김구 대책이 없는 건 아닙니다.

이동녕 구체적으로 설명하시오, 김구 동지! (그의 시선은 어떤 기대와 신뢰감에 젖어 있다)

김구 우리 민족이 살아날 길은 교육뿐이오!

일동 교육?

김구 그렇소. 왜놈들에게 이기는 길은 이제 총칼로 대항해서 되는 일도 아니고 경제력으로 능가해서 되는 일도 아닙니다. 오로지 민중들을 긴 잠에서 깨어나게 하고 우리 자신이 누구이며 어디쯤 서 있는가를 인식시키는 일만이 최상의 방법이오! 그것이 곧 교육이지요.

이동녕 음…… 일리가 있는 말이오.

김구 저는 그동안 치하포에서 왜놈을 타살한 죄로 수감되었다가 탈옥을 한 죄로 다시 수감되어 해주, 인천, 안악, 서대문 등 여러 감옥에서 복역한 전과자요. 그러나 내 자신을 돌아보았소. 그 결론은 우리 민중을 긴 잠에서 깨어나게 하는 일이라고 결론을 내렸소. 그래서 장연에서 사립학교를 개설하였고 장연공고 교원이 되어 청소년을 교육시키는 데 전념했고 안악, 배천에 학교를 세워 교육에 정진해 왔소. 모두가 조국의 먼 훗날을 걱정해서 시작한 일이었소. 우리가 왜놈들에게 이기는 길은 그것뿐이라는 생각에서……

민중 병 그렇지만 발등에 떨어진 불부터 꺼야죠! 지금 그런 걱정을 하게 되었는감유? 교육도 중하지만 지금 당장에 해야 할 일은 그게 아니지유! 상소부터 해유!

민중 정 그렇소! 상소부터 해요!

민중 병 대한문 쪽으로 나갑시다!

일동 옳소! 대한문 쪽으로 쳐들어갑시다! 갑시다!

모두들 질서를 잃으며 밖으로 밀려 나간다. 다음 순간 선두에 선 사람들이 놀라며 뒷걸음질치며 한쪽 구석으로 몰린다. 이윽고 일본 헌병 대장과 A, B, C가 무장을 하고 들어선다. 공포의 분위기가 삽시간에 퍼진다. 더러는 도망쳐 나가기도 한다.

이동녕 무슨 짓들이오? (그러나 헌병들은 무표정하게 버티고 서 있다)

김덕기 신성한 교회당이오. 그 장화부터 벗고 들어오시오!

이준 의법 청년회 임시 총회가 무슨 불법집회인가 말이오?

헌병대장 청년회?…… 임시 총회? 핫하……

김덕기 우리는 지금 국민들에게 기독교 정신을 심어 주기 위하여 해마다 집회를 가졌었소. 그래서……

헌병대장 (대갈일성) 닥쳐! 네놈들의 정체는 이미 드러났다! 신앙이라는 미명 아래 국법을 무시하고 민중을 선동하려는 불순단체라는 걸 부인하겠나? (부하들에게) 전원 연행해!

헌병들 예! (밖을 향해 호루라기를 불어 댄다. 삽시간에 수 명의 헌병들이 침입하자 장내는 아수라장이 된다. 넘어지고 짓밟힌다. 김구도 포박당한다)

김구 여러분! 우리는 죄인이 아니오! 떳떳하게 제 발로 걸어갑시다. 우리는 죄인이 아니오. 여러분! 정정당당히 걸어 나갑시다!

암전

제15장

감옥 안. 희미한 광선 아래 서너 명의 죄수가 쭈그리고 있다. 더러는
누워 있기도 하다. 한구석 벽에 김구가 벽에 기대어 앉아 졸고 있다.
이윽고 무대가 어두워진다. 무대 한구석에 최준례의 환영이 나타난다.
키질을 하고 있다. 애기를 업었다. 어머니 곽 씨가 머리에 봇짐을 이고
들어선다. 두 사람 모두 늙고 생활에 지친 표정이다. 그러나 근력은
사라지지 않았다.

곽씨   (짐을 내려놓는다) 에그…… 허리야!

최준례   오마니 오세요!

곽씨   날씨가 찬데 화경인 방에다 재우지 않고서…… (하며 애기를 들여
             다본다) 아직도 신열이 있나 본데……

최준례   예. 간밤에도 어찌나 보채는지……

곽씨   조심하라우. 큰 애는 건강한데 화경이는 왜 약한지…… (먼 산을
             보며) 약이라도 지어 먹일걸…… (문득 생각이 난 듯) 오늘이 며칠
             이간?

최준례   7월 초엿새디요.

곽씨   다음 달엔 면회 가야갔어…… 서대문에서 인천 형무소로 이감되
             었다니…… 가봐야디?

최준례   오마닌 집에 계시라요. 이번에는 제가 다녀오갔시오. 인천까지
             오고 가기란 고되어서 오마닌 안 돼요.

곽씨   아무리 고되기로서니 15년 형무소 생활보다 고되갔어? (울먹이며)
             죽일 놈들! 우리 창수가 무슨 죄가 있다구…… (허무해지며) 세상
             에…… 15년형이라니…… 그 애 나이도 이제 서른일곱이다……
             아까운 청춘을 고스란히 형무소에서 보내는구만 에그. (혀를 차면

서) 쯧쯧…… 복이라곤…… 참새 눈물만치도 없으니…… 에그
(하며 가까이 가서 잡곡을 고르기 시작한다)

최준례 지난번 면회 갔을 때는 명랑해 보였어요. 이제는 감옥이 바깥세
상보다 편하고 익숙하다면서…… (쓰게 웃는다)

곽씨 하긴 지금까지 (손을 꼽다 말고) 감옥살이가 꼭 일곱 번째니 익숙
도 하겠다. 홋흐…… (쓰게 웃는다. 최준례도 쓸쓸하게 웃다 말고는
키들키들 웃는다)

곽씨 왜 웃어? 난데없이……

최준례 홋흐……

곽씨 무슨 일 있었어?

최준례 오마니. 화경이 애비는 가끔 가다가 엉뚱한 생각을 하는 버릇이
…… 힛히……

곽씨 어드레? 엉뚱한 생각?

최준례 글쎄 지난번 서대문 형무소에 면회 갔을 때 말이야요.

곽씨 기래. 체중도 전보다는 늘었다고 했지?

최준례 예. 그래 제가 무슨 까닭이 있는가 물었더니만…… (억지로 웃음
을 참으며) 식사 전에 으레 기도를 하는데 죄수들은 마음속으로
"명치 천황 빨리 죽게 하소서" 한대요.

곽씨 난데없이 명치 천황은……

최준례 왕이나 왕실에 애경사가 있으면 죄수들에게 특별 사면을 한다나
봐요.

곽씨 특별 사면?

최준례 예. 실지로 명치 천황이 죽자 보안법 위반으로 2년형을 받은 사람
은 형이 면제되어 즉시 출옥하고 화경 애비는 15년형에서 8년이
감형되었으니 식사 때마다 누가 죽기를 빈다면서…… 홋흐……
(밝게 웃는다)

곽씨   (싫지 않은 듯) 허지만 나 살기 위해서 남 죽기를 바라는 건 잘한
        짓은 아니디…… 못쓸 놈의 이 세상이 송두리째 바뀌어야디……
        이 나라의 아까운 젊은이들…… 그렇게 옥중에서 죽어간 사람이
        몇 천, 몇 만인지…… (이때 등에 업힌 애기가 보채다가는 자지러지게
        울기 시작한다)

최준례   와 그래? 화경아.

곽씨   화경아. 어디 보자우. (그러나 더 극성맞게 운다. 곽 씨가 애기를 안아
        뺨에다 자기 뺨을 댄다) 에그머니! 불 덩어리야! 불 덩어리!

최준례   예? (애기 뺨에 손을 대다 말고) 오마니! 안 되갔시오! 내래 의원한테
        가봐야 갔시오!

곽씨   기래. 날래 가보라우! (애기가 더 자지러지게 운다) 화경아…… 화
        경아……

최준례   그럼 다녀오갔시오! (급히 나간다)

곽씨   (멀리 대고 큰 소리로) 잘 좀 봐달라고 해! 알갔어?

이와 함께 곽 씨는 사라지고 김구가 악몽에서 깨어난 듯 눈을 뜬다.

김구   으악! (벌떡 일어난다. 잠시 후 길게 숨을 몰아쉰다. 바로 그 옆에 누워
        있던 죄수 문종칠이가 의아하게 쳐다본다)

종칠   꿈을 꾸었나 보군…… 팔자도 좋지! 이런 판국에 꿈을 꾸다니
        …… 헛허…… (하며 일어나서 무심코 김구의 얼굴을 들여다본다)

김구   뭘 봐요? 내 얼굴에 뭐가 붙었어?

종칠   가만 있자 어디서 많이 본 얼굴인데…… 낯이 익은 얼굴…… (다
        시 뚫어지게 본다)

김구   예?

종칠   난 당신이 입감하던 날 문득 그런 생각이 들었는데…… 나도 10

여 년간 형무소를 드나들다 보니 (머리를 치며) 이게 다 고장이 났지! 헛허……

김구   그럴 수도 있지요. (쓸쓸하게) 기력도 쇠약하고…… 사라지고…… 그저 오늘 하루를 어떻게 보낼 수 있겠는가만 생각하는 바보가 되기 십상이지요……

종칠   가만! (사이) 당신 혹시…… 이름이 창수 아니오?

김구   아니…… 그걸 어떻게.

종칠   (큰 소리로) 그래 맞았어! 김창수! 헛허……

김구   내 이름을 어떻게……

종칠   일본놈 때려죽이고 들어왔었지? 그리고 우리들에게 글도 노래도 가르쳐 주고…… (생각하며) 나, 문종칠이오!

김구   문종칠 씨? 그럼 그때 같은 감방에 있었소?

종칠   핫하…… (반갑게 얼싸안으며) 이게 얼마 만인가. 헛허…… (떠들썩해지자 죄수A, B, C, D가 부시시 자리에서 일어나 다가온다)

죄수 A   아는 사람이오, 영감님?

종칠   아다마다…… 이 친구, 충신이었지!

죄수들   충신?

종칠   힘도 셌지만 (가슴을 탁 치며) 배포 크기가 이만저만 아니었지. 죄수들은 물론 간수들까지도 김창수하면 쩔쩔맸지……! 헛허……

김구   이 세상에 아직도 나를 기억해 주는 사람이 있다니…… 흠흠……

종칠   세상을 떠들썩하게 하던 충신! 그래 이번엔 무슨 사건으로 들어왔소?

김구   (담담하게) 강도 15년형……

종칠   강도? 헛허…… 충신과 강도…… 거리가 너무 멀구먼! 헛허……

죄수 B   영감님! 충신 노릇도 사람이 하고 강도 노릇도 사람이 하는 법이오. 별 수 없어요.

죄수 C 그렇지! (노래하듯) 한때는 그렇게…… 한때는 이렇게…… (노래 조로) 바람 따라…… 물결 따라…… 가누나…… 가누나……

죄수 D 염병 지랄 또 시작이다. 이 자식아, 노래하다 들키면 저녁 밥 굶겨!

일동 헛허……

김구 그래 어쩌다가 아직도 이 고생이오?

종칠 나는 이번까지 감옥 출입이 일곱 번째라.

죄수들 (놀라며) 일곱 번?

죄수 A 그럼 평생을 감옥에서 지냈겠소? 잉?

종칠 강도 7년에서 5년이 되니 한 반년 후에는 다시 나가 다녀올걸?

죄수 B 끔찍한 말씀 다 하시오!

종칠 이 세상에 자본 안 드는 장사가 뭐냐면 거지와 도적일세! 핫하……

김구 그렇지만 사람은 꿈을 버려서는 안 되지요. 어떠한 역경 속에서도 꿈을 버려서는 안 됩니다!

종칠 꿈? 당신이 외치던 그 자유? 독립? 평등? 흥! 감옥 안에서 백날 꿈을 꿔 봤자 바깥 세상에 나가면 물거품인걸! 징역살이 하는 놈 누가 받아 주기나 해? 누가 일자리를 주는가 말일세! 개눈에는 똥만 보인다구 도적질 한번 맛들인 놈은 죽을 때까지 도적질이 제격인걸!

김구 (단호하게) 그렇지 않소! 그런 생각은 버리시오!

김구의 태도가 엄숙하게 변하자 모두들 굳어진다.

김구 꿈은 있어야 해요. 희망을 버려서는 안 돼요! 가진 자건 못 가진 자건 동등하게 살아가는 세상이 와야 합니다.

종칠	그런 잠꼬대 같은 소리는 두었다가 출감할 때 생두부에 말아나 먹게! 흥!
김구	영감님!
종칠	희망이 어디 있어? 조선 사람에게 무슨 독립이며 평등이 있어? (외치듯) 없다! 없어! 계급이 있고 차별이 있는 한……
김구	(대항하듯) 절대로 있소! (하며 마룻바닥을 주먹으로 쾅 친다. 모두들 숙연해진다. 저만치서 간수가 기웃거린다. 조용해진다. 숨을 몰아쉬고 침착하게) 나는 감옥 안에서 여러 가지 생각을 했었소. 영감님 말씀대로 차별하고 천대받는 사회는 없어야 한다는 데는 나도 동감이오. 그러나 생각만 하면 뭣 합니까? 뭔가 행동으로 나타내야겠죠.
종칠	많이 듣던 어투군. 흠……
김구	아닙니다. (사이) 나는 오래 전부터 제 이름을 바꾸고 호도 따로 지었지요.
종칠	이름을?
김구	지금까지 '거북 구'를 쉽게 아홉 '구'로 고쳐 부르기로 했습니다.
일동	김구?
김구	그리고 호도 백범 白凡이라고 지었소!
종칠	백범?
김구	예. 백정 범부에서 백과 범을 따서 백범이라고……
일동	백범…… 백범……
김구	사회에서 천대받는 백정이나 설움받는 상놈들의 아픔을 내 아픔으로 여기자는 뜻이지요. 여러분! 우리는 살아남아야 합니다! 희망을 버려서는 안 됩니다. 왜놈들에게 국권을 빼앗기고 땅 덩어리를 빼앗겼지만, (가슴을 치며) 이 마음, 이 정신만은 빼앗을 수도 빼앗길 수도 없습니다. 총칼이 제아무리 무섭다 해도 내 마음은 어쩔 수 없소! 오늘 안 되면 내일, 올해 안 되면 내년…… 아니 조선 땅에서

힘들다면 중국으로 건너가서라도 독립은 찾아야 합니다.

일동 독립을?

김구 그렇소. 중국으로 여러 민족 지도자들이 망명했다는 소문도 들리오. 가족과 조국을 버리고 떠나신 그분들의 마음이 뭐겠소? 희망이죠, 소망이죠, 자유와 평등을 찾자는 열망 하나로 떠난 것이오!

이와 함께 조명은 김구에게 집중된다. 김구가 노래를 부른다. 이 노래 말은 신채호의 시 〈새벽의 별〉이다.

달은 이미 졌다
해는 아직 멀었다
이때! 이때!
우리 꿈 없으면
우주의 광명을 뉘 찾으랴
만리 타향에 앉아
늙은 나그네의 머리털
산을 넘어 물을 넘어
홀로 가는 지사의 마음
우리가 아니면 동정할 이
그 누구냐?
새벽의 빛
구름이 끼거나
바람이 불거나
꺼지지 않은 빛에
천 년 만 년 긴 새벽이여

노래와 춤이 계속되자 배경막에 넘실거리는 파도가 영상으로 투영된다. 노래는 2절부터 합창으로 변한다. 이와 함께 망명길에 오르는 혁명가들의 모습이 좌우에서 서서히 모여든다. 배경은 어느덧 넓은 바다와 하늘로 변해 가며 우렁찬 합창과 춤사위가 무대를 메운다. 바닷바람에 그들의 옷자락과 머리카락이 흩날린다.

－막

제2부

제1장

상해 프랑스 조계 租界 마랑로 馬浪路에 자리한 허술한 임시정부 청사 내부. 이층집이나 우중충한 분위기. 대형 목재 탁자를 가운데 두고 국무위원들이 배석해 있다. 이동녕·윤기섭·김갑·오영선·이지홍·김철 그리고 김구 등 여러 사람이 회동하고 있다. 김구는 중국옷을 입었다. 중앙 벽에 대형 태극기가 걸려 있고 조국 광복, 독립쟁취 등 기미년 독립운동 표어가 나붙어 있다. 한길 쪽에서 들려오는 호궁 소리가 을씨년스런 분위기를 더해 준다. 기미년 독립 만세 10주년을 기념하는 조촐한 식전이다. 이동녕의 언행은 신중하고 의연하며 매우 이성적이다.

이동녕 돌이켜 생각하면 만감이 교차되어 그저 허무할 뿐이오. 지난 1919년 4월 11일 상해 임시정부가 수립된 이래 우리가 겪어 나온 가시밭길은 이루 다 헤아릴 수가 없소. 내정으로 본다면, 관내 한인들의 각 당 각파가 합심하여 우리 임시정부를 적극 지지했고 멀리 미국·멕시코·쿠바 등에 거주하는 만여 명의 교포들로부터는 독립자금을 보내왔으며, 외교적으로는, 루우즈벨트 대통령이 대한제국의 완전 독립을 만천하에 천명했는가 하면, 중국의 입법원장 손문 선생도 공식 석상에서 "일본 제국주의를 박멸하려는 중국의 국책을 성공시킬 일은, 우선 임시정부를 승인하는 일이다"라고 천명했던 감격이 새롭소. 뿐만 아니라 우리는 미국 워싱턴에 외교 위원부를 설치하여 이승만 박사를 위원장으로 임명,

통곡의 땅

대외선전에도 노력을 했습니다. (사이) 그러나 근자에 와서 하와이 교포들이 보내 주신 성금액은 점점 감소되어 가고 임시정부 직무도 정체되고 총·차장 가운데는 변절자나 이탈자도 한두 사람이 아닙니다. 모두가 재정적인 빈곤에 기인한다는 것은 누구보다도 내 자신이 통감하고 있소. 그렇다고 우리가 여기서 주저앉아야 되겠소? 우리가 독립을 포기해야 합니까?

일동 안 됩니다!

이동녕 그렇소! 모래알을 깨물고 흙탕물을 마실망정 우리는 독립을 포기할 수도 없고 그렇게 해서도 안 되오.

일동 옳소! (박수가 터져 나온다)

이동녕 고맙소. (사이) 그래서 나는 이 기회에 우리의 대내적인 정비와 내각의 재편성으로 기강을 일신시킬 필요성을 느껴온 바 오늘 이 뜻깊은 자리에서 여러 위원들의 의사를 묻는 바이오.

김철 이동녕 위원장님! (손을 들고 일어선다)

이동녕 김철 위원, 말씀하시오.

김철 대내적 조직을 쇄신할 필요가 있다고 봅니다. 재정적인 빈곤은 그것대로 타개책을 강구하되 우선 일꾼을 찾는 게 급선무라고 생각되는 바 이동녕 위원장의 제안에 전적으로 찬동합니다! (앉는다. 모두들 고개를 끄덕이며 동의를 한다)

김갑 위원장님! (손을 든다)

이동녕 말씀하시오, 김갑 위원.

김갑 (자리에서 일어나서) 위원장님께서 품고 계신 복안을 먼저 밝혀 주십시오. 그렇게 한 다음 가부를 묻는 게 효율적이라고 사료됩니다.

일동 동감입니다.

이동녕 인선을 저에게 일임하겠다는 뜻인가요?

일동 예. (김갑이 자리에 앉는다)

이동녕 그럼 쇠뿔도 단숨에 뺀다고 했으니⋯⋯ (잠시 좌중을 돌아보더니) 김구 동지!

김구 예? (어리둥절해서) 부르셨습니까?

이동녕 오늘부터 국무령 國務領직을 맡으시오.

김구 (크게 놀라며) 구, 국무령을요? (좌중이 약간 술렁인다)

이동녕 이 난국을 돌파해 나가기 위해서는 김구 동지가 총대를 메줘야겠소! (좌중을 향하여) 어떻소? 괜찮죠?

여기저기서 동조하는 소리와 의외라는 소리가 섞이어 좌중 분위기가 약간 흐트러진다.

이동녕 반대 의견이 없으면 찬성하는 걸로 알고⋯⋯

김구 (자리에서 일어나서) 위원장님! 저는 아직 나이도 어리고⋯⋯ 또 학식도 얕은데다가⋯⋯

이동녕 학식? 나이? 독립을 찾자는데 그런 게 왜 필요하오? 김 동지 나이 마흔이면 장년이지, 장년! 핫하⋯⋯ (느긋한 웃음 속에는 범할 수 없는 위엄이 있다)

김구 그렇지만 저는 1919년 4월 임정의 문을 들어섰을 때부터 자리를 넘어다보거나⋯⋯

이동녕 알고 있소. 그때 나더러 문지기라도 좋으니 맡게 해달라고 했던 그때 그 눈빛을 지금도 기억하고 있소!

김구 저는 지금 맡고 있는 내무총장으로 만족합니다. 저는⋯⋯

이동녕 이래뵈도 나는 사람들 보는 눈이 있다고 자부합니다. (좌중을 향하여) 여러 위원들 가운데는 내가 김구 동지를 천거하는 데 대해서 의아하게 여길지 모르지만 나는 벌써 20년 전 1904년부터 김구 동지를 익히 알고 있었소. (김구에게) 기억하오?

김구   예. 경성의 상동교회 청년회에 가입하자 항일 청년단 단원으로 뽑아 주신 일…… 기억하고 있습니다.

이동녕   그리고 김 동지가 처음으로 임정을 찾아왔을 때 문지기를 시켜 달라는 데도 불구하고 일약 경무국장으로 발탁한 분은 바로 내무 총장이신 도산 안창호 동지였지만 나도 보는 눈이 있어 동의했소! 헛허……

김구   송구스럽습니다. 도산 안창호 선생이나 위원장님께서는 언제나 아랫사람을 눈여겨 돌봐 주시고 부족함을 타일러 주신 어른이라…… (목이 메이며) 그 은혜…… 그 헤아림은…… 주, 죽어도……

이동녕   이것 봐요! 내가 지금 무슨 생색내려고 이런 얘기 하는 줄 아나? 나와 김 동지의 나이 차이는 겨우 일곱 살일세! 우리나라 풍속으로는 열 살 터울은 서로 벗하는 법일세! 알았어? 헛허…… (갑자기 정색을 하며) 김구 동지, 국무령을 맡으시오. 알겠소?

김구   (위압당한 듯) 예.

이동녕   (좌중을 향하여) 그리고 우리 헌법을 개정했으면 하는데…… 윤기섭 위원께서 설명 좀 해주시오.

윤기섭   예. 엊그제 지시하신 안인데…… (서류를 펴며) 다 아시는 바와 같이 지금의 독재제를 국무령제로 개정해서 여러 위원이 평등한 자격으로 공동 책임을 지게끔 하는 공동 책임제로 개정하자는 골자요.

오영선   좋습니다. 이 안건은 정식으로 위원회에서 상정, 토의 끝에 가결을 시키는 게 옳을 것 같습니다.

일동   그렇게 합시다.

이동녕   그럼 오늘은 이것으로…… 폐회합시다.

일동   예. (하며 더러는 2층으로, 더러는 안쪽으로 퇴장한다. 김구가 이동녕에게로 가서 꾸벅 절을 한다)

김구 언제나 저를 지켜봐 주시고 감싸 주시는 은혜 잊지 않겠습니다.

이동녕 (이동녕이 김구의 어깨를 툭 친다) 새삼스럽게…… 그건 그렇고 …… 부인의 병환은 좀 차도가 있나?

김구 (쓰게 웃으며) 진인사대천명盡人事待天命입니다. 최선을 다했습니다만……

이동녕 그래? 지금 처지로는 좋은 병원에 입원 가료할 처지도 못 되니 걱정되겠군. 다섯 식구가 살아가자면……

김구 그래서 모친과 막내아들 신信은 고국으로 돌아가게 할까 합니다.

이동녕 그럼 인仁만 데리고 있겠다는 뜻인가?

김구 예. 몸이 허약한 편이라서 어떻든 가족이 다 함께 있어야 할 의미가 없다고 봅니다. 어차피 고생이야 각오한 바이니 독립을 되찾을 때까지는 사사로운 일은 희생해야지 않겠습니까?

이동녕 음…… 고생이 많겠네.

김구 그건 그렇고 한 가지 여쭈어도……

이동녕 무슨 일인가?

김구 (주변을 의식하며 조심스럽게) 이 총리를 어떻게 생각하십니까?

이동녕 이동휘 국무총리 말인가?

김구 예.

이동녕 무슨 일이 있었나? 요즘 각 부처 간에 분위기가 좀 이상하다는 느낌은 들었네만……

김구 겉으로는 조용해 보이지만 바닥에는 뭔가 앙금이……

이동녕 앙금? 자세히 얘기해 주게. 무슨 일 있었는지.

김구 얼마 전 이동휘 총리께서 조용히 만나자는 전갈이 있어서 홍구공원 연못가에서 만났습니다.

이동녕 홍구공원이라고? 왜 하필이면 그런 곳에서……

통곡의 땅

이와 함께 무대 한편에 공원의 일각이 나타난다. 나무 그늘에 벤치 하나. 이동휘가 담배를 피우며 초조하게 앉아 있다. 김구가 다가가서 앉는다. 새소리가 한가롭다. 무거운 침묵이 흐른다. 허공으로 뿜어대는 담배 연기를 쳐다본다.

김구 말씀하시죠. 혹시 저의 근무 상태에서 무슨······

이동휘 아닐세! (사이. 대뜸) 혁명을 어떻게 생각하나?

김구 혁명이라니요?

이동휘 가령 혁명을 유혈혁명이냐 무혈혁명이냐로 갈라놓는다면 말일세.

김구 저는 평소에 혁명을 한다는 생각보다는 독립운동만을 염두에 두고······

이동휘 물론이지. 그러나 그 독립운동도 궁극적으로는 하나의 혁명을 거쳐서 이루어지는 게지. 남이 가져다주는 건 아니지! 안 그래?

김구 그건 옳습니다만······

이동휘 언젠가 국무회의 석상에서 이승만 대통령과 나 사이에 의견 대립이 있었다는 얘기 들었겠지?

김구 예. 이승만 대통령은 민주주의, 즉 데모크라시를 주장했고 국무총리께서는 공산혁명을 부르짖으셨다는 얘기는 들었습니다.

이동휘 바로 그 점에 대해서 어떻게 생각하고 있는가?

김구 우리가 공산혁명을 하자면 코민테른, 즉 제3국제당의 지휘명령을 받지 않고는 안 됩니다.

이동휘 물론이지!

김구 그렇게 되면 우리 민족으로서의 독자성과 자주성을 무시하고 제3국제당의 지시를 받는 꼴이 됩니다.

이동휘 지시를 받자는 게 아니지! 국제사회에서는 하나의 균형을 유지하며 공동전선을 형성하지 않고는 독립도 어렵다는 게지!

김구 (단호하게) 그럼 민족의 자존심을 저버리라는 얘깁니까?

이동휘 자존심? 자존심하고는 전혀 별개의 문제일세!

김구 (꼬박꼬박 오금을 박듯) 우리 상해 임시정부의 기본 정신과 위배되는 주장에는 동의할 수 없습니다. (하며 자리에서 일어선다)

이동휘 (냉소하며) 그럼 김 동지도 이승만 씨와 같은 노선을 가겠다는 뜻이군?

김구 아니죠! 나는 미국이건 러시아건, 강대국에 매달려 구걸하기는 싫습니다! 우리는 어디까지나 우리일 뿐입니다. (사이, 흥분을 가라앉힌 다음) 이 국무총리께서는 그 공산혁명을 운운하시지 말기를 바랍니다. (하며 급히 뛰어나간다. 이동휘는 닭 쫓던 개처럼 그 뒤를 바라보다가 실소를 한다)

이동휘 흠…… 아직 눈뜨기엔 멀었지. 우물 안의 개구리들아. 눈을 떠야 해! 흠……

조명이 사라지며 다시 임정 내부가 나타난다. 이동녕과 김구가 마주앉아 있다.

이동녕 (긴 한숨) 걱정일세! 지금까지 회의 석상에서도 여러 차례 의견 충돌이 있었고 그것 때문에 국시가 흔들리곤 했지만…… 아…… 이래 가지고 어떻게 독립을 되찾는단 말인가! 내부의 단결이 없이 어떻게…… (하며 초조하게 창가로 간다)

김구 듣자니 이동휘 국무총리는 자기 심복인 한형권을 모스크바로 밀파했다는데 사실입니까?

이동녕 (내키지 않은 듯) 글쎄…… 국무회의에서는 정식 대표로 여운형·안공근·한형권 세 사람을 파견키로 하고 여비를 갹출했었는데,

사전에 의논도 없이 한형권을 비밀리에 보냈지 뭔가! 그런 개인 행동을 했으니…… 아…… 이렇게 우리들끼리도 손발이 안 맞으니 어느 세월에 독립을 찾고 주권을 회복하겠다는 건지…… 아……

이때 한 청년이 들어선다.

김구　무슨 일이오? 이 동지.

청년　김 국장님. 밖에 누가 찾아왔습니다.

김구　나를?

청년　예. 댁에서…… 급히 만나시겠다며……

김구　(불안해지며) 알았어…… 내가 나가지.

이때 곽 씨가 급히 들어선다. 숨이 차다. 허술한 중국 옷차림에 머리엔 서리가 내렸다.

김구　오마니. 어떻게 여기까지……

곽씨　응? 응…… 저…… (하며 이동녕을 의식하며 꾸벅 절을 한다) 안녕하십네까?

이동녕　어서 오십시오. 고생 많으시죠?

곽씨　예…… 저…… 그저……

김구　무슨 일이라도…… 인이 또 앓기라도……

곽씨　아니야…… (담담하나 절망적으로) 갔어.

김구　예? 가다뇨?

이동녕　누구 말입니까?

곽씨　(비로소 목이 메이며) 에미가…… 에미가…… 갔다니끼니……

윽……

김구   예? 언제요?

곽씨   불쌍한 것…… 너한테는 알리지 말라면서…… 조용히…… 웃으면서. (울먹인다) 고생고생하더니…… 약…… 한 첩 제대로…… 써보지도 못하고…… 에그…… 불쌍한 것!

김구   (이동녕에게) 저 집에 좀……

이동녕   어서 가보게. 여기 일은 걱정 말고.

김구   예…… 오마니 가십시다.

김구가 곽 씨의 손을 이끌고 급히 나간다. 이동녕이 허탈하게 허공을 쳐다본다.

이동녕   아…… 또 한 식구가 갔군.

암전

제2장

중간막. 중앙에 '상해임시 정부 국민 대표자 회의'라고 쓰인 대형 간판. 그 아래 여기저기서 난립한 독립운동 단체의 크고 작은 깃발을 든 사람이 드나든다. 그것은 춤이라기보다는 혼돈·상충·대립·증오·조소 등 온갖 감정을 나타내는 탈바가지를 쓴 사람들의 몸짓이다. 그것은 곧 화합을 깨는 작당들의 몰지각한 추태이기도 하다. 한성 정부 노령 대한민국 의회, 상해 대한민국 임시정부, 대 조선 국민 군단, 재미 대 한인 국민회 총회, 고려 공산당, (워싱턴) 구미 위원부, 신 대한 동맹

단, 대등 청년당, 대한 독립 청년단, 군사통일 촉성회 등…… 원색의 깃발들이 교차되는 어지러운 현실이다. 군중들의 열띤 몸부림이 끝나자 중간막이 오르면 국민 대표자 회의장이 나타난다. 그 가운데는 외국의 특징적인 의상 차림도 섞여 있어서 이채롭다. 두루마기 차림의 신채호가 열변을 토하고 있다.

신채호 이 사람 신채호는 지난 1919년 이승만 씨가 미국 윌슨 대통령 앞으로 대한민국 위임통치 청원서를 제출했다는 사실을 지적하며 그 죄상을 성토하는 바입니다. (웅성거림이 번진다) 그러한 작태는 지난날 나라를 팔아먹은 이완용・송병준 등 오적들의 죄악상과도 다를 바 없소! ("옳소" 하고 동조하는 고함 소리와 이에 반대하는 소리가 교차된다)

군중 1 이제 와서 무슨 망발이오? 지금 발언 취소하시오!

군중 2 이승만 박사는 우리 임시정부의 국무총리였고 제2차 개각 때는 대통령으로 선임된 어른인데 어찌 감히 그런…… 발언 취소하시오!

신채호 만부당한 소리! 미국 땅에 한가롭게 들어앉아서 남의 나라에다 위임 통치나 청원한 사람은 임시정부의 수반 자리에 앉을 자격조차 없어요! 게다가 안창호 역시 자의건 타의건 간에 이승만을 대표로 미국에 파견한 책임 또한 물어 마땅하다고 생각하오! (야유가 터져 나온다) 그건 커다란 시행착오이자 이율배반이란 말이오! 어떻게 그런 사람을 대통령으로 선출했습니까?

군중 1 취소해라!

군중 3 취소는 무슨 취소? 그 취소라는 말을 취소해! (일각에서 까르르 웃음이 터져 나온다)

신채호 그뿐입니까? 특파 대사이신 김규식 동지께서 유럽에 갔을 때도 만났던 외교관들마다 어떻게 그런 사람이 대통령이 되었는가 하고 끈질기게 묻더라는 사실은 모르오? ("치워라" "물러가라" 하고 욕소리가 오가며 소란해지자 김구가 일어나서 제지한다)

김구   냉정들 하시오! 조용히 하시오! (좌중이 차츰 가라앉는다) 모두가 일리 있는 말이오. 그러나 내가 알기에도 그것은 이승만 박사 개인의 의사라기보다는 시대적 조류와 주위 환경의 힘에 못이겨 그럴 수밖에 없었을 것이오. 우리와 함께 고생해 나온 동지는 끝까지 믿읍시다. 나는 그렇게 믿소.

일동   옳소!

김구   더욱이 이승만 박사 자신도 지금은 자신의 행동을 크게 뉘우치고 있다고 하니 그 얘기는 물 위에 띄워 보냅시다. 우리가 지금 해야 할 일은 과거에 사로잡힐 일이 아니라 미래에 대비하는 일이 시급합니다.

신채호   좋소! 그렇다면 한 가지 방법은 있소. (모두들 다시 웅성거린다) 그 위임통치 청원이 타의에 의해 취해진 일이라면 지금이라도 늦지 않으니 그 청원을 취소한다는 성명서를 미국 정부에게 전달하고 우리들 2천만 동포 앞으로도 공식 사과 성명을 낼 것을 제의합니다! (찬성과 반대의 소리가 여기저기서 터져 나온다. 그러나 누구 한 사람 결정적인 말을 못한다)

김구   아까도 얘기했듯이 그건 이미 지나간 일이니 새로운 미래를 향해서……

신채호   (분노에 떨며) 잘못된 과거의 청산 없이 진정한 미래를 꿈꿀 순 없소! 절대로 없소! 더러운 과거는 깨끗이 씻어내야 합니다. 추악한 과거 역사가 무슨 필요가 있습니까?

김구   그건 아니오. 중요한 건 현재요! 나는 지금 이역만리 타국 땅에서 무엇 때문에 우리가 이 고생을 하고 있는가라는 근원적인 시점에서 말하는 거요. 이렇게 갈기갈기 찢고, 찢기고, 갈라서고, 미워

해도 되는가 말이오! 우리가 왜놈들에게 이겨낼 수 있는 힘은 오직 단결이오! 화합이오! 하나가 되는 일이오! 안 그렇소? 한 사람의 실수나 과오를 규탄하는 일은 이 다음에도 할 수 있습니다. (눈물이 핑 돌며) 부모 자식을 고국에 남겨 놓고 어린 피붙이를 이끌고 타국에까지 흘러 와서 해야 할 일이 그것입니까? (서글퍼지며) 나는 아내와 자식을 얼마 전에…… 내 손으로 묻었소! 이 손…… 왜놈들을 무찔러야 할 이 손으로…… 내 가족을…… (말을 잊지 못한다. 모두들 숙연해진다)

신채호 (다소 냉철해지며) 그 문제에 관해서는 이상 더 캐묻지 않겠습니다.

김구 신 동지! 이해해 주니 고맙구려! 단재, 나는 단재의 그 불같은 투지, 예리한 판단력, 그리고 신랄한 비판정신을 일찍이 「황성일보」에서도 읽었소.

신채호 칭찬을 받고 싶어서 꺼낸 얘기가 아니오. 그 대신 끝으로 한 마디만 하고 이 자리에서 물러나겠소.

김구 물러나다니? 무슨 뜻이죠? 단재!

신채호가 품에서 두루마리를 꺼낸다. 모두들 의아하게 바라본다.

신채호 동지 여러분, 이것은 (두루마리를 축 흘러내려 보이며) 평소에 나와 뜻을 같이해 온 쉰네 명이 서명 날인한 성토문이오!

일동 성토문?

이동녕 누구를 성토하겠다는 게요?

신채호 물론 이승만 동지죠. 그러나 이것은 개인 신채호가 개인 이승만 동지에게 개인적 감정이나 정치적 야욕에서가 아니라는 점을 밝히는 바이오! 그 점만은 믿어 주시오! 그럼 저는 조용히 물러나겠소. (모두들 새로운 동요로 웅성거린다)

이동녕　그럼 신채호 동지는 우리와 갈라서겠단 말이오? (강하게) 상해 임시정부를 이탈하겠단 말이오?

신채호　(냉담하게) 나는 이제부터 여러분을 동지라고 생각하지 않을 것이오.

일동　뭐라고?

신채호　그리고 이 상해를 떠나겠소.

김구　단재!

신채호　이승만이 대표자로 있는 한 임시정부도 부인하겠습니다.

김구　(화를 내며) 말을 삼가시오! 이렇게 흩어지고 갈라지면 조국의 독립은 누가 언제 되찾겠다는 게요?

이동녕　단재! 우리가 나라를 되찾으려는 일념으로 뭉치자는 그 혈맹을 잊었소? 독립을 포기하겠소?

신채호　독립은 절대 포기 안 합니다. 다만 나라를 사랑하는 방법이 다를 뿐입니다. 나는 어디에 있건, 무슨 일을 하건, 조국을 생각하고 독립을 염원하며 목숨을 바칠 각오에는 변함없소! 나는 상해를 떠나 남경으로 가겠소! 그럼 이만! (신채호는 뒤도 돌아다보지 않고 총총히 나가자 다른 젊은이들 7, 8명도 그 뒤를 따라 나간다. 좌중에 커다란 공동이 뚫린 듯 허전해진다)

이동녕　(책상을 치며) 이게 무슨 짓들이오! 이래서는 아니 되오! 이래서는 …… (울분에 떤다)

김구　(조용히) 떠나야 할 사람은 떠나가게 합시다. 힘으로 막을 일이 아닙니다. 떠나갈 사람에겐 저마다 사연이 있겠죠.

김구는 눈을 지그시 감는다. 이와 동시에 무대가 어두워지며 기적 소리가 꼬리를 문다. 무대 한구석에 부두 일각이 나타난다. 갈매기 우는 소리에 뱃고동 소리. 곽씨가 큰 짐을 머리에 이고 한 손에 네 살 난

　　　　　　　　　　　　　　　통곡의 땅

손자 신을 이끌고 낑낑대며 나온다. 신은 엿사탕(대꽂이 낀)을 입으로
빨며 신기한 듯 주변을 두리번거린다.

곽씨	날래 가자우! 뭘 그케 두리번거리니?
신	할머니, 어디 가?
곽씨	조선에 가지 어딘 어디 가! 아이구 숨차! (짐을 내려놓는다)
신	왜 형은 안 가? (뱃고동 소리가 가까이서 울린다)
곽씨	인仁은 나중에 네 아버지하고 함께 올 거야.
신	언제?
곽씨	(약간 신경질을 내며) 그걸 어케 알갔어? 네 아버지 말대로 조국이 독립되면 오겠지.
신	조국 독립이 뭐야, 할머니?
곽씨	(화를 내며) 왜 이렇게 말이 많아? 좀 잠자코 있지 못하갔어?
신	할머닌 괜히 나한테만…… 씨…… (하며 저만치 바다 쪽으로 간다)
곽씨	(혼자 소리처럼) 그런데 왜 안 나오지?
신	(큰 배를 보았는지) 와…… 크다! 할머니! 우리 저 배 타고 가? (하며 손가락질한다)
곽씨	(무표정하게) 몰라. 네 아버지가 와봐야지. 어느 배를 타든지 기차를 타든지……
신	난, 저 큰 배…… 타고 싶다.
곽씨	돈이 있어야지.
신	아부지 보고 달라지.
곽씨	(퉁명스럽게) 네 아버지가 무슨 돈이 있어? (투덜대듯) 방세도 못 내서 이리저리 이사만 다녔는데……
신	할머니! 나 커서 저런 큰 배 탈까?
곽씨	(싫지 않은 듯) 그렇게 하려마.

신	아니면…… (창공을 쳐다보며) 비행기 탈까?
곽씨	비행기?
신	(고개를 꾸벅하며) 배보다 비행기가 빠르다! 윙…… 윙…… (하며 비행기가 날아가는 시늉을 하며 한바퀴 크게 돈다. 곽 씨가 흐뭇해서 빙그레 웃는다. 이때 김구가 손에 보자기에 싼 물건을 들고 총총히 나온다. 그 뒤에 청년 단원 갑·을이 호위하듯 따라 나온다. 색안경을 끼고 깊숙이 눌러쓴 모자가 어딘지 모르게 쫓겨다니는 사람 같다)
김구	신아!
신	아부지. (하며 뛰어가 안긴다. 김구가 덥석 안아 든다)
김구	우리 신이 제법 무겁구나! 훗흐……
곽씨	인이는?
김구	열이 있는 것 같아서 집에 두고 왔습니다. 그리고 이거…… (들고 온 물건을 건넨다)
곽씨	뭐가?
김구	배 안에서 잡수실 것하고…… 당분간 쓰실 생활비 좀……
곽씨	생활비는 무슨…… 여기서 고생하는 사람에게나 돈이 필요하지 내레…… 필요 없어! (돌려준다)
김구	넣어 두세요. (새삼 어머니를 내려다보며) 오마니…… 인천항에 내리시거든 「동아일보」 지국을 찾아가세요.
곽씨	「동아일보」 지국? 신문사 말이가?
김구	예. 이 안에 (보따리를 가리키며) 쪽지를 넣어 두었습니다. 틀림없이 편의를 봐 줄 겁니다. 그동안에 몇 차례 이쪽 소식을 전해 주곤 했으니까…… 아마 여비 정도는 내줄 테니 우선 그 돈으로 차표를 사서 사리원을 거쳐 안악 김홍량 군에게 기별하시고……
곽씨	김홍량? 만약에 연락이 안 닿으면 어카니?
김구	송화 득성리의 이모님 댁으로 가 계세요.

　　　　　　　　　　　　　　　통곡의 땅

곽씨 그렇게 여러 사람을 찾아다니면서 폐를 끼치느니…… 차라리 고향인 해주 텃골에 가서 정착하겠다. 그게 편하갔어! 내레 구걸 다니기는 싫다.

김구 용서하십시오. 이 못난 아들 때문에 평생을 이렇게 고생만 시켜 드리니……

곽씨 (엄하게) 지금 무슨 소릴 하고 있니? 응? 누가 호강하려고 여기 왔니? 너나없이 그저 나라 찾으려고 고향과 가족도 버리고 왔다는 걸 나도 안다구! 에미 무식하다고 깔보지 말라우!

김구 그, 그게 아니라…… 저……

곽씨 글쎄 알았으니 날래 가보라우. 긴데 타고 갈 배는 어디 있니?

김구 예. 지금 (청년들을 가리키며) 저 동지들이 모시고 갈 거예요.

신 아부지, 나 (손으로 가리키며) 저 큰 배 타고 싶어.

김구 그 배는 조선으로 가는 배가 아니라 더 먼 나라로 가는 배다…… 흠…… 장차 돈 많이 벌면 타자. 응?

신 응…… 나도 커서 돈 많이 번다! (청년이 다가와서 짐을 든다)

곽씨 그럼…… 여기서 작별이가? (아쉬운 표정이다)

김구 예. 사무실에 급한 일이 있어서 곧 들어가 봐야 해요. 요즘 세상 돌아가는 게 심상치가 않아요. 게다가 왜놈들의 감시가 점점 험해져서……

곽씨 그럼 내가 인천에 닿는 즉시 편지할 테니끼니……

김구 편지하지 마세요. 우리 임시정부도 머지않아 다른 곳으로 옮기게 될지 모르니까요.

곽씨 옮겨? 어디메로?

김구 아직 확실하지 않지만 오지로 깊숙이 들어가야 할 것 같아요.

곽씨 오지로?

김구 그렇게만 아시고 계세요. (신을 안으며) 신아, 할머니 말씀 잘 들고…… 몸 튼튼하게…… 잘 자라야 한다.

신   응! 아부지처럼 힘센 사람 될 거야! 이렇게! (하며 역도 선수처럼 양팔을 떡 벌린다. 김구는 그런 아들이 도리어 애처로워진다. 꼭 껴안는다)

김구   신아! 신아! 불쌍한…… 흑…… 흑……

곽씨   (복받치는 울음을 억지로 삼키며 웃는다) 바보같이…… 울긴……

신   아…… 숨막혀…… 아부지!

김구   오마니! 부디……

곽씨   (손목을 쥐며) 에미는 안 운다. 네가 금의환향할 때까지 눈물은 안 흘려! 알간?

김구   오마니.

이때 망을 보고 있던 청년 을이 급히 뛰어와서 귀엣말을 한다. 긴장감이 돈다.

김구   그래, 알겠어! 그럼 동지들 부탁하네!

청년 갑 예. 염려 마십시오, 김 위원님!

청년 을 (곽 씨에게) 가실까요?

곽씨   예? 예……

청년 갑 그 짐은 제가 들죠. (하며 큰 짐을 든다)

김구   (목이 메이며) 오마니.

곽씨   인이 약…… 잊지 말고 먹여…… 쑥도 다려 마시게 하고……

김구   예. (신을 덥석 안으며) 또 만나자.

신   언제?

김구   글쎄……

신   난 안다!

김구   응?

신	조국 독립되었을 때지?
김구	신아! (왈칵 울음이 터진다)
곽씨	자식하곤…… 헛허…… 애비가 밤낮 외치는 소리지! 흠흐……
청년 을	(조급하게) 시간이 없습니다. 위원님!
김구	응…… (신을 풀어 준다) 그럼…… 잘 가거라……
신	응.
곽씨	가자. (신을 이끌고 나간다. 김구는 두어 발 뒤따르다가 제자리에 선다)
김구	(입 안의 소리) 그래…… 그때 다시 만나자. 조국이 독립을 되찾을 그날 말이다.

암전

제3장

상해 임시정부 청사 안. 밤이다. 구석진 한구석만 등불이 희미하다. 창에 커튼이 드리워졌다. 작은 탁자를 사이에 두고 김구·윤봉길이 이마를 맞대고 밀의密議를 하고 있다. 이웃집에서 흘러나오는 중국 음악이 어딘지 애절함을 더해 준다. 두 사람의 표정은 자뭇 심각하고 무겁다.

김구	시각은…… 4월 29일…… 오전 11시 정각 알았지? 장소는 홍구 공원 광장…… 일본 천황의 생일을 축하하는 천장절 경축식장 기억하겠지? 윤봉길 동지.
윤봉길	(수첩에다 메모하며) 예, 알겠습니다.
김구	내가 입수한 정보로는 이 식전에는 시라카와 육군대장, 시게미쓰

대사, 가와바타 민단장, 우에다 중장, 노무라 중장 등 거물급 인사들이 한자리에 모인다니 그야말로 천재일우의 호기가 아니고 뭐겠는가?

윤봉길　천우신조죠! 흠…… 지금 기분 같아서는 내일이라도 거사를 하고 싶습니다. 29일까지는 아직도 일주일이나 남았는데 어떻게 기다리죠?

김구　거사할 때까지는 절대 비밀일세. 나는 다른 동지들에게는 누구한 사람에게도 사실을 말하지 않았네.

윤봉길　정말 미치겠습니다! 전신이 근질근질하고 좀이 쑤셔서 못 견디겠습니다. (하며 킬킬댄다)

김구　성질 급하군! 이것 봐, 윤 동지. 이런 얘기가 있어. 옛날에 사냥꾼이 꿩을 쏠 때 말일세. 꿩을 날아가게 한 다음 쏴 떨어뜨리게 하는 것과 동시에 숲속에 잠든 사슴을 쏘지 않고 달아날 때를 기다려 총을 쏘는 이치란 뭣인 줄 아나? 그 쾌감 때문일세! 훗흐……그러니 조급한 마음일랑 자제하고 기다리는 걸세. 알겠나?

윤봉길　그렇지만…… 마음이 조급해서…… 오늘도 사전 현장 확인을 하기 위하여 홍구공원의 기념식장을 둘러봤습니다.

김구　어떻던가?

윤봉길　식장 준비는 착착 진행되고 있었는데 우연치 않게 시라카와 대장을 만났지 뭡니까!

김구　시라카와를 만나다니?

윤봉길　(사진을 들어 보며) 이 사진과 일치한 용모였소. 아마 현장 작업 독려차 헌병을 대동하여 나타난 모양이었소.

김구　음…… 잘되었군.

윤봉길　그런데 사람들 틈에 끼어서 구경하는 척하고 서 있는데 바로 내 옆을 지나치는 시라카와 대장을 보자 가슴이 철렁하고 전신의 피가 머리끝까지 역류하는 바람에…… 정말 미칠 것만 같았습니다! 바로 한치 눈앞에 그 원수를 두고도 참아야 하다니…… 전신이 떨리는 게 꼭 말라리아 환자 같았습니다.

김구 윤 동지의 심정, 알 만하네! 내가 일찍이 해주 치하포 항구에서 왜놈 장교 쓰찌다를 타살했을 때의 내 가슴의 울렁거림이 엊그제 일 같은걸! 헛허…… 아…… 그게 벌써 37년 전이군! 세월은 화살 같다더니……

윤봉길 지난 1월 8일 이봉창 열사께서 일본 천황에게 투척한 수류탄이 제대로만 성공했던들 전 세계가 놀랐을 텐데 애석한 일이었죠.

김구 이봉창 동지는 정말 아까운 젊은이였지. 그러나 비단 일황을 제거하는 데 실패했지만 그 의거로써 한민족이 일본에 동화되지 않았음을 만천하에 천명했다는 점에서는 대성공이었지! 그런 점에서 윤 동지의 책임은 더 크고 무겁다는 걸 잊지 말게!

윤봉길 잘 알고 있습니다. 이봉창 의사의 말씀대로 저 역시 인생의 목적이 쾌락이라면 지금까지의 방랑생활은 무의미하다고 생각됩니다. 이제부터는 일시적 쾌락이 아닌 영원한 쾌락을 얻기 위해서 (강조하며) 조선독립을 위하여 이 목숨 바치겠습니다!

김구 (손목을 덥석 잡으며) 고마우이! 이봉창 의사의 못다한 한을 자네가 꼭 성사시켜야 하네!

윤봉길 예. 그런데 한 가지 부탁 말씀이 있는데 들어 주시겠습니까?

김구 말하게! 지금에 외서 윤 동지의 청을 못 들어줄 게 뭔가. 호랑이 턱에서 수염을 뽑아 달라는 일 말고는…… 헛허……

윤봉길이 안주머니에서 회중시계를 꺼내 탁자 위에다 내놓는다.

윤봉길 이걸 받아 주십시오.

김구   웬 시계를?

윤봉길   그 대신 김 국무위원님의 시계를…… 저에게 주십시오.

김구   말하자면 내 시계와 맞바꾸잔 말인가?

윤봉길   지난번 이번 거사를 서약하던 날 가게에서 6원을 주고 샀죠. 그러나 위원님 시계는 2원짜리 싸구려 물건인 줄 압니다.

김구   그게 어쨌다는 건가?

윤봉길   이 시계가 저에게는 과분합니다! 게다가 저에게 남은 시간은 불과 일주일뿐입니다.

김구   그럼……

윤봉길   앞으로도 제 시계를 쓰십시오. 더 오래. 더 많은 일을 하시려면……

김구   윤 동지! (굳게 악수를 하며) 알겠네. 무슨 뜻인지…… 그렇게 하지! 고맙네! 정말 고맙네! (김구는 뭉클해지는 감정을 간신히 깨물면서 주머니에서 시계를 꺼내어 윤봉길의 손에 쥐어 준다)

윤봉길   고맙습니다. 단 며칠간이라도 이렇게 내 몸 가까이 지니고…… (하며 시계를 쓰다듬는다. 두 사람 눈에는 눈물이 핑 돈다)

김구   (얼싸안는다) 윤 동지!

윤봉길   영광입니다! 이 시계가 저에게 용기를 더해 줄 겁니다.

김구   그렇게까지 나를……

윤봉길   김 위원님이 뒤에 계시지 않았던들 저는 이번 일을…… 생각지도 못했을 겁니다. 저에게 이 기회와 용기를 주신 데 대해서 저는……

이때 밖에서 문을 두들기는 소리. 두 사람은 긴장한다. 그것은 아래층 현관에서 들리는 소리라서 멀리 들린다. 다시 문을 두들기는 소리가 나자 김구가 탁자 위의 등잔불을 훅 불어 꺼버린다. 윤봉길이 커튼을 조심스럽게 제치고 밖을 살펴본다. 회중전등의 불빛이 유리창을 두어 번 스치고 지나간다. 윤봉길이 급히 커튼에서 떨어져 바닥에 엎드린

통곡의 땅

다. 무거운 침묵. 처량한 호궁의 선율이 다시 들려온다. 개가 짖는다.

김구   큰 행사를 앞두고 왜놈들의 경계가 날로 엄해만 가고 있네, 조심해야 하네.

윤봉길   염려 마십시오! 저는 기어코 해내고 말 겁니다. 이봉창 의사의 못다한 뜻을 이 윤봉길이가 성사시키겠소! (그는 벌떡 일어나더니 허리춤에 숨겨둔 두 개의 수류탄을 양손에 쥐어 보인다) 보십시오!

김구   윤 동지!

조명이 윤봉길만을 비춘다. 다음 순간 기념식장에서 연주되는 취주악 일본군의 〈군함행진곡〉이 우렁차게 다가온다. 윤봉길이 조심스럽게 이동을 한다. 이윽고 여러 대의 마차와 기마대의 말발굽 소리가 들린다. 윤봉길이 다른 장소로 옮긴다. 이윽고 행진곡이 멎고 축포 터지는 소리, 박수소리. 이어서 천황 폐하 만세 소리가 세 번 울려 퍼지는 순간 윤봉길이 수류탄을 힘껏 던진다. 그 순간 무대가 갑자기 어두워지며 섬광이 무대에 가득 찬다. 다음 순간 굉음이 천지를 진동한다. 곧이어 두 번째 수류탄 터지는 소리와 섬광에 이어 연기와 불길이 무대 가득히 피어 오른다. 군중들의 비명과 함성소리가 번진다. 무대 한구석에 윤봉길이 "대한독립만세"를 연거푸 절규한다. 경찰의 호루라기 소리, 사이드 카 달리는 소리. 총소리……

윤봉길   만세! 대한독립 만세! 만세! 만세!

노도와 같은 군중들의 함성소리가 파도처럼 밀려온다.

암전

제4장

지하실. 일본 헌병대 고문실. 사방이 콘크리트 벽으로 된 냉랭한 분위기의 공간. 지상으로 통하는 층계가 비스듬히 벽 쪽으로 있다. 바닥에는 물고문을 한 흔적과 고문 기구들이 남겨 있다. 심한 고문에 못 이겨 실신한 윤봉길의 처참한 모습이 어둠 속에 떠오른다. 옷은 찢기고 핏자국이 선명하다. 잠시 후 층계 위에 설정된 철문이 열리는 소리와 함께 바깥 광선이 흘러든다. 이윽고 문이 닫히고 광선이 사라지자 두 사람의 구둣발 소리가 들리더니 헌병 대장과 사복형사가 내려온다. 헌병대장은 정식 군대식 복장에 권총을 찼다. 냉혹하고 엄격한 전형적인 군인이다. 사복형사는 평복 차림이다. 어딘지 교활해 보인다. 헌병대장은 힐끗 윤봉길을 내려다보고는 탁자와 의자가 있는 쪽으로 가서 앉는다. 형사가 쓰러진 윤봉길을 들여다본다.

헌병 (담배를 피우며) 아직 안 깨어났나?

형사 예. (윤봉길을 흔들며) 이것 봐. (사이) 정신차려 응? (다시 흔들며) 내 말 안 들려? 응?

윤봉길이 힘없이 몸을 움직인다.

윤봉길 물…… 물…… 물 좀…… 줘요……

형사가 헌병을 쳐다본다. 명령을 기다리는 눈치 같다.

헌병 물을 줘라. 죽지 않아 다행이다.

형사 예. (저만치 구석에 있는 주전자를 가지고 와서 윤봉길의 입에 대준다.

그는 천천히 물을 받아 마시고는 몸을 돌린다)

윤봉길 아…… 음…… (아픔이 엄습해 온 듯 괴로워한다)

헌병 취조 계속해!

형사 알겠습니다. (그는 윤봉길을 끌어올리며) 일어나!

윤봉길 (고개를 저으며) 아…… 나…… 잠 좀…… 자게……

형사 아직 일이 남아 있다. 네가 우리 업무에 협조만 한다면야 잠이 문제겠니? 술과 고기와 그리고 포동포동한 꾸냥도 있다. 핫하 …… 자…… 일어나! (힘껏 끌어올리며 빈 의자에 앉힌다. 핏자국이 낭자한 얼굴이 처참하다. 헌병이 다가온다. 형사와 몇 마디 주고받는다)

형사 예, 알겠습니다. (하고는 밖으로 나간다)

헌병 자, 다시 시작한다. (외면한 채) 김구하고 언제 만났지? (무표정한 듯하나 어딘지 엄해 보인다)

윤봉길 (눈을 지그시 감은 채 대답이 없다)

헌병 언제, 어디서, 김구를 만났는지 말해.

윤봉길 그…… 그런 일…… 없소.

헌병 (무섭게 노려보며) 없어?

윤봉길 기, 김구…… 그런 사람…… 모른다고…… 몇 번을……

헌병 임마! 또 잡아떼기야? (유들유들하게) 우리 일본 헌병대의 정보 기능이 그렇게 호락호락하지는 않다. 다시 묻겠다. 김구를 만났지?

윤봉길 (말이 없다)

헌병 김구한테서 공작금과 수류탄과 의복까지 지급받았잖아? 응?

윤봉길 (여전히 대답이 없다)

헌병 네 놈이 임시정부 청사에서 나오는 걸 봤다는 사람이 제보해 왔다. (사이) 누군지 궁금하지? 흠…… 그래 누군지 말해 줄까? (사이) 최용택이다.

윤봉길 (눈을 크게 뜬다) 최, 용, 택?

헌병	조선놈이지…… 임시정부에서 일하는…… 흣흐…… (하며 자리에서 일어난다)
윤봉길	난…… 몰라……
헌병	4월 27일 아침, 강남조선소에 김구와 함께 가서 폭탄 성능을 실험했다는 사실도 드러났다. (무섭게 노려본다)
윤봉길	(고개를 떨군다. 항복이 아닌 무저항의 뜻이다)
헌병	김구는 이번 홍구공원 사건뿐만 아니라, 지난 1월 8일 동경 궁성 앞에서 이봉창이란 놈이 저지른 천황 폐하 암살미수 사건에서도 그 배후인물이라는 사실도 드러났다! (엄하게) 단정적으로 동경 암살 미수사건과 이번 상해 홍구사건의 주동자는 김구다! 이봉창과 윤봉길은 그 하수인에 불과해! (사이) 이래도 부인하겠니! 응? (하며 일격을 가하자 윤봉길이 힘없이 바닥으로 떨어져 나간다)
헌병	앉아! 똑바로 앉아!
윤봉길	(간신히 의자에 기어오르듯 앉는다) 음……
헌병	네놈이 던진 폭탄에 육군대장 시라카와 각하를 비롯해 수많은 인명 피해를 낸 네놈의 죄상을 알고 있지? 응?
윤봉길	알고 있소 그렇지만……
헌병	그렇지만 뭐냐?
윤봉길	김구와…… 나는…… 아무…… 관계없어…… 난……
헌병	뭐라고?
윤봉길	나 혼자…… 한 일이지…… 내 배후에는…… 아무도 없다고 …… 말한 것 뿐인데…… 당신네들은……
헌병	단독범행이다, 이거지?
윤봉길	알고 있으면서…… 차라리 죽여줘! 어서! 어차피…… 목숨은 버리기 위해서…… 지금까지…… 기다렸으니……
헌병	(회유하듯) 왜 귀중한 생명을 버리려고만 하나? 네 마음먹기에 따

라서는 얼마든지……

윤봉길　살고 싶지 않소…… 난…… 난…… 그러니 (발악하며) 어서 총살
　　　을 하건…… 독살을 하건……

헌병　김구가 어디에 숨었는지 말하면 너는 살 수 있어. 잘 살 수 있다
　　　구? 일본 외무성, 조선 총독부 그리고 상해주둔 사령부 3부 합작
　　　으로 내건 현상금이 얼마인 줄 아니? 응? (얼굴을 바싹 대고) 무려
　　　60만 원! 어때? 이 현상금을 타게 되는 날엔 네 신세는……

윤봉길　어서 죽여! 나를 죽여!

헌병　개새끼! 아직도 정신을 못 차리고…… (그는 한구석에 있는 몽둥이
　　　를 들어 한 대 친다. 비명을 지르며 쓰러진다. 이때 형사가 급히 층계를
　　　내려온다)

형사　대위님! 급보입니다! (하며 종이를 내민다. 헌병대장이 종이를 받는
　　　다. 읽는다) 일본 영사관에서 급전이……

헌병　상해를 빠져 나갔다고?

형사　예. 임시정부 청사는 이미 빈집이며, 가재도구는 둔 채 서류만
　　　가지고 빠져 나간 모양입니다.

헌병　어디로?

형사　한 패는 항주 쪽으로, 다른 한 패는 북경 쪽으로 숨었을 가능성
　　　이……

헌병　음…… 그럼 주모자 김구는 어디로 갔지?

형사　남경 아니면 무한일 거라는 추측도 있는 모양이지만……

헌병　임마! 추측만으로 수사를 할 수 있니? 정확한 물증을 찾아야지!
　　　(윤봉길에게) 네놈은 알고 있겠지? 응?

윤봉길　(절규하듯) 죽여라! 어서……

헌병　이놈들이 어디로 잠복 도주했는지 하루 속히…… 알아내야 한다.

형사　모든 기동력을 동원하여 지금 김구의 행방을 쫓고 있습니다! 대

위님!

윤봉길 (이지러진 웃음을 내뱉으며) 어림도 없지…… 어림도 없다!

헌병 닥쳐! (하며 마구 발길질을 한다)

윤봉길 중국 대륙은…… 넓다…… 인구도…… 억이다…… 어디서 어떻게 숨었는지…… 찾아볼 테면 찾아봐! 10년이고…… 20년이고…… 찾아보란 말이다! 하핫……

헌병대장이 어이가 없는 듯 멍하니 내려다본다. 형사가 발길질을 한다.

형사 그 아가리 닥치지 못해! 이 자식이 갑자기…… 어디서 이런 힘이 나서……

헌병 고문을 계속해라!

형사 예?

헌병 저토록 발악하는 건 김구의 소재를 알고 있으면서도 불지 않겠다는 고집 때문일 게다. 저 아가리에서 피를 토해 내듯 자백을 받아내라! 어서!

형사 예! (벽에 있는 단추를 누른다. 이윽고 기계 돌아가는 소리와 함께 천장에서는 굵은 밧줄이 내려온다. 이른바 비행기 고문을 하기 위한 장비이다. 형사가 잽싸게 윤봉길을 밧줄 끝에다 묶는다)

헌병 이제부터 넓은 세상 구경시켜 주마! 홋홋……

윤봉길 죽여라……

헌병 아직 죽을 단계는 아니다.

윤봉길 내 몸은…… 묶일 수…… 있어도……

헌병 (비아냥대며) 마음은 못 묶는다 이거지? 하하, 많이 듣던 대사 같구나. 어디 네놈이 이기는지 내가 이기는지…… (형사에게) 시작해!

형사 예! (형사가 벽의 단추를 누르자 윤봉길의 몸뚱이가 허공으로 대롱 대롱

올라간다. 이와 함께 무대는 암흑으로 변하며 윤봉길의 찢어질 듯한 비명만이 가득 찬다)

암전

제5장

무대는 텅 비어 있다. 그러나 그것은 황량한 중국대륙을 표출하는 공간이라야 한다. 삭풍이 불어 간다. 이윽고 배경 저 멀리 크고 작은 짐을 이고 진 한 무리가 실루엣으로 지나간다. 지친 듯 걸음이 느리다. 그들은 독립투사들의 도피행이요, 방랑의 모습이다. 그렇다고 좌절이나 절망은 아니다. 끈질긴 저항이자 의지의 동작이다. 끊길 듯 이어지는 강인한 생명의 표출이다. 합창이 흘러나온다.

노래 (신채호의 시 〈1월 26일〉에서)
바람 따라 가볼까
은동의 먼지 쓸며
바람 따라 가볼까
하늘의 별도 따고
해도 잡아 오련다마는
누군가 길을 막으니
나도 가지 못한다
삭풍이라 춥다마는
봄 추위가 며칠 갈까
기나긴 밤 자지 않으면

긴 밤만 더 길어지니

바람 따라 갈 꺼나

구름 따라 갈 꺼나

방랑의 무리가 아스라히 멀어지면서 부대 한 귀퉁이에 곽 씨가 거처하
는 방. 전보다 늙어 보이는 곽 씨가 호롱불 아래 앉아서 편지를 읽고
있다. 달빛이 흘러들고 있다. 다른 한쪽 공간에 김구가 나타난다. 전보
다 수척해 보인다. 허름한 중국 옷차림으로 의자에 앉아서 자신의 인
생역정을 관조하는 듯 명상에 잠겨 있다. 주변에 서류상자며 짐 꾸러
미가 어지럽게 놓여 있다. 이삿짐을 싸다가 만 상태이다. 편지를 읽는
목소리가 들려온다.

김구　(소리) 오마니, 밤도 어지간히 깊었나 봅니다. 달이 떴는지 창문에
　　　비친 나무 그림자가 떨고 있습니다. 그동안 인이와 신이 때문에
　　　얼마나 고생이 많으십니까? 이 불효자는 입이 열 개 있어도 드릴
　　　말씀이 없습니다. 어머니를 고국으로 떠나보내 드린 지도 어언
　　　7년이 흘렀습니다. 때때로 무엇 때문에 이 광활한 이국땅에서 이
　　　렇게 살아야만 하는가라는 의문이 떠오를 때도 있습니다. 만사를
　　　털어 버리고 고국산천으로 돌아가고 싶을 때도 있답니다.

곽씨　지금 무슨 소리 뇌까리고 있니? 바보 같은 소리 꺼내지도 말라우.
　　　(다시 편지를 읽는다)

김구가 의자에서 일어나 꾸리다 만 서류 뭉치를 다시 묶는다.

김구　(소리) 그동안 왜놈 경찰의 감시의 눈을 피해 가며 떠돌아다니던
　　　일이 그저 꿈만 같습니다. 항주, 가흥, 남경, 진강, 장사…… 아

······ 7년의 세월이 20년보다 더 길게만 느껴집니다. 그러나 다행히 우리 임시정부는 가는 곳마다 환영을 받고 있답니다. 그 중에서도 장개석 장군의 각별한 호의와 도움으로 육군 중앙군관학교 낙양분교를 개설하게 되었습니다. 장차 독립을 쟁취하려면 무엇보다도 군사력을 갖춰야 한다는 생각에서입니다. 그래서 각지에 분산된 독립군들을 소집하여 군대를 편성하였으며 이청천·이범석 장군도 함께 일을 하게 되었습니다. 그래서 지금 남경을 떠날 준비를 하느라 바쁘답니다. 오마니, 또 언제 소식을 전하게 될지 모르겠지만 그때까지 안녕히 계십시오. 그리고 오마니 이 편지는 태워 없애 버리셔요. 아셨죠?

곽 씨가 반가움을 이기지 못해 기쁨의 눈물을 흘린다. 그녀는 성냥불을 켜대고 편지를 불사른다. 그러나 무척 행복해 보인다. 그녀는 눈앞에 앉아 있는 사람에게 말하듯 한다.

곽씨 잘했다. 그동안 고생한 보람이 있어서 훗호······ 얼마나 괴롭고 외롭겠니? 에미야 굶어도 고향에 있으니 괜찮지만······ 넌 이국 땅에서 18년 동안이나 고생한 일 생각하면 잠시도 앉아 있을 수가 없구나. 너 혼자서 밥이나 제대로 먹는지 아무래도 네 곁에 에미가 있어야디 안 되겠어! (자리에서 일어나며) 무슨 수를 쓰더라도 내가 다시 중국엘 들어가야디 안 되겠다! 언제까지 홀애비 생활을 하게 할 순 없잖갔어······

곽씨가 퇴장하면서 조명이 사라진다. 김구만 남는다. 이때 중국여인 주애보 朱愛寶가 조심스럽게 다가온다. 쟁반에 약그릇을 받쳐들고 한 손에는 신문을 들었다. 예쁘지는 않으나 정감이 도는 소박한 여인이다. 그녀는 일에 방해가 될까 봐 잠시 망설이다가 다가간다.

애보 약 드실 시간입니다, 김 주석님!

김구 (돌아보며) 애보, 언제 들어왔지? 도둑고양이처럼. (쓰게 웃는다)

애보 주석님. 신문 여기 있어요. (탁자 위에 놓는다)

김구 무슨 약? 얼마 전에도 약을 다려 주더니만……

애보 요즘 과로하신 것 같아서…… (약그릇을 건네자 김구가 받는다)

김구 (흐뭇해하며) 고마워. 애보가 내 곁에 있으니…… 난 마치 어머니 곁에 있는 듯 마음이 든든하다구 훗호……

그러나 애보는 어딘지 풀이 죽어 보인다. 김구가 약그릇을 비우고 나서 신문을 펴든다. 애보가 할 얘기가 있는 듯하나 망설인다.

애보 저…… (김구는 미처 그 말을 못 알아차리고 신문기사에 시선을 꽂는다)

김구 (긴장하며) 이놈들이 기어코 독이빨을 드러냈구먼! (하며 신문을 읽기 시작한다)

애보 저도 읽었어요. 노구교 근방에서 왜군과 중국군이 충돌했다는……

김구 왜놈들의 미리 작성된 각본대로지. 도적놈들 같으니!

애보 예? (하며 돌아본다)

김구 (문득 생각이 난 듯) 애보는 어떻게 생각하나?

애보 예?

김구 왜놈들은 중국군이 먼저 발포했기 때문에 응전했다고 주장하지만 그걸 누가 믿는가 말이야! (화를 내며) 입으로만 동양평화를 위하고 오족협화 五族協和가 어떻고 하는 그 속셈! 그 야욕! 그 침략근성! (흥분을 참지 못하며) 이런 새빨간 거짓말을 믿어야 하

　　　　는가 말이지. 조선을 삼키고 만주를 삼키더니 이제는 중국 대륙
　　　　까지…… 죽일 놈들! (김구가 이성을 잃은 듯 방안을 서성거린다.
　　　　분노를 참지 못한 듯 몸을 떤다)

애보 　고정하셔요. 너무 심정을 끓이시면 건강에 해롭다고 했습니다.

김구 　뭐라고? 누가 그런……

애보 　의사 선생이 약첩을 지어 주시면서…… 주석님께선 좀 쉬셔야
　　　　해요. 요즘 주무실 때도 가끔 헛소리를 하시는가 하면, 식은땀을
　　　　흘리시기도 하고…… 김 주석님은 저희들의 기둥이셔요! 대들보
　　　　시라구요! 오래오래 건강하게 사셔서…… 나라를 찾으셔야죠.
　　　　그것만이 이 애보의 소원이에요.

　　　　김구는 의외로운 애보의 태도에 어리둥절해진다.

김구 　애보 (사이. 일부로 밝게) 마치 어디로 먼길 떠나는 사람 같은 말투
　　　　구먼! 헛허…… 여느 때의 애보가 아닌데…… 헛허…… (정답게)
　　　　애보! 난 애보의 그 소탈하고 꾸밈없는 모습이 고마워…… 변함
　　　　없이 나를 위해서 성과 열을 다해 준……

애보 　(김구를 쳐다보며) 주석님은 하늘처럼 우러러보는 어른인 걸요!

김구 　뭐라구?

애보 　이 주애보는요…… 배운 것도 없고 가진 것도 없는 천한 계집이
　　　　지만…… 저는 죽는 날까지……

김구 　(정색을 지으며) 그 말 취소해! 천한 계집이라니!…… 이 세상에
　　　　누가 천하고 고상하고가 있다고 했어? 내가 평소에 얘기한 걸 잊
　　　　었나? 애보! 잘 들어! 사람에겐 층하도 차별도 있어서는 안 된다
　　　　고 했지? 내가 일찍이 동학군이 되었을 때 배운 게…… (말하다
　　　　말고 뚫어지게 바라보며) 애보! 오늘따라 이상하군! 아까부터 그렇

게……

애보 (돌아서며 손끝으로 눈물을 닦는다)

김구 (의아하여) 애보! 울고 있나?

애보 (소리 죽여) 흑……

김구가 일어나서 가까이 간다. 애보는 가까스로 감정을 억제한다.

김구 무슨 일이라도 있었어? 아니면……

애보 (마주보며 침착하게) 주석님…… 저 고향으로 내려가겠어요.

김구 가흥으로 말인가?

애보 예. 그렇다고 그 까닭이 뭐냐고 묻지 마세요. 여러 날을 두고 생각 끝에 얻어낸 결심이라는 것만은 믿어 주세요.

김구가 서서히 창가로 간다. 뭔가 마음에 짚이는 듯 깊은 상념에 잠긴다.

김구 애보. 우리가 처음 만난 게……

애보 5년하고 3개월째예요. 가흥에서……

김구 (옛날을 회상하며) 그래…… 4월 29일 상해에서 윤봉길 동지가 체포되자 왜놈들의 수사망을 뚫고 피신한 곳이 바로 가흥이었지. (애보를 돌아보며) 강가에 쓰러진 나에게 먹을 것과 의복을 갖다준 고마운 여인이 있었지. 처음에는 서로 말도 안 통했지만 우리의 눈과 눈은 금세 한 뜻이었고…… (조용히 애보의 손목을 쥐며) 경찰의 눈을 피해 뗏목 위에서 숨어 살던 나에게 온갖 지성을 다 바치면서도 군소리 한 마디 없었던 고마운 여인이 있었지!

애보 (울음이 복받치며) 흑……

김구 (낮으나 정답게) 말도 다르고 풍속도 다르고 국적도 다른 나에게

        ······ 내 곁에 그 여인이 없었던들 나는 5년이란 세월을 견디어

        내지 못했을 거야.

애보   주석님의 그 눈빛 속에는 따스한 빛이 스며 있었어요. 그 빛이

        저를 끌어당겼어요. 그것뿐이에요.

김구   경찰에 쫓기는 몸인 줄 알면서도 나를 숨겨 주고 도와준 이유가

        뭣일까 하고 노상 생각은 하면서도 막상 애보에게 그걸 물어볼

        수가 없었어. 애보! 오늘은 새삼 그 까닭을 묻고 싶군!

애보   아까 말씀드렸잖아요. 그 이유는 묻지 마시라고······ 굳이 말한

        다면 인연이겠죠.

김구   인연?

애보   전생에서부터 눈에 보이지 않는 어떤 가느다란 끈으로 이어진

        인연이겠죠.

김구   인연이라······ 때로는 친구 같고 때로는 아내 같고 때로는 어머

        니 같다고 생각되기에 나는 그냥 무심코 지내 왔는데 혹시 애보

        는 그게 섭섭해서······

애보   (고집스럽게) 아니라니까요. 지금까지는 제가 보살펴 드릴 필요가

        있었지만······

김구   지금은 없단 말인가?

애보   주석님께서는 저의 힘이 없이도 이제부터는 큰일을 하실 수 있으

        니까요. 주석님께서는 임시정부 대가족들과 함께 호남성 장사로

        떠나신다죠?

김구   (놀라움을 금치 못하며) 그걸 어떻게······

애보   그래서 며칠 전부터 이렇게 짐 정리를 하신다는 것도······ 다 알

        고 있었어요.

김구   그렇지만 애보와는 아무런 관계가 없잖아. 지금처럼 나를 도와주

        면서······

애보   (단호하게) 그건 안 됩니다.

김구   어째서?

애보   임시정부 대식구가 함께 장사로 옮기시게 되는 마당에 저까지
      따라 나설 수는 없지요.

김구   그게 무슨 상관이냔 말이지. 나는……

애보   (담담하게) 체통을 지키셔야 합니다.

김구   (당황한 빛으로) 체통?

애보   남의 이목이 있습니다.

김구   이목?

애보   분명한 사실은…… (망설이다가) 우리는 부부가 아니잖습니까?
      정식으로 맺은 부부가 아닌 이를테면 유사하였을 뿐 어디까지나
      남남이었습니다.

김구   그럼 애보는 지금 나더러 정식 부부가 되어 달라는 건가?

애보   (웃음을 띠며) 아니에요. 처음으로 돌아가자는 거예요.

김구   처음으로?

애보   남남으로 돌아가는 거예요. 제가 주석님을 따라 나서면 모두들
      저와 그리고 주석님을 보는 눈빛이 달라질 거예요. 그건 주석님
      에게는 부담이고 저에겐 수모가 될 거예요.

김구   (손을 다시 붙잡으며) 그게 무슨 소리야? 부담은 무엇이며 수모는
      또 뭐야? 지금까지 헌신적으로 도와준 그 은혜를 생각해서라도
      나는……

애보   저를 풀어놔 주십시오. 저를 내 고향 기흥으로 돌아가게 해주십
      시오.

김구   내 곁에 있기가 싫어졌나?

애보   주석님은 저에게 있어서 하늘 같은 분이라고 말씀드렸어요.

김구   그렇다면……

애보 맑은 하늘에 구름이 끼어서는 안 됩니다! 보다 큰일을 하실 주석님 곁에 저 같은 여자가 따라 나서면 도리어 화근이 됩니다. 그러니…… (울음을 깨물며) 주석님! 저를 자유롭게 떠나게 해주십시오! (마룻바닥에 무릎을 꿇으며) 제가 어디에 가 있건 나의 푸른 하늘은 제 머리 위에 있을 겁니다! 5년 동안 오직 주석님을 위하여……

김구 (애보의 양 어깨를 흔들며) 그건 오해야! 나의 체면을 위해서라면 그건 일방적인 기우라니까! 애보! 나는 그 은혜를 갚아야 할 의무가 있는 사람이야. 얼마 안 있어 밝은 세상이 오고 자유와 독립을 되찾는 날에는 나는 누구보다도 애보에게 우리나라 삼천리 금수강산을 구경시켜 주고 우리 어머니에게도 인사소개 시키겠다고……

애보 주석님! 흑……

김구 진심이야. 남들이 뭐라고 하건 나는 개의치 않겠어. 나는 애보의 그 아름다운 마음과 희생정신을 하나의 부채로 여기고 있으니까 나와 함께 장사로 가자구!

애보 (자리에서 불쑥 일어나서 의연하게) 안 됩니다! 그렇게 할 순 없습니다. 주석님, 저는 제 고향으로 가겠어요. 그리고 주석님은 더 큰일이 기다리고 있잖습니까? (다시 울먹이며) 주석님! 저는…… 저는 이대로가 행복해요!

김구 (조용히 그러나 힘주어 끌어안으며) 고마워! 애보! 애보의 마음을 알고 있는 이상은…… 애보를 자유롭게 해줘야겠지!

애보 주석님!

김구 그 대신 우리 조국이 독립을 되찾는 그날에는 꼭 만나야 해! 알았지?

애보 그럼요! 불러만 주셔요…… 가겠어요. 천리길…… 만리길…… 찾아가고말고요!

제6장

중간막이 내려오면서 일본군가 〈군함행진곡〉이 우렁차게 흘러나온다. 화면에는 1940년대 초반 일본군의 위풍당당한 행진, 공략, 공습, 학살, 그리고 장병들의 침략상이 영상으로 투영된다. 여기서 남녀 청년들의 국민 총동원령에 의한 강제노동과 광신적인 활동이 율동으로 표현된다. 이때 행진곡이 뚝 끊기면서 폭격기 편대와 원자탄 투하의 영상이 굉음과 함께 투영된다. 춤을 추던 젊은이들이 비명을 지르며 사방으로 흩어진다. 혼돈과 광기와 충돌의 음악과 조명이 어지럽게 교차되다가 무대가 급작스럽게 암흑과 침묵으로 바뀐다. 원자탄의 영상이 무대 가득 채워진다. 침묵이 흐르다가 아슬하게 독립만세 소리가 땅 끝 저 밑바닥부터 서서히 울려온다. 배경에 아침 서광이 비춰진다. 이윽고 〈해방의 노래〉(어둡고 괴로워라……)가 들려온다. 얼마 안 있어 〈애국가〉가 겹쳐서 들려온다. 그것은 해방 직후의 정치적 · 사회적 두 세력의 상충과 알력을 상징적으로 나타낸다. 붉은 완장을 찬 한 무리의 군중들이 태극기를 흔들며 지나간다.

군중 조선독립만세! 조선독립만세!

곧이어 반대쪽에 다른 집단이 역시 태극기를 흔들며 등장한다.

군중 대한독립만세! 대한독립만세!

두 집단이 교행하듯 마주치자 서로가 적대하는 시선을 던진다. 그 암투가 차츰 노골적인 작태로 변한다. 한쪽에서 〈해방의 노래〉를 부르기 시작한다. 또 다른 집단이 〈애국가〉를 부른다. 이와같은 대조적이면서 집단적인 불협화음이 회화적이면서도 오히려 유머러스하게 표출된다. 이때 중간막이 서서히 올라가고 임정귀국환영장으로 변한다. 비행기 엔진 소리가 멀리서부터 가까이 다가온다. 그것은 제트기가 아닌 단발 소형기의 소리다. 두 개의 집단들이 일제히 허공을 쳐다본다. 무대가 완전히 밝아진다. 군중들은 어떤 기대와 불안과 흥분 속에 어느덧 하나로 융화되었다. 그들은 저마다 태극기와 소속 사회단체며 정당의 깃발과 환영 플래카드를 쳐들면서 환영대회 분위기를 표출한다.

군중 A 상해임시정부 환국 만세! (일동 따라 외친다)

군중 B 김구 주석 만세! (따라 외친다)

군중 C 그런데 여의도 비행장에서 상륙허가를 안 내주려고 했다는데 사실인가?

군중 D 상해임시정부가 공식으로 환국하는 게 아닌 개인 자격의 여행이라서 입국 허가를 보류했다나 봐.

군중 E 어드레? 개인 자격? 아니 어떤 간나새끼가 그따위 소리했디? 20년 이상 타국 땅에서 독립운동을 해온 사람을 그따위로 대접해야 되갔어? 잉? 누구야?

군중 F 누군 누구? (코를 크게 그려 보이며) 코쟁이지!

군중 E 이놈의 새끼들! 양코백이들이 뭐길래 남의 나라에 와서 배 놔라 감 놔라 하네? 쌍놈의 새끼들!

군중 A 그런 소리 하덜 말어. 미국이 아니었으면 해방이고 민주주의고 있간디? 다 미국 덕분이제.

군중 B 이북에선 소련군이 해방시켜 줬다면서 가는 곳마다 따와이따와 이라며?

군중 C 따와이? 그것이 뭐래유?

군중 B 뭐긴…… "다 가져와!" 이거지! 헷헤……

일동 (까르르 웃는다)

군중 D 해방, 해방하기에 나는 그것이 뭣인가 했더니만 알고 보니께 남의 일 훼방 놓는 일이지 뭐것어! 헛허……

군중 E 훼방 놓는 일?

군중 D 그렇지. 자기들 마음대로 38선을 그어 놓구서 서로 오도 가도 못하게 훼방 놓았잖여?

군중 F 그뿐인가. 밤 열시만 되면 통행금지라면서 오도 가도 못하게 훼방만 놨지 않아?

군중 A 그래도 "헬로! 오케이!"만 할 줄 알면 무사통과니 무슨 걱정이겠어? 핫하……

이때 한쪽에서 세 사람의 품바꾼이 깡통을 두들기면서 들어선다. 모두들 호기심에서 돌아본다.

품바꾼 작년에 왔던 각설이 죽지도 않고 또 왔습니다요! 헷헤…… (넙죽 절을 한다. 일동이 박수를 하며 환호성을 울린다) 자유 해방 맞은 3천만 동포 여러분! 우리 여기서 한바탕 놀아 볼 테니 용서하십시오! 왜놈들의 게다짝 소리가 물러간 지가 엊그제 같은데 아직도 우리 살림이 어둡고 괴롭기는 매한가지니 이것이 무슨 조화인가 이 말이오! 에라, 모르겠으니 실컷 원풀이나 할 것이오! 쳐라!

품바꾼이 시사성이 강한 가사로 한바탕 놀이를 벌인다. 군중들도 차츰 흥이 도지자 합세한다.

돌아간다 돌아간다
요지경 속으로 돌아간다
개다짝 소리 돌아가고
오하요, 곤방와 안 들리더니
헬로 오케이가 웬 말인가
이 새 저 새 해도 먹새요
이 방 저 방 해도 서방이라
이 다리 저 다리 찾지만
가운데 다리가 제일이라

경찰서에 갔더니 본 체 만 체
군정청에 갔더니 다시 보자고
재판소에서는 내일 오라니
돈 없고 빽 없는 신세는
누구를 믿고 살거나
여편네 궁둥이 치며
양산도나 놀아 보세

군중들이 추임새를 터뜨리며 맞장단을 친다. 이때 호루라기 소리며
자동차 클랙슨 소리가 울린다. 장내와 교통정리하는 청년의 음성이
자동차 안에 설치된 확성기를 통해서 퍼진다.

청년 (소리) 질서를 지켜 주세요. 김구 주석님께서 오십니다. (모두들
객석 쪽으로 시선을 돌린다. 소리) 학생? 앞으로 나오지 말아요? 그

쪽 사람들! 정돈을 하십시오!

무대에 나온 군중과 객석에서 "만세"를 연호한다. 이윽고 검은 두루마기에 모자를 쓴 김구 주석을 필두로 여러 요인들이 객석 쪽에서 나온다. 그 뒤에 신문기자 및 사진기자가 뒤를 이어 무대로 올라온다. 김구가 중앙연단으로 올라선다. 카메라 플래시가 여기저기서 터진다.

군중　김구 주석 만세! 만세! 만세!

김구가 손을 흔들며 응답을 한다.

기자 갑　지금 어디서 오시는 길입니까?

김구　인천에 들렀지. 인천은 나의 생애에서 가장 의미 있는 고장이오.

기자 을　이유가 뭡니까?

김구　(쓰게 웃으며) 인천 형무소가 보고 싶었지. 스물두 살 때 사형선고를 받고 복역하다가 스물세 살 때 탈옥 도주하였고, 마흔한 살 적에 17년 만에 재수감된 곳이 바로 인천형무소였으니 말하자면 나의 인생 대학이었다고나 할까? 핫하……

기자 병　27년 만에 고국에 돌아오신 감회를 한마디로 말씀하신다면……

김구　기쁨과 슬픔이오. 희망과 절망이죠.

기자 병　무슨 뜻이죠?

김구　책가방을 메고 등교하는 어린 학생은 큰 희망이자 기쁨이고 아직도 잠을 깨지 못한 일부 어른들, 그중에도 이른바 지도계급의 작태를 보니 슬픔이자 절망이지.

기자 정　김 주석께선 신탁통치 문제에 대해선 어떻게……

김구　(단호하게) 반대요!

기자 갑 그럼 이승만 박사와 같은 노선이신가요?

김구 (한마디로) 아니죠! 반대죠!

기자 을 그렇지만…… 신탁통치 반대론은 이승만 박사가……

김구 이승만 박사측은 지금 남한만이라도 단독정부를 세우자고 주장하는 모양인데, 천부당만부당한 일이오!

신문기자들이 바싹 관심을 기울인다.

기자 병 그 이유가 뭡니까?

김구 사람이 자존심을 잃게 되면 끝장이지!

기자 병 자존심이라뇨?

김구 내가 27년 만에 고국에 돌아오자 가장 놀랐던 게 뭔 줄 아오? (돌아보며) 그 미·소 공동위원회였소. 도대체 그게 뭣하는 곳이냔 말이오! (차츰 흥분되며) 주인인 우리 민족대표는 제쳐놓고 미국과 소련 대표가 마주앉아 장기를 두고 있으니 그게 무슨 짓들이오? 주인은 나가라 하고 손님이 안방 차지하는 법도 있소? 그게 자존심 있는 짓거리냔 말이오!

군중 가운데서 "옳소!" 하는 함성이 터진다.

기자 갑 김 주석님의 앞으로의 계획에 대해서 말씀해 주십시오.

김구 (서슴지 않고) 남북통일이오! 남북이 협력해서 총선거에 의한 정부를 세워야 해요! 단독정부를 세우느니 차라리 자결하는 게 편하지!

"옳소!" 하는 소리와 함께 "단독정부 절대 반대"라고 외친다.

김구 이 나라의 주인은 우리들 자신이오! 우리들 상해임시정부 요인 동지들이 외국 땅에서 고생한 게 그래 남북이 갈라서서 각각 반쪽 나라를 세우기 위해서였나 그 말이오! 내말은……

기자 을 그렇지만 여기서 아무리 주장을 해도 이북에서 호응을 하지 않으면 어려운 일이지요!

김구 그러기에 나는 남북대표가 한자리에서 만나자는 게요! 우리 나라 일은 우리 힘으로 해결하자는 게요! 미국도 소련도 아니란 말이오! 민족자결이오! 그것만이 살 길이오! (열변을 토하는 김구에게 또다시 카메라 플래시가 터진다. 김구는 잠시 눈을 감고서 격정을 억제하려고 깊게 숨을 몰아쉰다. 침착하게) 나의 소원이 무엇이냐고 하느님께서 물으시면 나는 "저의 소원은 대한독립이오"라고 대답하겠소! 그 다음 소원이 무어냐고 물으시면 "우리 나라 자주 독립이오"라고 대답할 것이며, 셋째 번을 물으시면 "저의 소원은 우리 대한의 완전 자주독립이오"라고 대답할 것입니다!

일동 옳소! 만세! 김구 주석 만세!

김구 (다시 침착하게) 친애하는 동포 여러분. 이 김구의 하나뿐인 소원은 70 평생 가슴 속에 묻어 왔고 키워 나왔소! 그리고 현재도 그 소원 때문에 살고 있고 미래에도 그 소원만을 위하여 싸울 것입니다! 그렇기 때문에 나는 평양으로 가기로 결심을 했습니다.

일동 평양으로 가다뇨?

김구 남북협상을 해야 합니다. 길은 그것뿐이오!

군중들의 동요가 퍼진다. 이때 10여 명의 서북청년회라는 완장을 한 장정들이 손에 몽둥이를 들고 쳐들어오며 전단을 뿌린다. 모두들 놀라움과 분노로 들끓는다.

　　　　　　　　　　　　　　　　　통곡의 땅

청년 A 김구는 빨갱이다! 빨갱이는 물러가라!

청년 B 한국독립당을 즉각 해체하라!

다음 순간 몸싸움이 붙는다.

군중 갑 무엇하는 놈들이냐?

청년 B 빨갱이는 용서 못한다. 김구 일파는 물러가라. 이북놈에게 나라를 팔겠다는 게야?

군중 을 네놈들 정체가 뭐냐? 말해!

경관의 호루라기 소리며 서로의 고함소리가 커지는 난장판 속에서 김구는 의연히 서 있다. 이윽고 실망과 자조와 연민에서 나오는 야릇한 웃음이다.

암전

제7장

중간막에 남북협상에 관한 신문기사며 사진들이 영상으로 투영된다. 그리고 철로를 걸어가는 남쪽측 대표 일행의 모습이 실루엣으로 투사된다. 무대 다른 쪽에 남북 대표가 마주앉아 협상하는 광경이 연출된다. 이윽고 실루엣이 사라지고 중간막이 올라간다. 경교장 내부이다. 비서진들이 모여서 회의실 쪽에 귀를 기울이고 밖에서는 극우단체 데모대의 구호 외치는 소리가 파도처럼 밀려 왔다가 밀려간다.

군중	남북협상은 무효다! 무효다! 남한 단독선거를 즉각 실시하라. 김구, 김규식은 제2의 이완용이다. 빨갱이 앞잡이 한독당은 즉각 해체하라. (데모대의 구호가 차츰 멀어진다. 전화벨이 울리자 비서가 급히 받는다)
비서 A	예 경교장입니다. 예? 김 주석님은 지금 회의 중이신데…… 예? 어디시죠? (사이) 백골단이라구요?
비서 B	백골단?
비서 C	어제 걸려온 그 목소리 아니야?
전화 목소리	이북 빨갱이에게 주권을 넘기려는 야망을 버리지 않으면 한독당 당사를 폭파시킬 테니 그렇게 알라우!
비서 A	여보 당신 누구요? 당신이 뭔데 그 따위…… 아, 전화를 끊어 버렸군! 젠장! (수화기를 내려놓는다)
비서 C	윤 비서. 이러다간 아무래도 무슨 일 나겠어.
비서 A	일이라니?
비서 C	운니동에 있는 당사를 갑자기 비워 달라는 요구도 이 전화질하는 자들의 소행이라구!
비서 B	운니동 당사는 운현궁 법적 소유자 측에서 자진해서 한독당 당사로 써달라고 요청한 것인데 왜 갑자기 그렇게 나왔지!
비서 C	그러기에 하는 말이지 그래서 당사를 종로2가에 있는 한청빌딩 2층으로 옮긴 지가 엊그제인데…… 또 폭파한다니 원…… 김 주석 일행이 남북협상에 다녀오신 후부터 우리 당에 대한 악랄한 억압이라구!
비서 A	운현궁 권리자가 법원의 명도 판정을 받아 내서 강제 집행했을 때 나도 그런 낌새를 느꼈었지.
비서 B	우리 한독당을 말려 죽이자는 속셈이라구!

이때 회의실에서 언성이 높아지더니 문을 거칠게 열고 비서부장 조경한과 조직부장 김학규가 급히 나온다. 몹시 흥분한 표정이다. 이윽고 재정부장 신창균이 따라 나온다.

신창균 조경한 부장 동지! 내 말 좀 들으시오! 김학규 부장도 냉정하시오.

조경한 더 이상 들을 필요 없어요. 신창균 부장은 평소에 김 주석님을 잘 모셔 왔고 지난번 남북협상 때도 수행했으니까 그렇게 말할 수도 있겠지만 말이오. 솔직히 말해서 나는 김 주석님 의견에는 반대요!

김학규 나도 반대요! 아까 회의석상에서 김 주석님은 일방적인 말씀만 하시잖던가요? 그러나 국민 전체의 여론에도 귀를 기울일 줄 아셔야지 그렇게······

저만치서 김구, 엄항섭, 조완구가 나온다.

김구 그래 국민여론이 어떻다는 건가, 조 부장?

조경한 말씀드렸잖습니까? 남북협상과 평화통일론을 즉각 중단하고 현실정치에 참여해야 합니다.

김구 현실정치?

김학규 그렇습니다. 이 문제는 외부뿐만이 아닙니다. 우리 당내에서도 의견이 양분되었다는 걸 아셔야죠.

김구 그러니까 김 부장이나 조 부장은 남한 단독정부 수립이 우리 민족의 살 길이란 말이오?

엄항섭 동지들! 그건 이승만 씨를 중심으로 하는 한민당과 국민회 그리고 군정청 내부의 일부 미국 관리와 우리 공무원들의 합작품이라는 걸 모르는가? 이 엄항섭이 나이는 들었어도 판단력은 아직 분명하네. (옆에 있는 조완규에게) 조완규 부원장. 안 그렇소? 늙었다고 괄시당하고만 있을 수 없잖소? (일부러 명랑하게 웃는다) 헛허……

조완구 (김 부장과 조 부장을 향하여) 지금 경향 각지에서 한독당 당원이 탄압당하고 있다는 사실 알죠?

조경한 알고 있습니다, 조 부위원장님.

김구 (엄중하게) 알고 있으면서 그렇게밖에 판단들 못하는가? 응? (탁자를 쾅 친다. 모두들 숙연해진다)

신창균 김 주석님! 고정하십시오. 저희들 젊은 세대들에게는 혈기란 게 있잖습니까?

김구 신 동지…… (사이) 자네, 올해 몇인가?

신창균 마흔둘입니다. 조 동지와 김 동지도 비슷한……

김구 마흔두 살이 젊단 말이지? 내 거듭 말하거니와…… (방 한 가운데 서며 자신 있게) 남북협상 노선만이 참다운 통일로 가는 길이오. 남북이 적대시하는 현실에서 벗어나 동족애를 되살리는 길은 오직 남북협상의 재개뿐이다. 지금처럼 남북이 저마다 정통성만을 주장하겠다면 (강하게) 우리 한독당은 남북 두 개의 정부를 모두 부인할 것이오! 우리는 남북 총선거를 통한 통일정부를 수립하는 것만이 우리 민족이 살아남을 길이라고 눈물로 호소해 온 게 잘못이란 말이오? 입이 있으면 말하시오! 저들 말대로 우리 한독당이 빨갱이 집단이란 말이오? 미·소 양군 철수를 주장한다고 해서 빨갱이란 말이오? 언제까지 외세에 붙어 먹고 살잔 말이오? 자기네 주장에 반대하는 사람은 모조리 빨갱이로 몰아붙이고 민족 반역자로 낙인 찍고, 반동분자라고 탄압만을 일삼는 이 땅이 민주주의 국가인가 말이오! 응?

통곡의 땅

이때 옆 방에서 유리창이 쨍 하고 깨지는 소리가 난다.

엄항섭 무슨 소리지?

비서들이 급히 옆방으로 들어간다.

조완구 또 못된 놈들이 투석을 했겠지.

비서A가 돌멩이를 들고 나와 내보인다.

김구 동지들, 저 소리를 들었소? 우리더러 "빨갱이들아! 어서 항복하라. 단독정부 수립에 참여하라!"고 독촉하지만 나, 김구는 죽었으면 죽었지 그렇게는 못하오! (조완구와 엄항섭을 돌아보며) 우리가 중국에서 고생한 게 무엇 때문이었소? 반쪽 정부, 반쪽 독립, 반쪽 자유를 위해서였소? 아니잖소! (절규하며) 완전 독립! 완전 주권! 완전 자유가 있을 뿐이오. 엄항섭 동지!

엄항섭 그것만이 우리의 꿈. 그런데 저놈들은 이화장에 들어앉아 남한 단독정부를 꿈꾸고 있소.

조완구 이승만 씨는 친일파 민족반역자를 끌어들여 사리사욕을 채우기에 혈안이 되고 있으니 한탄할 노릇이오!

김구 우리는 물러서지 맙시다. 목에 칼이 들어온다 해도 흉탄에 쓰러지는 한이 있어도 바꿀 순 없소!

모두들 분격과 울분으로 서로 얼싸안고 울먹인다. 밖에서 데모대의 구호 외치는 소리에 이어 합창소리가 어지럽게 들려온다.

군중　빨갱이 앞잡이 김구는 사죄하라. 사죄하라. 단독정부 수립하자! 수립하자!

암전

제8장

경교장. 한낮 화사한 햇볕이 흘러들어 자못 상쾌감을 준다. 수행비서 선우진이 한쪽에서 서류를 정리하고 있다. 벽에 커다란 일력이 걸려 있다. 선우진이 문득 일력을 보자 가까이 가서 25자라고 박힌 종이를 뜯어낸다. 붉은 잉크로 인쇄된 '26이라는 숫자가 선명하다.

선우진　(혼자소리로 수첩을 보며) 1949년 6월…… 26일…… 일요일…… 충남 공주 강연이라. (손목시계를 보고) 출발 시간까지는 아직 넉넉하군…… (의자에 앉아 담배를 피워 문다. 한가롭다. 김구가 나온다. 선우진이 급히 담뱃불을 끄고 일어난다)

김구　선우 비서. 오늘 강연 시간이 몇 시였지?

선우진　(수첩을 꺼내어 확인하며) 오후 2시입니다, 주석님.

김구　그럼 출발 시간까지 넉넉하군.

선우진　11시쯤 출발하면 되겠습니다.

김구　음…… 오늘은 일요일이라 다른 비서들은 휴무인가 보지?

선우진　예, 그렇습니다. 제가 공주까지 모시고 가겠습니다.

김구　수고하겠구먼. 그럼 시간이 있으니 오랜만에 붓글씨나 연습하겠으니 준비해 주게.

선우진　예, 알겠습니다. (김구가 내실로 들어간다. 수행비서 선우진이 벼루·

붓·한지 등을 챙긴다. 이때 전화벨이 들린다. 선우진이 수화기를 든다) 예…… 비서실입니다. 예? 특무대라고요? (사이) 예, 지금 계십니다만…… 예…… 예…… 벌써 기침하셨습니다…… 예…… 잠깐만 기다려 주시겠어요. 전화를 연결해 드리겠습니다. (선우진이 다른 수화기를 든다. 사이) (전화기에 대고) 주석님, 특무대 대장으로부터 통화 요청입니다. 예…… 성함은 밝히지 않고 급한 일로 …… 예…… 예…… (하고 수화기를 내려놓는다. 고개를 갸웃거리며) 특무대에서 무슨 일이지? 오늘이 일요일인데…… (그는 서예 도구를 챙겨 들고 내실 쪽으로 간다. 방 안에서 통화 중인 상황을 감지하고 잠시 기다린다. 잠시 후, 문이 열리며 김구가 나온다)

김구   오늘 공주 강연은 취소라는군.

선우진 취소라뇨?

김구   정보에 의하면 상황이 불확실하니 다음으로 연기하는 게 좋겠다는 보고가 있었다나…… 다른 사람도 아닌 특무대장의 직통 전화니 못 믿겠다고 할 수도 없잖은가, 안 그래?

선우진 (반신반의하며) 특무대에서 그런 전화도 걸려 옵니까?

김구   내 신변 보호를 위해서라니 고맙지 뭔가. 헛허……

선우진 지역당 사무실로 확인해 보겠습니다.

김구   행사가 연기되었으면 되었지…… 나중에 연락 오겠지. 오늘은 모처럼의 일요일이니 선우 군더러 푹 쉬라는 운세인가 보군. 헛허……

선우진 아니올시다. 저는 당직입니다.

김구   그럼…… 나도 오랜만에 붓글씨 연습이나 하며 망중한을 즐기겠네…… 어서 가져오게! (하며 방안으로 들어간다. 선우진이 서예용 물건들을 가지고 들어가더니 잠시 후 다시 나온다. 이때 윤 비서가 들어온다. 홀가분한 차림이다)

선우진 윤형, 웬일이야? 일요일인데……

윤 비서 집에 있자니 갑갑해서…… (신문을 펴들며) 주석님은 계셔?

선우진 붓글씨 쓰시는 중이오.

윤 비서 공주 강연회는 안 가시나?

선우진 그게 갑자기 취소되었다고 연락이 왔어.

윤 비서 취소? 이유가 뭐지?

선우진 현지 분위기가 심상치 않다는 정보가 있어서…… 하긴 요즘 세
　　　　상 같아서는 언제 무슨 일이 터져 나올지 모르지!

윤 비서 이곳 서대문 일대의 분위기도 어수선하던데…… (하며 담배를 피
　　　　워 문다)

선우진 어수선하다니? 윤형, 무슨 일이라도 있었소?

윤비서 오던 길에 이 아래 있는 자연장 다방 있잖아?

선우진 자연장 커피맛은 일제시대부터 정평이 있지. 그 집 주인이 인테
　　　　리라더군. 평양부자 아들이라던가.

윤 비서 나도 커피 한 잔 마실까 하고 들어갔더니 손님이 꽉 들어차 있잖아.

선우진 무슨 행사가 있나 보지?

윤 비서 같은 건물 안의 문화의 집은 일요일이라서 휴관이거든. 다방 손
　　　　님이 일요일인 데도 그렇게 많이 모이다니…… 알다가도 모를
　　　　일이야!

선우진 아…… 이 땅에는 문화인이 너무 많아서 탈이야. 언제부터 우리
　　　　가 커피맛을 들였다고……

윤 비서 모두가 미국 사람 덕분이지. 감사기도할지어다! 헛허…… (자리
　　　　에서 일어난다)

선우진 점심이나 같이 하자구. 오랜만에 하동관 곰탕이나 먹을까?

윤 비서 다음에 하지…… 그럼 수고!

하며 나가려는데 포병 대위 안두희가 들어선다. 건장한 체구이다. 거수경례를 한다.

안두희 안녕하십네까! 핫하……

선우진 아, 안두희 대위님. 어쩐 일로……?

안두희 (비서 A를 보며) 손님이십네까?

선우진 아닙니다. 직원이에요. 윤 비서.

윤 비서 그럼 난 이만…… (하며 나간다. 선우진이 따라 나선다. 출입문 문지방에서 안두희를 힐끗 돌아본다. 낮은 소리로) 누구지?

선우진 아…… 포병 대위 안두희.

윤 비서 잘 아는 사람인가?

선우진 (낮게) 비밀당원이야.

윤 비서 그래?

선우진 군인은 당에 입당할 자격이 없는 터에 김한규 조직부장의 특별추천으로 입당했지.

윤 비서 (다시 돌아보며) 인상이 별루인데…… 힛히…… 그럼 수고! (하며 나간다)

선우진 조심하게.

안두희는 방안을 휘둘러본다. 누구를 찾는 눈치 같다. 다음 순간 선우진과 시선이 마주치자 어색하게 웃는다.

안두희 비서란 직업도 고달프겠수다래? 주일에도 근무해야 하니끼니. 힛허……

선우진 안 대위는 어쩐 일로 주일인데 나오셨소?

안두희 아…… 이 근방까지 왔다가 주석님 안부나 살피고 가려고 들렀

수다. 참, 오늘 공주 강연회는 취소되었다더구먼?

선우진 아니 그걸 어떻게 안 대위님이?

안두희 다 아는 수가 있디! 평소에 내레 가장 존경하는 어른이신데 와 모르갔어! 알고도 남디! 헛허……

선우진 그건 그렇죠. 그만큼 주석님을 존경하고 충성을 다 바칠 수 있다고 인정했기에 김학규 조직부장님께서 연대보증 아래 입당 추천하신 게 아니겠소?

안두희 (놀라움의 눈빛으로) 선우 비서, 어케 그걸 알았디?

선우진 다 아는 수가 있지요. 제 직업이 직업 아닙니까! 홋흐……

안두희 사실 내레 김학규 부장님 덕택에 주석님도 가까이서 뵙게 되었디만 솔직히 말해서 이 나라의 대통령감은 (엄지손가락을 세워 보이며) 김구 주석님 뿐이외다! 두고 보라우.

선우진 그렇지만 이승만 박사가 실권을 쥐고 있는데 어떻게 합니까!

안두희 두고 보라우, 기회는 꼭 올 테니끼니! 암 오고말고!

선우진 글쎄요. 쉽사리 올 것 같지가 않아요. 날로 우리 한독당에 대한 압력이 노골화되니……

안두희 어드레? 어느 놈의 새끼가 그 따위……

선우진 우리 당의 신창균 재정부장님도 바로 그 피해자죠.

안두희 신창균 부장이면…… 그 뭐가 남북협상 때 주석님 뫼시고 평양까지 수행하신 분 말이가?

선우진 잘 아시는군요. (사이) 그분이 경영하던 조선성냥회사가 하루아침에 폐업했죠.

안두희 어케 된 일이디?

선우진 이유는 단 하나였죠. 남북협상 때 평양에 다녀왔다는 죄목 아닌 죄목 때문이었죠.

안두희 어느 놈의 새끼가 그런…… 못된 짓을 했어?

선우진 이승만 씨, 조병옥 씨, 한민당 그리고 미군정청 재무처의 합작이죠.

안두희 (놀란 듯) 기래? 이거 정말 놀랄 놋자구먼! 핫하…… (크게 웃다 말고 손목시계를 들여다본다) 에그…… 벌써 시간이 이케 되었구 먼! (자리에서 일어나며) 약속이 있는데 깜박했어! 헛허……

선우진 제가 너무 떠들었나 봅니다, 안 대위님.

안두희 아니디! 당신은 정말 (손가락을 꼽아 보이며) 베스트 시크러터리야! 헛허…… (하며 나가다 말고) 참…… 주석님 좀 잠깐 뵙고 문안 인사 드리고 갔으면 좋갔는데……

선우진 글쎄…… 잠깐 여쭙고 나서……

안두희 그렇게 해주갔어? 잠깐이면 되니까니……

선우진이 전화 수화기를 든다. 안두희가 겉으로는 태연한 척하나 초조 함을 감추지 못한다.

선우진 주석님…… 저 안두희 포병 대위께서 잠깐 문안 인사드리겠다고 오셨는데요. 예…… 예…… 아니오. 혼자오셨습니다…… 예…… 예…… 그럼 그렇게 하겠습니다. 예! (수화기를 내려놓고 씨익 웃는다)

안두희 뭐라고…… 바쁘시데?

선우진 아니오. 일로 나오시겠으니 기다리라고…… 붓글씨 쓰시던 걸 마저 쓰시고 나오신다고 하셨습니다.

안두희 (태연하게) 기래? 그럼 잠깐만 뵙고…… (하며 앉는다)

선우진 안두희 대위님에 대한 신망이 두터우신가 봐요. 여간해서는 독대 면은 안 하시는 어른이신데…… 부럽군요.

안두희 내레 뭘 알갔어. 같은 3·8 따라지니까니 그러시갔디…… 헛허 ……

선우진 그럼, 저 잠깐 아래층에 내려갔다 올 테니 앉아서 기다리세요.

미안합니다.

안두희 기래? 다녀오시라우…… 난 여기서……

자리에서 일어난다. 선우진 비서가 나간다. 다음 순간 안두희는 날렵하게 내실 쪽으로 가서 귀를 대더니 뒤로 물러서며 권총을 꺼낸다. 도어가 열리면서 안두희가 가려진다. 한복 평상복 차림의 김구가 지금 막 끝난 글씨를 쓴 반절 크기의 화선지를 들고 나온다. 안락과 평화가 감도는 넉넉한 표정이다.

김구 안 대위 기다렸지? (그러나 안두희가 안 보이자 두리번거린다. 화선지를 든 채 몸을 180도로 돌리자 문 뒤에서 나온 안두희와 마주보는 자세가 된다) 안 대위.

그러나 안두희는 쥐고 있던 권총을 눈높이로 올린다. 냉혹한 표정이다.

김구 무, 무슨 짓이냐? (물러선다)
안두희 (천천히 다가간다)
김구 무슨 짓이냐? 네가 감히 내게……
안두희 국가와 민족을 위해서……
김구 나를 죽인단 말이냐?
안두희 (말이 없다)
김구 어느 놈이냐? 네게 명령을 내린 놈이 누구냐, 대라.

김구가 대들자 이번에는 안두희가 물러선다.

안두희 조용히……

김구　누구냐? 대라! 헌병사령부냐? 국민회냐, 아니면…… 경무대……

다음 순간 권총이 발사된다.

김구　으악! (손에 든 화선지가 날린다. '덕불고 德不孤 필유린 必有隣'이라는
글이다. 또 제2탄이 터진다) 이놈! 이놈! (바닥에 쓰러진다. 이때를 맞
추어 기다리기라도 한 듯 사이렌 소리가 울린다. 자동차 클랙슨 소리가
터진다. 선우진이 뛰어든다)

선우진　주석님! 주석님! (다음 순간 안두희를 노려본다) 네놈이…… 네놈이
감히…… (하며 비호같이 덤빈다. 안두희가 권총을 겨눈다)

안두희　주인의 뒤를 따르겠다 이거냐?

선우진이 불안해서 뒷걸음친다. 이때 헌병 7, 8명이 뛰어든다. 그들은
약속이나 한 것처럼 질서정연하게 안두희를 호위하듯 에워싼다.

헌병　안두희! 살인범으로 구속한다!

안두희가 권총을 버리고 두 손을 내밀자 잽싸게 수갑을 채운다. 안두
희는 눈을 똑바로 뜨고 있으나 돌처럼 경직되어 있다. 헌병대가 좌우
로 마치 보호하듯이 데리고 나간다. 선우진이 달려들자 그중 한 사람
이 밀어붙이자 마룻바닥에 쓰러진다. 그들은 행진하듯 나간다. 이때
신창균·조경환·조완구·엄항섭 등이 우르르 몰려든다.

신창균　어떻게 된 거야? 선우 비서, 말해! (모두들 한마디씩 한다. 그러나
선우진은 넋이 나간 사람 같다)

선우진　안두희 대위가…… 안두희 대위가…… 주석님을……

모두들 김구의 주검을 에워싸며 통곡한다.

일동 주석님…… 주석님……
신창균 이렇게 가시면 안 됩니다. 안 됩니다! 으악!

무대 가득히 핏빛 광선과 피맺힌 통곡의 소리가 가득 찬다.

암전

제9장

중간막 앞에 제1장처럼 김구의 대형 영정이 걸려 있다. 소복한 여인이 노래한다. 그것은 조사라기보다 모든 사람의 결의요, 소망을 노래한 시인 고은의 시다.

백범 김구 선생!
당신이 아니 계셨다면
얼마나 가난할 뻔하였습니까?
당신이 아니 계셨다면
얼마나 억울할 뻔하였습니까?
당신이 아니 계셨다면
얼마나 불쌍할 뻔하였습니까?
우리 모두

백범 김구 선생!

당신이 아니 계셨다면
한국 현대사의 오늘에 이르러
얼마나 허망할 뻔하였습니까?

백범 김구 선생!
당신을 기리는 것, 찾아가는 것
당신을 소리쳐 부르는 것
그것과 함께
한국현대사의 오늘이 있습니다
당신의 시퍼런 재생이
곧 내일입니다

이 노래가 계속되는 동안 모든 출연인이 촛불을 들고 나온다. 그리고
그를 추모하듯 무대에 원을 그린다. 애절한 구음과 통곡이 한데 어우
러진다.

−막

그 여자의 작은 행복론 (8장)

- **등장인물**

  윤정숙(48세), 보험회사 외무사원

  서종규(23세), 대학 휴학생. 군 복무 중. 정숙의 전 남편 아들

  정윤미(16세), 정숙의 딸. 여고 2학년

  이명진(24세), 종규의 고교 동기생. 회사원

  여의사(38세), 정신신경과

- **때**

  현대

- **곳**

  윤정숙의 아파트. 대폿집. 공중전화 박스. 병원 진찰실

무대

주무대로 사용되는 부분은 아파트의 거실이다. 25평 가량의 소시민용 아파트이니 만큼 결코 호화롭거나 거창해서도 안 된다. 그 거실을 중심으로 해서 현관, 내실, 별실, 주방, 그리고 욕실이 자리하고 있다는 점을 관객으로 하여금 상상케 해야 한다. 다만 욕실은 반투명 유리로 칸을 막아서, 욕실 안에서 이루어지는 행동이 유리 너머로 어슴푸레 보여질 필요가 있다. 따라서 이 연극은 사실적인 건물 내부를 나타내기보다는 몇 개의 소품과 조명의 변화로 설정되는 가변 무대라야 한다.

제1장

무대는 어둡다. 장식대 위에 놓여 있는 윤정숙의 영정만이 서서히 떠오른다. 미소를 머금고 있으면서도 어딘지 우수에 찬 중년 여성의 아름다운 모습을 객석 어디에서나 볼 수 있도록 신경을 써야 한다. 그 사진에는 검은 리본이 여덟 팔자형으로 맺혀 있어 장례식에서 가져온 것임을 알 수 있다.

현관 쪽에서 종규가 등장한다. 검정 양복에 검정 넥타이를 맸다. 훤칠한 키에 균형이 잡힌 체격, 구릿빛 얼굴이 젊음을 실감케 한다. 종규는 한동안 영정 쪽을 바라본다. 이윽고 천천히 다가가서 검정 리본을 조심스럽게 풀어낸 다음 다시 사진을 내려다본다. 그는 묵념을 하듯 약간 고개를 수그린 다음 사진을 사선斜線으로 바라볼 수 있는 위치로 와서는 담배를 꺼내 입에 문다. 라이터로 불을 붙이고는 길게 담배 연기를 토해 낸다. 체내에 가득한 독소를 토해 내기라도 하듯 길게, 그리고 조심스럽게 두 번 되풀이한다. 그러나 그의 시선은 사진에서 좀체로 떠나지 않는다.

종규가 이윽고 객석을 향한다. 그의 어조나 표정은 바람이 지나간 뒤의 뜨락처럼 그저 담담하다 못해 무표정할 정도로 차분하다.

종규 저희 어머니십니다. (담배를 한 모금 빨고 나서) 윤정숙. (사이) 보험 회사 외무사원으로 17년 동안이나 일을 해오시다 그만…… (담배를 한 모금 빨고) 향년 마흔여덟…… (허공을 쳐다보며) 여자 나이 마흔여덟이면 젊다고 볼 순 없지만 우리 어머닌 30대로 착각할 만큼 젊어 보였죠. (다시 사진 쪽을 바라본다) 우리 어머닌 미인이셨죠. 남들이 늘 그랬어요, "종규 엄마는 만년 청춘이셔"라고. 남달리 바지런하고, 상냥하고, 경우가 밝고…… 그러면서도 언제나 미소를 잃지 않았으니 이웃이며 학교 선생님이며, 심지어는 동네 구멍가게 아저씨마저도 우리 어머니에 대한 칭찬은 침이 마를 정도였습니다. (다시 담배를 피우며 무대 중앙 쪽으로 나온다) 게다가 우리 어머님은 일에 대한 성취욕이 남달리 강한 분이었습니다. 말하자면 거친 세파를 이겨 내고 하고자 하는 일을 해내지 못하면 직성이 안 풀리는 성격이었죠. 작년엔 보험 가입금 최고 목표 달성의 공으로 회사로부터 표창을 받았답니다. 그렇다고 흔히 말하는 극성스럽다거나 재물에 대한 집착심이 강한 성품은 아니었습니다. (사이) 여자 혼자서 두 아이의 어머니 노릇을 하자면 그렇게 하지 않고는 현실을 이겨낼 수 없다고나 할까요. (담배를 부벼 끈다) 그런 우리 어머니가 갑자기 세상을…… (낮게) 떠나셨습니다. 왜 갑자기 돌아가셨는지는 지금도 저는 실감이 안 나는 거예요. (갑자기 눈시울이 젖어 오며) 그렇게 가시지 않아도 되었을 텐데 하는 아쉬움만 클 뿐, 슬픔이나 두려움 같은 건 전혀 느껴지지가 않아요. 그래서 제가 이제부터 여러분께 들려 드릴 우리 어머니의 얘기는 흔히 말하는 가냘픈 여자의 일생인, 무한하고도 숭

고했던 모성애에 관한 얘기는 아닙니다. 어쩌면 한 보통 여자로서의 작은 행복론이자 고백이라는 편이 더 적절할지도 모르겠습니다. 비범하지도 않고, 초능력적이지도 않은 한 보통 여자로서의 아픔과 응어리의 얘기일지도 모릅니다. 그리고 그것은 (천천히) 한 어머니와 남매 사이에 얽힌 애증의 얘기입니다. 과연 가족이란 무엇인가에 대해서 다시 한 번 묻고 싶은 심정이기도 합니다. 가족이라는 존재가치란 과연 무엇인가를 생각하고 싶습니다. (암전)

제2장

윤정숙이 주방과 식탁 사이를 오가며 식탁을 차리고 있다. 윤정숙은 휴대용 전화로 통화를 하고 있다. 나이보다는 훨씬 젊고 건강해 보이며, 유창한 화술과 섬세한 감정 표현은 마치 배우가 연기를 하는 것처럼 세련되고 아기자기하다. 엷은 보랏빛 블라우스와 짙은 보랏빛 주름 스커트에 연회색 앞치마가 잘 어울린다.

정숙   애. 지난번 동창회 때는 왜 안 나왔니? 20분 전부터 너 오기만을 기다렸다. 뭐? (사이) 에그…… 네 신랑 외국출장 잦는 건 소문난 일인데 새삼스럽게 꼭 마중을 나가야 하니? (사이) 얘 관둬. 은근히 이 과부 들으라고 과시하는 거니? (사이) 홋호…… 그래 10년이고 백년이고 행복해야지! (사이) 홋호…… 그래…… (사이) 용건? 그럼 용건도 없이 이 바쁜 세상에 전화 걸었을까! 흠…… (사이) 실은 지난번 동창회 때 만나서 얘기하려고…… (사이) 내 부탁이야 뻔하지. (대뜸 강압적으로) 한 구좌 들어줘. (사이) 증권은 무슨 말라 빠진…… 증권이 아니라 보험! (사이) 그래. (또박또박) 노, 후, 대, 책, 보험! (사이) 글쎄 다른 보험에 이미 가입한 걸 몰라서 이런 줄 아니? 외롭게 사는 친구 하나 도와주십사 하는 뜻에서…… (사이) 그러지 말고 한 구좌 들어 줘. 친구 좋다는 게 뭐니? 뭐라고? (사이) 재혼? 내가 이 나이에 새 남편 얻게 되었니? 그렇지 않아도 남편을 둘씩 잡아먹은 독종이라고 험담 듣기도 신물나는데…… (사이) 누군 누구, 동창회 나갔더니 그 민경순이가 그렇게 쑥덕거리더래. (사이) 민경순이도 몰라? 학교 때 합창단에 있었잖아. 눈이 크고 앞머리를 오드리 헵번처럼 한 (사이) 그래, 맞다 그 노총각 음악 선생님하고 죽느니 사느니 하다가 부모들이

    그 여자의 작은 행복론

반대하자 수면제 먹고 소동 피웠던…… (사이) 그래! 사랑의 승리자! 지금은 대학에서 시간강사 나가며 레슨하면서 괜찮은가 봐…… (문득) 잠깐만! (주방을 넘어다보며) 가스레인지에 얹어 놓은 국이 끓는가 봐. 잠깐만! (급히 주방 쪽으로 가서 불을 끈 다음 다시 통화를 계속하며 식탁의자에 앉는다)

정숙 미안하다. 그건 그렇고 아까 그 얘기인데 5년 만기에다 액면 1천만 원이고 매달 불입액 13만 2천 원이야! (사이) 그렇게 주접 떨지 말고 하나 들어줘! 계에 드는 것보다야 안전하지. (사이) 너야 신랑 돈 잘 벌겠다 친정 탄탄하겠다 뭐가 걱정이니? 나야 과부 혼자서 남매를 키우려니 (사이) 응? 큰애? 군대 가고 딸은 고 2지 뭐…… 아들? 가끔 외박 나오는 모양이지만 얼굴 보기가 힘들단다. (가볍게 한숨지으며) 한 다리가 멀다는 건 역시 숨길 수 없나 봐…… 응? (사이) 어렸을 땐 그렇지 않았지. 내가 그이하고 결혼했을 당시 그애 나이 세 살이었거든. (사이) 글쎄 제주도 여행 갈 때 그 애를 데리고 갔었다면 알잖아! (연극조로) 애기와 떠나는 재혼 여행! 핫하…… (밝게 웃는다) 너는 신혼여행을 동남아 5개국으로 갔었다면서? 그 시절에 외국으로 신혼여행 간다는 게 어디 쉬웠니? 너야말로 선택받은 인생이자 행복한 부부의 쌤플이지 뭐! 홋호…… 그게 다 유비무환의 덕이라는 걸 알아야 한다. (사이) 유비무환이 뭐냐구? 고등학교 때 문예반장까지 지냈던 네가 유비무환도 몰라? (강의하듯) "미리 비축을 하면 걱정도 없도다" 이거지! (사이. 웃으며) 그래 공자님 말씀이잖구! 홋호…… (웃다 말고) 참 성숙자 소식 못 들었니? (사이) 그 압구정동에서 부띠끄인지 푸닥거린지 양장점 하던…… (사이) 그래 아버지가 5공 때 국회의원 지내던…… 한때 떵떵거렸지. (사이) 그 숙자가 죽었대. 유방암으로…… (사이) 여자 나이 마흔 여섯 살이면 청춘이지……

(사이) 그런데 글쎄 장례식 치르고 보니까 빈털터리였대…… (사이) 남편이란 게 사업한답시고 집이고 뭐고 은행에 근저당해 놓은 데다가 사채를 긁어 쓴 게 10억이 넘고, (사이) 그런 남자가 붙어 나겠어? 젊은 여자 따라 미국 가고 없으니 남은 3남매가 학교도 못 가게 되었다나 봐…… (사이) 누가 아니래. 이럴 때 보험이라도 들어 두었던들 우선…… (사이) 아니다. 내가 보험회사 있대서가 아니라 여자의 행복이 뭐니? 젊어서는 남편 덕에, 늙어서는 자식 덕이라지만 지금은 그게 아니다. 내 행복은 내 손으로 지키는 거야. 남편이고 자식이고 없어! 나는 나다 이거야! 그러니까 언제 무슨 일을 당할지 모르니까 유비무환으로 보험에 들어라 이거지! (사이) 얜, 웃을 일 아니다. 나도 지금까지 경마장 말처럼 살아 나온 과거를 돌아다보면, 그 왜 어느 날 가슴 한가운데 커다란 공동이 뚫린 것처럼 느껴질 때가 있지 않던? (사이) 등이고 가슴이고 온통 찬바람이 불어 닥치는 것 같지. (사이) 바람막이? 그게 뭔데? (사이. 폭소를 터뜨리며) 홋호…… 망할 것, 그래 너는 밤이나 낮이나 그 바람막이를 안고 살았으니 오죽 좋아? 나 같은 여자는 이제 남자라면 신물난다. (사이) 늙어 갈수록 수중에 돈이 있어야지. 자식 덕 볼 필요 없이 평안하게 여생을 보낼 채비를 해야지. 여자 나이 40대면 바로 그 준비기간이다. 그러니 딴생각 말고 아까 그것 하나 들어줘. 응? (사이. 얼굴 활짝 펴며) 그래! 그럼 자세한 내용은 내가 일간 찾아가서…… 응? (사이) 밖에서 만나자고? 그렇게 하자. 고마워! 이새 저새 먹새요, 이방 저방 서방이라지만 나에게는 옛 친구뿐이란다. 핫하…… 그래 또 봐! 응 (전화기를 식탁 위에 내려놓은 다음 길게 숨을 몰아쉰다. 혼자 소리로) 또 한 건 땄다! (하며 식탁 위에 놓인 두툼한 업무일지에다 메모를 한다. 그런 모습이 퍽이나 넉넉하고도 행복해 보인다. 이때 현관 쪽에서 부저

그 여자의 작은 행복론

가 울린다. 정숙이 반사적으로 시계를 본다)

정숙   (고개를 빼며 현관 쪽을 향하여) 윤미니? 현관문 안 걸려 있으니 그
        냥……

이 말이 끝나기도 전에 현관문 여닫는 소리가 쾅 하고 울리더니 윤미
가 들어온다. 여고 2학년이지만 나이에 비해 숙성해 보인다. 등에 멘
책가방을 풀어 바닥에 내던지고 주방 쪽으로 간다. 뭔가 언짢은 일이
라도 있었는지 표정이 시무룩하다.

정숙   (자리에서 일어나 주방 쪽으로 가며) 저녁 먹고 독서실에 가야지?
        엄마가 친구하고 통화하느라 좀 늦었다. 쪼금만 기다려. (접시를
        식탁 위에다 나른다. 윤미가 오렌지 주스컵을 들고 나와 의자에 걸터앉
        는다. 그러나 시선은 베란다 쪽으로 던질 뿐 어머니를 보려고 하지 않는
        다. 정숙은 어떤 불길한 예감에서 힐끗 윤미를 훔쳐본다) 학교에서 무
        슨 일 있었니?
윤미   (의자 등받이에 고개를 떨군다)
정숙   고단하면 쉬어. 요즘 계속 밤늦도록 공부하는가 본데……

윤미는 주스를 한 모금 마신다. 정숙은 주방 쪽으로 간다. 프라이팬에
서 기름 튀는 소리가 난다.

윤미   (불쑥) 엄마. (사이) 엄마!

프라이팬을 내려놓는 소리.

정숙   왜 그래?

윤미가 자세를 바로 세워 식탁과 마주한다. 정숙이가 계란 프라이 접시와 식빵 두 개를 들고와 식탁 위에다 놓는다.

정숙 야식은 네가 좋아하는 스파게티 준비하마. 엄마가 슈퍼에 가서 재료 사와야겠다. 어서 이거 먹고 독서실에 가야잖아?

윤미 (외면한 채 불쑥) 오빠 봤다.

정숙 (허점을 찔린 듯) 누구?

윤미 (말투를 돋구어) 종규 오빠.

정숙 어디서?

윤미 동대문운동장 전철역.

정숙 외박 나왔다던?

윤미 친구하고 3호선 찻간에 오르던데.

정숙 (혼자 소리처럼) 외출 나왔으면 곧바로 집으로 들어올 일이지……

윤미 잘됐지 뭐.

정숙 뭐가.

윤미 (남은 주스를 다 마시고 나서 빈 유리컵을 두 손바닥 사이에 굴린다)

정숙 잘됐다니? 윤미야, 무슨 뜻이지? 오빠가 집에 안 들르는 게 잘된 일이란 말이냐?

윤미 난 오빠가 집에 들르는 게 싫으니까!

정숙 윤미야! (눈빛이 약간 사나워진다)

윤미 싫은 건 싫어! 싫은 걸 어떻게 해요? (하며 빈 컵을 들고 주방 쪽으로 간다. 수도꼭지에서 물 쏟아지는 소리가 난다)

정숙 (어리둥절해지며) 윤미야! 그게 무슨 뜻이니? 종규 오빠가……

윤미 (주방에서 나오며) 엄마는 왜 말끝마다 '무슨 뜻'이라는 말을 강조하시죠?

정숙 (말문이 막힌다) 아니…… 너.

        그 여자의 작은 행복론

윤미   오빠도 집에 들어오는 걸 싫어해요! 아니 어쩜 두려워하고 있을
       지도 몰라요. 나는 그걸 육감으로 느낄 수 있었으니까! (하며 베란
       다 쪽으로 가서 밖을 내다본다. 어리둥절해지는 정숙이가 어찌할 바를
       모른다)

정숙   윤미야! 너 지금…… 무슨……

윤미   (홱 돌아보며) 또 '무슨 뜻'인가 하고 묻고 싶으세요?

정숙   (부르르 떨며) 너…… 지금……

윤미   (냉소하듯) 엄마 센스가 그렇게 무디실 줄 몰랐어! 남들은 이 세상
       에서 우리 엄마만큼 머리가 잘 돌아가고 정확하고 순발력 있는
       분은 없을 거라고 탄복하던데……

정숙   비아냥거리는 거니 뭐니? (화가 나서) 에미를 손바닥 위에 놓고
       키질할 셈이니?

윤미   제 얘기가 아니라 주변사람들 얘기라고 했잖아요. 작년에 있었던
       보험회사 유공자 표창식 석상에서도 그랬죠. 사장도 치사말 가운
       데서 말했고 내 옆자리에 있던 엄마 친구분도 그러던데 뭘! "윤정
       숙은 컴퓨터라구요" "여학교만 마쳤지만 한때 방송국 여직원들
       가운데서 인기 만점 여사원은 윤정숙이었거든요"라고. (윤정숙을
       정시하며) 과거에 엄마와 방송국 총무과에 같이 근무했다는 아줌
       마의 얘기였어요. 제가 지어낸 말 아니란 말이에요!

정숙   (되도록 냉정하려고 애를 쓰며) 윤미야! 내가 공연히 신경을 곤두
       세웠구나. (쓰게 웃으며) 미안. 실은 이번 분기 결산에서 성적이
       좋지 않다고 회사측에서…… 그래서…… 좀 더 청약자를 모으
       려고……

윤미   (어조가 날카로워지며) 일년 전에 최고 신탁고를 달성했다고 표창
       을 받았으면 되었지 그 이상 뭐가 더 부러우세요?

정숙   (아연해지며) 뭐, 뭐라고?

윤미 엄마는 종규 오빠와 저를 위하여 자신을 희생했노라고 말씀하시겠지만…… (말문이 어눌해지며) 그, 그건……

정숙 (날카롭게) 그만두지 못하겠니!

윤미가 자리에서 일어나 저만치 피해서 선다. 정숙의 손이 떨린다. 뭔가 압력이 가슴을 마구 짓누르고 있는 불안감에 떠는 사람 같다.

정숙 (다시 냉철해지려고 안간힘을 쓰며) 윤미야! 이 엄마가 언짢은 일 했으면 말하렴! 네가 싫어하는 일을 우기면서까지 하고 싶은 생각은 추호도 없단다. 너도 이제 열여섯이면 철없는 나이는 아니잖니? (가까이 가며 정겹게) 윤미야, 지금까지 이 엄마가 너를 위해서…… 아니지 너와 오빠를 위해서 어떻게 살아왔다는 걸 알고 있잖아? 언젠가…… 그래 네가 초등학교 4학년 때였지. 한글날 백일장에서 장원을 한 걸 나는 지금도 기억한다. 줄줄 외울 수 있어. (회상을 더듬으며) "세상에서 누구보다 위대하신 어머니, 우리 오빠와 나는 어머니가 감기로 누워 계시면 우리도 금세 열이 나는 것 같고, 어머니께서 굶으시면 우리도 금세 배가 고파진다……" (이슬이 맺힌 눈길로 바라보며) 기억하니? 그런 네가 지금 엄마 앞에서 그런 말투로 내뱉다니…… 도무지 믿어지지가 않는다. (의연하게) 나는 너희들 남매를 위해서라면 살점을 떼어내도 좋고 뼈를 깎아도 된다고 생각해 왔다. 나는 무조건이었다! 그런데 너는 지금……

윤미 (냉소적으로) 정말 그랬으면 좋겠어요.

정숙 (분노에 떨며) 그 말투 좀 못 고치겠니? (사이) 엄마가 너희들에게 잘못한 게 뭐가 있니? 나는 19년 동안 너희 남매를 위해서 희생한 것뿐이다. 굳이 잘못된 일이 있었다면 내가 두 번씩이나 결혼한

게······ (정숙은 그 이상 말을 잇지 못하고 의자에 주저앉는다. 그리고
는 소리 죽여 어깨를 들먹거린다. 윤미가 잔물결 치는 어머니의 작은
어깨를 내려다보다 말고 마룻바닥에 있는 책가방을 들고 공부방 쪽으로
가려 한다. 정숙이가 반사적으로 고개를 든다)

정숙 어딜 가니?

윤미 독서실요.

정숙 (식탁을 보며) 밥도 안 먹고? 에미가 정성껏 차려준 음식을 거들떠
보지도 않는다는 건 도대체 무슨 뜻······ (다음 순간 윤미가 돌아본
다. 그러나 아까와는 달리 윤미의 표정은 순진한 장난기가 들어 보인다)

윤미 엄마, 아무런 뜻 없어요. 염려 마세요. 먹고 싶지 않은 것뿐이에요.

정숙 그렇지만 너는 지금 엄마한테······

윤미 반항하고 있다고 생각하세요? 아니에요.

정숙 그런데 왜 아까는 그런 투의 말을 서슴없이 내뱉었지? 네 오빠가
모처럼 외박 나왔는데도 집에는 안 들를 거라고······

윤미 (대답을 망설인다)

정숙 마치 엄마가 네 오빠한테 대해서 경원하거나, 아니면 오빠가 엄
마를 기피하고 있는 양 내뱉는 말투였잖아? 그 까닭이 뭐니?

윤미 오빠한테 직접 들은 얘기예요.

정숙 언제?

윤미 지난 여름······

정숙 지난 여름엔 외출 나온 일 없었다.

윤미 집에 들르지 않은 것뿐이었어요. 대학로에서 만났어요.

정숙 (새로운 사실에 놀라며) 만났어?

윤미 팥빙수 사줘서 먹었어요. 내 친구 혜진이랑 같이 있었으니 의심
스럽거든 혜진에게 직접 물어보세요.

정숙 그, 그럴 리가 없다! (방안을 서성거리다가 다시 추궁하듯) 그럼 왜

너는 지금까지 그런 얘길 안 했지? 오빠와 만났었다는 얘기 왜 엄마한테 감추고 있었느냐고?

윤미　(망설인다)

정숙　윤미야! 종규는 누가 뭐래든 네 오빠다. 엄마가 낳은 자식은 아니지만 나는 세 살 때부터 종규를 친자식처럼 애지중지 키워 왔어. 내가 낳은 너와 다름없이…… 아니 어쩌면 너보다 소중하게 키웠을지도 몰라. 행여 그 차별감이 오빠의 어린 가슴에 금이라도 가게 하면 어쩌나 싶어서……

윤미　(담담하게) 그런 상투적인 말 듣고 싶지 않아요.

정숙　뭐라구?

윤미　낳은 정이니 기른 정이니 하는 따위의 얘기는 TV 드라마에서 신물 나게 보고 들어 왔으니까요. 문제는 오빠가 집에 들르는 게 싫어졌다는 사실이 문제예요.

정숙　(엄하게) 그러니까 그 이유가 있었을 게 아니냐! 나는 그 이유를 알고 싶은 것 뿐이다!

윤미　(남의 애기하듯) 엄마가 직접 물어보세요.

정숙　(충격을 받으며) 뭐, 뭐라고?

윤미　(태연스럽게) 다녀오겠습니다. (윤미가 현관 쪽으로 나간다. 정숙이가 갑자기 허전해지는 마음을 달랠 방법이라도 찾는 듯이 방안을 대각선으로 두어 번 서성거린다)

정숙　그럴 수가…… 아니야 그럴 리 없어!

잠시 후, 전화벨이 울린다. 정숙이가 긴장의 빛을 보인다. 다시 울린다. 정숙이가 식탁 위에 있는 휴대용 전화기를 든다. 이와 동시에 무대 한구석에 있는 공중전화 박스에서 전화를 거는 종규가 드러난다. 군복 차림이다. 모자챙을 깊숙이 눌러써서 얼굴이 반쯤 가려진 상태다.

정숙	종규야, 지금 어디 있니?
종규	(사무적으로) 사당동 네거리 공중전화통.
정숙	집에 들어왔다 가도 될 걸 가지고 어째서 너는……
종규	사정이 그렇게 됐어요.
정숙	그럼 지금 들어오는 거지?
종규	글쎄요. 그, 그건…… 친구하고……
정숙	오랜만에 외출 나왔으면서…… 엄마보다 친구가 더 좋단 말이니?
종규	그, 그게 아니라…… 저……
정숙	집에 들르는 게 싫은 건 아니지? (사이) 그런 말한 적 없지?
종규	……
정숙	(일부러 명랑하게) 윤미가 그러잖겠니? 네가 집에 안 들어올 거라나…… 아니 어쩌면 들어오기를 싫어할지도 모른다면서…… 홋호…… 종규야, 몇 시쯤 들어오겠니? 네가 먹고 싶어하는 닭도리탕하고 돼지족발 준비할 테니 일찍 들어와, 응?
종규	저…… 그게 아니라…… 친구들이……
정숙	(일방적으로) 친구는 내일 만나도 되잖아? 나는 네 얼굴 보고 싶단다. 5개월째 네 얼굴 못 봤잖니. 종규야, 그러니 친구랑 만났으면 곧장 돌아오너라. 뭣하면 같이 오렴! 맥주도 냉장고에다 채워 놓을 테니…… 알았지? 약속했지?
종규	(담담하게) 엄마…… 나 못 들를 거야.
정숙	뭐라고?
종규	엄마 목소리 들었으면 됐지 뭐.
정숙	무슨 소리니? (꾸짖듯) 종규야! 그러면 못쓴다! 하나밖에 없는 에미 울리면 벌받는다!
종규	다음에 들를게요. 그럼 끊어요.

이와 동시에 공중전화 박스의 조명 사라진다. 정숙이 감전된 사람처럼 멍하니 서 있다.

정숙   그럴 리가 없어…… 하느님…… 이렇게 밖에는…… 흑……

현관쪽에서 조용히 나타나는 윤미의 얼굴빛이 착잡하다.

암전

제3장

그날 밤. 무대 한구석에 대폿집의 한 귀퉁이. 허름한 탁자와 두 개의 의자. 종규와 친구 명진이가 마주앉아 소주를 마시고 있다. 종규는 탁자 위에 양팔을 올려놓고 그 위에다 턱을 고인 자세로 아래를 내려다보고 있다. 햇볕에 그을린 뺨과 흰 이마가 뚜렷하다. 명진은 콤비네이션 차림으로 첫눈에도 직장인이라는 인상을 풍긴다.

탁자 위에 서류봉투가 있다. 소주병이 세 개나 놓여 있는 걸로 미루어 주기가 어느 정도까지 올라 있음을 알 수가 있다. 그러나 두 사람의 언행은 흐트러짐이 없다. 다만 명진의 어투가 종규보다는 매끄럽고 적극성을 띠고 있음은 대조적이다.

명진   임마, 들어. 기도원에 왔니? 자식…… (하며 술잔을 비우고는 종규에게 권한다. 종규가 내키지 않는 듯 술잔을 받아 한 모금 마시고는 내려놓는다) 너 아까부터 깡술만 마시는데…… 안주도 먹어. 군대밥이 너무 좋아진 탓으로 햄릿형이 되었나 보구나! 홋흐…… (사이) 무슨 얘기 좀 해 임마! 나는 네 전화 받고 옛 동창생을 만난다는 설레임에 경리 아가씨한테 거금 3만 원 가불했다 임마! 헛허…… (웃다 말고) 너 혹시 그…… 자폐증 환자 아니냐?

종규가 대답 대신 술잔을 비우고는 명진에게 권한다.

종규   (담담하게) 명진아.
명진   (연극조로) 우리의 서종규 군 드디어 말문을 열다! 헛허…… 뭐냐?
종규   (불쑥) 너 엄마하고 목욕한 적 있니?
명진   (술잔을 입에 대다가 웃음을 터뜨린다) 혹…… (그 서슬에 입 안의 술

명진　(가까스로 웃음을 참으며) 힛히…… 야…… 이 새끼야, 지금 뭐라고 했어?

종규　(여전히 무표정하게) 있어? (사이) 없어?

명진　(대수롭지 않게) 있지.

종규　몇 살 때.

명진　그, 그야 어렸을 때…… 대중 여탕에 갔었으니까. (문득) 내가 목욕탕 문 열고 들어서면 계집애들이 나만 쳐다보는데 처음엔 나도 그 이유를 몰랐어! 훗흐……

종규　몇 살 때까지 그랬지?

명진　(어이없다는 듯) 술맛 떨어지게 별거 다 미주알고주알 캐묻네. 훗흐…… 다섯 살 때부터는 아버지를 따라 남탕에 드나들었다. 그러다가 중학생이 되면서부터는 아파트 생활이라 대중탕하고는 거리가 멀어졌지. 됐니?

종규　(이윽고 윗주머니에서 담배를 꺼내 문다) 나도 그랬었다. (하며 실눈을 떠보인다. 아슬한 옛 일을 회상하는 표정이다. 담배 연기를 내뿜는다) 세 살 때까진 아버지를 따라다녔지만, 내가 네 살 때 아버지가 출장길에 교통사고로 돌아가신 후부터는 어머니 손에 끌려 공동탕에 다녔었지.

명진　그런데 난데없이 목욕 얘기는 왜 꺼내니? (음흉스럽게) 터키탕에 가고 싶냐? 흠…… 생각 있으면 가자. 나도 오랜만에 원님 덕분에 나팔 좀 붙자.

종규　(실소를 하며) 속물 같은 자식!

명진　속물? 그럼 너는 영물이냐? 헛허……

종규　(갑자기 밝아지며) 난 열세 살 때까지 엄마하고 목욕했다.

명진　(믿어지지 않아서) 뭐, 뭐라고?

종규　정확히 말해서 열다섯 살 때도 어머니가 내 등을 밀어 주곤 했지!

명진　종규야 너 지금 제정신이냐?

종규　네가 맑은 정신이라면……

명진　임마! 세상에 열다섯 살이나 처먹어 가지고 어머니한테 등 밀어 달라는 얼간이도 있다든? 헛허…… (술을 마신다)

종규　(다시 담담해지며) 그건 어머니의 의사였지. 아니 어쩌면 어머니의 보람이라고 하는 편이 제격이었을지도 모른다. (담배 연기를 되도록 길게 내뱉고는) 우리 어머니는 내가 세 살 때 우리 아버지와 결혼하셨다. 민간 방송국 업무국의 사원이던 아버지와 총무국 여사원이던 어머니의 숙명적인 결합이었지.

명진　말하자면 혹 달린 기혼남자가 처녀를 유혹했군? 헛허……

종규　우리 아버진 한마디로 쾌남아 타입의 남성이었다나 봐. 지금도 가끔 옛 사진첩을 펼쳐 보면 짐작이 간다. 게다가 스포츠 만능에다 노래도 잘 부르고 사교적이어서 회사 내에서도 제법 인정받았던 멋쟁이었다나 봐.

명진　그럼 처녀인 네 엄마가 반한 셈이구나?

종규　그 반대였다. 방송국 전체 직원 가을 야유회 때 어머니의 노래 솜씨에 반한 거야. 그러나 어머니도 차츰 아버지의 매력에 이끌리다가 어느 날……

명진　(연극조로) "역사는 밤에 이뤄졌다"니?

종규　그런데 아버지한테 세 살 난 아들이 있다는 사실을 알게 되었을 때 이미 두 사람은 헤어질 수 없을 만큼……

명진　아뿔사! 호사다마도 한도가 있지!

종규　맞아! 호사다마라는 말! 신혼생활의 단꿈이 채 끝나기도 전에 아버지는 교통사고, 어머니는 비관 자살미수. 그러나 네 살 난 아들 아닌 아들을 날마다 바라봐야만 했던 우리 엄마는 죽은 남편의 옛 모습을 그 아이에게서 발견했단다. 그리고는 회사를 그만두고 선배의 소개로 보험회사 외무사원으로 자리를 옮겼지. 말하자면 새로운 삶을 위한 길을 발견한 거야! 물론 방송국 사우들의 도움도 컸었겠지만……

이때 장면이 어두워지고 목욕탕 안에 조명이 들어온다. 반투명 유리벽 (또는 비닐 커튼) 너머로 소년(인형)의 등을 밀어 주고 있는 정숙의 상반신이 드러나 보인다. 정숙은 이따금 플라스틱 바가지로 물을 떠서 아들 등에 끼얹는다.

정숙   자기 전에는 몸을 말끔히 씻어야 한다. 에그…… 이 목의 때 좀 봐. 까마귀가 아저씨 아저씨 하겠다. (또 물을 끼얹고) 돌아가신 네 아버지는 잠자리에 들기 전에는 반드시 샤워하시고 이를 닦고 향수를 뿌리시고 주무셨단다, 이 녀석아! (간지럼을 타는지 소년이 몸을 꼬며 킬킬댄다. 그러자 정숙이가 손바닥으로 소년의 등을 찰싹 때린다) 얌전히 좀 있지 못하겠어? 엄마도 고단해 죽겠어! 온종일 발바닥이 터지도록 뛰었다. 한 건이라도 더 가입시켜야 생활을 꾸려 나가지. 엄마 생각 좀 해봐! (정숙이가 바가지 물을 끼얹은 다음 수건으로 소년의 등을 닦아 낸다. 흡족한 웃음을 지으며) 어쩜! 네 등에 있는 검은 사마귀도 나이를 먹나 봐! 볼 때마다 자라는구나! 홋호…… (황홀하게) 어쩜 그런 것까지도 네 아빠를 닮았니? 세상에 신통도 해라. 네 아버지 가슴과 등에도 검은 사마귀가 있었단다. 처음엔 팥알만 한 게 점점 자리를 넓게 잡는 게…… 홋호……

정숙이가 소년의 등을 몇 번이고 쓰다듬어 준다. 목욕탕의 조명이 천천히 꺼지고 술집 장면이 밝아진다.

명진 (약간 심각해지며) 음…… 그러기를 열다섯 살 때까지였다 이거냐?

종규 중학교에 입학할 때까지도 나는 매사에 어머니의 말에 순순히 따랐지. 그런데 2학년 때 우연히 나의 신체 일부에 변화가 있는 것을 발견했지!

명진 신체 일부의 변화 (장난기 있는 어조로) 훗흐…… 임마, 나는 1학년 때였다…… 너 생일이 무슨 달이냐?

종규 11월 15일.

명진 난 정월생이다. 그러고 보니 실질적으로 나보다 한 살 아래군. 앞으로 형님으로 모셔 임마! 헛허…… 그런데 말이다. 나도 처음 그걸 발견했을 때 말이다 야릇한 느낌이 들더라. 그래서 구멍가게에서 작은 손거울을 사왔지. 그 왜 영화배우 사진이 후면에 끼어 있는 동그란 싸구려 손거울 말이야. 나는 방문을 걸고서 바지를 내리고는 거울 속에다 그 부분을 비춰 봤지. 그런데 그 실오라기 같기도 하고 풀 같기도 한 약간은 곱슬거리는 게 어찌나 신기하고도 놀랍던지 말로는 형용할 수 없더라. 헛허……

종규 그래. 언제 어떻게 그런 게 내 몸 안에서 자라났는가 싶으니 그저 신비스럽기만 했어! 그런데 나는 문득 그것을 그 누구에게도 보일 수 없다는 생각이 들었어. 그것은 수치심이라고 볼 수도 있겠지만 나는 오히려 나만이 간직하고 싶은 비밀이라고 여기게 되었지. 그러자 나는 어머니와 함께 욕탕에 들어가기가 두려워졌어. 아니 더 솔직히 말해서 거부했다고 봐야 옳을지도 모르지.

명진 자식! 그게 뭐가 신비롭고 비밀스러우냐? 나는 도리어 창피스럽다는 생각이 들더라. 그래서 어느 날 가위로 자르려니까 제대로 안 잡히기에 아버지가 쓰시던 긴 면도로 밀어 버렸지 뭐야! 핫하…… 헛허…… (명진의 파안대소하는 힘에 쏠려 종규도 그만 쓰게 웃는다)

명진　(문득) 그런데 네 누이는 친누이가 아니니?

종규　굳이 말하자면 이복이 아닌 이부동생이지. 어머니는 내가 다섯 살 되던 해 재혼을 했거든. 은행잎이 누렇게 물들던 날 아리랑 고개 근처에 있는 어느 절간에서 식을 올렸지. (담배 연기를 내뿜는다) 나의 새아버지는 고등학교 국어선생님이셨어. 함자는 정해용. 32세의 노총각이셨다. 어머니가 직장 보험 권유 관계로 학교에 드나들다가 서로 알게 되었지.

명진　그렇지만 총각이 어떻게 아들까지 딸린 기혼녀와 결혼을 하려고 했을까?

종규　사랑이란 상대가 좋아졌다는 그 자체일 뿐이니까. 그 밖의 일은 아무런 구실이 없다잖던!

명진　그걸 믿어?

종규　……

명진　현실은 그게 아니다, 임마!

종규　그럼 뭐지?

명진　현실은 현실이지. 싫어도 하게 되고 미워도 함께 있어야 하고 …… 나 좀 봐. 고등학교 나와 한 일년 방황 끝에 직장이라고 지금의 조그마한 무역회사에 입사했지만 도대체가 정이 안 붙거든, 나의 생명을 걸어야 할 장소라고 느껴본 적이라곤 없어. 상사 눈치 보랴, 매달 월급봉투 명세서 들여다보랴, 주변 사람들 사는 꼴 넘어다보랴…… 그러기를 어언 4년이다 4년! 이 달로 끝장을 내고 다른 직장을 찾아 나서야겠다고 마음먹다가도 한편으로는 다른 직장이 이보다 낫다는 보장이 없다 보니…… 아…… 그날그날이 곧 현실이고 그 연속이 내 인생이니…… 한심스럽다 임마! (명진은 술병을 들어 따르나 술병이 비어 있다) 염병할! 오늘따라 술병 자주 비는 게 꼭 숙직날 자주 돌아오는 격이구먼! 한 병 더

하자!

종규 그만해! 가봐야겠어!

명진 어디로?

종규 (모자를 집어 눌러 쓰고 담뱃갑을 챙긴다) 글쎄.

명진 그래 집엔 정말 안 들어갈 거냐?

종규 글쎄다…… (자리를 일어선다)

명진 뭣하면 우리 집으로 가고……

종규 걱정 말어!

명진 그럼 도대체 어디로 간다고 그래. 너 술 안 취한 것처럼 천연덕스럽게 굴지만 사실은 취해 있단 말이야! 나는 알아. 그 마음.

종규 ……

명진 네가 대학을 들어가자 일년도 안 되어 휴학하고 자진 입대한다고 나를 찾아왔던 날 기억나니?

종규 (허공을 향하여 길게 숨을 뱉는다)

명진 넌 도대체가 비밀이 많은 놈이야. 좀체로 자기 마음속을 남에게 펴보이려 들지 않거든!

종규 무능하고 무력한 놈이지.

명진 왜 입대하냐고 물었을 때 너는 (흉내 내며) "그냥 가보는 거야" 그 한 말씀뿐이었어.

종규 그 길밖엔 없었으니까. 우리 어머니한테는 대학 마치고 군복무하게 되면 적응이 잘 안 되니까 어차피 갈 곳이면 일찍 가는 게 좋다고는 했지만……

명진 (따지듯) 그런데…… 외박 나왔으면서도 집에 안 들어가겠다는 이유는 뭐냐? 네 엄마나 누이…… (변명하듯) 하긴 친엄마 친누이가 아니라는 핸디캡도 있긴 있겠지만…… 그래도 어찌 되었건 어머닌 어머니고 누이는 누이 아니니?

종규 네 말이 맞다.

명진 그럼 들어가 임마!

종규 (입 안의 소리로) 두려워. 괴롭단 말이다!

명진 (미처 못 알아듣고) 뭐라고? 지금 뭐라고 했지?

종규 (결심이라도 하듯) 명진아! 어디 가서 한잔 더 하자! 나, 좀 더 취하고 싶다!

명진 자신 있어? 알았어! 곤드레만드레 취하게 해주지! (서류봉투를 잡는다)

종규 의식을 잃어버릴 때까지

명진 오케이! 그 말씀 잊지 마! 핫하……

제4장

다음날 아침. 주방 쪽에서 정숙이가 음식장만을 하고 있다. 수돗물 소리며, 전골 끓는 소리가 흘러 나온다. 유난히도 화사한 아침 햇살이 방안에 가득 찼다. 정숙이가 음식접시를 들고 나와 식탁 위에다 올려 놓는다. 가슴까지 덮인 하늘빛 홈드레스와 한 세트로 된 스카프를 쓴 모습이 본격적인 요리사 같다. 정숙은 마냥 행복해 보인다.

정숙　(큰 소리로) 얘들아! 어서 나오너라. 아침 먹자! (정숙이가 다시 주방으로 가서 재촉한다) 윤미야! 일요일이라고 해서 늦잠 자라는 법 없단다? (정숙이가 냄비를 들고 나오는데 윤미가 방 쪽에서 나온다. 네글리제 차림에 얼굴이 부석부석하다. 그는 주방 쪽으로 간다. 상을 차리며) 오빠 깨워라. 간밤에 술이 고주망태가 되어 들어왔으니 …… 보나마나 빈 속에 독한 소주만 마셨을 테지…… 요즘 젊은 애들은 술하고 무슨 원수진 사람 같더라 꼭 그렇게 취하도록 마셔야만 되는 건지 원…… 돈 버리고 몸 버리고 좋을 게 뭐가 있담?

윤미가 우유팩을 들고 마시면서 다시 나온다.

정숙　오빠 깨우라니깐!
윤미　왜 저더러 그러세요? 일어날 때가 되면 어련히 알아서……
정숙　얘가 왜 이렇게 퉁명스럽게시리…… 오랜만에 외출 나온 오빠한테 어리광도 부리고 응석도 부려 봐. (이때 종규가 나온다. 군대용 러닝셔츠에 국방색 군대용 팬티를 입었다. 떡 벌어진 어깨며 가슴과 사지의 잘 발달된 근육이 웬만한 운동선수보다도 돋보인다. 손에 신문이 들렸다. 반색을 하며) 아침 먹자! 오늘 아침은 오랜만에 우리 세

172　　　　　　　　　　　　　　　　　　　　　차범석 전집 8

식구가 한 식탁에 모였구나! 홋호…… (그릇을 옮긴다. 종규와 윤미의 시선이 마주친다. 윤미가 시선을 피하며 의자에 앉는다. 세모꼴로 자리를 잡은 셈이다. 종규는 신문을 펴고 대충 훑어본다. 정숙이 냄비에서 국을 떠내 종규 앞에 놓는다) 북엇국이다. 해장국으로는 뭐니뭐니 해도 북엇국이란다. 돌아가신 네 아버지는 약주 드신 날 다음 아침에는 이 북엇국 한 그릇이면 만사 오케이였단다. 홋호…… 국물을 후루룩 마시고는 거뜬하게…… (종규가 여전히 신문을 읽고 있음을 보며) 신문은 식사 후에 읽으면 안 되겠니?

종규가 신문을 접어서 의자 밑에다 흘려 보낸다. 윤미가 숟갈을 들며 불쑥 말을 뱉는다.

윤미　우리 아빠는 북엇국 싫어했다.

정숙　(뜻하지 않은 공격을 받기라도 한 듯) 응?

윤미　시금치나 냉이국을 더 좋아했다.

정숙　(약간 당황해하며) 응? 응…… 그래! 그렇지만 해장국으로서는 이게 그만이지! 언젠가 신문에도 났었지. (종규에게) 그렇지?

종규　(딴전을 피우며) 사람마다 식성이 다르다 보면……

정숙　아니다. 북엇국이 해장국으로 좋다는 (강조하며) 의학적 효능을 두고 하는 말이다. 종규 너 훌훌 국물 좀 떠마셔! (자기도 국물을 떠마시며) 해장국 끓여줄 엄마가 네 곁에 있다는 게 얼마나 행복한가를 생각해 봤니? 못했겠지? (쌩긋 웃어 보인다)

윤미　(대화를 막기라도 하듯) 오빠가 집에 들어오리라고는 예상도 못 했다.

종규　뭐라고?

정숙　나는 믿고 있었다!

종규　예?

정숙   글쎄 윤미가 어제 동대문운동장 전철역에서 네가 3호선에 오르는
걸 봤다면서 집에 안 들어올 거라고 하지 않겠니? 그래서 나는……

윤미   간밤에도 전화가 있었다면서요? 제가 독서실에 가고 없을 때……
(종규에게) 사실이에요?

종규   그래.

윤미   그런데 왜 들어왔죠?

정숙   왜는 왜…… 자기 집에 들어오는 데도 무슨 이유가 있니? 그것도
5개월 만이다.

윤미   집에 안 들어갈 테니 그렇게 알라고 사전에 오빠가 통고를 했잖
아요.

정숙   앤…… 무슨 말투가 그러니? 사전통고가 뭐니! 무슨 법원 판결문
도 아니고……

종규   윤미야! 그 이유를 알고 싶니? 굳이 알고 싶다면 말할 수 있다.

정숙   종규야 무슨……

윤미   이유가 뭐죠?

종규   그건 전혀 내 의사가 아니었다.

정숙   뭐라구?

종규   명진이가 차에 태워 자기 집으로 간다기에 그런 줄만 알았는데
잠에서 깨어나 보니 아파트 앞이더라. (쓴웃음)

정숙   (들었던 수저를 땡그랑 놓고) 그게 잘못되었단 말이니?

종규   잘잘못을 얘기하자는 게 아니라 윤미가……

정숙   (날카롭게) 관둬! 엄마 앞에서 무슨 생색을 내는 거니 뭐니? 자정이
넘도록 술 취해서 돌아온 게 무슨 벼슬이라도 되는 양…… 뭐 "내
의사가 아니었다"고? 그럼 하나님의 뜻이었니 부처님의 뜻이었니?

윤미   엄마는 괜히 히스테리셔!

정숙   아들이 돌아오기를 밤늦도록 기다리는 엄마의 마음을…… (흥분

을 간신히 억제하며) 오랜만에 외출 나온 자식에게 맛있는 별식이라도 먹여서 보내려는 엄마 속마음은 손끝만큼도 생각 안 하고 …… (울먹이며) 그렇게 말해야만…… 속시원하겠니?

종규   어머니.

정숙   나 같으면 거짓말이라도 좋으니 (흉내 내며) "엄마 보고 싶어서 일각이 여삼추 같았어요!" 이렇게 말하겠다! 매정한 것들!

윤미   왜 "것들"이에요? 왜 저까지 한통속으로 싸잡아서 그러죠?

정숙   뭐라구? 너 지금……

윤미   저와 오빠는 남남이에요. 아버지도 다르고 엄마도 다르니까요! 오빠는 서종규, 나는 정윤미, 핏줄뿐만이 아니라 생활감정도 성격도 다르단 말이에요. 혼동하지 마세요, 엄마.

정숙   윤미야! 그 입 좀 닥치지 못하겠니! (정숙의 손이 부르르 떨린다. 긴 침묵이 흐른다. 멀리서 교회 종소리가 울린다. 평화롭다기보다는 어떤 불안을 예고하는 것 같다)

종규   어머니, 고정하세요. 모든 불찰은 내게서부터 시작한 셈이니 저를 용서해 주세요.

윤미가 자리에서 벌떡 일어난다.

윤미   엄마! 모처럼의 일요일 아침을 이렇게 마구 구정물 통에다 집어넣기예요? 오빠가 오건 가건 무슨 상관이에요? 그렇게 보고 싶으면 부대로 면회 가시면 될 거 아니에요?

정숙   윤미야! 말이면 다인 줄 아니?

윤미   (의미 있는 시선으로) 만지고 싶으면 만지시고 하실 일이지 뭐가 두려워서.

정숙   에잇! (하며 윤미의 뺨을 후려친다)

종규 왜 때려요? 예? (어머니를 말린다)

정숙 (윤미를 무섭게 노려보며 윽박지른다) 너 지금…… 그 말…… 누구
보고 들으라고…… 한 거니? 응? 못된 것 같으니!

윤미가 자기 방 쪽으로 뛰어간다. 이윽고 방문이 쾅 하고 닫히는 소리
가 집안 전체를 뒤흔들어 놓는다. 다시 침묵이 흐른다. 정숙이 의자에
힘없이 앉는다. 바위처럼 앉아 있다가 눈을 스르르 감고 길게 숨을
몰아쉰다. 되도록 자기감정을 억제하려고 안간힘을 쓰는 기색이 역력
히 보인다.

정숙 가족이란 게 뭐니? 남남이 만나 사랑하고, 자식 낳고, 그래서 그
한 식구가 모여 산다는 게 가정인데…… 사실은 그것도 믿을 게
못 되는가 봐, 저마다 각각이잖아…… 핏줄이 무슨 소용이 있니?
따지고 보면 모두가 남남이지…… (쓰게 웃으며 비로소 종규를 쳐
다본다) 어떻게 생각하니? (종규가 창가 쪽으로 가서 밖을 내다본다.
그의 건장한 육체가 더 단단하고 우람하게 보인다. 그는 정숙에게 반쯤
등을 돌리고 서 있다) 윤미가 왜 갑자기 그런 말을 하는지 알 수가
없구나. (하면서 종규의 표정을 훔쳐본다)

종규 그럴 나이 아니에요? 열여섯 살이면……

정숙 나는 그 나이에 그렇지 않았다. 물론 여학생 특유의 센치멘탈한
정서를 부인하는 건 아니야. 다만 세상을 이죽거리려 하거나 탐색
하는 눈짓으로 넘어다보려는 태도는 딱 질색이었다. (눈을 들어)
윤미 아빠도 그런 걸 싫어했었지. 그야말로 비단 같은 마음씨의
소유자였으니까. 국어선생이니까 다소는 문학적인 정서에 익숙
한 편이었지만 결코 문학가연하는…… (종규에게) '연한다'는 뜻
아니? (종규는 대답이 없다) '척하는 것' 말이야. 거 왜 있지? 사람마

176   차범석 전집 8

다 아는 척하거나 꾸밈으로 자신을 과시하려 드는 오만. (회상하며) 윤미 아빠는 그런 분이 아니었어. 시를 좋아했으니까 마음도 비단결 같았지만 그이도 언젠가는 시인이 되고 싶어했지. 그래서 나도 덕분에 시집을 읽게 되었지만. 그이는 술이 거나해지면 김영랑의 〈모란이 피기까지는〉을 몇 번이고 되읊으시는 게 버릇이었다. (쓰게 웃으며) 서른두 살의 숫총각이 무엇이 아쉬워서 세 살짜리 혹이 딸린 보잘것없는 여자와 결혼하려 드느냐고 윤미 할머니 되실 분이 땅을 치며 통곡하셨을 때도 그이는 내 치마폭에 가려진 내 손목을 아스라지게 쥐셨단다. 아무 말 말고 참아야 한다는 신호였지. 그이는 있는 그대로의 자기 본바탕을 지키는 성격이었지. 그런데 생각하면 이상한 일이지…… (쓰게 웃으며) 그 옛날 나와 네 아버지의 혼담이 오고갔을 때의 우리 친정 식구들이 극구 반대하던 것과 꼭 같은 광경이었지 뭐니. (자신도 모르게 웃는다) 이상하잖니? 네 아빠와 결혼할 때나 윤미 아빠와 결혼할 때나 걸림돌이 똑같았으니 말이다. 그리고 두 남편을 모두 먼저 저 세상으로 떠나 보내고 나서 나는 남자의 핏줄을 떠맡아 살아왔는데 (참아온 울음이 왈칵 북받치며) 그 핏줄이 똑같이 나를 받아들이려 하지 않으니 난…… 난…… 무엇을 믿고…… 내가 죄 많은 여자라서일까? 정성이 모자란 탓일까? (종규에게) 종규야! 너는 알 테지? 대학 중도에 군대에 갔다지만…… 네 나이면…… (자리에서 일어나 종규에게 다가가며) 종규야! 내가 의지할 곳이 어디겠니? 남들은 나에게 세 번째 결혼을 권하더라만 그것만은 못한다고 거절했다. 왜인지 아니?

종규가 돌아본다. 그의 눈빛이 탐색적이다.

종규	못할 것도 없잖아요?
정숙	뭐?
종규	어머닌 아직 젊고…… 아름답고…… 그리고……
정숙	(다가가며) 그래서? (사이) 너와 윤미를 내팽개치고 개가하란 말이니?
종규	(시선을 피하며) 어머니의 의사 나름이죠. 나나 윤미의 찬성 여부는 문제될 것 없다고 봐요.
정숙	(추궁하듯) 그래서?
종규	예?
정숙	우리 세 사람이 남남으로 흩어지면 그만이라는 뜻이니?
종규	(답변이 궁해지며) 그, 그게 아니라…… 모르겠어요!
정숙	네가 모르면 누가 아니? 누가 이 엄마의 마음을 알아주겠는가 말이야! 종규야! 이 엄마는 지금까지……
종규	(의연하게 그러나 억제된 상태에서) 더 이상 말씀 마세요.
정숙	(감전된 사람처럼 종규를 쳐다본다)
종규	어머니가 저에게 쏟아 오신 사랑…… (꺼질 듯이 낮게) 알고 있어요. 누구보다도 잘…… (아슬한 추억을 더듬듯) 초등학교 소풍 때, 엄마는 내 도시락하고 담임선생 도시락을 꼭 같이 싸주셨지요. 담임선생에게 내 아들 종규 잘 부탁한다는 성의에서였어요. 중학교 입학한 지 얼마 안 되어서 담임선생이 가정환경 조사서를 보시더니 왜 너는 서종규인데 네 누이는 정윤미냐고 물었을 때 저는 어리둥절했지요. 그러나 어머니는 나와 윤미는 성은 달라도 한 형제이니 아무 걱정 말라고 하시던 말씀 지금도 못 잊겠어요.
정숙	그건 사실이다. 나는 지금까지 차별하거나 격의를 둔 적이라고는 없었다. 아니 어쩌면 종규 네가 더 친근하게 느껴졌는지도 몰라. 왜냐면 너는 자라날수록 네 아버지를 닮아 갔으니까! 그 눈, 입

모습, 그 가지런한 이에다가 등에 있는 검은 사마귀까지도……
(하며 조심스럽게 종규의 등에다 손끝을 갖다 댄다. 마치 상처난 자리를
대하듯이 조심스럽게. 그러나 종규는 미동도 안 한다)

정숙 나는 네가 자라나는 모습을 가까이 보면서 한편으로는 대견하게, 다른 한편으로는 두려움이 마음 한구석에서 자라나고 있었다. 왜지 알겠니? 응? (종규가 조용히 정숙을 돌아본다) 고등학생이 되면서부터 너는 엄마가 목욕시켜 주는 일을 거절 했어. 이 핑계 저 핑계를 대면서 말이다. (쑥스럽게 웃으며) 네가 알몸을 엄마한테 보이기가 쑥스러울 거라는 것쯤은 나도 알았어! 그렇지만 엄마는 그게 아니었어! 네가 내 곁에서 차츰 멀어지려고 한다는 그런 불길한 예감 같은 게 고개를 쳐들더라. 하지만 나는 너에게서 네 아빠를 느끼는 보람을 저버릴 수 없었다. (종규의 어깨며 목덜미를 천천히 어루만진다. 헬리콥터 지나가는 소리에 정숙이 섬뜩 놀라 손을 뗀다. 그리고는 식탁으로 되돌아간다. 지금까지의 가라앉은 분위기에서 단숨에 뛰쳐나온 듯 밝은 표정이다) 아침 마저 먹자. 국이 식었구나. 내 잠깐 덥혀 올 테니까 기다려라. (냄비를 들고 가며) 윤미야! 어서 나와 아침 먹자!

이때 전화벨이 울린다. 종규가 전화를 받는다.

종규 여보세요. (갑자기 표정이 굳어지며) 야 임마! 누가 너더러 그런 걱정하랬어? 왜 시키지도 않은 일 네 멋대로 하는 거야? (사이) 우정? 우정 좋아하지 마 이 새끼야! 사회인이고 수중에 돈 있다고 으시대지 마! 갚으면 될 거 아니야! 어제 먹은 것 다시 토해 내고 싶다 이 새끼야! (사이) 미아리 텍사스? (사이) 엿 먹어라. 거기가 텍사스건 아리조나건 실컷 뭉겨대 이 새끼야! 난 너 때문에 기분 잡쳤

그 여자의 작은 행복론

어! (사이) 그래 꼭 지옥에 들어선 기분이다, 이 새끼야. 까불지 말고 엎어 자든 뒤집어 자든 마음대로 해, 이 새끼야! (사이) 약 올리지 마! 나 지금 남태평양에서 올라오는 태풍경보 직전이다. (사이) 오늘이 될지 내일이 될지 가고 싶을 때 바람처럼 떠나갈 테니까! 그래. 재미 실컷 보고 돌아오는 길에 피부비뇨기과 들르는 것 잊지 마, 이 새끼야! (종규가 전화를 끊는다. 그리고는 욕실로 들어간다. 정숙이가 국냄비를 들고 나온다)

정숙 요즘 젊은 애들은 왜 그렇게 말씨가 거칠고 살벌하지? 그저 말 끝마다 새끼 아니면 씹할 타령이니…… (국냄비를 식탁에 놓고서야 종규가 안 보이자 두리번거린다) 종규야. 베란다에 있니? 종규야!

이와 동시에 욕실에 조명이 들어오며 샤워를 하는 종규의 건강한 알몸이 나타난다. 정숙은 섬뜩 놀라다가 샤워 소리에 끌리듯 욕실 쪽으로 간다. 욕실 안에서 몸을 씻으면서 흥얼거리는 종규의 노랫소리가 들린다. 정숙이 안절부절못한 채 서성거리다가 욕실문을 두드린다.

정숙 종규야…… 종규야!

종규 왜 그러세요? (물소리 멎는다)

정숙 속 셔츠…… 갈아입어야지? (정숙이가 급히 안방 쪽으로 가더니 목욕 타월과 셔츠를 들고 나온다. 정숙이가 다시 욕실문을 두들긴다. 그러나 아무런 반응이 없다) 종규야! 들어가도 되겠니? 등 밀어 줄까?

다음 순간 종규의 모습이 동상처럼 굳어 버린다. 샤워 소리가 전보다 크게 들린다.

종규 (날카롭게) 안 돼요!

정숙   종규야! 문 열어!

종규   들어오지 마세요!

욕실 안에서 문고리를 거는 소리가 유난히 크게 들린다.

정숙   종규야! 왜 그러니! 응? 갈아입을 셔츠 가져왔데두! 문 열어! 응?

이와 동시에 욕실 안 조명 꺼지며 샤워 꼭지에서 물 쏟아지는 소리가
더 요란스럽게 흘러나온다.

정숙   종규야!

욕실문을 마구 흔든다. 그러나 물소리에 정숙의 목소리가 헷갈린다.
이때 윤미가 방에서 나온다.

윤미   엄마! 왜 그래?

정숙   (놀라며) 응? 응…… 아, 아무 일도…… 네 오빠 속옷을……

윤미   공부 방해 좀 하지 마세요! (윤미가 핵 돌아서 제 방문을 쾅 닫는다.
      정숙은 갑자기 제정신으로 돌아온 듯 눈을 깜박거린다)

정숙   내가…… 내가…… 왜 이러지? 내가…… 왜……

물 쏟아지는 소리가 더 세차게 들려온다. 정숙은 아픔을 이기려고나
하듯 비틀거리며 식탁 쪽으로 와서 의자에 쓰러진다.

암전

제5장

전부터 약 15일 후. 윤미가 베란다 쪽에 있는 흔들의자에 앉아 전화를 걸고 있다. 해질 무렵이라 방안이 어두컴컴하다. 한 손에 시집이 들려 있다.

윤미   모르겠어. 여느 때 같으면 냉장고 안에 간단한 식사거리가 들어 있을 법도 한데…… (사이) 얼마 전부터 몸이 안 좋으시다고 약국 에서 약을 사오시기도 하셨지만…… (사이) 얘, 모르는 소리 하지 마, 우리 엄마가 병원에 가실 것 같아? 치료비 아까워서 벌벌 떠 신단다…… 홋호…… (갑자기 표정이 어두워지며) 사실 우리 엄마 심정을 모르는 것도 아니지만…… (사이) 원인? 글쎄…… (사이) 아마 신경성일 테지…… 밤에 잠을 못 주무시고 몇 차례씩 들락 날락하시는 게…… (사이) 하긴 우리 엄마 불쌍해…… 그동안 우 리 남매 키우시랴, 보험회사 외무사원으로 뛰시면서…… 뭐라 구? (사이) 글쎄 확실히는 모르지만 우리 엄마의 고민거리가 뭣인 가는 짐작할 수 있다구…… (사이) 그래 나도 이쯤 되면 의사 뺨 치지 않고…… 홋호……

이때 현관 쪽에서 부저 소리가 울린다.

윤미   얘…… 우리 엄마 오셨나 봐. 그럼 이따 도서실에서 보자. 응…… (사이) 끊어! (전화를 끊고 일어서 나가려는데 열쇠고리를 찰각거리며 정숙이가 들어온다. 벽의 스위치를 누르자 방안이 환하게 밝아 온다. 핸드백과 한 손에 약국에서 지어온 약봉지를 들었다. 어딘지 피곤해 보 이며 피부도 꺼칠해 보이는 게 병색이다)

정숙	집에 있었니?
윤미	엄마, 오늘은 일찍 들어오셨네요?
정숙	회사 허락 맡고 일찍 퇴근했다. (하면서 의자에 풀쑥 주저앉는다. 윤미가 정숙의 두 어깨를 건성으로 두들긴다. 그것은 색다른 사실을 탐색해 내려는 눈치 같다)
윤미	또 약국에 들르셨어요? 뭐래요? 어디가 나쁘시대요?
정숙	과로니까 푹 좀 쉬라는구나. (한숨) 누가 쉴 줄 몰라서 못 쉬는 줄 아나 봐…… 나 물 좀 주겠니? 약 먹어야겠다.
윤미	예.

윤미가 주방 쪽으로 간다. 정숙이 약봉지에서 알약을 몇 알 꺼낸다. 윤미가 물컵을 가지고 와서 내밀자 약을 먹는다. 초췌하고 피곤해 보이는 어머니의 거동을 지켜보고 있는 윤미가 흔들의자로 가서 앉는다. 정숙이 깊게 숨을 몰아쉬고는 비스듬히 눕는 자세로 의자 등받이에 기댄다.

윤미	엄마, 큰 병원에 가서 종합진단 받아 봐. (하며 읽다 둔 시집을 펴든다)
정숙	(눈을 감은 채) 걱정 말아…… 내 병은 내가 알아.
윤미	(불쑥) 외로워서 그래요.
정숙	외로워서…… (피식 웃는다) 그래…… 네 말이 옳을지도 몰라…… 사실 외롭단다.
윤미	엄마, 시 읽어 드릴까?
정숙	시?
윤미	엄마도 여학교 때 시를 쓰셨다면서요? 더구나 아빠하고 결혼한 후부터는 아빠 영향을 받아서…… 문학작품을 좋아하셨구.
정숙	(눈을 뜬다. 촉촉이 젖은 눈으로) 그래…… 시를 좋아했지. 네 아빠

도 실은 시인이 되고 싶었지만 워낙 성격이 내성적인 데다가 숫기가 없는 분이라 발표를 꺼리셨지만 어쩌다 술 한 잔 하시게 되면 〈모란이 피기까지는〉을 외우시다가 어느 날 우리 곁을 떠나셨다…… 어언 10년 전이다. 네가 여섯 살 때였지. 난데없이 간암 진단받고는 두 달도 채 못 넘긴 채…… 그러니 내가 외롭게 살았다는 사실은 누구도 부인 못하지!

윤미가 시를 읽기 시작한다. 특별히 억양을 붙이지 않고 잔잔한 목소리로 읽는다.

윤미　　무슨
　　　　소리라도 한번 들려라
　　　　살포시라도

　　　　외롭구나
　　　　벌레라도 한 마리
　　　　나를 물어라
　　　　너무 외롭구나

　　　　생각하고 생각하다
　　　　생각이 막힌 곳
　　　　문득 생각하니

　　　　내 삶이란 게 간단치 않아
　　　　온갖 소리 잦은 벌레 다 살아 뜀뛰는
　　　　무슨 허허한 우주

쓴웃음이

한번

뒤이어

미소가 한번

창밖의 마른 나무에

공손히 절 한번

가랑잎 하나

무슨 종교처럼 진다…… (돌아보며) 어때요?

정숙   누구 시니?

윤미   김지하 시인의 〈무슨〉이라는 시. (마음을 떠볼 양으로) 좋죠?

정숙   (입 안의 소리로) 무슨…… 무슨…… 무슨이라…… 어쩌면 지금
의 내 심정을 고스란히 드러내어 손바닥에다 올려 놓은 것 같다.
(사이) 무슨 소리라도 듣고 싶고, 무슨 벌레라도 한 마리 내 곁에
와서 꽉 물어 주었으면 좋으련만…… 내가 지니고 있던 것은 하
나하나 떨어져 나가고…… 마침내는 앙상한 가지만 남아 삭풍에
떨고 있을 겨울나무 꼴이니…… 그렇게 살다가 그렇게 가는 게
여자인가 싶으니…… (울먹이며) 매사가 덧없고 허망하고…… 삭
막해서…… 나는…… 흑……

윤미   (정숙을 훔쳐보며, 당돌하게) 오빠한테서 전화 왔었다.

정숙   (눈을 사르르 감는다) 종규가?

윤미   (눈치를 살피며) 엄마 어떠신가 하고…… 포천까지 공무차 나온
길에 안부전화 건다고……

정숙   (눈을 뜨며) 내 건강이 안 좋다는 걸 어떻게 알고……

윤미   제가 편지 냈어요.

정숙   (윤미를 돌아보며) 왜?

윤미   왜라뇨?

정숙   걱정이 되어서? (비아냥거리듯) 너희들이 엄마 걱정을 다 해주니
      …… 눈물난다. 고맙기도 해라.

윤미   엄마!

정숙   허지만 속셈은 그게 아닐 테지.

윤미   예?

정숙   엄마 병이 나날이 도져서 하루 속히 너희들 곁에서 사라지기만을
      벼르고 있을 테지!

윤미   (소리를 버럭 지르며) 엄마! 미쳤어?

정숙   그래 미쳤을지도 모르지! 아니 미칠 것 같다!

윤미   그럼 정신신경과 찾아가!

정숙   저, 정신신경과?

윤미   (의자에서 일어나며) 엄마는 정신분석을 받아야 한대요!

정숙   누가 그런……

윤미   심리학 전공하는 선배 언니한테 물어 봤어요. 그랬더니…… (정
      숙이가 부들부들 떨며 의자에서 일어난다. 그 눈빛은 이상스런 광채를
      띠며 안면근육이 떨린다)

정숙   흥! 이제 에미를 정신병 환자 취급하기니?

윤미   (자리를 옮기며 남의 얘기하듯) 불면증…… 불안…… 초조…… 집
      중력 약화…… (정숙을 바라보며) 그리고 수면제까지 복용하게 된
      다면…… 엄마! 제 얘기가 틀렸나요?

      정숙이 힘없이 주저앉는다.

정숙   너는…… 마치 이 에미가 그렇게 되기를 바라는 눈치 같구나!

(무섭게 쏘아보며) 이유가 뭐지? 에미를 그토록 의심하고 미워하는 이유가 뭐냔 말이야!

윤미　(오히려 침착해지며) 제가 먼저 물어볼 일이 있어요. (사이) 엄마는 어째서 종규 아빠 생각만 하지, 우리 아빠 생각은 안 하시죠?

정숙　뭐, 뭐라고?

윤미　어찌 되었건 엄마가 사랑을 느꼈기에 결혼한 남편임에 틀림없잖아요? (추궁하듯) 그런데 어째서 우리 아빠는 안중에 없고 종규 오빠의……

정숙　윤미야! 네 입에서 어떻게 그, 그런 소리가……

윤미　엄마는 비밀이 많아.

정숙　뭣이?

윤미　그리고 편견을 지녔다구요. 결과적으로 엄마는 우리 아빠한테 사랑을 안 느꼈으면서도 결혼했던 것뿐이에요. 왜 그랬죠?

정숙　(발작하듯) 그만두지 못하겠니? (무섭게 노려본다)

윤미　(이지러진 미소를 띠며) 아무리 그런 표정을 지으셔도 저는 무섭지 않아요. 다만 우리 아빠보다 종규 오빠의 아빠를 못 잊어 하는 엄마가 싫어진 것뿐이에요. 왜 차별하시죠? 왜 종규 오빠만을 생각하고 저에게는……

정숙　(광적으로) 그만! 그만! 그만! (탁자 위의 물컵을 들어 내던진다. 박살이 난다. 윤미가 한동안 정숙의 광적인 태도를 지켜보다 말고 자기 방 쪽으로 가면서 다시 한 번 돌아본다)

윤미　엄마는 비밀이 많아! 위선자예요. (하며 퇴장한다. 혼자 남은 정숙이 어떤 환상을 좇듯 방안을 서성거린다. 무대 한구석에 한 남성의 실루엣이 나타난다. 환상이다. 레인코트 깃을 세워서 얼굴을 알아볼 수 없다. 불빛은 밤 분위기로 바뀐다)

정숙　여보! 여보! 뭐라고 한 말씀 하세요! 예? 저더러 위선자래요. 당신을 못 잊어 하는 게 왜 잘못일까요? 아니 당신의 아들 종규를 친자식처럼 생각하는 게 잘못된 일인가 말이에요? 나는 그 애를 곱다랗게, 키워 왔어요. 당신을 사랑했다는 증거로…… 당신은 이세상에 안 계시지만 당신의 모습을 닮았고, 당신의 살 내음을 그대로 느끼게 하는 종규가 성장하는 걸 지켜보는 게 저의 유일한 보람이었어요. 그런데 윤미는 나더러 위선자래요! 시샘이겠죠? 질투일지도 몰라요. 그 또래 나이에는 흔히 있는 감상주의라고 생각 못하는 건 아니에요. 허지만 저는 결코 그런 뜻이 아닌데 윤미는 한사코…… 아…… 어쩌면 좋죠? 여보!

등 돌아섰던 실루엣의 사나이가 무대 전면으로 나온다. 종규가 군대용 우장을 걸쳤다. 빗물이 떨어진다. 무대는 현실로 돌아온다. 정숙이가 소스라치게 놀란다.

정숙   종규야? 네가 웬일이니?

종규가 비에 젖은 우장을 벗는다. 갑자기 활기를 되찾은 듯 정숙의 밝은 표정이 딴사람 같다. 수건으로 비에 젖은 종규의 얼굴을 닦아 준다.

정숙   외출 나왔니?
종규   아뇨. (하며 우장을 베란다 밖에다 건다)
정숙   그럼, 공무로? 접때도 공무로 포천까지 외출 나왔다더니…… 집에 들르지 않고서……
종규   포천? 그런 적 없어요. 누가 그래요?
정숙   아무려면 어떻니? 괜찮아 흠…… 참 더운 커피 들겠니? 아니면 한잔 하겠어? 가을비라 약간 으시시한 것 같잖아? (정숙이가 장식장에서 소주병과 잔 두 개를 가지고 와서 식탁에 놓는다. 종규는 그러한 정숙의 일거일동을 유심히 관찰한다. 종규는 마주앉는다. 두 개의 잔에 술을 채운다)

종규 술 드세요?

정숙 왜, 내가 술 마시면 싫어?

종규 언제부터……

정숙 잠이 안 올 땐 독한 술 한두 잔 하는 게 좋다기에…… (잔을 내밀며) 우리 건배하자. 흠흠……

종규 엄마. (무슨 얘기를 하려다 그만둔다)

정숙 (잔을 쳐들며) 엄마와 아들이 건배하는데 뭐가 나쁘니? 자…… (자기 잔을 종규의 잔에다 가볍게 부딪히며) 건배!

종규 (마지못해) 건배.

두 사람이 술을 마신다. 종규는 반쯤 마시는데 정숙은 단숨에 마신다. 다음 순간 두 사람의 시선이 마주친다.

종규 왜 그런 눈으로 보니? 엄마가 술 마시는 게 이상하니…… (술병을 들어 따르며) 사실은 그전에 가끔 술 마셨어! 물론 집안에서는 아니고…… 밖에서 생활하다 보면 본의 아니게 술을 마시게 된다. 너도 그랬잖니? 사람과 사람이 만나게 되면…… 남자들의 유혹도 있었단다. 그러나 보험회사라는 게 결국은 대인관계가 원만해야 되는 직업이고 보면 자주 어울리게 되더라. 같은 외무사원끼리 술 한잔 하다 보면 노래방에도 간단다. 홋호…… (술을 마시다 말고) 언젠가는 노래방에서 내 점수가 95점이나 나왔었다. 내 십팔번인 〈떠날 때는 말없이〉를 불렀거든! 엄마 노래 솜씨가 어느 수준이라는 걸 미처 몰랐지?

종규 알고 있죠. 아버지가 그 노래에 반하셨다는 것도요……

정숙 홋호…… (웃다 말고 갑자기 쓸쓸해진다. 그리고는 낮은 목소리로 노래를 부르기 시작한다. 노래) 그날밤…… 그 자리에…… 둘이서 ……

종규 아버지가 좋아하시던 노래였죠. (사이) 약주 드시고 밤늦게 돌아오시던 날은 으레 골목에 들어서면서부터 부르시던 노래였죠.

정숙이가 노래를 끝까지 부르지 못하고 종규를 응시한다. 종규가 시선을 피한다. 빗소리가 약간 거세어진다.

정숙 네 아빠는 이 노래에 반해서 나와 결혼하셨단다. (사이) 방송국에서 가을 야유회 갔을 때 내가 이 노래를 불렀거던! (화려한 회상에 취하듯 미처 다 부르지 못한 부분을 끝까지 부른다. 조명이 환상적인 분위기로 바뀐다. 노래가 끝나자 환청으로 들려오는 환호성과 휘파람 소리며 박수 소리가 터져 나온다. 정숙은 마치 그 현장에 있는 사람마냥 의자에서 일어나서 얌전히 절을 한다. 누군가 "앙콜! 앙콜!" 하고 재촉한다. 정숙이가 수줍음과 기쁨으로 잠시 망설인다. 소녀처럼) 그럼 잘 못 부르지만…… 제가 좋아하는 노래인데…… 〈허무한 마음〉을 부르겠습니다……

환청으로 들리는 환호성과 박수소리. 정숙이 눈을 사르르 감으며 노래를 시작한다.

정숙 (노래) 마른 잎이…… 한 잎 두 잎…… 떨어지는 가을날……

다음 순간 종규가 소리를 버럭 지른다.

종규 그만! 그만! (하며 술잔을 바닥에 던진다. 이와 동시에 조명이 현실로 돌아온다)

정숙 왜 그러니? 응? 뭐가 언짢아서 그래?

종규 (굳은 표정으로) 윤미는 어디 갔죠?

정숙 독서실이지 어딘 어디겠니?

종규 망할 계집애 같으니?

정숙 무슨 소리야? 윤미가 어쨌기에……

종규 엄마 병세가 심상치 않으니 외출 나오라고 엽서를 보내 왔기에 부랴부랴 왔는데……

정숙 윤미가 엽서를?

종규 한 달 전에도 엽서가 왔었어요. (정숙을 응시하며) 그런데 엄마는 환자가 아니잖아요! 더구나 술을 마시며 노래까지…… 어머니는 정상인데 어째서 나한테 그런 속임수를 쓰는가 말이에요. (화가 치밀어 올라 의자에서 벌떡 일어난다. 그리고는 베란다 쪽에 벗어둔 우장을 집어 들고 나온다)

정숙 어디 가니?

종규 아직 차를 탈 수 있는 시간이에요. 그럼……

정숙이가 막아선다.

정숙 가지 마! 비까지 내리는데 어떻게 이 시간에…… 안 된다!

종규 갈 수 있어요. 의정부까지 가면 그곳에서 택시로……

정숙 (우장을 잡아당기며) 가면 안 된다!

종규 왜 이러세요? 엄마는 환자가 아니에요. 정상이란 말이에요! 지금 이렇게 명랑하고……

정숙 그래 맞아! 지금 이 시간의 나는 정상이지! 말할 수 없이 행복하단다!

종규   그런데 어째서……

정숙   그런데 네가 떠나가 버리면…… 그 순간부터 내 가슴엔 공동이 뚫리고 찬바람이 불어닥친다! 종규야 가지 마! 내 곁에 있어 주렴! 이렇게 부탁한다! 네가 가버리면 이 집안은 황야처럼 삭막해진다!

정숙이 종규의 팔에 얼굴을 파묻듯 하며 말린다.

종규   가야겠어요! 놓으세요!

정숙   가면 안 돼! 종규야…… 함께 있어 줘!

종규   이러시면 안 돼요!

종규의 억센 팔이 정숙을 뿌리치자 정숙이 마룻바닥에 쓰러진다.

정숙   앗!

종규가 반사적으로 정숙을 안아 일으킨다.

종규   엄마! 괜찮으세요? 다치시지 않았나요?

정숙은 그대로 종규에게 안기며 말이 없다. 이윽고 정숙이 길게 한숨을 몰아쉰다. 그리고는 황홀하고 아늑한 분위기에 취한 듯 사르르 눈을 감는다.

정숙   아…… 편안하구나…… (종규의 가슴을 더듬으며) 이렇게 포근하기는…… 네 아빠 체온처럼…… 따스하고…… 아늑하고…… 종

규야, 엄마는 이것으로 족해…… 행복하다…… (정숙이 종규의 품
으로 더 깊숙이 파고들려고 하자 종규가 뿌리치고 일어난다) 가지 마!

종규 (겁을 주듯) 이러시면 앞으로 집에 안 돌아올 거예요! 절대로!

정숙 종규야! 엄마가 잘못했다! 다시는 안 그럴 테니 안 돌아오겠다는
말은 하지 마! 종규야! 부탁이다!

종규 가겠어요!

정숙 종규야!

이때 현관 쪽에서 윤미가 나타난다. 비에 젖은 머리카락이 이마에 엉
키어 흡사 지렁이가 기어가는 것 같다. 종규가 다가간다. 윤미가 피한
다. 다음 순간 종규가 세차게 뺨을 후려갈기자 방바닥에 쓰러진다. 들
었던 책이 방바닥에 흩어진다.

종규 건방진 계집애 같으니! 이상 더 까불면 죽을 줄 알아! (종규가 급히
뛰어간다. 정숙이 흩어진 책을 주워 담는다)

정숙 (되도록 침착하려고 애쓰며) 네가 편지를 썼니? 왜 그런 짓을 하니?
시키지도 않은 일을 왜 네가……

윤미 (날카롭게 쏘아보며) 엄마는 누가 꼭 시켜야만 행동하세요? (강하
게) 누가 시켜서 두 번 결혼하셨어요?

정숙 아니…… 이게…… 정말……

윤미 (일어나며) 나는 내 의사에 따라 행동할 거예요! 엄마처럼 위선자
가 되긴 싫어요! 두고 보세요! (윤미가 자기 방으로 들어가서 문을
꽝 닫는다. 이와 동시에 천둥 번개가 천지를 요동시킨다. 그러나 정숙은
바위처럼 서 있다. 빗소리가 더욱 높아 간다)

암전

그 여자의 작은 행복론

제6장

전막으로부터 약 한 달 후. 무대 한 곳에 병원 진찰실이 보인다. 정숙과 정신과 의사가 마주앉아 있다. 의사는 30대 후반의 지적인 여성이나 말투가 중성처럼 텁수룩하다. 정숙은 전에 비해 꺼칠하고 차림새도 어딘지 초라해 보인다. 정숙은 주머니를 이리저리 뒤진다. 매우 초조한 표정이다.

여의사   담배 피우고 싶으면 피우세요.

정숙   예…… (핸드백에서 담배를 한 개비 뽑아 물고 약간 외면한 상태에서 라이터를 켜댄다. 그 동작이 어딘지 어색하다. 여의사는 카르테에다 기록을 하며 극히 사무적으로 대한다)

여의사   얘기 계속하시죠. (사이) 꿈은 자주 꾸시나요?

정숙   그러나 아침에 일어나면 깡그리 잊어버리는 걸요.

여의사   잠자리에 들기 전에 술을 마신 지는…… (사이) 언제부터죠?

정숙   한…… 4개월…… 쯤…… (멋쩍어진 듯 외면한다)

여의사   주량은요?

정숙   (손가락으로 분량을 가리키며) 이 정도.

여의사   소주로 치자면……

정숙   한 병 조금…… (쓰게 웃는다)

여의사   (눈을 크게 뜨며) 수준급이시군! 난 두어 잔만 마셔도 어지러운데 …… 그래 술을 마시면 잠은 잘 오던가요?

정숙은 담배 연기를 내뿜으며 고개를 좌우로 도리질한다.

여의사   (경멸하듯) 그런데 왜 마시죠? 불면증에 술이 특효약이나 되는 것처럼 믿는 무식쟁이 그 자체가 정신질환이라구요? 한심스럽다구요.

정숙 그렇지만 취하다보면 내 자신도 모르게 잠드는 걸 어떻게……

여의사 그건 잠드는 게 아니라 도리어 신경을 마비시키는 것이죠. 당사자는 자고 있다고 생각할지 모르지만 사실은 자고 있는 게 아니라 깨어 있는 거예요. 잠을 자야 할 시간에 잠을 안 자고 있으니 몸이 더 축나고 약해지는 거예요! 당장 술 끊으세요! 알았죠!

정숙 그렇지만 술을 안 마시고는 도저히……

여의사 어차피 습관성인 걸요. 술 마셔야 잠이 드는 것도 술을 안 마시고도 잠이 들 수 있는 것도 노력하고 습관짓기 나름이란 말이에요!

정숙 그렇지만 당장에 불가능해요, 미칠 것 같아요. 좀이 쑤시고 한 자리에 가만히 앉아 있을 수가 없어요. 자리에 누워 있어도 5분도 못 되어 벌떡 일어나야 하고…… 방에서 마루로, 마루에서 베란다로…… 베란다에서 욕실로……

여의사 샤워하세요?

정숙 아뇨.

여의사 그런데 욕실엔 왜 들어가요? 용변 보려고?

정숙 아뇨.

여의사 거기서 뭘하죠?

정숙 그냥…… 그렇게……

여의사 어떻게?

정숙 우두커니 샤워 꼭지를 쳐다봐요.

여의사 샤워 꼭지를?

정숙 그러면 물소리가 쏴 하고 나고…… 그리고 나는 정신이 아른아른해지는 것 같고……

여의사 (쓰게 웃으며) 샤워를 안 하고도 기분이 좋아진다 이건가요?

그 여자의 작은 행복론

정숙은 대답 대신 담배 연기를 연거푸 마셨다가 내뱉는다. 여의사가 카르테에다 다시 메모를 하고 나서는 정숙의 눈을 들여다본다. 정숙은 멋쩍게 웃으며 외면한다.

여의사   얼마나 되죠? 혼자서 사신 지가.

정숙   10…… 년쯤.

여의사   재혼하셨다고 그랬죠?

정숙   (대답 대신 담배 연기를 내뿜는다)

여의사   (대뜸) 그동안 남성하고는……

정숙   (단정적으로) 없어요!

여의사   단 한 번도요?

정숙   처녀막이 없어진 게 안타깝네요. 첫 남편하고 결혼했을 때 나는 처녀였어요! 그건 사실이에요! 믿어 주세요!

여의사   지금 처녀성 유무를 묻고 있는 게 아니에요. 부인이 10년 동안 정상적인 성생활이 없었다는 게 문제라구요?

정숙   정상적 성생활?

여의사   부부간이 아니라도…… 다른 남자와의……

정숙   (화를 내며) 사람을 어떻게 보고 하는 말씀이세요? 의사 선생님! 이래봬도 나는요, 지금까지 온갖 유혹을 뿌리쳐 왔어요! 그것도 오직 나의 두 자식을 위해서 말씀이에요! 그런데 나더러 다른 남자와 불순한 관계가 없었다는 건 못 믿겠다니 참을 수가 없단 말이에요! 너무하셨어요! 취소하세요! (흥분이 극도에 달한 정숙의 언행을 꼼꼼히 듣고 있던 여의사가 느긋하게 웃어 보인다)

여의사   자랑스러운 부덕을 지니셨군요. 훌륭하세요.

정숙   (뒤통수를 얻어맞은 듯) 뭐라고 하셨어요?

여의사   부인께서 걸어 나온 훌륭한 인생항로에 탄복했어요.

정숙 당연한 일이지요. (하며 꺼진 담뱃불을 다시 붙인다) 그런 여성이 어디 한두 사람인가요? 우리 나라 여성들의……

여의사 그렇다고 해서 그 길만이 정당하다고만 볼 순 없죠.

정숙 그 길만이라뇨?

여의사 그렇게 살다 더 깊은 상처를 받게 된 사람이 예상외로 많죠.

정숙 무슨 뜻이죠?

여의사 은폐된 사실, 잠재된 의식을 깔아뭉개려고 애쓰면 쓸수록 사람은 깊은 수렁 속으로 빠져 들어가는 법이죠. 그럴 때마다 자기 자신에 대해서 반문한다는 것은 결국 자기 자신을 거부했다는 증거니까요.

정숙 어려워요, 선생님의 말씀은……

여의사 (잠시 생각에 잠기다가) 부인은 아직도 뭔가를 숨기고 있죠! 그걸 털어놓아야 해요. 모든 사실을 밑바닥까지 말끔히 털어놔야 병 치료가 되는 거예요. 부인, 아시겠어요? (마치 수사관 같은 날카로운 눈빛이다)

정숙 (외면하며) 그런 것 없어요. 숨길 것도 없고, 감출 것도 없어요! 저는 그저 심한 불면증에 시달리고 있으니 그걸 치료해 주십사 하고 선생님을 찾아온 지가 벌써 일주일째예요. 그런데 선생님은 개미 쳇바퀴 돌 듯이 빙빙 제자리걸음만 되풀이하시니 이상 더 견딜 수가 없어요! (애원하듯) 선생님! 잠 좀 자게 해주세요! 부탁이에요!

여의사 물론이죠. 나 역시 부인의 병을 치료하기 위해서 노력하고 있어요. 그런데도 부인께선 오히려 거부현상만 나타내니 막막하군요. (사이. 부드럽게) 부인, 우리 다시 시작해봅시다. 예?

정숙 (신경질적으로) 무얼 시작하자는 거죠?

여의사 부인의 마음을 털어놓으세요. 하나도 숨기지 말고 깡그리 털어

그 여자의 작은 행복론

놓아요!

정숙   그 이상 뭘 털어놓으란 말이에요? 지금까지 제가 알고 있는 일은 모조리 말씀드렸어요!

여의사   (강하게) 아직 남아 있어요!

정숙   예?

여의사   그걸 마저 씻어내리 듯 말끔히 말씀하셔야지 그렇지 않으면 부인의 병을 고칠 수 없어요! (사이) 자, 다시……

정숙   (자리에서 일어나며) 없다면 없어요! 저더러 거짓말을 하란 말이에요?

여의사   부인은 이미 거짓말을 하고 있어요!

정숙   뭐라고요? 내가 거짓말을?

여의사   (잠시 정숙을 쳐다보더니) 부인, 그럼 한 가지 보여드릴 게 있어요. (여의사가 책상 서랍에서 한 통의 편지를 꺼낸다. 담담하게) 따님한테서 온 편지예요.

정숙   윤미가?

여의사   (봉투 안에서 편지를 뽑으면서) 사흘 전에 받은 편지예요. 읽어 드리죠.

이와 동시에 무대가 어두워지고 한구석에 윤미의 모습이 나타난다.

윤미   선생님, 우리 엄마에게는 한 가지 비밀이 있답니다. 오빠의 등을 밀어 주지 못해서 병이 난 거예요. 엄마는 오빠가 열다섯 살 때까지 욕탕에서 오빠 등을 밀어 주시곤 했어요. 그런데 오빠는 그게 싫어진 거예요. 어른이 다 되어 가지고 엄마하고 목욕하는 게 부끄러웠던 거예요. 오빠는 대학에 입학하자 군에 입대했어요. 엄마를 피해 가는 길은 그것뿐이라고 생각했겠죠. 그래서 어쩌다가 외박을 나와도 집에 들르는 걸 피하는 거예요. 우리 엄마의 병은 ……

이때 정숙의 비명에 가까운 소리가 울린다. 무대 한구석에 정숙과 윤미가 마주 섰다.

정숙 거짓말이야! 새빨간 거짓말! 윤미야! 어떻게 네가 그, 그런 거짓을 지어낸단 말이야? 응?

윤미 (차분하게) 엄마, 저는 진작부터 알고 있어요. 엄마가 왜 종규 오빠를 기다리며 왜 욕탕에 들어가시려고 하는지 이 눈으로 똑똑히 봤어요.

정숙 너는 모른다! 이 엄마의 속마음을 몰라!

윤미 알아요! 종규 오빠의 등에서 자라나는 검은 사마귀가 보고 싶어서였다는걸!

정숙 (놀라움에서) 윤미야! 너는 지금……

윤미 돌아가신 종규 오빠의 아버지 생각이라는 것쯤은 다 알아요. 제 나이 열여섯이에요. 열여섯 살 시절의 엄마를 기준삼지 말아요!

정숙 윤미야! 너는 이 에미에게 창피 줄 작정이니? 그래서 세상의 웃음거리로 만들어 망신시킴으로써 복수하겠단 말이지?

윤미 복수까지는 아니더라도 질투는 했어요. 우리 아빠를 소외시키고 종규 아빠만을……

정숙 그걸 말이라고 하니? 내가 두 남편을 저울질해서 얻은 건 아니잖아.

윤미 (당당하게) 그렇지만 엄마가 미운 걸 어떻게 해! 엄마한테 질투를 느낀 걸 어떻게 하는가 말이야! 부부가 뭔데! 가족이 뭔데! 엄마는 왜 차별을 하는가 말이야! 싫어! 싫어!

이와 동시에 윤미는 사라지고 전처럼 여의사와 정숙만이 앉아 있다. 정숙은 멍하니 넋 잃은 사람 같다. 여의사가 편지를 봉투에 넣는다.

그 여자의 작은 행복론

여의사 (약간 측은해지며) 부인, 저의 이런 행위를 가혹하다 생각지 마세요. 나는 어디까지나 의사로서의 임무를 다하기 위해서이지 결코……

정숙 (자리에서 일어난다. 담담하게) 실례했습니다.

여의사 진료시간은 아직 남아 있습니다.

정숙 이상 더 진료받고 싶지도 않거니와…… 선생님 뵙기도 이젠……

여의사 따님의 편지가 마음에 안 드세요?

정숙 차라리 내 얼굴에 청산가리를 뿌려 주는 게 좋았을 것을……

여의사 부인, 그건 오해예요. 따님은 부인의 병 치료에 큰 공을 세운 셈이에요. 이런 사실을 알게 됨으로써 치료에 큰 도움이……

정숙 (비아냥거리며) 흥미진진하시겠지……

여의사 옛날에 그런 연극 있었죠? 〈훼드라〉라고. 아마 영화로도 나왔었지요. 〈죽어도 좋아〉라고……

정숙 계모와 아들 사이의 불륜관계를 다루었죠.

여의사 부인도 알고 계셨군요?

정숙 부도덕하고 파렴치하고, 패륜적인 여자의 비극을 내가 주연으로 연기한 셈인가요? (이상하게 히죽거리며) 남편을 둘씩이나 잡아먹은 재수 없는 여자. 힛히…… 아들 아닌 아들을 짝사랑한 중년여인의 패륜…… 홋흐…… 하늘의 별보다 더 쎄고 쎈 사내들을 마다하고 하필이면 아들의 등에 기대기를 소망하는 변태…… 홋호…… 헛허…… (정숙이가 무대 밖으로 뛰어나가는 동안 여의사는 말없이 그를 지켜본다)

암전

제7장

전막으로부터 사흘 후. 황혼녘. 정숙의 집.
종규가 윤미의 뺨을 후려치자 그 자리에서 꺼꾸러진다.

윤미　(악에 받쳐) 왜 때려! 왜……

종규　죽여 버릴 테야!

윤미　죽여 봐! 죽여 보래두!

종규　(어깨를 짓누르며) 네까짓 것 하나 못 죽일 줄 아니?

윤미　죄 없는 사람 죽인 자는 온전할 줄 알아? 흥!

종규　그래도 잘했다고 주둥이 놀리기야?

윤미　잘못한 게 뭐야? 엄마의 병을 치료하는 데 도움이 되려고 한 게
　　　뭐가 잘못인가 말이야!

종규　그 따위 투서 편지로 엄마 병을 고칠 수 있다고 생각하니? 게다가
　　　엄마가 사흘째나 행방을 감춘 게 누구 때문인지 몰라? 아…… 미치
　　　겠네! (하며 일어선다. 윤미도 흐트러진 옷매무새를 고친다. 다소는 죄
　　　책감과 미안한 마음이 엿보인다. 위협하듯) 엄마가 만약에 자살했다
　　　면 그 범인은 너라는 걸 기억하라고! 그리고 엄마의 원수는 내가
　　　갚게 될 거라는 것도 잊지 말란 말이야!

윤미　흥! 따지고 보면 나의 엄마지 어째서 오빠 엄마야?

종규　(재차 때리려고) 요 여우 같은 게 또……

윤미　때려! 이제 두려울 것도 무서울 것도 없어! 엄마를 죽음의 나락으
　　　로 몰아넣은 불효막심한 딸인걸! (울먹이며) 나 같은 게…… 살
　　　면…… 뭘 해…… 흑…… 흑……

종규　그게 무슨 벼슬이니? 못된 송아지 엉덩이에 뿔 난다더니만……

윤미　그런 오빠는 또 잘한 게 뭐가 있어? 엄마를 그 지경으로 만든 장

본인이 누구길래? (역습하듯) 바로 오빠 아니야? 오빠 때문에 병난 엄마의 심정을 알았던들 이렇게는…… (다시 울음에 복받치며) 엄마가…… 미워서가…… 아니었어…… 나는 엄마한테…… 대해서는……

종규   (신경질적으로) 입 좀 닥쳐!

윤미가 울음을 뚝 그친다. 이때 전화벨이 울린다. 두 사람이 긴장한다. 동시에 전화 쪽으로 가나 종규가 먼저 수화기를 차지한다.

종규   여보세요? 명진이니? (사이) 아직도 기별 없다. (사이) 가봤지만 허탕이었어…… 응…… 그렇다고 경찰에 신고할 수도 없고…… 신문 기자들 귀에 들어갔다간 창피만 당할 거고 응? (사이) 아니야 그럴 필요 없어. 내일까지 기다려 봐서…… 응…… 그럼 알아서 해. 끊어. (전화를 끊는다. 그는 베란다로 가서 담배를 피운다. 을씨년스럽게 앉아 있던 윤미가 긴장의 빛을 보인다)

윤미   오빠!

종규   (말없이 돌아본다)

윤미   혹시 아빠 묘소에 가신 게 아닐까?

종규   어느 아빠?

윤미   우리 아빠는 화장했다던데 무덤이 어디 있어! 딸자식 하나뿐인데 무덤이 무슨 필요냐면서 아빠가 유언하셨다나 봐. 화장하라고.

종규   (회상하며) 그래, 나도 기억난다. 벽제 화장터에서 화장했지. 뼛가루를 상자에 담아 들고는 배를 타고 뚝섬 근처의 강에다가 뿌렸지. 뼛가루가 바람에 날리면서 엄마 머리며 얼굴에 부옇게 내려 앉던 기억이 지금도 생생하다.

윤미   나도 화장터에 따라가겠다니까 엄마는 말렸어. 딸은 그런데 안

가는 거라고……

종규 그래서 내가 대신 갔잖아. (문득) 그렇지만 엄마가 아버지 무덤에
      갈 리가 없지.

윤미 어째서?

종규 엄마는 그런 식의 미련은 안 가진 성미니까! 그래봬도 자기 행동
      에는 책임을 질 줄 알았지! 나는 그런 어머니가 자랑스러웠다.

윤미 (의아하게) 그런데 왜 오빠는 엄마를 피했지? 외박 나와서도 친구
      집이나 여관에서 자고……

종규 (긴 한숨) 내가 잘못했던 것 같다.

윤미 응?

종규 그럴 필요가 없었는데…… 엄마하고 함께 목욕하는 게 뭐가 잘
      못인가 말이지. 그토록 엄마가 원하신 일인 데도 내가 한사코 피
      한 원인이 무엇인지 잘 모르겠어.

윤미 수치심에서?

종규 아니다.

윤미 불결감?

종규 천만에

윤미 자존심?

종규 두려움이었을 거야.

윤미 두려움?

종규 자기만의 소중한 물건을 빼앗길 것 같은 불안과 두려움. 부부지
      간일지라도 끝내는 하나가 될 수 없다는 이질감 같은 게 있는
      거야. 하물며 모자간의 관계도 결국은 남남이고, 사람마다 그래
      서 한 지붕 밑에 살고 있으면서도 각각 다른 길을 가고 각기 다른
      죽음을 택하는 게 가족이 아니겠니? 물론 경우에 따라서는 남편의
      죽음을 따라 함께 가는 아내도 있다지만……

윤미 　그렇다고 엄마가 이제 와서 새삼스럽게 남편의 뒤를 따라갈 리
　　　없잖아. 안 그래요?

종규 　아…… 답답해! 얘, 술 있니?

윤미 　엄마가 마시다 둔 거 있을 거야. 잠깐만. (윤미가 소주 한 병과 술잔
　　　그리고 김치 그릇과 젓가락을 들고 나온다) 술이 세 병이나 남았다.

종규 　우리 아버지 닮아서 술을 잘하시나! 흠…… (하며 마개를 따고 술
　　　을 따른다. 그리고는 단숨에 마신다)

윤미 　술이 그렇게 좋아?

종규 　(다시 따르고) 좋지 않구! (꿀걱 마신다)

윤미 　언젠가 밤늦은 시간에 엄마가 술 드시는 걸 봤거든. 자정이 훨씬
　　　지난 시간이었어. 엄마는 안주도 안 드시고 천천히 술을 입 안에
　　　다 붓는 것 같았어!

종규 　(다시 술을 따르며) 그럼 내가 엄마 닮았나? 홋흐…… 너 독서실
　　　안 가니?

윤미 　(손목시계를 보며) 벌써 이렇게 되었네.

종규 　걱정 말고 다녀와. 네가 집에 있다고 어머니께서 일찍 돌아오실
　　　것도 아닌데……

윤미 　그럼 오빠가 수고 좀 해.

종규 　걱정 말아.

윤미가 자기 방에서 책가방을 들고 나와 현관 쪽으로 나간다. 종규는
아예 병째 들고 마신다. 다음 순간 윤미의 비명소리가 들린다.

윤미 　(소리) 오빠! 빨리 나와 봐!

종규 　응? 무슨 일이니? (종규가 현관 쪽으로 뛰어간다. 소리) 어머니! 웬일
　　　이세요?

이윽고 종규의 부축을 받으면서 정숙이 들어선다. 그 뒤에 윤미가 따른다. 머리가 헝클어지고 옷매무새도 흐트러진 데다 제정신이 아닌 듯 발걸음이 불안하다. 정숙을 흔들의자에 반쯤 눕히듯 앉힌다.

윤미　엄마…… (울먹인다)

정숙　너…… 독서실 갈 시간……

윤미　엄마…… 제가 잘못…… 했어요……

정숙　(쓰게 웃으며) 괜찮다…… 어서…… 가봐……

종규　(눈짓을 하며) 다녀와!

윤미　엄마…… 그럼 다녀올게요.

정숙　응…… 너는 공부가…… 제일…… 중할 때니까……

윤미가 현관 쪽으로 나간다.

정숙　방안이 어둡구나.

종규가 벽의 스위치를 누르자 방안이 밝아 온다. 종규가 정숙에게 다가선다.

종규　(부드럽게) 어디 다녀오셨어요? (웃으면서) 윤미하고 얼마나 찾아다녔다고요…… (쓰게 웃는다)

정숙　(종규의 손을 쥔다) 들를 곳이 있어서…… 너희들…… 걱정할 줄 알면서도…… 내친김에 다녀왔지…… 이제 마음이 차분히 놓인다. 훗흐……

종규　어딜 다녀오셨기에요?

정숙　(똑똑히) 네 아버지 묘소.

종규   (이상한 예감을 느끼며) 거기는 왜요? 지난 추석 명절 때 다녀오셔

　　　　놓고서……

정숙   (쓰게 웃으며) 갈 수만 있다면 날마다 가고 싶지만…… (한숨) 이젠

　　　　그렇게 다닐 수 없을 것 같아서…… 아…… 피곤하다…… 종규

　　　　너하고 이렇게 둘이 마주한 게 얼마만인가…… 모르겠다……

　　　　그렇지? (하며 종규의 뺨을 어루만진다. 종규도 싫지가 않은 듯 정숙이

　　　　하는 대로 맡긴다)

종규   (낮게) 어머니…… 죄송했어요. 용서해 주세요.

정숙   용서는…… 무슨……

종규   저…… 부대에서 오는 길에 결심했어요.

정숙   결심? 무슨……

종규   한 달에 한 번씩 외출 나올 땐 반드시 집에서 엄마랑 윤미랑 지낼

　　　　것이며…… 또……

정숙   또?

종규   어머니만 괜찮으시다면…… (사이) 제 등 밀어 주십사 하고……

정숙이가 무슨 마력에 끌려가듯 상반신을 일으킨다.

정숙   (황홀해서) 정말이니? 네가 그렇게 할 자신 있어?

종규   그러믄요. 어머니께서 저를 어떻게 키워 주셨는데 그런 일쯤이야

　　　　…… 어머니, 제가 생각이 모자라서 잘못 생각했던 거예요. 남들

　　　　이 뭐라건 무슨 상관이겠어요? 우리 어머니께서 바라시고 원하

　　　　신다면 얼마든지 기쁘게 해드릴게요. 그럼 되었죠?

정숙   (밝게 웃으며) 그럼! 하지만……

종규   어렸을 때에는 함께 목욕했는데 나이가 들었다고 해서 못할 건

　　　　없죠. 일본사람들은 다 그렇게 가족끼리 한대요. 우리 나라 사람

은 오랜 관습과 도덕관이 굳어져서 거부감을 느끼는 것뿐이에요.

정숙 종규야. 네가…… 네가 이 엄마를 그렇게까지…… (목이 메이며) 내 아들하고 목욕한다는데…… 누가…… 뭐라긴! 흥볼 사람은 흥보라지…… 나는 그저 네 등에서 자라고 있을…… 그 까만 사마귀, 그것은 바로…… 네 아버지의 흔적이요, 유품 같은 것인데…… 그걸 보고 싶다는 게지…… 그게 어때서…… 안 그렇니?

종규 그럼요!

정숙 이제 나는 떳떳하게…… 세상 사람들을 향해…… 외쳐댈 테야. 낡은 껍데기를 뒤집어쓴 채 눈을 가리고 살아가는 것을…… 미덕으로 여기는 사람들에게 말이다…… 내가…… 그 얼마나 떳떳하고…… 당당하게 살아왔던가를 보여줄 테다!

종규 어머니는 장하셨어요! 남편을 위하고 자식을 위하여…… 아니 나처럼 낳지도 않은 자식을 위하여…… 친자식 이상으로 키워 주시고 사랑해 주셨는데! 누가 탓하겠어요? 어머니?

정숙 종규야. 나도 술 한잔 하고 싶다.

종규 정말이세요?

정숙 그동안은 도둑고양이처럼 숨어서 마신 술이었다만 오늘은 내 아들과 마주앉아서 떳떳하게 마시고 싶다. 그리고 거나해지면 너의 등도 밀어 주고…… 괜찮지?

종규 그럼요! 어머니 제가 가서 술 가져올게요. 어디 있죠?

정숙 냉장고 뒤쪽. 헌 사과궤짝 안에 서너 병 있을 게야.

종규 예! 헛허…… (하며 종규가 주방 쪽으로 춤추듯 사라진다)

정숙 (주방을 향하여) 장조림도 있을 게다. 안주하게 가져와.

종규 (소리만) 예. 여기 있어요.

정숙은 흔들의자에서 일어나 식탁 쪽으로 온다. 그리고는 핸드백 안에서 약봉지를 꺼내더니 인기척이 나자 주머니에다 감춘다. 종규가 술병, 술잔과 안주 그릇을 쟁반에 받쳐 들고 나온다.

종규   어머니하고 이렇게 마주앉아 보기가 아득한 옛날 일 같아요. 헛허…… (하며 식탁에 앉는다)

정숙   (추억에 잠기듯) 그러게 말이다…… 네 아빠와 처음 여행 때 네가 호텔 방에서 어떻게 한 줄 아니?

종규   무슨 일이 있었나요?

정숙   (차츰 힘을 찾으며) 있었다마다…… 너는 소파에다 재우고 네 아빠와 나는 침대에서 첫날밤을 지내려 하니까 글쎄 한사코 너는 우리 두 사람 사이에서 자겠다고 생떼를 쓰니…… 홋호……

종규   그래 어떻게 했어요?

정숙   어떻게 하긴…… 네가 잠들 때까지 기다리기로 하고 네 아빠와 둘이서 번갈아 가면서 자장가를 부르다가 그만 지쳐서 잠에 곯아 떨어졌지! 홋호……

종규   헛허…… 그럼 역사는 밤에 못 이루어졌겠네요?

정숙   (은근히) 새벽 세 시쯤 되어서야 너를 소파에다 옮기고 나서 우리들의 역사적 첫날밤이 열렸지 뭐냐! 홋호……

종규   핫하…… 그러고 보면 나는 숙명적으로 두 분 사이에서 방해만 놓고 만 망나니였군요. 헛허……

정숙   아니다. 몰래 먹는 떡이 더 맛있다는 말도 못 들었니? 홋호…… 헛허…… (정숙이가 전에 없이 활달하게 웃다가 문득 자신으로 돌아온다. 자신의 행동이 어색하게 느껴진다)

정숙   내가 왜 이러는지 모르겠구나.

종규   어때서요? (조용히) 어머니가 이렇게 아름답게 보인 적이라고는 없었어요. 어머니! 고맙습니다. (손등을 어루만진다)

정숙   새삼스럽게⋯⋯ 자 술 한잔 다오!

종규   예⋯⋯ (종규가 술잔에 술을 따른다. 이번에는 정숙이가 술병을 들어
        종규의 잔에도 채운다) 우리 건배해요.

정숙   그래. (술잔을 든다)

종규   뭐라고 한 말씀 하셔야죠.

정숙   뭐라고 하지?

종규   어머니가 하시고 싶은 대로요.

다음 순간 정숙은 뭉클해지는 감정에 목이 메인다.

정숙   흑⋯⋯

종규   어머니! 우시면 안 돼요. 무슨 말씀이고 하셔야 해요. 예?

정숙   난⋯⋯ 가슴이 꽉 차서⋯⋯ 뭐라고 말할 수가 없구나⋯⋯ 네가
        말하렴! 엄마의 가슴이 후련해지게⋯⋯ 어서⋯⋯

종규   그렇게 하죠. (잠시 생각하다 말고) 이 세상에서 가장 아름답고 거
        룩하고 그리고 고마우신 우리 어머니의 만수무강을 위하여!

정숙   (부드럽게) 사랑하는 내 아들을 위하여.

두 사람이 술잔을 부딪친 다음 마신다.

종규   아! 신난다!

정숙   술맛이 각별하구나!

종규   어머니, 제 청을 들어 주시겠어요?

정숙   청이라니?

종규   두 가지 청이 있어요?

정숙   두 가지?

그 여자의 작은 행복론

종규 들어 주시죠?

정숙 얘기해 봐. 못 들어줄 것도 없잖니?

종규 (사이) 아버지 묘소엔 왜 가셨어요? 지난 추석 때 성묘 가셨잖아요. 그런데…… 왜?

정숙은 서서히 고개를 든다.

정숙 인사차 갔었다.

종규 인사차라뇨?

정숙 (그 물음에는 아랑곳없이) 종규야, 너 잔디 위에 엎드려 본 적 있니. 꼭 잔디가 아니라도 풀밭에 엎드려 본 적 있어?

종규 예…… 어렸을 때 가끔……

정숙 난 네 아빠 무덤에 엎드려서 이 생각 저 생각 했었다. 그런데 푸르렀던 잔디가 더러는 누렇게 시들어 보이는 데도 그게 죽은 풀이라는 생각이 없는 거 있지?

종규 글쎄요.

정숙 그 풀잎은 아무 소리가 없는 것 같은데 나에겐 뭐라고 소근거리는 것 같지 뭐니? 너 그 풀잎 소리 들어본 적 있어? 없지?

종규 (꺼질 듯) 아뇨……

정숙 나는 분명히 들었어! 아니지 소리가 없는 것같이 보이지만 그 풀도 분명히 무슨 소리를 내고 있는 거야. 왜냐하면 그것들은 살아 있거든! 죽은 게 아니라 살아 있다구. 이 세상의 살아 있다는 것, 생명을 가진 것은 저마다 소리를 내게 마련이지. 그 대신 생명이 없는 돌이나 바위는 소리가 없잖니.

종규 엄마! 그건……

정숙 내 얘기 들어. 아니 술 한잔 더 마시고……

종규가 술을 따라 주자 정숙이 단숨에 마신다. 그 눈빛은 광채를 되찾는다.

정숙 풀에 생명이 있으니 싹이 돋아나고 자라고 시들었다가 내년 봄이면 또 새싹이 나거든! 그런데 그 풀잎은 단 한 마디 말이 없다는 게 나는 신기하더라. 키가 자란 나무는 바람이 불어 가면 소리내잖던. 새도 물도 벌레들도 저마다 소리를 내는 데도 풀은 아무 소리가 없는 거야. 그렇다고 죽은 게 아니지. 말없는 가운데 질긴 힘을 가지고 있었어. 소리가 없는 것 같지만 있었어! 나는 그 마른 잔디에다 뺨을 대고 그 풀잎이 겨울에도 죽지 않고 자라나는 소리를 듣다가 잠이 들었단다. 홋호…… 너도 장차 그 소리를 들어봐.

종규 예.

정숙 (다시 침울해지며) 나는 이미 살아갈 힘을 잃었지만 너나 윤미는 그 소리에 귀를 기울여 봐 응? (다시 밝게) 그게 아버지 묘소에 간 사연이라면 사연이라고나 할까? 홋호…… 그리고 또 한 가지 질문이 있다고?

종규 예.

정숙 뭔데?

종규 제 등 좀 밀어 주세요.

정숙 지금?

종규 예! 지금까지 제가 어머니 소원을 거역했던 걸 속죄하고 싶어요.

정숙 (눈부신 것을 대하듯) 종규야! 네가…… 이 에미를 그토록……

종규 저 때문에 병까지 나신 어머니의 그 텅 빈 가슴에다 이제부터는 가득 채워 드리고 싶어요. 의사 선생님도 그런 방법밖에 없다고 했어요.

그 여자의 작은 행복론

정숙   (갑자기 맥이 풀리며) 나는 인제…… 틀렸어.

종규   천만에요! 약 잡수고 푹 쉬시면 지난날의 윤정숙 씨의 모습으로 되돌아올 거예요!

정숙   아니야! 이 엄마는 그동안 너무 내 자신을 혹사했어…… 더구나 이웃들한테 대할 면목도 없어지고……

종규   그럴 리가 없어요. 우리 어머니는 누가 뭐라 해도 저는 자랑할 거예요! 어머니, 그러니 제발 오늘 밤만은 제 소원대로 하셔야 돼요. 예?

정숙   아……

종규   제가 먼저 욕실에 들어갈게요. 제가 "들어오세요" 하면 들어오셔서 제 등을 밀어 주시면 돼요.

정숙   종규야! 나는 지금……

종규   (정숙의 손을 쥐고) 이 부드러운 촉감이 제 등을 천천히 밀어 줄 때 저는 어린 시절로 돌아갈 거예요. 어머니의 손이 내 겨드랑이를 간지럼 타게 할 때 저는 몸을 비비 틀며 킬킬댈 거예요. 그럼 어머니께서 "이놈!" 하시면서 제 등을 철썩 때려 주시면 돼요! 어머니 해주시죠? (정숙이 쏟아지려는 눈물을 참으며 고개를 크게 끄덕인다) 고맙습니다. 그럼 술을 잠시 유보하고요…… 샤워한 다음 다시 드세요. 목욕 후의 술맛이 일품인걸! 헛허……

정숙   갈아입을 옷을 내가 가지고 갈 테니 어서 들어가렴!

종규   예!

종규가 웃옷과 바지를 훨훨 벗어 던진다. 건장한 지체가 조각처럼 아름답다. 정숙이 눈부시게 쳐다본다.

종규   어머니! 그럼 먼저 들어갈게요. (하며 욕실로 들어간다. 욕실 안에 조명이 들어온다. 샤워 꼭지에서 물 쏟아지는 소리에 종규의 흥겨운 노랫소리가 흘러 나온다. 그 광경을 바라보는 정숙의 얼굴에서 차츰 미소가 사라지고 종잇장처럼 창백해진다)

정숙   너무 늦었다…… 내가 살아가기엔 너무나…… 어둡고 길고 …… 이 엄마는 네 아버지 묘소 앞에서 맹세를 하고 왔단다! 내가 아무리 떳떳한 척 변명을 한다 해도 나의 마음 깊숙한 곳에 앙금처럼 남은 찌꺼기는 속일 수가 없구나. 종규야, 네 아버지에 대한 사랑이 너에게 옮겨 가기까지 오랜 시간을 나는 참고 견디었다. 그것을 변명할 수 없어! 의사 말대로 모든 것을 털어놔야 치료되는 병이라는데…… 나는 늦었어! 늦었어. 진작 소리 없는 소리를 들을 줄 알아야 했었는데……

정숙이 주머니에서 약봉지를 꺼내어 알약을 한 줌 손바닥에 털더니 3분의 1쯤 되는 분량을 입에, 그리고는 소주병을 들어 술을 머금는다. 꿀꺽 삼키고는 다시 약을 털어놓고 술을 마신다. 마지막 분량의 약을 털어 넣으려는데 욕실에서 종규가 부른다. 샤워 소리가 멎는다.

종규   (소리) 어머니…… 어머니!

정숙   왜 그러니?

종규   (소리) 들어오셔도 돼요!

정숙   오냐! (하고는 마지막 남은 약을 털어 넣고 소주를 다 마신다. 정신이 아찔해진 듯 눈을 두어 번 깜빡거린다) 이제는…… 기다리는 일뿐이다…… 이제는……

종규   (소리) 어머니! 어서 들어오세요.

정숙   오냐…… 지금 간다.

종규   (소리) 큰 수건하고 속셔츠도요.

| 정숙 | 알았다. (서서히 안방 쪽으로 간다) 기다리는 일만이 남았다…… 나는…… 이 행복감을…… 안고 갈 것이다. |

정숙이가 안방에서 다시 나온다. 초록색 목욕 타월과 속옷을 들고 나오다가 가벼운 현기증을 느낀 듯 욕실 문고리를 잡고는 잠시 안정시킨다.

종규	(소리) 어머니, 뭘하고 계세요?
정숙	기다리고 있다.
종규	(소리) 들어오시라니까요.
정숙	(차츰 기력이 약해지며) 기다린다니까…… 나는 이제 그 시간이 되기를 기다리는 게야!
종규	(소리) 뭐라고 하셨어요?
정숙	(마지막 힘을 다하며) 기다리는 거야…… 행복한 시간을…… 그런데 졸려…… 아…… (비틀거린다. 샤워 소리가 다시 난다. 의식이 흐려지며) 종규야…… 나…… 윤미야…… 이 엄마는 이렇게…… (하다가 체중을 지탱 못하고 바닥에 쓰러진다)
종규	(소리) 어머니! 무슨 소리예요?
정숙	(수건과 속옷을 쳐들며) 여기…… 여기…… 가져…… 왔다 종규야…… 이 에미…… 여기까지 왔다가…… (하다가 의식을 잃는다)
종규	(소리) 어머니, 이제 들어오셔도 된다니까요.

샤워 소리가 요란스럽게 울려 퍼진다. 마치 승리자의 나팔소리 같다.

| 정숙 | 종규야…… 에미는…… 행복하다…… |

종규의 콧노래가 드높아 간다.

암전

　　　　　　　　　　　　　　　그 여자의 작은 행복론

제8장

제1장과 같다. 종규가 다시 정숙의 영정을 향한다. 그리고는 다시 관객을 향한다.

종규 우리 어머니는 그렇게 세상을 떠나셨습니다. 한을 풀거나 미련을 남기는 게 아니라 아버지 무덤에 엎드려서 들으신 풀이 자라나는 소리가 그리워서 돌아가셨습니다. 아마 사람에 따라서는 이해가 안 간다고 의아해 하실 거예요. 하지만 저는 어머니의 그 작은 결심을 알 것 같군요. 어떻게 세상만사가 꼭 논리적으로만 이루어지는 건 아니라는 생각이 들거든요. 비관 끝에 생명을 끊는 사람도 있지만 이상 더 살기 싫어서 분명한 이유 없이도 죽을 수 있다고 봐요. 그러나 한 가지 분명한 사실은 있습니다. (사이) 어머니를 돌아가시게 한 범인은 저니까요. 세상 사람은 모르지만 저는 알고 있으니까요. 말이 없으니까 아무도 못 들을 것 같지만 누군가가 듣고 있으니까요. 어머니께서 저더러 풀이 자라는 소리를 들은 적이 있냐고 물으셨는데 지금에야 그 뜻을 알 것 같군요. (사이) 그래요. 세상에는 소리가 없으면 죽음과 같다고 생각들 하지요. 그러나 그 없을 법한 소리가 우리를 더 강하게 충동질할 때가 있으니까요. 어머니의 죽음은 행복했다는 증거였을 거예요.

이때 역시 소복을 한 윤미가 하얀 국화꽃 한 다발을 가슴에 안고 들어온다. 그리고는 정숙의 영정 앞에다 놓고는 기도하듯 서 있다. 종규가 돌아다 본다.

종규 지금 윤미는 말이 없습니다. 그러나 어머니한테 향해서 얼마나

긴 얘기를 내던지고 있을지 모릅니다. 윤미가 자라서 풀이 자라는 소리가 무슨 뜻인가 묻는다면 나는 이렇게 설명해 주겠습니다. 그것은 거짓 없는 삶이라고! 어머니처럼 있는 그대로 사는 길이라고 말입니다.

-막

그 여자의 작은 행복론

옥단 玉丹 어! (10장)

• 등장인물

    옥단 玉丹(30대 후반부터 50대 초반), 떠돌이 품팔이 꾼

    봉춘 奉春(30), 함석통 땜쟁이

    태길 泰吉(60), 봉춘의 아버지, 이 참봉네 머슴

    이참봉 李參奉(55), 지방 유지, 도회의원

    하씨부인(50), 이 참봉의 부인

    영찬 永贊(24), 그들의 아들, 동경유학생, 무정부주의자

    영숙 永淑(25), 그들의 딸, 병약한 처녀

    오정수 吳定洙(25), 영숙의 남편, 영찬의 친구

    영광댁(40), 이 참봉댁 찬모 겸 침모

    치안대원 治安隊員 갑, 을

    오까모또 岡本, 고등계 형사

    지서주임

    쌀가게 여주인

    청년 갑, 을

    청소부 갑, 을

    여수댁 대포집 주인

    한씨 여수댁의 남편

    기타 순사, 공동수도 주인, 노인, 동리 처녀, 군중 다수

- **때**

  1938년 겨울부터 1950년 초겨울

- **곳**

  남쪽 항구도시 목포, 그리고 하늘나라 (회전무대로 여러 방면을 표
  출함)

무대

사실적인 건축이나 구조물을 필요로 하지 않은 가변무대. 다만 무대 좌측부터 우측으로 대각선으로 오르막길이 나선형으로 설정되어 있다. 그 구부러진 대목마다 공간이 있어 다양하게 사용된다. 그 오르막길 굽이 굽이는 마치 옥단의 파란 많은 생애를 상징한 듯 보여져야 한다. 그 공간들은 이 참봉의 집 대청마루, 봉춘의 좁은 공방, 태길의 방, 경찰서 취조실 등으로 다양하게 사용된다.

무대 전면의 공간은 행길, 주막집 그리고 공동수도 등으로 설정된다. 다만 우측 가장 높은 공간이 사용될 경우는 세찬 바람과 눈보라가 날린다. 그리고 옥단이 승천하는 공간은 되도록이면 초현실적이고도 신비감을 주는 장식이 필요하다.

제1장

정월 대보름 무렵, 해마다 해오듯 동네 걸굿(걸립)패들이 춤을 추며 들어선다. 그 뒤에 조무래기며 아낙네들의 구경꾼이 따른다. 입춘대길, 소문만복래라 쓰여진 깃발이 명절 기분을 한결 돋군다. 한동안 풍물놀이가 계속된다. 물지게를 진 옥단이가 군중 사이를 비집고 등장한다. 물로 가득 채운 함석통이 좌우로 매달려 있어 그 걸음걸이는 보기에도 위태롭게 휘청거린다. 걸굿패들이 앞을 막아설 때마다 그 사이를 이리저리 피해가려는 옥단의 동작이 자못 희화적이다.

옥단의 차림새며 화장한 얼굴은 한층 우스꽝스럽다. 오동포동하고 몽땅하게 살이 찐 얼굴은 나름대로 화장을 했지만 비정상적이다. 약간 사팔뜨기인 눈은 아래로 처졌고 숯검정으로 그린 듯한 두 눈썹과 유난히 붉은 볼연지와 입술연지는 아무리 봐도 미인 축엔 못 낀다. 그래도 붉은 댕기를 물려 쪽진 머리에 싸구려 옥비녀를 낀 게 신통하기만 하다. 하늘색 저고리에 자줏빛 끝동을 댄 저고리와 진 고동색 치마를 받쳐 입고 허리띠로 질끈 동여맨 허리통이며 넓적한 엉덩이와, 옷고름이 흘러내린 앞가슴은 한 눈에도 비정상적이다. 금세 터질 것 같은 비계 덩어리를 연상시킨다. 그러나 그 어색한 색채감이 간신히 옥단이의 여자임을 말해주되 되려 친근감을 느끼게 한다.

걸굿패가 퇴장하자 옥단이가 언덕길을 오르기 시작한다. 주변에 둘러서 있던 한 아이가 옥단을 향해 돌팔매질을 한다. 물동이가 쨍하고 소리를 내자 옥단이가 돌아본다. 아이들이 우루루 한쪽으로 몰려가며 놀려댄다. 두 패로 갈라서서 노래하듯 놀린다.

아이들 (노래하듯 운을 붙여서) 옥단어⋯ 옥단어⋯ 뭘 먹고 살쪘냐⋯ 호박 먹고 살쪘제⋯ 아니다 아니다⋯ 누룽밥 먹고 살쪘제⋯ 옥단어 옥단어⋯ 어디서 자고 나왔냐⋯ 까치집에서 잤다냐⋯ 누렁이 집에서 잤것제⋯ 홋호⋯ (하며 무대 밖으로 퇴장한다)

그러나 옥단은 들은 척도 않고 중간쯤에서 걸음을 멈춘다. 물통을 내려놓고 물지게를 벗어 놓은 다음 머리에 썼던 연분홍빛 수건을 벗어서 이마의 땀을 닦는다. 그러고는 지금까지 참아왔던 긴 숨을 한 숨에 길게 내뺀다. 그리고는 길섶 돌 위에 걸터앉았다.

옥단은 걷어올린 옷소매와 앞가슴 치마 마장* 사이에서 담배꽁초와 성냥갑을 꺼내며 혼자 말을 털어놓는다. 담담하고 무표정한 게 얼핏 보기엔 근심걱정이라곤 없는 듯 싶다. 말투는 느리고 약간 어눌하지만 그렇다고 불쾌감을 주는 건 아니다.

---

* 어깨끈

옥단어!

옥단 홍, 남이사 호박죽을 먹건 누룽지 밥을 먹건 지것들이 뭔 걱정이
라냐. (성냥을 그어 담뱃불을 붙이고 나서) 내사 여지껏 어디가도 끼
니는 안 굶고 살았다. (성냥갑을 치마 마장 사이로 넣고) 내 이름 석
자로 된 문패 단 집은 없다만 밤이슬 맞고 살지는 않았단 말이여.
(불쑥 울화가 치밀었는지 눈을 부릅뜨며) 그런디 까치집에서 잤냐고?
(소리를 버럭 지르며) 옛기 이 지리산 호랭이 물어갈 놈들! 육신이
성성한 내가 왜 까치집에서 잠을 자 자긴! (담배 연기를 두어 번
빨고 내뱉으며 스스로 감정을 잠재우듯 다소 수그러지며) 내가 지것들
보고 밥을 달라고 했어 곡식을 달라고 했어? 내 복에 내가 살았
다. 팔자대로 살아왔지 남의 신세 안지고 살았어! 남의 것 넘어다
본 일도 없다 이것들아! 그런디 이 싸가지 없는 새끼들이 건뜻하
면 (흉내를 내며) 옥단어! 옥단어! (사이) 홍! 옥단이가 뭔 뒷집 똥개
이름이냐? 파장터에 기어든 도둑괭이 이름이냐? (소리를 버럭 지
르며) 이 오뉴월에 풍로 품고 죽을 인간들아! (자리에서 벌떡 일어나
며) 이래뵈도 내 이름은 우리 친정아부지가 사주단자 짚어가며
지어주신 이름이란 말이여! 그런디 늬것들이 함부로 (흉내 내며)
옥단어! 옥단어! 혀? (다시 바위에 걸터앉는다) 싸가지 없는 것들!
홍! 시상에 제대로 된 이름 석자 없는 사람이 얼마나 쎄고 쎈지
알고나 하는 소린감? (다시 담배 피우고) 개똥이, 말똥이, 딸꼬말이,
서운네, 똥예, 뒷방예…… 그런 것에 비하면야 내 이름이사 얼메
나 좋은가 말이다. (부드럽게) 다정스럽고, 듬직하고, 믿음직하
고… (다시 가시 돋친 말투로) 그런디 옥단이가 돈을 달라던 옷을
달라던? 어디서 함부로… (문득 옛 생각이 난 듯 엄마가 강보의 딸을
안고 잠재우듯 정답게) 옥단아… 옥단아… 헛히… 잘도 생겼제…
아이고 이 볼테기! 한번 쭉 빨았으면 한도 원도 없겠네 (입맞춤을
하며) 쭉… 쭉… 헷헤… (노랫가락조로) 고물 묻힌 인절미라냐…

열일곱 살 처녀 젖무덤이라냐… 고금에 없는 내 옥단이… 삼신님이 주신 옥단이…

노래를 하다 말고 제풀에 슬픔에 젖어 왈칵 울음보를 터뜨린다. 잠시 후 옥단은 한 손에 들린 불 꺼진 담배꽁초에 눈이 간다. 금세 짜증을 낸다.

옥단   오살! 그새 담뱃불이 꺼졌구먼! (타다 남은 꽁초를 앞가슴 마장 사이에 쑤셔 넣으며) 담배도 아껴 피워사제. 아껴서 남 주관디… 쉬었으니께 이만 가사제… (이때 저만치서 옥단이를 부르는 소리가 들려온다. 걸걸하게 쉰 목소리다)

영광댁   (소리만) 옥단아!

옥단   (미처 못 알아듣고 일어나서 물지게를 진다)

영광댁   (소리만) 옥단이 아니어?

옥단   누구여 (두리번거린다. 사람을 알아본 듯 반색을 한다) 영광댁이 아닌감! 홋호… (이윽고 함지를 머리에 인 중년의 영광댁이 언덕을 올라온다) 어디 갔다 오시오?

영광댁   아이고! 이 짐 좀 받아줘! 고개 뺏겠어! (옥단이가 영광댁 머리에 인 함지를 거들어 내려놓는다)

저만치서 정태길이가 지게를 지고 천천히 올라온다. 그는 과묵하고 동작이 느린 게 곰 같다. 한쪽 다리를 약간 절룩거린다. 지게에는 갈비 짝이며 과일 초롱이 얹혀있다. 그는 땅만 내려다볼 뿐 말이 없고 표정도 없다. 머리는 스포츠형으로 깎았으나 희끗희끗 은빛이 석양에 반사된다. 콧등에 마마 앓은 자국이 서너 개 남아 있다.

영광댁 봉춘 아범. 숨 좀 돌리고 가. (태길은 말없이 지게를 내려놓는다)

옥단 윗다 뭔 장을 이렇게 푸짐하게 봤소?

영광댁 선보러 온단다. (속치마 밑 단속곳에서 담배와 성냥갑을 꺼낸다)

옥단 선이라뇨?

영광댁 선도 몰라? 선! 어이구 멍청하기가 굴뚝에다 대고 불쏘시개 넣는 격이구먼! 흠… (담뱃불을 붙인다) 우리 영숙 아가씨 선을 보러 온 단다. 신랑 집이 나주서 병원하는 부자란다.

옥단 (별다른 흥미를 못 느끼는 듯) 영숙 아가씨도 시집갈 생각은 있었던 갑소잉?

영광댁 그럼 처녀 귀신 되기를 바랬겠냐? 여자 나이 스물다섯이면 늦어 도 한참 늦었제잉 (담배 연기를 내뿜다 말고) 옥단이 올해 몇이냐?

옥단 (어리둥절해서) 예?

영광댁 늬 나이 말이어.

옥단 (소녀처럼 수줍음을 타며) 몰라라우! 헛허…

영광댁 늬 나이도 몰라?

옥단 (옷고름을 손끝에 감으며) 몰라라우!

태길 (고무신짝을 벗어 털면서 불쑥) 옥단이 나이는 고무줄 나이지라우.

영광댁 고무줄 나이?

태길 늘었다 줄었다 대중을 못하겠으니께.

옥단 (눈을 흘기며) 워따 생사람 잡겼네. 내가 언제 늘었다 줄었다 했다 고… 봉춘 아부지도 알고 보니께 응큼하요잉?

태길 그럼 내 말이 틀렸어?

옥단 나가 몇 살이건 이녁이 뭔 상관이라요? (그렇게 말하는 옥단의 시선 은 은근히 태길에게 호감을 품고 있음을 알 수가 있다)

태길 상관이야 없지만… 언젠가는 스물다섯이라고 했다가 또 언제는 스물여덟이라고 했다가…

옥단	(성깔을 내며) 헐일 없으면 낮잠이나 잘 일이지, 남이사 나이를 퍼먹든 주워 먹건 상관 말란 말이요! 흥!
태길	(어이가 없어 멍하니 쳐다보며) 아니… 내가 어쨌다고… 그러콤…
영광댁	훗호…
옥단	남의 속도 모르고 웃기는…
영광댁	느그 두 사람 타시락거리는 걸 보니께 꼭 부부싸움 하는 것 같다. 헛허…
옥단·태길	(동시) 뭐라고라우?
영광댁	그려! 얘기가 나온 김에 아주 (손뼉을 딱 치며) 해버려라. 잉?
옥단	어머머… 내가 시집갈 마음 먹었으면 폴시 갔지 누가 저런… (하며 태길을 돌아본다. 태길은 들은 채 만 채 일어나 지게를 진다)
영광댁	참봉댁 마나님께 내가 얘기해주랴?
옥단	그런 서푼어치 값도 안 나가는 소릴 허들 맛쇼! 난 사내라면 신물 난단 말이요!
영광댁	(웃으며 일어난다) 알것다 옥단이 늬 마음… 과부 마음 과부가 알제… 훗호… (문득) 참, 내일 아침 일쩍 물 좀 길러대사 쓰것다. 잔치 치려면 큰항아리 하나는 채워사제. 알았제?
옥단	알았어라우. (저만치 짐을 지고 내려가고 있는 태길에게) 봉춘 아부지! 봉춘이 헌티 내 물통 땜질 다 되었는가 말 좀 해줏쇼잉? (태길은 대꾸가 없다)
영광댁	그럼 나 먼저 간다. 옥단아.
옥단	예.
영광댁	그리고 잔칫날에는 오랜만에 늬 하모니카 솜씨도 듣자잉?
옥단	그렇게 허지라우. 영광댁, 살펴 가싯쇼잉?

혼자 남은 옥단은 무심코 하늘을 쳐다본다. 바람이 스쳐간다.

옥단 (관객에게) 이만하며 눈치 채셨겠지라우? 제가 살아가는 꼴… 난 물장수요, 물장수! 홋호… 하루에 저다 나르는 물이 (잠시 샘을 하다가) 많게는 스무 지게 적게는 열댓 지게는 되니께 혼자 살기는 탈없지라우. 품삯? 그야 주는 대로 받지라우 헷허… 내 처지에 이팝 보리밥 가리것소? 홋호… 그래도 집집마다 싹싹하게 대해 주니께 물값 뗀 적은 없었지라우. 말이야 바른 말이지 내 물 값 떼먹느니 차라리 문둥이 콧구멍에서 마늘씨 빼먹는 게 낫지! 홋호… (웃다 말고) 아니어! 꼭 한 사람 마음에 걸리는 촉새 같은 망구가 있지라우. (아래쪽을 가리키며) 공동수도간 꼬시락쟁이 망구! 머리카락이 꼬시라진 게 꼭 보리밭에 종달새 둥지처럼 생겼지라우. 게다가 몽니 사납기가 놀부 심뽀 닮아서… 글쎄 공동수도 관리인이랍시고 무슨 벼슬이나 한양 나댄다 이거지라우… 이 목포 바닥은 원래가 바다가 가깝고 유달산이 온통 바위산이라 식수 귀하기가 유별난 곳이지요. 그래서 중간에 관에서 시내 곳곳에다 공동 수도를 설치해 시간제로 물을 사먹게 했지라우. 그런디 그 꼬시락쟁이 망구가 수도국 직원을 어떻게 구어 삶았는지 공동수도를 맡게 되더니만 횡포가 이만저만이라야 지라우! 물값 외상은 꿈도 못 꾸지요! 물통에 물이 넘치는 게 아깝다면서 물통 팔부 쯤에서 수도꼭지를 콱 잠궈 버린다니께요. 그야 물을 아껴 쓰라는 마음이사 알고도 남지만 물통 가득 채워주지도 않고 물값은 제대로 받아가니 그 심뽀가 얄밉다 이거지라우. 쯧쯧… 참기름 장수 엉뎅이에선 풀도 안 돋는 다지만 그 꼬시락쟁이 망구 앉은 자리에는 개미도 낙상할 것이구먼! 그것뿐인 감요? 유달산 꼭대기 죽교리에서 헐레벌떡 물을 사려고 내려왔는디 시간 다 됐다고 수도꼭지에 자물통 잠그고는 휑 들어가 버리니 글메 찬바람이 쌩하지라우! 산동네에서 물지게 지고 내려 왔다가 빈통 지고 돌아가는 사람의 심정 생각한다면 그래서는 안 되지라우. 안 그렇소? 그렇게 생살에 칼질하고는 왕소금 확 뿌리는 심뽀로는 복 못 받지요. 생각만 해도 몸서리 친다니께요. 없는 사람 도와주지는 못할망정 쪽박을 깨서야 쓸 것이오? (긴 한숨) 이런 얘기하면 나보고 제정신이냐고 면박주겠지만 그 뭣이냐. 일본 옥상(아줌마)들은 어쩌다 물 길어주면 수고했다고 앙꼬떡도 주고 차도 줍디다. 그런디 어째서 우리는 같은 조선 사람끼리도 그런다요? 난 낫 놓고 기역자도 모르는 무지랭이지만 사람 살아가는 도리는 그게 아니라고… (말하다 말고 섬찟 놀라며 물지게를 진다. 아랫길 쪽에서 정복차림의 순사가 올라온다. 옥단은 본능적으로 공포감에서 방어하듯 돌아선다. 순사가 지나치려다가 무심코 돌아본다. 그 순간 시선이 마주치자 옥단이 잽싸게 시선을 피한다. 순사가 비아냥거리는 눈짓으로 경례를 한다)

순사 수고가 많소이다. (하면서 옥단의 불룩한 젖가슴을 넘어다본다)

옥단 왜 이, 이런데유? 남사스럽게.

순사 수상한 물건 감춘 건 아니겠지? 헛허… (순사가 허리에 찬 사벨(대검)을 짤랑거리며 올라간다. 놀란 옥단은 흐트러진 옷매무새를 접는다. 그리고는 길게 숨을 뱉는다)

옥단 오사헐 놈! 수상할 물건이라고? 늬 놈이 그걸 알면 어쩔 것이어! 응큼한 놈! 내가 네놈 속셈 모를 줄 알고? 헹! 병 주고 약 주고, 등 치고 배 만지는 그 수작들 말더라고! (소리를 버럭 지르며) 느그들 그 썩어 문들어진 맘뽀부터 고쳐사제. 언젠가는 천벌 받을 거여! 퉷! 퉷! (침을 내뱉는다)

암전

옥단어!

제2장

전장부터 이틀 후 밤. 이 참봉 집 안채의 대청마루. 백 촉짜리 백열등이 대낮처럼 밝다. 교자상을 둘러앉은 동네 부녀자 5, 6명이 담소를 나누고 있다. 사랑채 쪽에서 주흥이 익어 가는 듯 박장대소가 터져 나오자 부인네들도 킬킬거리며 즐거운 눈치다.

땅꼬네 이 참봉 웃음소리가 기중 큰 게 신랑감이 마음에 들었는갑소잉?

쌍둥이네 마음에 든 건 신랑감보다 사돈어른일거여. 땅꼬엄마, 이야기 못 들었어? 사돈 될 사람이 큰 병원에다 과수원까지 있다는디.

땅꼬네 신랑 될 사람이 일본 유학생이라던디요? 영숙 아가씨 오빠가 중매했담서? (입을 삐죽거리며) 혹시 벽돌담 쌓는 친구 아닌가 모르제. (하며 약과를 깨문다)

쌍둥이네 벽돌담? 그게 뭔디?

땅꼬네 (주위를 살피며 낮은 소리로) 이거 있잖여? 쌍둥이네. (하며 두 손으로 마작패 허무는 시늉을 한다)

쌍둥이네 그게 뭘 하는 짓인디?

땅꼬네 마작! 마작도 몰라?

일동 (크게) 마작?

땅꼬네 (소리를 죽이며) 이 참봉댁 아들 말이여…

아낙 C 영찬이 학생?

땅꼬네 소문난 마작꾼이래! 하라는 공부는 안하고 밤낮 하숙방에 틀어박혀서 마작만 하니께 얼굴이 채독 걸린 사람모양 희무끄레하지! 누가 보면 아편쟁이라고 할 것이구먼.

아낙 B 허긴… 얼굴에 혈색이 안 나고 등이 구부정한 게… 힛히…

228   차범석 전집 8

아낙 C	혈색 없는 건 이 집 내림이지라우.
땅꼬네	(킬킬거리며) 내림은 내림이지! 힛히…
쌍둥이네	땅꼬네는 뭐가 그렇게 우습냐?
땅꼬네	(낮은 소리로) 펫병 환자치고 지집 안 좋아하는 사람 있던가? 힛히… 부전자전이제! 그랑께 맨날 약병을 품고 산디야! 헷헤…
아낙 E	성님! 그 입 조심하시오 잉? 마나님 귀에 들어가는 날엔 없는 상투 뽑힐 것인께.
땅꼬네	그나저나 스물다섯 노처녀 혼담 길 열렸으니 오죽 좋은가! 우린 떡이나 먹고 구경이나 하는 거여 홋호…
아낙 B	땅꼬 엄마는 동네 방송국이라 모르는 일 없지라우.
땅꼬네	아무럼! 모르는 일 빼고는 다 알고말고! 홋호…
일동	헛허…

이때 이 참봉의 부인 허씨가 쟁반에다 술병과 안주접시를 받쳐 들고 나온다. 풍채며 용모가 듬직하여 첫눈에도 대갓집 마나님이라는 인상을 풍긴다. 모본단* 연보라 저고리에 검정 치마가 잘 어울린다. 쪽진 머리에는 금비녀가 물렸다. 언행이 서글서글하고 개방적이라 웃으면 금이빨이 훤히 드러난다. 경상도 사투리가 친근감을 준다.

허씨	시엄마야! 와 그래 묵다둔 쑥떡처럼 앉아만 있노 잉? 과일도 묵고 약과도 묵거라. 잉? 자 술도 한 잔 하고… 헛허… (술병을 내려놓는다)
아낙 B	웬 술이라우?
허씨	잔칫상에 술이 없다니 말도 안 되는기라 홋호… (앉는다)
땅꼬네	별 말씀 다 하시오! 싫건 먹고도 남겠소! 안 그런가? 쌍둥이 엄마!

---

* 비단의 하나. 본래 중국에서 난 것으로 짜임이 곱고 윤이 나며 무늬가 아름답다.

일동   홋호…

허씨   땅꼬 엄마 넉살 좋기로는 우리 동네 으뜸이제! 헛허… 내 약주 가
        져 왔으니까네 묵자! 잉?

아낙 C 약주를요!

허씨   맞선 날짜 받자마자 급하게 앉힌 술이라 아직 술이 덜 익은기라.
        참봉영감께선 술맛이 달짝지근해서 바깥손님들 입맛에는 안 맞
        는다카지만 우리들에게는 안성맞춤인기라… (술을 따르며) 자, 쭉
        들거레이!

        사랑채 쪽에서 다시 웃음소리와 박수 소리가 터져 나온다. 잔칫집 분
        위기가 무르익어 간다.

허씨   우리도 한판 놀자. 퍼뜩 들라카이! 잉? (술을 마시다 말고) 우리 영
        숙이 시집 몬 보낼까봐 걱정이 천근이었는데… 인자 마 묵은 채
        가 싸악 내려간기라 핫하…

땅꼬네 (아첨하며) 그러시고 말고라우. 영숙 아가씨야 인물 좋겠다 가문
        좋겠다 손끝 얌전하겠다… 팔도강산 어디다 내놔도 나무랄 데
        없는 신부감이지라우 헷헤…

        그의 아첨하는 꼴에 모두들 눈짓을 한다.

허씨   자식 자랑은 팔불출의 하나라 카지만도 우리 영숙이사 마 몸이
        좀 허약한 것 말고는 험 잡을 데 없는기라!

땅꼬네 암요. 게다가 사돈께서 의사이시라니 좋은 약이사 얼마든지 있을
        것이고. 뭣이 걱정이겠소? (옆 사람들에게) 안 그런가? 잉?

허씨   아모… 인자 우리 영찬이 장가만 보내면 내사마 걱정 없는기라…

훗호…

이때 옥단이가 부엌 쪽에서 설거지통을 들고 나와 수채 구멍에다 물을
비운다. 머리에 수건을 썼고 치마 위에다 몸빼 바지를 끼어 입어서인
지 그 모습이 곰처럼 우스꽝스럽다.

허씨   옥단아. 부엌일 다 치웠으면 너도 한잔 하거라. 잉?

옥단   (수건을 풀어 옷을 털며) 야… (가까이 다가오며) 모두들 오셨는기라
우? 헷헤… 오메 땅꼬엄마랑… 쌍둥이네도… 헛허… 요롷굼 모
이신께 영판 좋소 잉? 헷헤…

땅꼬네   옥단이가 욕본다 잉? 흠흐…

옥단   별 말씀을 다 하시요! 이까짓 일이 일이라요?

허씨   참말로 큰일 칠 때 옥단이가 없으면 난 마음이 안 놓인기라… 마
른 일, 젖은 일 척척 치워주니까네. 얼마나 좋노? 헛허… 고맙데
이! 헛허… 자 늬도 한잔 하거레이! (잔을 권한다)

옥단   아이고… 죄송스러워서… 워쩐디유? (받는다)

쌍둥이네   오랜만에 옥단이 하모니카 소리 좀 듣자.

일동   … 그려! 그려!

아낙 C   참 그리고 그 뭔 딴스 배웠다며? 춰봐.

아낙 A   딴스?

아낙 C   서양춤 배웠디야.

옥단   … 배우긴요… 영찬 학생의 춤 흉내 내기지라우 훗호…

허씨   우리 영찬이헌테서 배웠다고?

아낙 B   뭐니뭐니해도 옥단이는 궁둥이 춤이 제격이제! 헛허…

이 사이에 옥단은 마루로 올라와 허 씨가 권하는 술잔을 거듭 받아 단숨

에 마신다. 이때 영광댁이 부엌에서 나온다. 행주치마를 걸쳤다.

영광댁 벌써 한판 벌렸구만? 홋호…

허씨 사랑채는 사랑채고 우리는 우리 아이가! 오랜만에 우리도 노래도 부르고 춤도 추자 헛허…

영광댁 그럼 사모님께서 먼저 운을 떼셔야지라우.

허씨 나보고 노래하라고?

일동 그럼요! 마나님께서 하셔야제.

허씨 옹야! 이래 좋은 날 노래 안하고 언제 하겠노! 한잔 더 마시자! 목이 칼칼해서 되겠나?

옥단 제가 올리지라우.

옥단이가 무릎을 꿇고 술을 따른다. 허씨가 술잔을 비운다. 땅꼬네가 젓가락 장단을 친다. 허씨가 노래를 시작한다.

허씨 (노래) 노세 노세 젊어서 놀아 늙어지면 못 노나니………

노래가 고조되자 모두들 합창한다. 쌍둥이네가 일어나 춤을 추자 모두들 덩달아 춤판을 이룬다. 이 사이에 옥단이가 자리를 비운다. 노래가 끝나자 모두들 손뼉을 친다.

땅꼬네 옥단인 어디갔냐? (크게) 빨랑 나와서 한 곡 뽑아 보랑께!

쌍둥이네 하모니카도 불고! (크게) 옥단아! 어디 있냐?

옥단 여기 있소!

옥단이가 수줍은 듯 옷고름을 입에 물고 나온다. 품에서 손수건에 싼 하모니카를 꺼내면서 쌩긋 웃는다. 모두들 박장대소 한다.

옥단   (입고 있던 몸빼를 벗는다. 인조 다홍치마를 입었다) 이쁘지라우? 헷
         헤… (그리고는 벽거울 속을 들여다본다)

땅꼬네 그 얼굴에 거울 보면 무슨 수냐? 곰보 얼굴에 분 바르기제! 어서
         노래나 불러.

옥단   한잔 더할 것이구먼요. 취하도록 마시고 놀아도 괜찮지라우? 사모님!

허씨   괜찮다 마다! 홋호… (마루를 한 바퀴 돌며 하모니카 소리를 고른다)

모두가 재촉하듯 박수를 치자 옥단이가 하모니카를 분다. 〈타향살이〉
곡이다. 모두들 장난기가 섞인 호기심으로 주시한다. 음정이 약간 빗
나가지만 제법 익힌 솜씨다.

이때 무대 한쪽에 영찬이가 등장한다. 깡마른 몸매에 약간 등이 굽은
채 어딘지 병약한 인상이다. 연회색 루바시카*에 검정 나팔바지 차림
이다. 그는 뜰 한구석에서 담배를 피어문다. 올백머리가 흘러내릴 때
의 그는 어딘지 고민을 안고 있는 반항아처럼 보인다. 그의 언동은
어딘지 허무적인 분위기이다. 창백한 얼굴에 유난히 이글거리는 두
눈이 어떤 광기를 풍긴다. 하모니카 소리가 멎기도 전에 박수를 친다.

영찬   앙콜! 앙콜! (모두들 돌아본다) 옥단아! 잘했어!

옥단   오메… 난 몰라! 몰라! (소녀처럼 두 손바닥으로 얼굴을 가리며 영광
         대 등 뒤로 숨는 시늉을 한다)

허씨   영찬아 늬 혼자 왔나?

영찬   그럼 둘이라야 합니까? 헛허…

---

* 러시아어, 블라우스와 비슷한 러시아의 남성용 겉저고리.

옥단어!

허씨	영숙이랑 신랑감은 어데 있노?
영찬	유달호텔에 남아서 애기 좀 하고 싶다기에 나 먼저 왔지요.
영광댁	(놀라며) 시엄마야! 아직 혼인식도 안 올렸는데 벌써 호텔에서…
허씨	그게 잘못이가?
영광댁	사모님!
허씨	영광댁도 알고 보니까네 헌 보선짝 다 되었구마. 훗호…
영광댁	맞선보기가 무섭게 젊은 남녀가 호텔에서…
허씨	만나서 이야기하겠다는데 잘못이가? 세상이 변한 것도 모르나. 잉? (한숨) 인자 나나 영광댁 같은 헌 고무신짝은 물 건너 가는기라. 신식 바람이 불어닥치는 걸 모르나? 파마 머리 안 하면 사람 축에도 못 끼는 세상이라카는 걸 모르나베!
영찬	(약간 비아냥거리며) 우리 엄니 만세다! 만세! 핫하… 그럼요! 세상이 변해가는데 우리만 언제까지 제자리걸음하고 있을 때가 아니지요. (웅변조로) 활동사진도 인제 총천연색이요, 특급열차 쓰바메 호가 부산에서 신의주까지 직행하고, 일본은 조선 다음으로 만주까지… (분위기가 어색해짐을 눈치 채자) 그건 그렇고 우리 옥단이 딴스 좀 구경하자. 어떻소?
일동	그래! 그래. (박수친다)
옥단	영찬 학상! 난 못혀라우!
영찬	내가 하모니카 불 테니 춰봐. 지난 겨울방학 때도 췄잖아? 코팍 단스* 말이야!
일동	코팍 딴수?
허씨	옥단아! 춰라. 영찬이가 보고 싶다잖나! 잉?
영찬	난 옥단이의 춤을 보고 있노라면 어떤 솟구치는 힘 같은 걸 느낀

---

* 러시아의 민속무용.

다니까. 기교는 없지만 순박하고, 세련된 맛은 없지만 따스한 대지의 체온을 느낀다. 그러니 어서 춰봐. 내가 가르쳐 준대로 (하며 손을 이끌고 뜰로 내려온다. 옥단은 어찌할 바 모르고 끌려간다)

영찬과 옥단이가 뜰로 내려오자 마루에 있던 사람들은 마루 끝으로 몰려 자연스럽게 구경꾼이 된다. 영찬은 어떤 환상을 쫓고 있는 사람처럼 허공을 향하여 연기를 하듯 제스처를 쓴다.

영찬　우리가 추구하는 것은 오직 자유! 절대적인 자유! 남을 구속해도, 구속당해도 안 되는 자유뿐이다! 우리는 지금 그 무엇인가에 구속당하고 있다. 그 구속에서 벗어나려는 생각조차 포기하고 있다. 내가 넥타이 양복대신 이런 러시아식 옷을 입는 이유도 그 속박이 싫기 때문이다. (옥단에게) 알겠어?

옥단　몰라라우. 흰 것은 종이고 검은 것은 글씨라는 것밖에는 몰라라우. 힛히…

영찬　바로 그것이다. 그 순수! 그 순결! 가식이라곤 없는 그 천의무봉의 경지!

옥단　영찬 학상! 지금 누굴 놀리시기요? 무식하다고 그렇게 손에 든 공지*처럼 가지고 놀덜마싯소!

영찬　무슨 소리야. 내가 옥단에게서 느낀 감정을 그대로 말했을 뿐이야. 세상 사람들은 저마다 감추고 꾸미고 잇속만 따지는데 옥단이는 그게 아니란 말이야! 있는 그대로 한 치의 꾸밈도 거짓도 없는 게 나는…

옥단　흥! 푼다 푼다 하니께 하루아침에 석섬 푼다더니만… 지금 막 나

---

* 백지

를 가지고 놀 작정이구먼!

영찬 옥단아 놀림도 장난도 아니야. 세상이 모두 썩어가는데 옥단이 너만은 아직도 그대로 살아 있단 말이야! 그러니 춤을 추자 응? 나도 함께 출게!

땅꼬네 옥단아! 영찬 학생이 저렇게 소망하는디 어서 춰봐.

일동 그래 어서 춰봐야.

영찬 옥단아! 작년 겨울방학 때 내가 가르쳐 줬지? 이렇게…

하며 코팍 댄스의 스텝을 밟아 보인다. 옥단은 영찬의 얼굴에서 진실을 읽어낸 듯 썩 웃는다.

옥단 참말이지라우? 힛히…

영찬 물론이지!

옥단 합시다. 죽은 사람 소원도 풀어준다는디 그까짓 춤 못 추겠소? 춥시다!

일동 (손뼉을 치며) 홋호…

허씨 우리 옥단이가 화끈하기로는 일등인기라!

영찬이가 하모니카를 불자 옥단이가 춤을 추기 시작한다. 양팔을 어깨 높이로 올리고 코팍 댄스의 스텝을 밟는다. 춤이 차츰 익어가자 모두들 손 박자를 맞춘다. 흥에 겨워 영찬이가 손수건을 건네자 옥단이가 받아 흔들면서 앉아서 춤을 춘다. 영찬은 그 주변을 돌다 옥단이가 서서 돌면 영찬이가 앉은뱅이 춤으로 받는다. 죽이 맞는 한 쌍의 춤판이다. 춤이 최고조로 달했을 때 사랑채 쪽에서 이 참봉이 나온다. 메기수염을 기른 깡마른 체구에 한복차림이다. 입에 물린 상아파이프를 뽑는다. 미간에 깊은 골이 팬다.

이참봉 뭣들 하는 짓이고? 잉?

카랑카랑하게 울려 퍼지는 이 참봉의 목소리와 날카로운 눈빛에 모두들
몸 둘 바를 몰라 떤다. 그러나 허 씨와 영찬은 담담하게 웃음을 머금고
있다.

허씨 오늘같이 좋은 날 좀 놀았지에 잘못인기요?

이참봉 여편네들이 이래 노래하고 춤을 춘다카이? 이웃들이 알면 우짤
끼고? 이 내 체면은 무엇이 되며, 또…

영찬 아버진 이 세상에서 가장 두려우신 게 체면이죠? 그렇죠? 흠…

이참봉 이놈 자슥, 애비 앞에서 그 따위! (때리려고 덤비자 허 씨가 잽싸게
사이에 끼어든다)

허씨 영감! (주위 사람들에게 시선을 주며) 남들이 봅니더… 남사스럽게
끔… 그 욱하는 성미 좀 고치시이소!

이참봉 (대답 대신 부녀자들에게) 돌아가지 않고서 뭘 꾸물대노?

동리 부녀자들이 허리를 굽히고 눈치를 보면서 뿔뿔이 헤어져 나간다.
분위기가 서먹해진다.

영광댁 옥단아! 이 상 좀 치자.

옥단이 망설이다가 마루 쪽으로 가려고 하자 이 참봉이 날카롭게 쏘아
본다.

이참봉 늬, 그 꼬라지가 뭐꼬? 잉?

옥단 예? 예… 저… 헷헤… (옷자락을 매만진다)

이참봉	(허 씨에게) 어디서 저런 낮도깨비 같은 걸⋯ 내일부터 저년을 우리집에 불러들이지 말거라. 꼴도 보기 싫다.
허씨	옥단이가 어째서⋯
이참봉	(엄하게) 보기 싫다카이! (영찬에게) 너 제정신이가? 잉? 대학생이면 대학생답게 처신해야지 그래 저런 것들하고 어울려서 춤이나 추고⋯
영찬	그게 잘못입니까? 오늘은 경사 날이죠? 하나 있는 누이가 약혼을 하게 되었으니⋯
이참봉	네 일이나 걱정해! 언제까지 백일몽만 꾸기냐?
영찬	제 할 일 하고 있습니다. 염려마세요.
이참봉	뭐라고! 너 나 좀 보자, 할 얘기가 있으니까.

하며 사랑채 쪽으로 퇴장한다. 영찬은 옥단에게 무슨 말을 하려다 말고 이 참봉을 따라 나간다. 영광댁이 상을 치운다. 허 씨도 거들어 준다. 옥단이가 쭈뼛쭈뼛하다 말고 마당 끝 쪽으로 가다말고 땅바닥에 폭삭 주저앉는다. 화가 났다.

무대는 어두워지고 옥단이만 남는다.

옥단	너무하신다⋯ 해도 해도 너무하셔! 사람 차별도 유분수제⋯ 그렇게 사람들 앞에서⋯ 아니 내 꼴이 어째서⋯ 아닌 말로 내가 문둥병 환잔가⋯ 사람 죽인 강도인가 말이여! 못 먹고 못 배운 죄가 죄라면 모를까⋯ 지금까지 나는⋯ (울음이 복받치며) 흑⋯ 세상에 복쪼가리라고는⋯ 개미 눈물만큼도 없는 년⋯ 흑⋯ 탯줄 끊은 지 사흘 만에 엄마 죽고⋯ 일곱 살에 남의 집 애기 봐주기로 하고 불다가⋯ (손가락을 헤아리다 말고) 지랄! 지금 와서 세월 헤아리면 뭣한디야! 죽은 자식까지 부랄 만지기지. (아슬한 추억의 실타래를

풀기라도 하듯) 흠! 우라질 것들! 그려! 난 돌멩이 신세였다. (다시
시무룩해지며) 내사 그 누가 건들지 않으면 일 년이고 이 년이고
꼼짝도 안하는 돌멩이. 그러다가도 누가 발길로 툭 차고 지나가면
저만치 소똥 위에 주저 앉혀서 또 한세상 흘러 보내다가 또 채이
고… (긴 한숨) 열일곱 살 되던 봄날인가, 아버지가 동리에 드나들
던 소장수를 따라가기에 무턱대고 따라간 게 서산인가… 아산
인가… 먹여주고 입혀주고 재워준다기에 부황증 나는 보릿고개
넘기기보다는 낫겠다 싶어서 주저앉은 곳. 장터에 있는 국밥집이
었지라우. 가마솥에다 사태살 소뼈따구 마구 쏟아놓고 시래기 숭
숭 썰어 장작불을 지피면 뭉게뭉게 김이 오르면서 풍겨 나오는,
그 구수한 냄새… (눈을 사르르 감으며) 구수하고 달보드라운 괴기
냄새에 그만 졸고 말았지 뭐 흠… 그런디 졸다 그만 앞머리를
불에 꼬시른 적도 있었지라우. 홋호… 배는 고픈데도 왜 잠은 그
렇게 쏟아지는지. 우리 집 내림이 잠이 많았던게비여라우. 그래
서인지 먹은 것은 없는디 몸뚱아리는 불어나니 무슨 조화인지.
그걸 보고 안주인이 (흉내 내며) "네년은 알다가도 모를 일이여.
누룽지 밥에 신 무짐치만 먹는데도 살은 대마도 씨름패이니 어쩐
디야? 너 혹시 밤중에 솥에서 괴기딩이 훔쳐 먹은 거 아니여?"
홋호… 내가 무슨 괴기 못 먹었다 죽은 도둑괭이 귀신이라도 씌
었다는거요 뭐요? 난 괴기 안 좋아해라우. 그저 나무새나 깡다리
군 것 반 토막이면 감지덕지라우 그런디 무슨 도둑고양이라고
솥가마를 넘어다 보겠소? (관객에게) 예? 그 국밥집에서 왜 나왔능
가 이 말이요? (멋쩍게 킬킬대며) 그럴만한 까닭이 있었지라우. (사
이) 밤에 술손님이 끊기면 설거지를 끝나기가 바쁘게 부엌에 딸
린 골방에서 큰 대자로 뉘 잠을 퍼자는 게 유일한 낙이었지라우.
힛히… 그런디 그 두 것들 등쌀에 잠을 잘 수가 있어야지라우.

옥단어!

두 것들이 누구냐고? 국밥집 주인 내외지 누군 누구 것쇼! 헷헤…
자다가 깨보니께 무슨 소리가 들리는디 나는 처음에는 도둑괭이
우는 소린가부다 했었지우. 그런디 그게 그 두 것들이 물어 뜯는
지 꼬집어 뜯는지 모르것지만 끙끙거리고, 울고, 소리를 지르
고… 그런 야단이 어디 또 있겠소. 그런 일이 하루가 멀다고 새벽
까지 이어지니 남달리 잠이 많은 년이 견디어 낼 수가 있어야지
라우! 손으로 귀를 막았다가 솜으로 귀를 틀어막았다가… 이건
총 없는 전쟁이었지라우. 세상에 견딜 수 없는 고통 가운데서도
제때 잠 못 자는 고통 이상 가는 게 없다는 걸 직접 느꼈지라우.
그래서 나는 어디든지 쓰러져 자는 버릇이 몸에 뱄는디… (문득)
그런디… 아까 참에 이 참봉이 앞으로 이 댁에 드나들지 말라
니… (서글퍼지며) 밥보다 잠자리 편한 게 좋아서 잠자리만 있으
면 어디든지 잤는디… 난, 난… (울음이 터지며) 지지리도 복 없는
년! 에그… 죽지 못해… 살아도… 세월이… 흑…

하며 땅을 치며 통곡을 한다. 멀리서 개 짖는 소리. 이때 태길이가 손전
등을 켜들고 나오다가 불빛 속에 드러난 옥단을 발견한다.

태길   옥단이 아니어?

옥단   흑… 흑…

태길   뭘 하고 있어? 가지 않고…

옥단   (고개를 휙 쳐들며) 가긴 어딜 가라고 그러요?

태길   (웃으며) 어딘 어디… 옥단이 집이제.

옥단   오늘밤에는 참봉댁 부엌방에서나 잘까 했는디… (다시 슬퍼지며)
       나보고… 다시는… 드나들지 말라니… 난… 난 어디서… 흑…

태길   그냥 하신 말씀이것제… 헷헤…

옥단	사람 괄시를 해도 너무… 너무… 흑… 나 같은 년 살아서 뭘혀. 흑…
태길	(담담하게) 그럼… 우리 방에서 자고 가.
옥단	예? (눈이 번쩍 빛난다)
태길	좁으면 좁은 대로…
옥단	봉춘이는 어떡허구라우?
태길	어떻게 허긴… 사이에 끼어 자지… 마음씨 좁은 인간은 못살아도 방 좁은 건 살 수 있단다. 흠…
옥단	(호기심에서) 셋이서 한 방에? 홋호…
태길	싫으면 딴 데 가봐!
옥단	봉춘이가 뭐라고 하면 어쩐디유? (눈치를 본다)
태길	애비가 시키는 일 지놈이 뭐라고 혀! 그래봐도 그놈 효자여. 내 말에 거역한 적 없었지야. 흠…
옥단	그, 그렇지만 내가 가면…
태길	올라면 오고 말라면 말일이지 웬 말이 많다냐? 나는 사랑방 아궁이 불 좀 봐사 쓰것다… (하며 나간다. 혼자 남은 옥단이가 멍하니 서 있더니 불쑥 일어난다)
옥단	봉춘 아부지! 같이 가요. 봉춘 아부지! (뛰어 나간다. 약간 휘청거리는 뒷모습이 희극적이다)

암전

제3장

태길 부자가 거처하는 골방. 어둠 속에서 미닫이가 열리며 태길이가 방안으로 기어 들어간다. 허우적거리다가 벽에 걸린 전등 스위치를 켠다. 촉광이 10촉짜리 쯤 되는 누리끼리한 전등 불빛 아래 썰렁한 방 안 전경이 부옇게 드러난다. 벽에는 빈대 죽은 자국이 바람에 나부 끼는 갈대 잎 같다. 사과 궤짝으로 대용하는 앞닫이 위에 이불과 베개, 벽에 옷가지가 걸려있다. 벽 중간쯤에 한 뼘 정도의 공간이 뚫린 채 전구가 대롱거린다. 벽 사이로 방과 부엌을 비춘다.

태길　(뒤돌아보며) 들어와. 거기 서 있지만 말고…

이윽고 옥단이가 고개를 쭉 빼고 방안을 들여다본다. 손에 작은 보따 리가 들렸다.

태길　천장 안 내려앉을 텐 게 들어와 앉어!

옥단　(방 안으로 들어오며) 봉춘이는… 어디 갔당가요?

태길　오겄제… 요새 누굴 만날 일이 있다면서 가끔 늦는디… (남의 일 처럼) 올테제. (바닥에 앉는다)

옥단　(문득 마음이 변한 듯) 봉춘 아부지… 나… 그냥 갈라요.

태길　(이불을 깔며 남의 얘기하듯) 선창가 모도리 패한테 물리고 싶으면 가봐.

옥단　모, 모도리 패요? (가지고 온 보따리를 내려놓는다)

태길　지나가는 사람 옷 벗기고… 돈 지갑 털고… 부녀자 덮치는 모도리 패 몰라? 엊그제도 천기산 밑에서 면화공장 여직공이 당했다던디… (깡통 재떨이에서 앞 담배를 꺼내 종이에 말며) 시상이 뒤숭숭혀서 당하는 게 어디 여자뿐인감? (한숨) 인자 조선 사람도 노무지로 끌려가고… 지원병에도 간다는 말 못 들었어? (담뱃불을 붙인다)

옥단 나 같은 년이나 데려갔으면 좋겠구먼…

태길 흥! 아무나 간다던? 신원이 확실한 사람이라사제. 옥단이처럼 본이 어딘지, 호적이 무엇인지도 모르는 사람은 길거리에 버려놔도 안 데려 갈 거다… 흠…

옥단 (화를 내며) 봉춘 아부지! 지금 누굴 놀리기요? 내가 호적이 있는지 없는지 어떻굼 알고 허신 말씀이다요?

태길 들은 대로 본대로 말한 것 뿐이랑께! (사이) 인자 중국하고 전쟁이 터지고 시국이 험악해진께 살기도 어렵게 된다고 참봉네 사랑방네 드나드는 어른들이 말하더랑께! (한숨) 엎친 데 덮친다고 인자 젊은 놈들은 군대다 징용이다 끌고 가면 큰일 아닌감?

옥단 (보따리를 집어 들고) 나 갈라요?

태길 (쳐다보며) 이 밤중에 어딜가. 가긴…

옥단 아무래도 여기서는… (하며 일어서 방문을 연다. 그 순간 크게 놀란다) 아이고메!

하며 방바닥에 엉덩방아를 찧으면서 엉겁결에 태길에게 안긴다.

태길 뭔 일이당가?

이때 봉춘이가 툇마루에 앉은 채 고개를 내민다. 약간 술기운이 감도는 얼굴이다. 옥단을 보자 놀란 듯 고개를 갸웃거린다.

봉춘 내가 집을 잘못 찾았는감? 여기가… (옥단이가 당황하며 떨어져 앉는다) 아부지 워떻게 된 일이라우?

하며 두 사람을 번갈아 본다.

태길 어떻게 되긴 뭐가⋯ 들어오기나 혀!

봉춘 헷헤⋯ (의미 있는 말투) 뭔일이랑가 잉? 헛허⋯ (들어온다. 문을 닫
      는다) 옥단이가 우리 집에 오더니⋯

옥단 왜, 난 못 올 곳인감? 이까짓 코딱지만한 방 있다고⋯ 텃세 부리
      긴감? 나도 잠 잘 방은 있당께! 산정동 뻘바탕이지만⋯

봉춘 (태길에게) 아부지가 데려왔소? 아니면 옥단이가 자청해서⋯

태길 그게 그거지⋯ 별것이냐? (얼버무린다) 집이 멀다기에 내가 자고가
      라고 했다.

봉춘 (허공을 향하여) 헛허⋯ 그렇게 되었었구먼이라우⋯ 헛허⋯ 그런
      줄도 모르고⋯ 난⋯ 힛히⋯ 훗흐⋯

태길 미친놈! 왜 혼자서 킬킬대고 중얼대기여? 빨랑 자리 펴고 자! 밤
      이 늦었다.

봉춘 힛히⋯ 역시⋯ 그렇게⋯ 그것이⋯ 흠⋯

옥단 사람을 무슨 노리개로 아는감? 나 갈라요! (하며 일어선다)

태길 어딜 간다고 그려. 이 밤중에⋯

옥단 (봉춘을 흘겨보며) 병 주고 약 주긴감? 요로큼 사람을 무시하고⋯ (봉
      춘을 향하여) 사람 괄시 말더라고! 내가 없이 사니께 사람 축에도
      못 끼는 줄 알지만⋯

봉춘 뭔 소릴 그렇게⋯ 옥단이 내 말 들어! 나 말이여, 할 이야기가 태산
      같은 놈이여. 뭔 얘기부터 어떻굼 해사 쓸지 미치겠어!

옥단 어머머! 인자 나한테 분풀인가?

태길 글메⋯ 할 이야기 있거던 밝은 날에 하고 이만 자자. 옥단이 고단

하잖여? 하루 종일 물 길러대랴… 부엌일 하랴… 그런디 옥단이
는 뭘 먹었길래 그렇게 힘이 센가? 장사다! 장사! 훗흐…

봉춘 옥단이! 내가 한 얘긴 취소! 헛허… 그만 풀어버려 응? 난 그저…

태길 그럼 됐다! 자… 그만 자자. 불꺼라.

봉춘 (당혹스러워서) 불을 꺼라우?

태길 전기세 나간다고 마나님이 불호령이시제. 아끼는데는 부자가 더
무섭단다.

봉춘 (옥단을 보며) 그런디 셋이… 어떻게…

태길 뭐가 걱정이냐? 옥단인 저 벽 쪽으로 눕고, …그 옆에 너… 그리고
나는 여기… 그럼 되었지 뭐가……

봉춘 아니어라우! 아부지가 일로… (자리에서 일어나려 하자 태길이가 잡
아당긴다)

태길 애비 시키는 대로 혀!

봉춘 아부지!

태길 시키는 대로 혀!

봉춘 그럼 나… 밖에서 잘 것이구먼!

태길 미쳤어? 그럼 내가 나가마. (일어나려 하자 옥단이가 불쑥 두 사람
사이로 끼어들 듯 일어선다. 두 사람이 당혹한 표정으로 쳐다본다)

옥단 보아하니 내 곁에서 자는 게 꺼림칙한 모양인디… 그렇다면 내가
나가는 수밖에 없지라우! (하며 나가려는데 두 사람이 약속이나 하듯
동시에 옥단의 치맛자락을 잡아당긴다)

봉춘 (동시) 가지 말랑께! (다음 순간 치맛자락이 찍하고 찢어진다)

옥단 아이고메! (엉겁결에 치맛자락을 감싸며 주저앉으면서 세 사람이 벌렁
넘어진다. 세 사람은 잠시 누운 채 서로를 돌아보다가 자기도 모르게
폭소를 터뜨린다)

일동 핫하… 헛허…

먼 곳에서 개가 짖는다.

암전

제4장

전장부터 며칠 후 낮, 석양이 비껴가는 시각. 거리 길모퉁이에 자리 잡은 봉춘의 공방. 공방이라고 해야 두 평도 채 못 되는, 함석으로 물통을 만드는 작업장이다. 판잣집이라 밀어붙이면 금방이라도 쓰러질 것 같은 구조. 함석판이며 연장이 흩어져있다. 봉춘이가 셔츠 바람으로 양철통에 땜질을 하고 있다. 풍로 위에서 아연을 녹여 땜질 할 때마다 하얀 연기가 피어오른다.

낡은 물통이 서너 개 포개져 있다. 땀이 밴 봉춘의 앞가슴이 건장한 젊음을 발산하고 있다. 근처의 전파상 가게 확성기를 통하여 일본 군가가 흘러나오고 있다. 봉춘이는 가끔 휘파람을 불며 노래에 호응하고 있다.

옥단이가 함석통 한 짝을 달랑 들고 나온다. 함석통은 비어 있어 무게를 못 느낀다. 한 손에 작은 신문지 봉지가 들려 있다. 저만치서 접근하기를 망설이는 게 순진한 처녀같다.

옥단   (다가가며 수줍은 듯) 바쁜가벼…

봉춘   (일을 계속하며) 왔어?

옥단   손님이 와도 본 척도 않는디야? (눈을 흘기나 밉지가 않다)

봉춘   목소리 들으면 알제. (고개를 들며) 왜 왔어? 오늘은 물 안 길러?

옥단   물통 테가 늘어졌나벼 (하며 물통을 내민다)

봉춘   … (무표정하게) 거기 두고 가.

옥단   어머. 웬 반말이당가?

봉춘   반말도 할만 한께 하는거제 힛흐…

다시 일을 계속한다. 옥단, 물통을 내려놓고 손에 든 종이 봉지를 봉춘 코앞에 불쑥 내민다.

봉춘　뭐여?

옥단　열어봐.

봉춘　(봉지를 들여다보며) 붕어빵? 나 먹으라고?

옥단　그럼 봉춘이 말고 누가 또 있당가? 힛히… 따끈할 때 먹어봐.

봉춘　흠… 내가 붕어빵 좋아한지 어떻굼 알았지?

옥단　가난뱅이 군것질에 붕어빵이 제격이제 잉? 홋호…

봉지에서 붕어빵 한 개를 꺼내 입에 넣다가 빵이 뜨거운지 입안에서 이리저리 굴리는 게 장난꾸러기 소년 같다.

봉춘　앗! 뜨거… 뜨거…

옥단　홋호…

봉춘　핫하…

옥단　봉춘이는 꼭 곰 같당께 잉? 힛히…

봉춘　옥단이는 꼭 고슴도치 같고? 핫하…

옥단　곰하고 고슴도치? 홋호…

봉춘　아무 짝에도 궁합이 안 맞는디… 헛허…

옥단　궁합이 좋아도 못 사는 사람 많더라.

봉춘　이왕이면 다홍치마라고 안 맞는 것보다야 맞는 게… (옥단을 말끔히 쳐다보며) 미안혀!

옥단　미안하긴… 피장파장이제! 흠… 나 역시 미안했제.

봉춘　(일을 계속하면서) 실은… 그날 밤 이야기 있었는디 말이여…

옥단　(정색으로) 뭔 이야기?

봉춘 나… 그날 밤 한숨도 못 잤당께. (쑥스럽게 웃는다)

옥단 코를 골든디?

봉춘 일부러 고는 척 했지.

옥단 뭣이라고?

봉춘 흠… 옥단이를 가운데 놓고 부자간에 잠을 잘 수 있었어? 생각하면 우린 별종이제… 잉? 헛허…

옥단 나는 봉춘이 코 고는 소리에 그냥 잠들었구먼. 훗흐… 원래 잠이 많잖여. 그렇게 살찐가벼 헛허… (봉춘이가 옥단의 얼굴을 쳐다보다가 다시 일을 계속한다)

봉춘 실은… 한 가지 물어 보고 싶었는디 말이여. 옥단이를 보면 목구멍까지 올라오다가 그만 꼴깍 삼켜진당께!

옥단 (흥미를 느끼며) 뭔 말인디? 응? 궁금해 죽것구먼!

쭈그리고 앉는다. 치마 마장 사이에서 담배를 꺼내 입에 물자 봉춘이가 잽싸게 성냥을 그어 불을 붙여 준다. 옥단이가 놀란 듯 빤히 쳐다본다. 담뱃불을 붙인다.

옥단 뭔 일이라냐? 담배를 다 붙여주고… 오래 살고 볼 일이제 핫허… (담배 연기를 길게 내뱉는다)

봉춘 (대뜸) 시집 갈 생각 없어?

그 순간 옥단은 담배 연기를 미처 다 내뿜지 못하고 사레가 들어 기침을 한다.

봉춘 왜 그려? 냉수 줄까? (옆에 있는 찌그러진 주전자를 내밀자 옥단이 주전자를 들고는 두어 모금 물을 마신다. 기침이 멈춘다)

249   옥단어!

옥단	지… 지금… 뭐라고?

| 봉춘 | 언제까지 혼자서… 이렇게 뜬구름처럼 살 작정인감? 안 그려? 내 말 틀려? |

| 옥단 | (넌지시) 나보고 시집가라고? |

| 봉춘 | 헐 생각이 있나 없나 말혀 봐. |

| 옥단 | 누가 나 같은 년 데려 간다고나 했간디? 흠! (다시 담배를 내 피운다) |

| 봉춘 | 있으면 갈 거여? |

| 옥단 | 못 갈 것도 없제 잉. |

| 봉춘 | 참말? |

| 옥단 | 나도… (담배 연기 뿜고) 지집이란 말이여 (사이) 허지만… |

| 봉춘 | (단호하게) 그럼 됐어! |

| 옥단 | 뭣이 어쩌? |

| 봉춘 | 그쪽에선 됐다니께! |

| 옥단 | (똑바로 보며) 그게 누군디? |

| 봉춘 | (들었던 연장을 내려놓고) 우리 아부지. |

| 옥단 | 뭐… 뭣이라고? (입을 떡 벌린다) |

| 봉춘 | 우리 아부지. 올해 쉰 아홉이셔. 내년이면 환갑! |

| 옥단 | (화를 내며) 누굴 뭘로 보고 이런다냐? |

| 봉춘 | 나… 오래전부터 그런 생각했었단 말이여. 우리 아부지 신세도 말하자면 옥단이 신세나 진배없제. 거기서 거기 같은 처지니께 (사이) 배운 것도, 가진 것도 없고… 그저 사람이 좋다보니께 이웃들이 태길이… 태길이하며 일도 맡기고. 사람이 어디 밥만 먹고 사는가 말이여. 게다가 다리까지 저는 불구에다 나 같은 혹까지 딸린 홀애비이고 보면 누가 짝을 지어 주려고나 했것어? 생각하면 가엾고 기가 차고. (말끝이 흐려진다) |

| 옥단 | 그런디 난데없이 왜 나헌티… 응? |

봉춘 (일을 다시 시작하며) 여기 떠날 거여!

옥단 떠나? 누가?

봉춘 누군 누구… 나 말이여.

옥단 …봉춘이가 늙은 아부지 혼자 두고?

봉춘 일본 대판의 공장 노무자로 갈 것이여.

옥단 일본 대판으로 가?

봉춘 이런 땜질보다는 수입이 몇 배 좋대. 월급도 꼬박꼬박 우편 저축저 금으로 넣어주고… 여기서는 백날 가봐야 거지 신세지! 그래서 누 가 소개해줘서 가기로 작정했어! 이것봐. (품에서 계약서류를 내 보인다) 계약서야!

옥단 계약서?

봉춘 머지않아 강제 징용을 당하게 될 테니 이왕이면 먼저 가는 게 유 리할 거라는 말도 있고 해서… 그렇게 작정해 버렸제… 이왕에 맞을 매인 걸!

옥단 그럼 봉춘 아부지는…

봉춘 그래서 하는 말이제! 옥단이! 우리 아부지를 위해서 제발… 부탁 이여! 응?

옥단 홋호… 헛허…

봉춘 옥단이!

옥단 김칫국부터 마셨구먼. 홋호…

봉춘 나 말이여?

옥단 아니… 홋호… 헛허…

봉춘 왜 웃소? 옥단이!

옥단 난 봉춘이가 장개 올 줄 알고 가슴이 두근 반 세근 반 했는디… 내가 김칫국부터 마셨지 뭐겠어… 홋호…

그러나 웃음이 공허하게만 들린다.

옥단   (가까스로 웃음을 참으며) 내가 미친 년이었제!

봉춘   (꺼질 듯이) 미안혀.

옥단   아니여! 미안한 것 나여, 봉춘이는 아니어… 걱정말드라고!

손수건을 꺼내서 눈두덩을 닦으며 밝게 웃는다.

옥단   어찌나 웃었는지 눈물이 다 나왔구먼! (사이) 그 정성… 알아줘야 것구먼!

봉춘   정성?

옥단   지금 시상에 늙은 아부지 혼자 두고 타관으로 돈벌이 나가는 게 쉬운 일인감! 정성 아니고는 어림도 없제!

봉춘   알아주니 고마워! 옥단이 부탁이여!

옥단   아부지 잘 부탁한다… 이거제?

봉춘   그, 그려! 지금까지는 내가 옆에서 돌봐드렸지만…

옥단   그렇다면 굳이 시집, 장가 들 건 없제 잉?

봉춘   뭔 소리여?

옥단   그냥 돌봐드릴 수도 있잖여?

봉춘   옥단이가?

옥단   (자신 있게) 혼자 사는 영감님 밥 짓고 빨래해 주는 일… 눈감고도 할 수 있당께! 내가 지금까지 살아온 일이 그것인디… 뭐가 어렵당가?

봉춘   참말로? 믿어도 되는겨?

옥단   사람 못 믿어하긴… 외상값 떼이고만 사는 중국집 왕서방같구먼 그랴! 홋호… 헛허…

봉춘 (바닥에 무릎을 꿇으며) 고마워! 옥단이! 고마워! 그 대신 옥단이에게 돈 걱정은 안 시킬테니께 (하며 춤에서 저금통장과 도장을 꺼낸다)

옥단 이것이 뭔 짓이여?

봉춘 그동안 내가 푼푼이 저금한 것잉께… 우리 아부지 생활비로 써줘! 부탁이여! (하며 억지로 손에 쥐어준다)

옥단 사람 잘못 보았제. 난 돈 벌고 일한 적 없어! 내 마음에서 우러나서야 하는 일이여. 넣어둬! (하며 물리친다)

다시 저금통장과 도장을 억지로 떠맡긴다.

봉춘 그러지 말어! 난… 이 은혜… 죽어도 못 잊을 것이구먼! 혼자 남을 아부지 생각하면… 으… 지난 30년 동안 나를 위해 고생해온 우리 아부지… 흑… 흑… 다리 병신에 머슴살이로… 고생하신… 욱… 으… (땅을 치고 운다. 함석이 쨍하고 울린다)

옥단은 왈칵 치미는 울음을 삼키면서 일부러 장난스럽게 대한다.

옥단 아이고… 그 아까운 눈물은 아껴두었다가 가뭄 농사 때나 쓸 것이제… 헛허… 자, 붕어빵이나 마저 먹으랑께! 식기 전에. (하며 봉춘의 입에다 붕어빵을 억지로 물려준다. 봉춘의 눈에서 눈물이 흐르고, 입에서는 신음소리가 터져 나온다. 옥단이도 참지 못해 밖으로 뛰쳐나온다)

얼마 전부터 전파상의 확성기에서 이난영의 〈목포의 눈물〉이 흘러나온다. 무대는 차츰 어두워지며 울고 있는 옥단을 비춘다. 옥단은 길가 벤치에 걸터앉아 담배를 꺼내 피운다. 노래를 따라 흥얼거리다가 문득

옥단아!

자기 자신으로 돌아온다.

옥단　(관객을 향해) 생각하면 피눈물 나기는 나나 봉춘이나 매한가지라우. 늙은 아부지 혼자 두고 타국 땅으로 돈벌이 나서겠다는 그 심사… (사이. 망연히 쳐다보며) 그러는 동안 일본하고 중국 사이에 전쟁이 터진 다음 군대 갈 사람도 모자라고 공장이나 탄광에서는 일손도 모자란다는 얘긴 수없이 들었지라우. 우리사 낫 놓고 기역자도 모르니께 굿이나 보고 떡이나 먹으면 된다 했는디 알고 보니께 바로 내 앞에 불이 떨어지다니… 난 못 살아! 못 산단께!
(이때 확성기에서 격앙된 목소리로 시국계몽연설 소리가 울려 퍼진다. 방송 내용의 진전과 함께 옥단의 모습도 서서히 사라진다)

아나운서　(소리만) 친애하는 2천3백만 조선반도 동포 여러분! 대일본제국의 성전 聖戰 완수를 위하여 한 사람도 빠짐없이 국민정신총동원연맹의 깃발 아래 모입시다! 내년은 황기 皇記 2천6백년을 기념하고 시정 30주년 기념할 대박람회가 열립니다! 모두가 천왕폐하의 적자로서 다음과 같이 적극 협력합시다!

1. 조선말 대신 일본말을 상용합시다.
2. 성전완수를 위하여 국방헌금을 자진 냅시다.
3. 젊은이는 특별지원병의 영예를…
4. ……

이 방송과 동시에 참고될 영상이 무대 후면에 투영된다.

암전

제5장

이 참봉의 집 안채. 대청마루. 전장부터 일 년 후. 늦가을. 마당의 감나무 잎이 붉게 물들었다. 사랑채 쪽에서 언쟁하는 소리가 들려온다. 담벼락 가까이서 허 씨와 영광댁이 엿듣고 있다. 조금 떨어져서 영숙이 을씨년스럽게 앉아 있다. 아직 새댁차림이나 임신 초기인 듯 몸이 불편해 보인다. 사랑 쪽에서 유리그릇 깨지는 소리가 울린다. 모두들 긴장한다.

이참봉 (격앙된 목소리만) 맘대로 하거라! 늬놈 하고 싶은 대로… 가고 싶으면 가고… 죽고 싶으면 죽고… 늬놈 팔자… 늬 알아서 하는기라!

이쪽으로 건너오는 기색이자 허 씨와 영광댁이 대청마루 쪽으로 급히 돌아선다. 이윽고 분노가 머리끝까지 치민 참봉이 사랑 쪽에서 나온다. 국방색 국민복 차림이 제법 위엄을 풍긴다. 가래침을 탁 뱉는다.

이참봉 (씨근덕거리며) 물! 물 도고! (마루로 올라선다)
허씨 예.

영광댁에게 눈짓을 한다.

이참봉 꿀 좀 타오거레이!

영광댁 부엌 쪽으로 급히 퇴장한다. 무거운 침묵이 흐른다. 이윽고 학생복 차림의 오정수가 사랑채 쪽에서 나온다. 어깨가 떡 벌어진 게 어딘지 고집스럽게 보인다. 대청마루엔 이 참봉과 허 씨가 좌정을 한다. 정수는 영숙이가 걸터앉은 쪽으로 가려하자 영숙은 신경질적으로 외면한다. 까치가 운다. 영광댁이 꿀물 그릇을 들고 오자 허 씨가 받아 이 참봉에게 건넨다.

허씨 (담담하게) 오 서방… 내가 나설 일 아닌 줄 알지만도… 그게 쉬운 일은 아닌거라. 안 그렇나?

이참봉 (화가 아직도 안 가신 채) 시상엔 되는 일 따로… 안 되는 일 따로 있는기라. 그런데 나더러 학병 안 가게끔 상부에다 부탁하라카이… 이건 마치 나뭇섶 지고 아궁이로 들어가라는 꼴 아이가! 잉? 지금이 어떤 시상인지 모르나? 잉? 그것도 병역이라카믄 국민의 삼대 의무의 하나인기라!

정수 (침착하나 고집스럽게) 장인어른께선 하실 수 있습니다!

이참봉 뭐라꼬?

정수 도청에서도 장인어른의 한 말씀이면 괄세 못 할 거라고 다들…

이참봉 (다시 화가 도지자 물그릇을 집어 들며) 저 놈의 자슥 그래도 또… (물그릇을 내던지려한다)

허씨 (말리며) 영감! 참으시이소! (물그릇을 빼앗는다)

이참봉 늬가 한두 살 난 얼 아인가? 잉? 학병 제도가 실시되자 우리 조선 청년들도 나라를 위해 목숨을 바치게 되었다고 온 세상이 벌컥 뒤집힌 걸 모르나? 어떤 청년은 혈서까지 썼다는 소문 몬 들었나? 잉? 그런 판국에 늬 놈은 군대에 안 가겠다꼬 우겨대니 그게 말이가, 막걸리가? 잉? 차라리 늬 아부지헌테 도지사 만나 부탁하시라 카지. 와 나한테 그러노? 지방유지 아이가? (상아 파이프를 꺼내 문다)

정수 아버님보다야 장인어른이 훨씬 유리하고 설득력이 있다고들…

이참봉 설득? 내가 지금 누굴 설득시킨단 말이가?

정수 도의회 의원이시고 국민총력연맹지부장에다 사회 각층에서 명성
이 높으신 분이 도지사님께 한 말씀만 하시면 문제없을 거라고…
(파이프에 궐련담배를 끼워 불을 붙이던 이 참봉의 표정이 다시 험악해
진다)

이참봉 이놈의 자슥, 듣자듣자 하니까네 팔삭동이도 몬되는 얼간아이가?
잉? 이런 설익은 놈을 사위로… (허 씨에게 노골적으로) 헹! 사윗감
하나 잘 골랐구마!

허씨 인제 나한테 화살입니꺼? 영감도 직접 선보시고 마음에 든다 케
서 혼인시켰지 언제 내가 우겼능교? 그게 우째 내 탓인기요? 에그
시엄마야!

이참봉 (정수에게) 듣거라! 이 일은 사회적인 체면으로 봐서도 할 수 없는
기라… 내가 사위 병역을 면제해 달라켔다는 소문이라도 나봐라.
당장에 도의회의원 아니라 면의회의원 자리도 몬할기다!! (담배
연기를 연거푸 뿜어낸다)

허씨 에그… 참말로… 어쩌다가 학병인지 지랄인지 생겨가지고 이래
사람 오장 뒤집는가 말이다!

영광댁 이대로 가다가는 조선 사람 씨까지 말릴 것이지라우!

이참봉 영광댁은 뭘 안다고 또 씨부렁대노? 부엌에 가서 일이나 하거라.

이때 옥단이가 물지게를 지고 등장. 물지게가 무거운 탓으로 땅만 내
려다보며 들어서다 발걸음을 멈춘다. 그리고 숨을 몰아쉰다. 그러나
누구 한 사람 옥단에게 시선을 돌리지 않는다.

영숙 (신경질적으로) 아버지! 저도 드릴 얘기 있어요!

이참봉 해라. (담배를 피운다)

영숙 (되도록 침착하려고 애쓰지만 소리가 떨린다) 영찬이는 어떻게 된 거죠? 어디 갔죠? (이때 옥단이가 힐끗 쳐다보더니 몹시 당황한 표정이다)

이참봉 그 놈이 어디 있는지 우째 알겠노?

허씨 영숙아! 불난 데 불 지르기가? 늬 동생이 온다 간다 말 한마디 없이 떠난 지가 벌써 삼 개월째라는 걸 늬도 알제?

영숙 영찬이는 아버지가 숨겼어요.

히스테리컬한 목소리에 눈빛마저 병적이다. 옥단이가 급히 물지게를 지고 부엌 쪽으로 퇴장한다.

이참봉 늬 지금 뭐라캤노? 숨겼다꼬?

숙영 학병제도가 실시된다는 정보를 미리 알고서 영찬이를 미리 도피시켰을 거라는 소문이래요.

이참봉 아니… 이 년이 애비 얼굴에다 똥칠하기가? 누가 그러더노? 잉?

영숙 (정수에게) 당신이 말씀드려요. 본대로 들은 대로…

허씨 오 서방, 무슨 얘기고… 잉?

정수 (잠시 머뭇거리다가) 동경 유학생들끼리 모인 자리에서…

이참봉 그게 언제인데?

정수 춘원 이광수 선생이 동경에서 학병 출정을 권유하는 시국강연회가 있기 전… 전 날이었어요.

허씨 그래서?

정수 영찬이는 끝내 그 자리에 안 나타났습니다. 하숙집 주인에게 물었더니 고향에 다녀오겠다고 책 몇 권만 들고 나갔다고…

이참봉 그건 나도 안다. 허지만도 그 이후부터의 소식은 나도 모르겠다. 일본에 있는지… 어디 시골구석에 박혀 있는지…

정수 (눈치를 살피며) 그런데 하숙집 주인 얘기로는 경성에서 전보가 왔었다고 하던데요.

허씨 전보?

무심코 이 참봉을 쳐다본 영숙의 눈빛은 사뭇 날카롭다.

정수 혹시 장인어른께서 전보를 치신 게 아닌가요?

이참봉 (시침을 떼며) 그래 내가 쳤다. 급히 의논할 일이 있으니 나오라고 전보쳤다. 그게 잘못이가?

정수 그럼 처남을 만나셨군요.

이참봉 아니다. 다만 답장전보가 왔더라.

정수 전보?

이참봉 하숙비며 그 밖에 정리할 일이 있으니까네 여비까지 합해서 삼백 원만 급히 송금해달라고 해서 장 주사를 시켜 송금했더니만…

허씨 삼백 원씩이나?

이참봉 (한숨) 그 길로 온데 간데 없어졌으니… 배반당한 건 이 애비인기라!

허씨 그런 일을 와 저한테는 말씀 안 하시고…

이참봉 임자가 무슨 뾰족한 수라도 있나?

허씨 아녀자도 쓸데가 있어예! 괄시마소서!

이참봉 그 놈은 자식이 아니라 웬수인기라. 제 놈 혼자 살라고 그랬겠지만 애비 체면은 뭣이 되는가 말이다. 인자 우리 가문도 다 끝장 난기라… 끝장! (하며 마룻장을 친다)

영숙 아버지, 그럼 우리는 어떻게 하실 거예요?

허씨 영숙아!

영숙 (이성을 잃은 듯 반항하며) 아들은 도피시키고, 사위는 학병으로 보내실 거예요? 도대체 저는 뭐냐구요? 아버지!

이참봉　이 못된 년 하는 소리 좀 들어보레이! 내가 언제 영찬이를 도피시
　　　　켰노? 그리고 느그들 보고 언제…

영숙　흥! 아버지는 원래가 그런 분이셨죠! 아들은 소중하고 딸자식은
　　　천덕꾸러기로 아는…

이참봉　입 닥치지 못하겠나?

영숙　(악에 받치며) 그 잘난 체면을 지키기 위해서였죠? 오 서방만이라
　　　도 학병으로 보냄으로써 조선총독한테 훈장이라도 받아…

영숙의 말이 채 떨어지기도 전에 이 참봉이 뺨을 후려친다.

이참봉　이 년! 말이면 다 하는 줄 아나 잉?

허씨　여보! 이게 무슨…

부엌 쪽에서 옥단이가 고개를 내민다. 영숙은 독이 오른 뱀처럼 꼼짝도
않고 아버지를 노려본다,

이참봉　(분노에) 늬년이… 늬년이… 어디서 배워묵은… 막된 버르장머리
　　　　를…

정수　장인어른! 영숙인 지금 홀몸이 아닙니다. 신경이 날카로운데다가…

이참봉　옳제. 오씨 가문에서 배워온기가? 야… 희안하구마… 시집 한 번
　　　　잘 갔다 했더니만… 알고 보이까네 집안에다 살쾡이를 키웠구마!

허씨　영감, 고정하시이소! 오 서방 걱정을 하다보니까네 말이 함부로…

이참봉　(오정수에게) 늬 가문에서는 그래 가르쳤나? 잉? 양반, 양반 하더
　　　　이만 알고 보니까네 순 쌍것들 행세구마!

정수　장인어른! 말씀이 지나치십니다.

이참봉   너까지 쌍고동 불기가? (마구 떠밀며) 그래 어쩔테고? 나를 쥑여
라. 쥑여라! (두 사람이 엉킨다)

허씨   영감! 와 이러십니꺼? (안을 향하여) 아무도 없나? 거기 누구 없나?

이때 부엌 쪽에서 영광댁과 옥단이가 급히 나오나 차마 손을 쓸 수가
없다. 영숙은 히스테리 증세가 발작하며 소리만 지른다. 허 씨가 뜯어
말리나 막무가내다. 때마침 사랑채 쪽에서 태길이가 낙엽을 쓸어 담은
망태를 지고 나오다가 멍하니 바라만 본다.

허씨   봉춘 아범! 뭘 멍하니 서 있노? 어서 와서…

태길   (두 사람 사이에 끼어서) 참봉 어른! 이러시면 안되지라우. 이러시
면…

하며 가까스로 떼어놓자 이 참봉은 제 풀에 꺾여 마루 끝에 쓰러진다.
영숙은 정수에게 매달리며 마구 울부짖는다. 상황이 험악하다.

영숙   난 어떻게 살아… 누굴 믿고 살아… 이럴 줄 알았으면 차라리…
나를 죽이고 가! (하며 정수의 가슴팍을 치며 통곡한다)

이참봉   망했구나… 인자… 다… 끝장이… 아…

옥단은 어느 편에 낄 수도 없어 저만치 서서 안절부절 못하고 있다.
다음 순간 무슨 결심이라도 한 듯 조심스럽게 입을 연다.

옥단   저… 지가… 한 말씀… 드려도…

이 말에 모두들 옥단에게 시선을 모은다.

허씨	늬가? (사이) 말하거라.

허씨　늬가? (사이) 말하거라.

옥단　저… (머리를 긁으며 난처해서) 이야기를 해야 할지… 안 해야 할지 모르 것는디… 헷헤…

영광댁　옥단아. 이 판국에 웃음이 나오게 생겼냐? 빌어먹을 년! 아무리 배 안의 병신이로서니 그만한 눈치도 없냐! 쯧쯧…

옥단　눈치가 있으니께 이날까지 살았지라우… 헷헤…

영광댁　아이고… 지리산 호랭이는 눈이 멀었다냐? 저년을 잡아가지…

허씨　옥단아 얘기 들어 보자카이! (사이)

옥단　저… 영찬이 학상… 말 인디요…

허씨　그래 퍼뜩 말 하거라.

옥단　영찬이 학상은… 저… (머뭇거린다)

허씨　속 시원히 말하거라! 복통이 터지겠다!

정수　봤어?

옥단, 고개만 크게 끄덕한다. 모두 긴장한다.

정수　어디서?

허씨　언제?

옥단　저… 그성이… 저…

태길　(저만치 비켜서며) 속 시원히 말하랑께! 왜 그렇게 죽은 낙지발처럼 질질 늘어지는겨? 숭어가 뛰면 망둥이도 뛴다더라. 할 말 있으면 죄다 털어놔버려!

이참봉　(화를 내며) 오 서방! 경찰서에 연락해.

옥단　(경찰이라는 말에 겁을 먹고) 아니어라우! 경찰서는 안 되지라우!

태길　그렇게 어서 말을 혀! 어르신네 앞에서 죄다 털어놔! 어서!

허씨　(회유하려고) 세상에 법 없이도 살 수 있는 우리 옥단이아이가…

그제? 그라이 걱정 말고 말하거라 (사이, 부드럽게) 어디서 만났제? 언제 만났노?

옥단 (나지막하게) 오늘 아침에.

허씨 뭐라꼬?

모두들 표정이 급변한다.

영숙 어디서?

옥단 우리 집에서…

태길 우리 집이라니? 뒷개 뻘바탕에 있는 움막집 말이여?

옥단 (고개만 크게 끄덕한다)

이참봉 늬 지금 무신 잠꼬대하고 있나? 엉?

옥단 참봉 어른… (겁먹은 듯) 누구한테도… 절대로 말 안 하기로 약속했어라우. 그런디… (갑자기 우는 아이처럼) 나 몰라! 나 몰라! 얘기 하지 말라고 했는디… 흑… 흑…

옥단은 치맛자락으로 얼굴을 싸며 운다. 영숙이가 정수에게 수근거린다.

이참봉 경찰서에 퍼뜩 신고하는 기라! 퍼뜩!

옥단 안 되지라우! 겨, 경찰서는 안돼!

영숙 넌 가만히 좀 있어! (정수에게) 여보! 어서요!

옥단 … 서방님! 그건 안 되지라우!

옥단이 정수에게 매달리자 정수는 옥단을 떠밀고 사랑채로 나간다. 이 참봉도 따라간다. 옥단이 허 씨에게 매달리며 절규한다.

옥단   사모님! 살려주시오! 경찰에 알리면 다 죽는다요!

허씨   내게 무슨 힘 있노?

하며 대청으로 올라가 안채로 퇴장. 영광댁 따라 나간다. 무대엔 태길
이와 옥단만 남는다. 옥단은 새삼 슬퍼진다.

옥단   이 일을 어째사 쓸꼬… 흑… 봉춘 아부지! 내가 미쳤지라우!

태길   (흩어진 낙엽을 쓸어 담으며) 다 털어놔 버려. 병든 잎사귀도 다 털어
       버리면 시원해지는 법이니께. 너나 나나… 다 병든 잎사귀지 별
       것이냐……

옥단   그렇지만 경찰서에서 알면… 우리는 다 죽는단 말이오! 흑… (비
       통한 곡소리로 변해간다. 바람에 낙엽이 우수수 떨어진다)

태길   죄가 있으면 벌을 받을 것이고 없으면… (문득) 늬가 뭔 죄를 졌
       어?

옥단   내가 죄인이지라우. 내가… 내가…

태길   (문득 허공을 향해) 봉춘아, 애비 말이 맞지야? 훨훨 털어버리고
       사는 것이여! 그게 쉬운 일은 아니지만 가진 것은 없어도 훨훨
       털어 버리고 나면 마음이 편해진 법이여 훗흐!

옥단   그래도 쓰리고 아픈디 어떻게 털어 버린다요! (허공을 향하여) 영
       찬 학상! 나 좀 살려 줏쇼! 내가 그만… 흑… (쓰러져 흐느낀다)

암전

제6장

전장부터 약 2주일 후 밤. 경찰서 지하 취조실. 음산하고 냉기가 도는 콘크리트 벽과 바닥 전등 삿갓에 검정색 방공 커버가 씌워있다. 그 조명 아래에 책상과 두어 개의 의자. 고등계 오까모또 형사가 조서를 꾸미고 있다. 그와 마주 앉은 영찬은 기진맥진한데다가 구렛나루가 자랄대로 자라 처참해 보인다. 긴 사이렌 소리에 이어 거리를 지나가는 자동차의 확성기 소리가 흘러든다. "경계경보 해제! 경계경보 해제"라는 멘트가 반복되며 멀어진다. 오까모또가 일어나서 전기 삿갓을 덮은 검은 커버를 제치자 전보다 밝아진다.

오까모또 (자리에 앉아 조서에서 눈을 떼며) 얘기 계속해봐. 늬가 말하는…
그 무정부주의란 게 뭐냐? (사이) 정부는 필요 없다 이거냐?

영찬 (몽롱한 소리로) 잠 좀… 자게 해주시오. 아… 졸려요…

오까모또 잠을 자고 싶으면 대답부터 해, 임마. 오는 게 있어야 가는 것도 있지. (조서를 훑어가며) 동경 법정대학 3학년 재학 중… 친구 이히야마 미쓰오의 소개로 동방 독서 서클에 입회… 서클에서 불온서적을 읽음으로써… 공산주의에 심취했다. 이거지?

영찬 (무력하지만 뚜렷하게) 공산주의가 아니라 무정부주의요.

오까모또 그러니까 그 무정부주의가 뭔지 설명을 하란 말이야. 이 새끼야!
(하며 주먹으로 머리를 치자 픽 쓰러진다)

영찬 (다시 의자에 앉는다. 침착하게) 모든 것을 부인하자는 주의요.

오까모또 모든 것을 부인한다?

영찬 정치, 도덕, 재산, 권력, 모든 것을 부인하는 주의요.

오까모또 모든 것을 부인한다?

옥단어!

영찬　(차츰 제 정신이 드는 듯) 지금 이 사회에 무슨 진리며 정의가 있으며, 강도 사회에 무슨 문화가 있는가 (절망적으로) 없다! 없다! 아무것도 없다…

오까모또　그럼 일본 제국도 부인한다는 거군? 그래 무정부주의를 어디서 배웠어?

영찬　처음에는 고오도꾸 슈우스이의 책에서 읽었지만… (사이) 사실은 우리나라의 언론이자 사학자인 단재 신채호 선생의 책을 읽고부터요.

오까모또　(기록을 하다말고) 늬 아버지, 이 참봉이 어떤 분인지 알고 있겠지?

영찬　(냉담하게) 도의회의원… 상공회의소 부회장… 국민총력연맹지부장… 흥!

오까모또　그럼 늬 아버지는 늬놈이 공산주의자가 되었는데도 모르고 있었어?

영찬　(단호하게) 무정부주의자라니까요!

오까모또　무정부주의나 공산주의나, 오십 보 백 보다! 자본주의 사회의 모든 구조를 반대한다는 점에서는… 그런데 늬가 그 옥단이의 움막집에 숨게 된 동기가 뭐냐?

영찬　학병을 기피하기 위해서는 그 길밖에 없었소.

오까모또　그럼 늬 아버지의 처지는 생각 안 했어?

영찬　(단호하게) 아버지와 나는 별개의 인생이오. 아버지는 나의 경멸에 대상일 뿐이오!

오까모또　아버지를 경멸한다고?

영찬　일본식민지 정치 아래서 잘 먹고 잘 살기만 원했지. 동포들의 불행을 보고도 못 본 척하는… 이기주의자요.

오까모또　(뺨을 때리며) 불효막심한 놈 같으니! 천황폐하께 충성을 바치는 게… 조국을 위하여 싸우는 게 싫다면 네 놈은 대역 죄인이야!

영찬　(눈을 감고만 있다)

오까모또　그리고 (서류를 보며) 옥단이는 범인은닉죄에 해당된다는 것 쯤 알고 있겠지?

영찬　(완강하게) 그건 사실과 달라요.

오까모또　뭐가 달라? (음탕하게 웃으며) 너 알고 보니… 변태지? 그렇지? 헛히…

영참　변태라뇨?

오까모또　그 병신 같은 계집의 어디가 좋아 동거생활 했지? 홋호… 일본 드나들면서 공부는 안하고 괴기한 것만 보고 다녔구나? 헛허… (은밀하게) 맛이 어때? 정상적인 여자보다 더 신나? 그렇지? 흠…

영찬　옥단이는 그런 여자가 아니오! 아니란 말이요! (하며 책상을 내리친다. 그 서슬에 물 컵이 넘어지며 물이 흘러내린다. 오까모또가 반사적으로 겁을 먹고 몸을 피한다. 영찬은 의자에 간신히 몸을 기댄다. 그의 눈에서 눈물이 흘러내린다. 그는 애걸하는 표정으로 변한다) 옥단이는 아무것도 몰라요! 다만 내가 글을 쓸 수 있는 조용한 방이 필요하다고 간청하자 편의를 봐준 것뿐이요. 방세를 주고 방을 빌린 것뿐이요.

오까모또　그럼 손목도 안 잡아봤다 이거냐? 너 고자구나? 헛허…

영찬　옥단이는 순수한 여자요! 만년설에 덮힌 높은 산처럼 순결한 여자요! 가식이라곤 모르는 흙에서 태어나 흙으로 돌아갈 대지의 딸이란 말이오!

오까모또　닥쳐!

발길로 걸어차자 영찬은 저만치 나가떨어진다.

오까모또　지금 나한테 문학 강의하기냐? 내가 고등계 형사라고 아주 무식인 줄 아는 모양인데 이래봬도 세계문학전집쯤은 읽었다. 늬가 심취했다는 러시아 문학도 읽었어! 톨스토이, 도스토예프스키, 고리키, 푸쉬킨… 흥!

영찬 (발악하듯) 너희 일본 놈들이야말로 변태족이지! 근친상간도, 사촌과 결혼도 밥 먹듯 하는 야만족이다!

오까모또 함부로 지껄이면 죽여 버릴 거다!

영찬 옥단이는 무식하지만 제아무리 짓밟히고 쫓겨 다녀도 살아난다! 우리는 밟히면 밟힐수록 더 자라는 보리다.

다음 순간 오까모또의 얼굴에 경련이 일어난다.

오까모또 드디어 본심을 실토하는군. (유들유들하게) 일본사람에게 밟히면 밟힐수록 반항하겠다 이거지? 흥! 그래서 반일사상을 품게 되었고… 학병제도에 반대하며 도피생활을 결심했다 이거냐? 그리고 옥단이라는 천치같은 년을 농락하여 외딴 움막에서 마음껏 성욕을 만족시켰다… 이거지? 응?

영찬 (어이가 없어) 너는 인간이 아니다! 너는…

오까모또 그럼 대질을 해볼까? 누가 길고 짧은가 직접 대보지! 홈… (그는 책상다리에 설치된 초인종을 누른다. 무전 신호를 보내는 듯 서너 번 누르자 둔탁한 초인종 소리가 옆방에서 들려온다)

영찬 대질이라니… 누구 말이요?

오까모또 만나면 알게 된다! 홈… 꼬리가 길면 잡히는 법이다. 일본 경찰이 그렇게 호락호락하지 않다는 걸 보여주마!

영찬 뭐, 뭐라고?

노크 소리가 난다.

오까모또 들어와!

이윽고 정복 순사가 들어와 경례를 한다.

오까모또 들여보내. (하며 먼저 의자에 앉는다)

순사가 문 밖에 있는 옥단을 밀어내듯 하고는 문을 닫고 나간다. 옥단의
몰골은 처참하게 변했다. 군데군데 핏자국도 보인다. 땅만 내려다보다
가 이윽고 고개를 쳐든다. 옥단의 눈동자는 약간 초점이 흐린 듯하다.
웃는지 우는지 분간하기가 힘들다. 반 실성한 사람같다.

영찬 옥단이!

그녀는 수줍은 듯 웃기만 한다. 오까모또가 두 사람의 동태를 지켜본다.

영찬 (가까이 다가가며) 어찌 된 일이지? 이런 몰골로…
옥단 언제 오셨습디어?
영찬 누가 이런 꼴로… (머리의 상처를 만지려하자 옥단이 피한다)
옥단 괜찮다니께… 난… 그런디… 영찬 학상 뭣 좀 요기 했소? 힛히…
　　　나는 배 안 고파라우… 영찬 학상이 옆에 있으면 나는 힛히…

그녀의 거동은 어딘지 정상적이 아니다.

영찬 옥단아! 사실대로 말해! 응? 누가 너를 이 지경으로… 아버지한테
　　　연락해서 변호사를 대서라도 사실을 밝히겠다. 나 때문에 무고하
　　　게 당한 너의 아픔은 내가 씻어주마!

오까모또 (옥단에게) 이 학생 좋아하지? 응?

옥단 (킬킬댄다) 흠… 흠…

오까모또 한 이불에서 잤지? (사이) 몇 번 잤어? 말해봐. 너를 끌어들이던? 응? (옥단은 여전히 킬킬거린다)

영찬 (발악하듯) 그만! 그만! 그만!

오까모또 아가리 닥쳐! 죽고 싶니? 응?

오까모또가 책상 위에 있던 가죽 채찍으로 사정없이 후려친다. 영찬이 가 쓰러진다. "안돼! 안돼!" 옥단이가 비명을 지르며 쓰러진 영찬에게 다가서려다가 어떤 심리적 변화가 일어난다. 그것은 현실과 환상 사이 에서 오락가락하듯 비정상적이다.

옥단 봉춘이… 정신차려! 응?

오까모또 봉춘이라니?

옥단 봉춘이… 어서 일어나랑께! 자… (하며 안아 일으킨다. 영찬의 이마 에 피가 낭자하다)

영찬 (울먹이며) 나 때문에… 너까지…

옥단 (어떤 착각 속에서) 봉춘이. 아부지가 기다리셔! 어서 가보랑께… 나 한테도 아주 잘 해주신당께… 흠…

영찬 (측은하게) 실성을 했구나… 불쌍한 것! 옥단아! 정신 차려! 그 맑 은 정신을 잃어서는 안된다!

옥단 (엉뚱하게) 언제 올 것이여? 내년… 내 명년? 난 기다릴 것이구먼! 아부지 뫼시고 기다리라고 했잖여? 홋호…

영찬 (끓어오르는 격정을 이기지 못한 듯 오까모또를 노려본다) 한 가지 물 어보자!

오까모또 뭐야?

영찬   누구냐? 옥단이를 이 꼴로 만든 게 누구냐? (하며 천천히 육박해 온다) 너냐?

오까모또 (약간 겁에 질리며) 이, 이 새끼가…

영찬   어떻게 하면 옥단일 풀어줄 수 있지? 말해줘! (오까모또가 급히 초인종을 누른다. 옆방에서 벨이 울린다) 옥단이가… 무슨… 잘못이 있기에 이런… 형벌을… 흑… 흑…

출입문이 열리면 순사 갑, 을이 뛰어든다.

오까모또 이 놈을 끌어내! (순사들이 영찬이의 양팔을 붙든다)

영찬   나는 죄인이지만 옥단이는 아니다!

오까모또 네 죄를 시인하니?

영찬   한다. 그 대신 옥단이를 살려낼 수 있다면 무엇이든… 하겠다!

오까모또 무엇이든?

영찬   내가 할 수 있는 일이라면… 무엇이든…

오까모또 정말이지? (사이) 좋았어!

오까모또가 순사들에게 눈짓으로 지시하자, 순사가 팔을 풀어준다. 오까모또가 책상 서랍에서 종이를 꺼낸 다음 영찬의 코 가까이 내민다.

영찬   이게 뭐죠?

오까모또 지원서다. 서명을 해! 그것으로 모든 게 끝난다. 어때?… 하겠어? (영찬이가 한동안 허공을 쳐다본다) 좋은 게 좋은 거야. 네가 살고 싶으면 그 길밖에 없다. 어서! (펜을 들려준다) 그리고 이 년을 풀어주는 일도…

영찬   하죠.

오까모또 진작 그렇게 나올 것이지… 헛허…

영찬 (서명을 하고나서) 그 대신 옥단이는 틀림없이 풀어주오!

옥단 (발작적으로) 걱정말어. 홋호… 헛허…

멀리서 폭격기의 엔진소리가 들려온다. 구내 스피커를 통해서 공습경보를 알리는 아나운서 멘트가 울려 퍼진다.

아나운서멘트 공습경보! 적기내습! 공습경보! 즉각 지하 방공호로 대피! 공습경보!

오까모또가 그 소리에 경직된다. 그러나 옥단은 킬킬대고 웃고 있다.

영찬 옥단아! 정신차려! 무슨 일이 있어도 살아야한다! 이것아! (껴안는다)

지축을 울리듯 비행기 폭음이 가까이서 울려 퍼진다.

암전

제7장

무대 앞 막에 8·15 해방과 관련된 명상이 투영되며 애국가가 흘러나온다. 이윽고 만세 소리가 한동안 드높게 퍼지다가 사라지며 무대가 밝아진다. 이 참봉의 집. 전장부터 약 일 년 후. 초가을. 까치가 운다. 집안은 이사 나간 집처럼 썰렁하다. 대청 한구석에 초라한 상청이 차려있다. 태길이가 양지바른 곳에서 새끼를 꼬고 있다. 그 옆에 새끼 타래가 둥지를 틀 듯 놓여 있다. 그는 전보다 훨씬 늙고 기력도 없어 보인다. 돋보기 안경을 썼다. 서행하는 자동차 스피커에서 집회를 알리는 가두방송 소리가 흘러나온다.

소리 친애하는 애국시민 여러분! 몽매에도 못 잊은 조국광복의 날이 밝았습니다. 오늘 저녁 일곱 시 역전 광장에서 애국시민 단체와 민주시민들의 집회가 열릴 예정입니다. 집집마다 한 분도 빠짐없이 나와 주시기 바랍니다. 거듭 말씀드립니다. 오늘 저녁 일곱 시 역전 광장에서… (소리가 멀어진다)

태길 (길게 한숨을 뱉으며) 제발… 조용히 좀… 살자! 인자 시끄러운 소리는 지긋지긋해서 못 살겠다! 전쟁도 끝났다는디… 왜… 또 이렇게들… (한숨) … 지랄 같은 시상 신물 난다. 죽지 못해 사는 시상… (한숨을 몰아쉬며 안주머니에서 낡은 편지 봉투를 꺼낸다. 안에서 편지와 사진을 뽑아든다) 이 자식아, 어디 있는디 엽서 한 장 못 쓴다냐? 소식 끊긴지 한 해가 지났다. 남들은 모두 돌아오는디 어째서 너는… 허기사 몸만 성하다면야 기다리기는 약과지. 그런디 우체국 송금도 끊겼다니 걱정이다…

273   옥단어!

이때 완장을 찬 치안대 A, B가 불쑥 들어선다. 손에 장부가 들렸다.

치안대원 A   실례합시다요. (인사도 건성이다)

태길   (멍청하게 쳐다본다)

치안대원 B   주인장은 어디 갔소?

태길   주인? 글쎄라우… (봉투를 주머니에 넣고는 새끼를 다시 꼬기 시작한다)

치안대원 A   어디 갔소?

태길   피난 갔지라우.

치안대원 B   해방된 지가 언제인디 아직도 피난이여…

태길   참봉 어른은 (상청을 가리키며) 영 가시고… 마나님은 해남 친정에 가 계시니고… 빈 집이나 다름없제.

치안대원 A   (뜨락을 한 바퀴 돌며) 집을 비어줘사 쓰겄는디… (하며 사랑채 쪽을 기웃거린다)

태길   집을 비워?

치안대원 B   (장부를 들추며) 상부지시인디? 며칠새 비워줘사 쓰것소!

태길   상부라니?

치안대원 B   이 집은 치안대 본부 사무실로 쓰기로 결정이 났다니 그리 알고…

태길   (멍청하게 쳐다만 본다) 치안대?

치안대원 A   알고 보니께 민족반역자 집이구먼. 도회의원 지낸…

치안대원 B   그뿐인가. 아들, 사위를 둘 씩이나 학병으로 내보냈으니께 친일파지 뭐여!

태길   그, 그건… 그 무엇이냐…

치안대원 A   그 속이사 누가 알겠소? 우린 상부에서 시키는 대로 온 것뿐인께… 그렇게 알고 나 있읏쇼!

태길   그, 그런 법이 어디… 있다요?

치안대원 A 법? 법 좋아하시는 게 반동분자 같은디? 헷헤…

치안대원 B 처녀가 애기 배도 핑계는 있것제… 잉? (A에게) 그만 가드라고!

두 사람이 건성으로 경례를 하고 사라진다. 태길도 불안감에 몸을 떤다.

태길 이것이 뭔 벼락이라냐? 집안에 사람이라곤 나뿐인디… (문득 상청 쪽을 바라본다. 까치가 푸드득 날아가며 운다)

다리를 절며 천천히 마루 쪽으로 가 상청 앞에 선다. 향을 피우고 영정을 덮은 천을 제치자 영정이 나타난다. 태길이 무릎을 꿇는다.

태길 참봉 어른. (울먹이며) 이런 괴변이 어디 있었소? 어디다 의지해야 할지… 영찬 서방님도 안 계시고… 옥단이도 감악소에 끌려간 후 감감소식이고 윽… 봉춘이 놈도 소식 끊긴지가 어언… 흑… 참봉 어른! (마룻장을 치며 통곡을 한다)

이때 한 중노인이 어슬렁거리며 나타난다. 옥단이다. 허리도 약간 굽었고 머리는 반백에다 한 다리도 약간 전다. 허름한 옷차림에 작은 옷 보따리를 등에 지고 있다. 뜰 안에 들어서자 굽혔던 허리를 펴고 길게 숨을 몰아쉰다. 감개가 무량한 듯 코를 탱 푼다. 옛 모습을 찾을 수가 없이 변했다.

옥단 계신게라우?

태길 (쌀쌀맞게) 아무도 없어.

옥단 아무도 없는디 말소리는 들린다냐?

태길 (불쾌해서) 없다면 없는 줄 알지 웬 긴 소리 짧은 소리가… (하며

　　　　　　　　　　　　　　　　　　옥단어!

마루 끝에서 내려다본다. 옥단이가 얼굴을 들고 쳐다본다)

옥단   헷헤…

태길   아니… 이것이 누구여?

옥단   누군 누구… 나 옥단이제! 헷헤…

태길   오, 옥단아? (그는 맨발로 내려와 옥단이를 새삼 훑어본다)

옥단   봉춘 아부지도… 많이 늙었소잉?

태길   사돈네 남의 말허네! 헛허… 옥단아!

옥단   홋호…

두 사람은 비로소 얼싸안고 웃다가는 마침내 울음으로 변한다. 그 서슬
에 옷 보따리가 땅 위에 뒹군다. 두 사람은 잠시 말을 잊는다.

태길   살아있었구먼! 잘 왔다! 잘 왔어!

옥단   내가 살아서… 돌아오리라고는… 생각도 못했지라우? 다시 (슬퍼
지며) 질기기도 질긴 목숨… 그때 콱 꼬꾸라져서… 죽어야 했었
는디… 흑… 이렇게 또 살아왔구먼유! 흑… 흑…

태길   그런디, 어쩐 일로 이렇게…

옥단   (눈물을 닦으며) 형무소에서 나가라고 합디다. 내사 해방이 무엇인
지, 자유만세가 무엇인지나 알겠소? 그저 남들이 두 팔 들고 "만세"
하면, 나도 따라서 만세했지라우… 헷헤… (어느새 그 얼굴엔 행복
한 빛이 보인다) 생각하면 꿈만 같소!

태길   꿈이고 말고… (한숨) 꿈이 따로 없지… 이것이 바로 일장춘몽이
제… 헛허…

옥단   봉춘 아부지도 문자께나 쓰시오잉? 그것도 해방덕인감? 홋흐…

태길   해방이 좋기는 좋은게비여. 여기서나 저기서나 숨어있던 것들이
죄다 되살아나니…

옥단	참, 봉춘이 소식은… 들었소?
태길	봉춘이? (마루 쪽으로 가며 가볍게) 갔것제.
옥단	(따라가며) 오지 않고 가라우?
태길	간 사람이 어디 봉춘이 뿐인가? 다 갔당께! (상청을 돌아보며) 참봉 영감도… 영찬 서방님은 자살하고… 오 서방은 전사하고 (마룻장을 치며) 죄다 갔어! 쓸만한 것들은 죄다 가고… 우리 같은 병신들만 남았으니… 이것이 뭐여? 응? (울음이 터지자 마룻장을 치며 통곡한다. 이 사이에 옥단은 천천히 상청 쪽으로 간다. 옥단은 눈물도 말라버린 사람같다)
옥단	(사진을 보며) 잘 가셨지라우. 이런 지랄 같은 시상 살면 또 뭣하겠소? 안 그렇소? 참봉 어른! (긴 한숨을 몰아쉬고는 태길을 돌아본다. 그 눈빛이 정상이 아니다)
태길	(눈물을 닦다가 말고) 뭘 보는거? 내 얼굴에 뭐 묻었어?
옥단	(어떤 환각 속에서 혼잣소리로) 많이 뵌 분 같은디… 혹시 형무소 가운데 마당에서 풀 뽑기 할 때 만난… 그 양반 아니여?
태길	(불길한 예감에서) 지금 뭔 소릴 하는 거여? 응? 나를 몰라봐?
옥단	(갑자기 환각 증상이 일어나며) 밖에 나가서 만나게 되면 모르는 척 말라던 그 양반인가? (사이) 이… 영찬? 오메! (옥단은 젊은 날의 언행으로 바뀐다)
태길	이거 보통 일이 아닌디… 제 정신이 아니여!
옥단	(수줍게) 우리 집 양반 이름하고 닮았네요. 영찬이… 흠… 쪽도리 쓰고 식은 안 올렸지만… 좋아하는 사이였지라우. 흠… 그런디 집안 어른들이 어찌나 반대하는지… 그만… (사이) 헤어진 것도 아니고 함께 있는 것도 아니고… 그냥 그렇게 마음 속에다가 묻어놓고… 훗호… 그란디 글메 어느날 온다간다 말 한마디 없이 훌쩍 떠나버렸지라우. 내가 돈 벌어오란 것도 아니고, 옷 사달라

277

고 칭얼댄 적도 없는디 글메… (한숨) 애시당초 넘어다 봐서도 안 되고, 넘어다 볼 수도 없는 일잉게. 하늘과 땅이었지라우! 게다가 내 얼굴 좀 봇쇼잉? 삶은 메주콩 찌어 다둑거리다가 땅에 떨어진 것맨큼으로 삐틀어졌으니… 헷헤… 남자들 마음은 매한가지라우. 가진 놈이나 못 가진 놈이나 그저 이쁜 여자만 보면… 헷헤… 그런디 이상합니다. 어느날 갑작스럽게 나를 받아주는 날이 오겠지 하는 생각이 나면서부터는 바람이 불면 그런 대로… 꽃잎이 피면 그런 대로… 자면 또 그런 대로… 언젠가는 나를 데리러 오것제 하고 믿으면서 살아나왔지라우! (울먹거리며) 멍청하고 무식해서지라우. 흑… 흑… 지금까지 허깨비만 믿고 살았나 싶어지자 내 자신이 미워지고 싫어지고… 그럴 때면 벽에다 머리통이 깨지라고 부딪쳤지라우! 보싯쇼. 여기… 그 상처 있지라우? (하며 머리를 수그려 보인다) 생각하면 원통하네요. 진작 쥐약이나 먹고 죽을 것을… 뭘 바랄 것이 있다고 기다리다 기다리다… (울음보가 터진다) 흑… 흑… 난… 난… (태길의 품에 얼굴을 묻는다)

태길 (옥단을 안으며) 그려! 실컷 울어라. 우는 게 약이니라! (사이) 옥단아 참 너한테 보여줄 물건 있다. (하며 품안에서) 봉투에 싼 예금통장을 내보인다. 봉춘이가 노무자로 가면서 준 예금통장이여! 흠…

옥단이가 헤진 예금통장을 받아서 본다. 다음 순간 갑자기 정상으로 돌아와 옛 생각이 되살아난 듯 눈빛이 반짝거린다.

옥단 이게 왜 여기…

태길 왜는 왜… 내게 맡겼잖냐!

옥단 봉춘이 예금통장인디…

태길 (놀라며) 인자 알것어?

옥단 알고 말고라우! 대판으로 떠나면서 맡긴 예금통장! (펴보며) 시상에… (하며 예금통장을 볼에다 댄다)

태길 아… 삼 년하고도 7개월이다. 그놈이 돌아오면 찾아 쓰려고 기다렸는디…

옥단, 통장 안을 펴보다 말고 갑작스리 킬킬댄다.

태길 뭐가 우습냐? 응?

옥단 (아슬한 기억을 더듬으며) 저 뜰 아랫방에서… 셋이서 자던 날 밤… 흠…

태길 (놀란 듯) 뭣이 어째?

옥단 나를 가운데 놓고… 양쪽에서 봉춘이하고 아부지가 이렇게 나란히서… 힛히…

태길 별 것 다 기억한다. (멋쩍어서 돌아선다)

옥단 사실은 그날 밤 뜬눈으로 새웠지라우… 누가 먼저 내 손가락을 잡아 댕길 것인가 하고… 흠…

태길 망측스럽다!

옥단 그런데… 두 사람이 번갈아 가면서 한숨만 푹푹 쉬는디… 홋호…

태길 헛허…

옥단 (문득) 나보고 별종이라고 하드랑께! 힛히…

태길 별종? 누가?

옥단 그 고등계 형사.

태길 형사?

옥단 영찬이 학상하고 나는 한 지붕 밑에서 살았지만도 손목 한 번 잡아본 적 없다니께. 글메 변태라고 하면서… 마구 발길로 차고 주먹으로 패고…

태길	그놈이 누군지 모르지?
옥단	예?
태길	그놈 조선 놈이었단다.
옥단	참말인가요?
태길	오까모또라고 창씨개명까지 하고 완전히 일본 놈 행세하며 숱한 조선 사람을 괴롭혔다더라…
옥단	그래 어디 산다요?
태길	죽었지. 열 번 죽어도 싸지.
옥단	예?
태길	해방이 되자, 주민들에게 몰매 맞아 죽었단다. 주민들이 목포 시내 구석구석 끌고 다니다가 째보선창에서 때려 죽였단다.

옥단은 공포와 불안이 다시 엄습해 오는 듯 두 손으로 얼굴을 가리고 흐느낀다. 태길은 담배를 피우기 시작한다.

태길	(길게 한숨을 내쉬며) 사람이 산다는 것이… 시상에 나오고 싶어 나온 것도 아니고 죽기 싫어도 가야 하는 것… 연기 같고 바람 같은 것이제… 그런디 왜들 원수 되고 또 원수 갚고 하는지… 난 모르것다. 옥단아. 안 그렇냐?
옥단	(서서히 고개를 들며) 나도 모르것소. 대소쿠리로 바람 잡듯이 살아온 년… 뭘 알것소…
태길	그래도 옥단이 너는 한 가지는 잘 알고 있었제?
옥단	한 가지라고요?
태길	(미소 지으며 두 손을 입에 대고 하모니카 부는 시늉을 한다)
옥단	(미처 못 알아듣고) 그것이 뭣이다요?
태길	하모니카.

옥단 (생각이 되살아나며) 하모니카라우? 오메 그걸 어떻굼 기억하시오?

태길 기억하다 마다… 이따금 옥단이 하모니카 부는 그 곡조 생각났지.

옥단 참말이지라우?

태길 암, 그 뭣이냐. 봉춘이란 놈 대판으로 떠나던 날 목포역 울타리에 기대고 불었던 그 하모니카 소리…

옥단 듣고 싶소?

태길 듣고 싶기야 이루 다 말할 수 없지만… 아… 그런 날도 있었다고 기억하는 것만으로도 나는 살맛 나! 훗흐… 이런 게 다 나이 먹으면 하는 죽은 자식 새끼 부랄 만지기랑께… 헛허…

옥단이가 가지고 온 보따리를 풀면서 물건을 찾는다.

태길 뭣하냐?

옥단 쪼께 기다리싯쇼. (이윽고 하모니카를 꺼내 보인다. 장난기가 가득 찬 천진한 소녀의 표정 같다)

태길 여태 그걸 가지고 있었냐?

옥단 이 하모니카가 어떤 물건인디… (어루만지다가 볼에 대기도 하며) 지금까지 내 품에서 떠나본 적이라곤 없었지라우. 형무소에서 풀려나올 때도 소지품 보따리를 내주기에 하모니카부터 찾았더니 간수가 웃습디다! 헷헤…

태길 허기사 영찬 서방님이 주셨다니까 그럴 수도 있것제…

옥단 고마운 분이었지라우. 부잣집 도련님이지만 인정 많고, 신명 많고… 사람 차별 안 하고… (울먹이며) 그런디… 왜 그런 사람은… 죽어야 하고… 나같은 등신은… 살아남아서…

태길 늬 말이 맞다. 쓸 만한 젊은이는 쓸어가고, 무지렁이들만 살아남았으니… 훗흐…

281

옥단어!

옥단　하모니카를 내게 주셨을 때 영찬 학상은 길 가는 동냥치에게 엽전 한 잎 던져주는 셈쳤겠지만… 난… 그게 아니었지라우… 바람이 부나 눈보라 치나… 나는 생각나면 이걸 낙으로 삼고…

태길　어디 한 번 불어봐.

옥단　참말로라우?

태길　궁둥이 춤이야 인자 늙어서 어렵겠지만… 헛허… 오랜만에 옥단이 하모니카 소리 좀 듣자.

옥단　그럽시다. 죽은 사람 소원도 풀어준다는디 그 소원까진 못 들어주겠소? 홋호…

옥단이가 두어 번 음 조율을 하더니 불기 시작한다. 〈타향살이〉 곡이다. 유별나게 을씨년스럽다. 태길도 눈을 지그시 감는다. 옥단이 문득 생각이 난 듯 하모니카를 멈추고 보따리를 다시 싸기 시작한다.

태길　왜… 어디 갈라고?

옥단　야.

태길　어디 옥단이 움막집은 벌써 헐렸제. 그 자리에 공장이 들어선다고…

옥단　알고 있어라우.

태길　그럼 당장에 어딜 가… 당분간 여기 있거라. 아까 치안대에서 이 집 비워줘사 쓰것다지만 행랑방이야 쓰게 하겠지. 그러니 딴 생각 말고…

옥단　(자리에서 일어나며) 그렇지만 나대로 사는 날까지 살 것이구먼요… 그럼 봉춘 아부지… 잘 계싯쇼. 잉? (절을 꾸벅한다)

태길　옥단이 그냥 나하고… 있어 응?

옥단은 뒤도 돌아보지 않고 밖으로 나간다.

태길   이것 보드라고… 옥단이! 어디 가?

암전

제8장

전장부터 약 반 년 후. 겨울. 눈이라도 올 것 같은 찌푸린 날. 공동수도 앞. 수도 앞에 차례를 기다리는 사람과 물통이 줄을 섰다. 쌩쌩 불어가는 바람이 차다. 판자집 안에 한 노인이 쭈그리고 앉아 물표를 받고는 수도꼭지를 틀어주곤 한다. 물이 쏟아지는 동안 아낙들은 잡담을 하며 수다를 떤다. 물 기르기에 익숙해진 그들은 명랑하고 낙천적이다. 처녀 B가 물을 채운 물통을 지고 나간다. 다음 차례인 처녀 A가 말을 건다.

처녀 A 옥순아! 오늘 밤 원진극장 구경 안 갈래?
처녀 B 원진극장?
처녀 A 낭낭악극단 볼만하다던디…
처녀 B 그럼 있다가 쌩기 장터에서 만나자?
처녀 A 단팥죽집? 알았어!

이 사이에 아낙 갑이 물통을 슬쩍 바꾸어 놓는다. 처녀 A가 잽싸게 발견을 하고 항의한다. 아낙 A는 자기 차례라고 우긴다. 두 사람의 다툼이 차츰 격해지며 드디어 패싸움으로 변한다. 이 광경은 묵극으로 표현된다. 아까부터 언덕 밑에서 옥단이가 올라온다. 중간쯤 수도가 내려다보이는 자리에서 이 광경을 지켜본다. 품에서 담배꽁초와 성냥을 꺼내 담배를 피운다. 흥미있게 공동수도 쪽을 내려다본다.

옥단 훗흐… 억척스러운 년, 간사스러운 년, 백 여시 같은 년, 훗흐… 예나 지금이나 사람 사는 꼴은 마찬가지제. 시상은 변했어도 살아가는 꼴은 마찬가지여!

노인이 내려오다가 옥단을 돌아다본다, 지팡이를 짚었다.

노인 (힐끗 보며) 못 보던 얼굴 같은디… 어디 사는고?

옥단 (건성으로) 저어기…

노인 날씨도 찬디… (나란히 앉는다) 뜨끈뜨끈한 아랫목에서 등이나 지질 일이지… 노인네가 뭣땀세… (담배를 꺼낸다) 그러다가 감기 들면…

옥단 저 한 가지 물어보겠는디요… 요즘도 물대주는 사람 있습디요?

노인 없어! 그런 사람 없어진 지 오래여! (불을 붙인다)

옥단 왜라우?

노인 그게 벌이가 되사제… 게다가 요새것들 어디 물대주고 품삯 받으려그나 허남? 안혀! 게을러서도 안 하지만 벌이가 워낙 시원찮으니 누가 허겄어!

옥단 혹시… 그런 사람… 구하는 집 없습디여?

노인 글메… 요새는 집집마다 가정 수도를 늘었으니께. 저기 (윗쪽을 가리키며) 죽교리 유달산 자락에서 사는 집이면 또 모를까… 시상이 변했당께! (문득) 물장수 할라고?

옥단 아, 아니어라우. 그저… 하는 소리요. 흠…

노인 가만있자. 십 년쯤 되었을까… 이 근처에 물장수가 한 사람 있었다던디… 옥단이라고…

옥단 예?

노인 죽었는개비여… 형무소에 잡혀갔다 풀려났다는 얘기도 있고… 영감 얻어서 고향으로 갔을 것이라는 말도 있고 (일어나며) 누가 알겠는감! 시상이 하두 뒤숭숭한데다 사람이 얼마나 죽었소? 안

그라요? (하며 언덕 위쪽으로 올라간다. 옥단이 담배를 끄고 남은 꽁초를 혹 분 다음 품에다 다시 넣고는 사라지는 노인을 흘겨본다)

옥단 빌어먹을 영감탱이! 뭐 영감을 얻어 고향에 갔어? 내 고향이 어딘디… 흥! 엉뎅이 붙이고 살면 그곳이 고향이제. 그러고 뭐 죽었을 거라고? 오살하네! 지리산 호랭이 물어갈 영감탱이 같으니! 죽긴 왜 죽어? 난 안 죽는다! 악착같이 살 것이구먼! 두고 봐라. 환갑, 진갑상 다 받아먹고 갈 것이구먼! 그래서 못된 짓 한 놈들이 어떻게 죽는지 끝장을 다보고 갈 것이다. 이놈들아!

자리에서 일어난다. 바람이 아까부터 세게 불더니 눈발이 날리기 시작한다. 옥단의 표정이 금새 어린애처럼 밝아진다. 공동 수돗가는 어느덧 한산해지고 두어 사람만 남는다.

옥단 (하늘을 쳐다보며) 눈 한 번 잘 내린다! 헛허! (양팔을 벌리며) 눈만 내리면 그저 신바람 나긴 젊어서나 늙어서나 매한가지여! 홋호… (동요를 부른다)

눈이 온다 펄펄
싸락눈이 오도다
……

동요가 신통치 않은 듯 품에서 하모니카를 꺼내 두어 번 조율을 하다가 분다. 〈바위고개〉 곡이다. 지나가는 사람들이 의아하게 돌아본다. 수돗가에서 차례를 기다리던 갑, 을이 옥단이 쪽을 바라본다.

아낙 갑 뭔 청승이여. 눈밭에사 하모니카를 불다니 원…

아낙 을 좀 (머리를 가리키며) 돈 사람 아니어? 헛허…

아낙 갑 요새 정신병 환자가 부쩍 늘었다는디 헛허…

아낙 을 허기사 이런 세상에 안 미치는 게 이상하제잉. 정신병원에 가면
병실에 갇힌 환자가 바깥사람보고 미쳤다고 한디야… 홋호…

두 사람이 웃으면서 물지게를 지고 나간다. 사람이 뚝 끊긴다. 판자집
안에서 노인이 나온다. 키가 크고 삐쭉 말랐다. 오랜 시간 쭈그리고
있어서인지 긴 다리가 저린 듯 문지른다. 그는 수도꼭지에다 자물쇠통
을 걸고 열쇠로 잠근다. 손에 작은 나무상자가 들렸다. 다음 순간 언덕
위에서 하모니카를 불고 있는 옥단을 무심코 쳐다본다. 옥단은 신바람
이 나자 춤을 추면서 분다. 수도집 노인도 처음에는 의아하게 보고만
있다가 제 흥에 겨워서 춤을 춘다.

노인 좋다! 옳지! 좋을시고… (따라 춤을 춘다)

옥단이 흥겹게 춤을 추다가 그만 헛딛고 넘어진다.

옥단 으악!

빙판 길을 미끄러져 내려가다 노인을 바라본다. 옥단은 무대 안쪽 벼
랑으로 굴러 떨어진다. 쿵하는 소리가 울린다.

노인 (놀라며) 아! 아… 저… 사람… 사람… 살려!

하며 무대 밖으로 뛰어간다. 무대 바닥은 텅 비어있고 옥단은 좀처럼
나타나지 않는다. 함박눈이 펑펑 쏟아진다. 사람들이 모여든다.

옥단어!

군중 갑 누구여? 이게…

군중 을 못 보던 얼굴인디?

군중 병 거지구먼 거지!

군중 정 주재소에 신고 해사제.

군중들이 저마다 한마디씩 하지만 시체를 묻기라도 하듯 눈만 조용히 내린다.

암전

시골 주막집. 전장부터 이틀 후. 깡통 판으로 이은 지붕과 흙벽으로 지은 간이식당. 비닐로 막은 창. 낮은 출입문이 열릴 때마다 싸늘한 바람이 불어온다. 출입문 쪽으로만 바깥을 볼 수 있는 좁은 공간. 여수 댁이 구공탄 풍로 앞에서 안주감을 만들고 있다. 한 구석에 놓인 낡은 소형 라디오가 뉴스를 흘리고 있다. 중앙에 연탄 난로가 놓여 있다.

아나운서 사흘 전 오후 다섯 시 이십 분 경 시내 북교동 공동수도 부근 언덕길에서 실족사한 노파의 신원이 밝혀졌습니다. 이 여인의 성 명은 권옥단. 쉰 살쯤으로 추정되며 십 년 전 물장수를 한 경력이 있는 자로 시당국에서는 행려자로 규정, 연고자를 찾고 있다고 합니다… 다음…

음식 간을 보던 여수댁이 라디오를 귀찮다는 듯 꺼버린다. 안방에서 나오던 한 씨가 눈을 흘긴다.

한씨 왜 꺼? 끄긴… 뉴스 시간인데…

여수댁 (야채를 손질하며) 잘 죽었지. 뭐!

한씨 인정머리 없긴 꼭… (하며 난로가에 앉아 신문을 편다)

여수댁 (손에 든 칼을 들이대며) 꼭 뭐요? 나 닮았다고 말할 참이었지라우?

한씨 뉴스를 들어사 세상이 어떻게 돌아 가는지나 알지! (하며 다시 라디 오를 켠다. 여수댁이 다시 끈다)

여수댁 당신이 알아야 할 건 세상이 아니라 일자리요! 일자리! 흥!

한씨 이 여편네가 아침나절부터 왜 이렇게 뻣뻣하게 나온다야 응? 뭘 못 먹어서 이렇게…

여수댁 (분주하게 일손을 늘리며) 나한테 뭘 먹여준 게 있는지 이녁헌테 물어보지 그려! 헹!

한씨 정말 이 여편네가…

여수댁 남들은 징용 갔다 오면서도 그동안 푼푼이 저축한 목돈으로 가족 먹여 살린다는데 도대체 당신은 가져온 게 뭐있었소? 그 냄새나는 군대 담요 두 장에… 곰팡이 냄새나는 담배 한 보루에… 고작해서 나 준다고 일제 쮸쮸 크림이 한 갑이 고작이었으니, 원!

한씨 지금 누구 약 올리려는 거야? 내가 죽지 않고 돌아온 게 한이 된다는 거야 뭐야? 응? 타관에서 고생만 하고 돌아온 남편에게 한다는 소리가…

여수댁 돈 벌어 오란 게 아니라…

한씨 그럼 뭐야? 응?

여수댁 집에 가만히 있어만 줬으면 좋겠다 이거여! 헹! 하루가 멀다 하고 그 화투판에 끼어서… 에그… 못살아! 내가 죽어사제. 어째서 하느님은 이런 종자부터 데려가지 않고 불쌍하고 힘없는 사람만 골라가면서…

한씨 (화를 내며) 너, 지금 나보고 죽으란 소리지? 돈도 못 벌고 백수건달로 있을 바엔 차라리 죽어라 이거냐? 응? (그릇을 들어 내리치려는데 출입문이 열린다. 바람이 쎙하고 불어오며 눈가루가 집 안으로 날아온다)

청소부 갑 어잇! 추워! (문을 연 채 밖을 향해) 정 씨. 리어카는 거기다 세우고 어서 들어와.

청소부 을 (밖에서) 알았어라우! (청소부 을이 리어카를 문 옆벽에다 세우는 소리가 나더니 식당 안으로 들어선다. 최 씨는 40대 후반이고, 정 씨는 20대 후반이다. 여수댁 부부는 손님이 들어서자 금새 분위기가 달라진

다. 청소부 갑이 연탄 난로가로 가서 사타구니를 떡 벌리고 서서 연신
　　그곳을 문지른다)

청소부 갑　오늘 강추위 보통이 아니구먼! (양손바닥을 쓱쓱 비비고는 뺨과
　　귀를 비빈다)

청소부 을　(최 씨에게) 정 씨 아저씨도 되게 추위를 타시오잉? 흣흐… (의자
　　를 끌어다 앉는다)

청소부 갑　내 나이 되어보랑께. 사십 고개 넘었다 하면 오만 것이 스톱잉께.

청소부 을　오만 것이라뇨?

청소부 갑　(연탄난로에서 주전자를 들어 물 컵에 따르며) 상하수도가 막히고,
　　찔끔찔끔한 게 하루가 다르당께. 헛허…

청소부 을　그럼 수도국 공사부터 하셔야지라우. 헛허…

한씨　(지만치서 신문을 펴며) 일본에서는 요새 좋은 약 나왔다던디…

청소부 갑　뭔 약이라우?

한씨　(여수댁 눈치를 보며) 그 약을 거기다가 바르면 열 시간은 간다야…
　　힛히…

　　청소부 갑과 을이 킬킬댄다.

청소부 을　돈 있는 놈이나 그런 약 사지… 우리사… 조 고약 하나도 제대
　　로 못 사는디… 헛허…

여수댁　(안주를 챙기며) 해장하시지라우?

청소부 갑　따끈한 술국에 막걸리 한 잔 줏쇼! 날씨는 춥지만 내일은 산수
　　갑산에 갈망정 한 사발 들이키고 나서 매장해사제!

청소부 을　그런디 웬 무게가 그렇게 나간다요?

청소부 갑　사람은 살아있을 때보다 죽었을 때 더 무게가 나간다네… 제
　　대로 먹지도 못했다면서 웬 무게가 그렇게 무거운지 원…

한씨　뭔 얘기요? 뉘 집에서 돼지 잡았다요?

청소부 을　(눈치를 보며) 돼지가 아니라 송장 얘기지라우!

여수댁　송장? 오메 징해라! (몸서리친다)

청소부 을　임자 없는 송장 묻으러 가는 길이지라우! 젠장!

한 씨가 급히 가서 출입문을 열고 내다본다. 리어카의 일부가 보인다.

여수댁　문 닫아요! 찬바람 불어온당께!

한씨　(문을 닫으며) 그랑께 저, 리어카에 실은 게 송장?

청소부 갑　쉰 살쯤 된다는디 큰 빠구샤 돼지보다도 더 근수가 나간당께… 원…

여수댁이 술주전자와 술국, 술사발을 들고 다가온다.

여수댁　아까 라디오 방송에서 말하던 그 사람인감만. 사고무친한 송장이라는. (하며 잔을 놓고 막걸리를 따라준다. 두 사람은 막걸리 잔을 들고 마신다)

청소부 갑　막걸리 맛 좋소! 집에서 담겄소?

여수댁　쉿! (살피고) 요새 밀주 단속 심하단 말 못 들었소?

청소부 을　젠장! 즈그들은 추야장 긴긴 밤에 진창 처마시면서 막걸리 밀주가 대순가!

한씨　(신문을 보면서) 누가 아니라요? 해방은 되었다지만 여전히 가진 놈은 더 가지고 없는 놈은 더 쪼그라들고… 아! 이럴 줄 알았던들 일본에 주저앉아서…

여수댁　주저앉아서 그놈의 화투짝 못 잊혀서 발광 나시것제… 흥!

한씨　모르는 소리마라! 아홉 번 잃었다가도 한 번 땡만 잡으면 그게 어딘디… 헛허…

청소부 갑 영어 할 줄 알면 코쟁이 통역이나 하시지.

한씨 통역?

청소부 갑 내 친구 아들놈은 지원병 나갔다가 해방되어 돌아오더니 미군을 따라다닙네다. 그러더니… 얼쩡거리다가 벌써 집을 세 채나 장만했다나!

청소부 을 적산가옥을 꿀꺽한 거겠죠. 도둑놈들! 그런 놈들 등쌀에 애매한 놈만 멍들어가지 않소!

한씨 그런 놈들이라니?

청소부 을 간에 붙었다 쓸개에 붙었다 하면서 실속 차리는 놈들 말이지라우…

여수댁 그래도 수중에 쇳가루 쥐는 게 큰소리하는 세상이니 별 수 있는 감!

청소부 갑 (장타령조로) 해방 해방하더니… 굴뚝에서 김 나고… 아궁이에서 연기 나고… 남자는 깔리고 여자는 덮고… 헛허…

청소부 을 갑시다. 해 떨어지기 전에 묻어야죠.

청소부 갑 그래. 일 마치고 돌아오는 길에 한 잔 더 하지라우. 여기 돈…

탁자 위에 돈을 놓고 나간다. 이 사이에 먼저 밖으로 나간 청소부 을의 당황하는 목소리가 들린다.

청소부 을 (소리) 어디 갔지? 응… 없어!

청소부 갑 뭐가 없다고 그래?

출입문이 열리며 청소부 을이 고개를 내민다.

청소부 을　없어졌어라우!

청소부 갑　없어지다니?

청소부 을　리어카! 송장 실은 리어카!

청소부 갑　뭣이여? 그, 그런…

밖으로 급히 나간다. 두 사람이 서로 외쳐대는 소리가 카랑카랑하다.

여수댁　(내다보며) 귀신 곡할 노릇이제! 시체를 훔쳐 가다니… (빈 그릇을 챙긴다)

한씨　(신문을 펴며) 땅 잡은 놈이 임자여! 지금 세상은 말뚝 먼저 박은 놈이 큰소리 치고 짚차 먼저 타는 놈이 장땡잉께… 헛허… (타령조로) 오하요 곰방와 하더니… 헬로 오케가 웬말이냐… 헛허…

청소부 을이 급히 고개를 내민다.

청소부 을　전화 없소?

여수댁　전화 놓고 장사할 날이 어서 왔으면 좋겠소!

청소부 을　시에다 신고 해사 쓰것는디…

황씨　공중전화 있을텐디.

청소부 을　어디쯤 있지라우?

황씨　(느긋하게) 한 시오리는 가사제. 이장집에 있을거요?

청소부 을　아이고 않느니 죽자! 죽어! (급히 나간다)

여수댁　홋호…

황씨　헛허… 그려. 그려! 않느니 죽자! 죽어! 헛허…

암전

제10장

주재소 안과 앞 공터. 전장부터 10시간 후 밤. 지서주임이 고등학생 갑, 을을 취조하고 있다. 갑은 가죽잠바 차림이고, 을은 염색한 미군 작업복 차림이다. 얼핏 보기에도 경박해 보인 10대 후반들이다. 고개를 숙이고 있다. 저만치 시체가 든 가마니가 뉘어있다. 미곡상 여인이 애기를 업고 서성거리고 있다.

지서주임 누가 먼저 그러자고 말을 꺼냈어? (을에게) 너냐?

청년 을 아니오. (갑을 돌아본다)

지서주임 생긴 건 멀쩡한 게… 그래서 (갑에게) 네가 먼저 시체를… 아니지. 너희들 얘기대로 곡식 가마니를 훔쳐서 어디로 갔어?

청년 갑 연동 터질목에 있는 쌀가게. (하며 미곡상 여주인을 돌아본다)

지서주임 (여인에게) 뭐라고 하던가요?

쌀가게 주인 예. 진도에서 부모님이 보내왔는디 학교 납부금이 급하다면서 팔란다고… 그럽디다.

지서주임 그래 얼마로 흥정했어?

청년 갑 시세보다 싸게라도 좋다고…

쌀가게 주인 저도 이문이 남아야 하지라우. 장사는 장사니께… 그래서 시세보다 절반 값을 부르니께… 둘이서 서로 티격태격하더니만 좋다고 하길래… 우선 쌀이 몇 말이나 되는디 봐사 쓰겄다니께… 그렇게 하자고 하니께… (미군 잠바를 가리키며) 저 총각이 낑낑대며 가마니를 끌고 오니께… 내가 윗다 뭔 쌀가마니가 그리도 무겁다냐 하니께… (가죽 잠바를 턱으로 가리키며) 아마 해남 물감자도 함께 들었을 것이구먼요. 지가 원체 해남 물감자를 좋아한다

295 옥단어!

하니께…

지서주임 (웃음보를 터뜨리며 두 놈의 머리를 쥐알리면서) 세상에 못된 놈들!
(억지로 웃음을 참으며) 아무리 그렇기로 곡식과 송장 구별도 못해?
헛허…

모든 사람들이 웃는다. 조금 전까지의 긴장과 불안감 대신 무슨 잔칫
집 분위기로 변한다. 이때 전화가 울린다. 순경이 받는다.

순경 예. 이로면 지서올시다. 예? 본서 수사계요? 잠깐만… 바꾸어 드
리겠습니다. 주인님. 본서 수사계 김 형사구먼요.

지서주임 (일어나 전화를 바꾼다) 예, 나요… 예… (크게) 진도에서? 밤배로?
몇 사람이나 되는디… 예… 이십 명이나요… 예… 예… 그럼 좋
긴 좋지요만… 예? 예… 헛허… 호상이고 말고요! 헛허… 예. 그
렇게 알고 준비를 시키겠습니다. 예… 수고하시오! (전화를 끊는
다. 모두들 궁금증에서 쳐다본다)

지서주임 (가죽잠바에게) 늬 아버지께서 꽃상여꾼 20명을 인솔하고 밤배로
오신단다.

청년 갑 꽃상여요?

지서주임 (가마니를 가리키며) 그리고 고인의 넋을 위로하고 극락세계로 인
도해 주십사 하는 씻김굿판도 벌이겠단다.

청년 갑 (투덜대며) 그렇게까지 할 필요가 있을까요?

지서주임 너 지금 뭐라고 그랬어? 응?

청년 갑 말이야 바른 말이지. 우리가 살인한 것도 아닌디, 배 삯 들여서
진도서 여기까지 전세배 내서 씻김굿까지 한다니 그게 말이나
되요? (잠바에게) 안 그러냐?

청년 을 배보다 배꼽이 더 크다 커! 헛허…

지서주임 (청년 을의 머리통을 때리며) 임마! 울어도 시원찮은데 이 판에 웃음
이 나오게 되었어? 너희들 고등학생이면 생각 좀 해봐… 이건 비
극이다. 비극! 사회적, 민족적 비극이라는 걸 몰라? 응? 억울하게
죽은 사람의 처지를 참새 눈물만치라도 생각해봤어? 미안하지
않아? 부끄럽지도 않아! (눈물이 나오자 훌쩍이며) 아무리 세상이
막 되었기로 이럴 수가… 고인의 처지를 생각한다면 너희들은
백배사죄하고… 삼 년상을 모셔도 싸다. 싸지!

지서주임의 절실하나 어딘지 희화적인 설교가 차츰 지루하게 계속되
는 동안 지서 안이 어둠으로 싸인다. 그와 함께 저 높은 허공에 불빛이
들어오면서 소복한 옥단이가 허공에 나타난다. 머리에는 토끼 같은
관을 쓰고 겨드랑이에 천사의 날개 같은 게 돋아난 모습이 동화 속에
나오는 천사 같이 보인다. 옥단의 표정은 아주 밝고도 맑다. 그는 아까
부터 지상에서 이루어지고 있는 광경을 내려다보고 있다. 무대는 어둡
고 옥단이만이 밝다.

옥단 (웃으며) 지서주임님! 너무 그 애들 달달 볶지 마시쇼. 그렇게 말
씀하시는 어른신네 입만 아플 것이구먼요. 홋호… 사실 나는 하
나도 슬프지도, 아프지도, 그렇다고 원통하지도 않소. 아주 편안
하구먼요. 힛히… 그런디 여기가 지옥이 아닌 것만은 사실인개비
요. 이렇게 내려다보니까 세상이 그렇게 아름다울 수가 없구먼
요… 저기 삼학도… 유달산… 월출산… 고하도… (이와 함께 옥단
이가 타고 있는 곤도라가 서서히 헤엄치듯 움직이기 시작한다) 금수강
산, 팔도강산이 저렇게 아름다울 줄이야… 홋호… 이제보니께 정
말 볼 만 하구먼! 게다가 진도에서 씻김굿까지 하러 온다니 고맙
긴 하지만 말이야 바른 말이지 그들이 나를 죽였소. 물건을 빼앗

아갔소? 나를 죽인 범인은 따로 있지라우. 그러나 누구라고 이름은 안 델 것이구먼이라우. 대봤자지요. 이 이 시상이, 나라가 나를 죽였지라우. 내가 자기 잘못을 깨닫기 전에는 소용없어라우. 예수님, 부처님, 공자님, 산신님, 지신님, 용왕님… 누가 뭔 말 한다고 해서 그것이 해결나지 않지라우. 사람들의 맘보가 바로 박히기 전에는… (한숨) 나는 지나간 일은 탓 안하기로 했어라우. 지내고 보면 모든 게 먼지 같고, 안개 같고, 바람 같은 것을… 어디서 앉아서, 이름이 뭐고, 직업이 뭐고, 재산이 얼마고 따져봐야 살아있는 동안만이지. 여기서는 아무런 소용도 없는디 왜들 그렇게 서로 뺐고 가질려고 하는지 모르겠구먼이라우. 만사가 허사지라우… 세상 떠날 때는 빈손인디 뭘 욕심내 아… 동이 트는구먼! 오메 눈부신 것! 이것들아 땅에서는 눈 씻고 봐도 못 볼 것이다. 이렇게 높은 데서 봐사제! 내 걱정 말고, 적게 먹고 가는 똥 싸면서 살것이어! 홋호…

이때부터 무대가 장밋빛에서 잿빛으로 그리고 찬란한 하늘색으로 환하게 밝아온다. 옥단이 타고 있는 곤도라는 유람선처럼 공중에 떠 있다. 지서 앞 광장에 꽃상여가 놓여있고 그 둘레에서 굿판이 한창이다. 그것은 죽음의 의식이라기보다 또 다른 생명의 탄생을 축하하는 의식이다. 꽃상여 뒤에는 상복 차림의 모든 등장인물들이 따른다. 청년 갑, 을이 상주인 양 멀쑥하게 상복을 입고 따라나선다. 주변에서 지켜보던 아낙네들이 탄복한다.

아낙 A 옥단이는 참말로 호상이구먼! 호상이여.
아낙 B 호상이고말고! 저승길이 이렇굼 호상일 줄 누가 알았당가! 홋호…
아낙 C 옥단이는 저 하늘에서 울고 있것제잉? 그동안 고생한 일 생각하면 죽은 귀신도 슬플 거여. 아이고 불쌍한 것!

옥단 나보고 불쌍하다고? 썩을 년들! 난 슬프지도 않고, 억울하지도 않으니께 네 년들 걱정이나 하란 말이여! (꽃상여를 따라가는 상주들이 곡을 한다. 겉으로만 슬픈 척 한다) 아이고, 저 능청 떠는 꼴 좀 봐. 겉으로만 울고 속으로는 막걸리 생각부터 하고 있을 것이구먼. 느그들 마음 다 안다. 부모 죽었을 때 관 앞에서 슬프게 우는 며느리치고 마음 바른 년 없느니라… 헛허…

일동 옥단어! 옥단어! 잘 가거라 잉?

옥단 그렇지만 다 저마다 한 가지씩 착한 구석은 있었제… 다 좋은 사람들이었어… 봉춘이, 봉춘 아부지, 그리고 영찬 학상…… 나한테 더운 쌀밥보다 더 뜨거운 정을 주고 가버렸지만 모두 좋은 사람들이었제. 고맙소! 고맙소! 잉? 흑… (흰 수건을 흔든다. 얼마 전부터 옥단이 주변에는 오색구름이 마치 후광처럼 피어난다. 굿은 더 고조되어 간다)

–막

바다는 넘치지 않는다 (2부 10장)

• 등장인물

촌장

그의 부인

연심 連心

소청 小靑, 먼 나라에서 온 청년 도공

편운 片雲, 소청과 쌍둥이 운수승 雲水僧*(1인 2역)

을득 乙得, 연심의 남편

삼재 三才, 을득의 친구 중

돌쇠 乭釗, 을득의 친구

무당

삼순 三順, 연심의 친구

관음보살여래

마을 장로 갑, 을, 병, 정

마을 아낙 A, B, C

순동 順童, 7세 연심과 소청의 아들

박수무당 A, B

기타 마을 사람들

---

* 탁발승

- **때**

  아득한 옛날

- **곳**

  서해안에 있는 섬나라(상달도 上達島)

바다는 넘치지 않는다

제1부

제1장

서해안에 자리하는 상달도 해변. 멀리 야산이 병풍처럼 둘러있어 아늑한 마을임을 알 수가 있다.

낮고 긴 해안선을 끼고 갯벌이 이어지고 바닷물이 철썩거리는 게 자연의 자장가인 양 평화롭다. 물새가 울고 간다.

마을 아낙네 대여섯 명이 드문드문 흩어져서 조개를 캐고 있다. 그 가운데 연심이도 보인다. 저절로 흥얼거리듯 흘러나온 노랫가락이 이윽고 합창곡으로 변한다. 그러나 결코 흥겹거나 신바람이 나는 노래가 아니다. 어딘지 애조를 띄었다.

노래

동쪽에 뜨는 해도
서산에 지고
시야 바다 조기떼도
연평바다 찾는데
상달도 가시네는
언제 누가 데려가나
응… 응… 아라리오…
바람아 광풍아
바닷속만 뒤집지 말고
애태우는 이 내 가슴도

속 시원하게 뒤집어다오

상달도 가시네는

언제 누가 데려가나

응… 응… 아라리오…

아낙A가 조개를 캐다 말고 허리를 편다.

아낙 A 아이고 허리야. 이제 조개 캐는 것도 신물난다. 에그…

아낙 B (노랫가락조로) 신물 나도 참아야 하고, 단물 나도 참아야지… (다시 대화조로) 상달도에다 탯줄 묻은 이상은… 그 길밖에 없단 말이여…

아낙 C (수평선을 바라보며) 바다도 변덕스럽긴… 꼭 노망난 할미 심보라니께. 그저께까지도 요동치고 파도가 키 넘게 몰아치더니… 저렇게 죽은 듯이 까딱도 않고 있으니… 쯧쯧…

아낙 B 자넨 바다가 요동치는 것도 트집인가? 홋호…

아낙 A 그러기에 용왕님의 깊은 마음은 그 누구도 못 짚어낸다잖아…

삼순 그렇지요. 마을에 당골래 말고는 아무도 모를 일이에요.

아낙 A 삼순이 말이 맞다. 당골래 말고는 그 누구도 모르지. 모르고말고.

아낙 C 당골래도 남의 신수점은 맞춰도 자기 점은 못 맞춘답데다… 홋호…

일동 헛허…

물새 우는 소리가 한가롭다. 아낙 B가 무심코 바다 쪽을 바라보다 말고 그 무엇을 발견한 듯 섬찟 놀란다. 바다를 향하여 두어 발 내딛는다.

삼순 성님! 왜 그러시오? 거기 뭐가 있소?

아낙 B 저… 저것이… (손가락질을 한다)

삼순 예? (그쪽을 바라본다. 연심이도 따라 바라본다) 무신 널빤지란가?

연심 널빤지 위에… 뭔가 있잖어?

다른 아낙네들도 그쪽으로 시선을 모은다.

삼순 연심아! 너도 보이지?

연심 어디서 떠밀려 왔을까? 이쪽으로 온다. (하며 천천히 다가간다)

삼순 (겁을 먹으며) 가지마! 연심아!

연심 사람이다.

일동 사람? (모두들 긴장한다)

삼순 송장인가?

연심 사내 같은데…

아낙 B 태풍에 부서진 배 조각을 타고 왔는감.

아낙 A 맞다! 그 널빤지를 타고 오다 죽은 송장일게다. 아이고 징해라! (얼굴을 가린다)

모두들 불안과 호기심에 술렁거린다. 갈매기 떼가 운다. 이윽고 널빤지가 무대로 떠밀려 온다. 널빤지 위에 사람이 엎드린 채 꼼짝도 안 한다. 등살이 태양 빛에 반사되어 눈부시다. 바지 자락만 너울거릴 뿐 상체는 벌거숭이 몸뚱어리다. 아낙네들이 새삼 경악과 공포에 질려 마른 침만 꿀꺽 삼킬 뿐 아무도 가까이 가려고 하지 않는다. 서로 눈길만 마주친다. 갈매기가 더 가까이서 울고 간다.

아낙 B 사람이다!

삼순 어디서 왔을까?

아낙 C 연심아, 어서 늬 아부지한테 알려야제.

아낙 A 그려! 촌장 어른께 먼저 알려야제!

아낙 C 갯가에 송장이 떠밀려 왔다고 말이여! 촌장 어른이 모르고 계셔 야 쓰겠어? 어서! 응?

연심 그… 그렇지만… 아직 송장인지 아닌지는…

아낙 A 살고 죽고가 문제냐? 우리 마을이 부정 타는 게 걱정이지! 어서 촌장님께 알려라.

이 말이 떨어지기도 전에 널빤지 위의 사내가 꿈틀거린다. 물에 젖었 다가 해풀에 말라버린 긴 머리털이 흩날린다.

아낙 B 사람이다! 산 사람이여!

아낙네들이 비명을 지르며 도망을 한다. 아낙 A는 엉덩방아를 찧으며 땅바닥에 넘어진다. 저만치 앞서 가던 아낙 C가 되돌아와 아낙 A를 부 축한다.

아낙 C 빨랑 일어나란 말이어!

아낙 A 허리가… 허리가… 아이고메…

가까스로 일어나 도망을 친다. 두 아낙의 거동이 매우 희극적이다. 삼 순도 비명을 지르며 도망친다.

삼순 (절규하듯) 사람 살려요! 사람… (하며 퇴장한다)

무대에 남아있던 연심이가 저만치 가다 말고 무심코 뒤돌아본다. 사나이

바다는 넘치지 않는다

가 팔을 뻗어 허우적거린다. 헝클어진 머리카락이 바람에 흩날린다. 두 눈이 단말마적인 비통감을 내뿜는다. 그는 말문이 막힌 듯 혀가 잘 안 돌아간다. 손을 내민다. 뭔가 구원을 요구하는 절박한 표정이다.

소청   으… 윽… 윽…

연심이가 반사적으로 뒷걸음질 친다.

소청   그… 그… 거… 거…

팔을 벌리며 쥐어짜듯 내뱉는 목소리가 필사적이다. 공포에 부들부들 떨고 있던 연심이가 간신히 말을 건다.

연심   누… 누구요? 어디서 온… 뉘시오?
소청   무… 무… (타는 목을 쥐어짠다)
연심   물? 어디 물이 있다고… (말하다 말고 허리에 차고 있던 왕골 꼴망대 안에서 오이를 꺼내들고 다가간다) 우선 이거라도… (내밀자 젊은이 는 간신히 나꾸어채듯 받아서는 뚝 동강이를 내더니 입안에 넣고 게걸 스럽게 데밀기 시작한다)

연심은 공포에서 차츰 불안한 표정으로 변한다. 사내는 오이를 먹다 말고 사레가 들렸는지 입안의 것을 토해낸다.

사내   으악… 으악… (널빤지 위에 그만 쓰러진다. 손에 들려 있던 오이가 떨어진다)
연심   (조심스럽고도 불안에 떨며) 왜 그래요? 예? (대꾸를 안 하자 용기를 내어 다가가서 흔들어 깨우려다 말고 주저한다) 정신 차리란 말이오?
(사이) 예? 내 말 안 들려요? 예?

젊은이가 반쯤 눈을 뜨고 꿈틀거리다 말고는 그대로 널빤지 위에 다시
쓰러진다.

연심 안돼요! 정신 차려요! (하며 급히 다가가려는데 무대 한구석에 을득이
가 나타난다. 뭔가 경계하는 눈치 같다)

갈매기 떼가 가까이서 울어댄다. 을득이 진 지게엔 괭이와 바재기만
실려 있다. 그 광경을 본 을득이가 질겁을 하며 뛰어간다.

을득 연심아! 안돼! 안된다니께! (하며 연심을 밀어붙인다. 연심이가 땅바
닥에 넘어진다) 연심아! 너 제정신인거여? 응? 송장을 만지면 부정
을 탄다는 것도 몰라? 잉?

연심 송… 송장이라고?

을득 오다가 쌍둥이네헌테 얘기 들었다. 태풍에 송장이 떠밀려 왔다
고…

연심 송장이 아니라니께! 을득아 저 사람… 아직 살아있어!

을득 살아있어?

연심 탈진한 것 뿐이여.

을득 (청년 쪽을 들여다보다 말고) 그래서… 어쩌겠다는 거냐?

연심 어… 어쩌긴…

을득 모두들 촌장 어른께 신고하러 가는 판국에 여기서 너는 어쩌겠다
는 거여. 응? 마을에 부정 탄 사람이 들어서면 우리가 어떻게 되
는지 몰라서 그래?

연심 그… 그렇지만 이 사람은 안 죽었다니께! 아까… 내가…

을득 (추궁하듯) 네가 어쨌어?

연심 물을 청하기에 가지고 온 오이를 줬더니만…

을득 오이를 줬다고?

연심 정신없이 깨물다가는 사레가 들렸는지… 그만… 까무러쳤지 뭐여.

을득 연심아! 너 큰일 날 짓 했구나.

연심 내가 뭘 어쨌어?

을득 송장을 만졌으니 부정을 탔단 말이다. 촌장 어른께서 이 일을 아시게 되는 날에는 연심이헌테도 벼락이 떨어질 거다. 이 등신아! 왜 그런 짓을…

연심 다 죽어가는 사람을… 그럼… 못 본 척하란 말이냐? (날카롭게 쏘아댄다)

을득 뭣이라고?

연심 을득이는 그런 사람이 아닐 줄 알았는데…

을득 연심아! 너 지금 뭔 귀신 씨나락 까먹는 소리여? 잉? 마을에 부정 탄 사람이 들어오면 가까이도 말고 말을 주고받아도 안 된다는 것 몰라? 촌장 어른이 아시면 당장 내쫓길 것이다. (긴장하며) 연심아! 그러니 지금 그 얘기는 여기서 끝이다! 누구한테도 말하면 안 된다… 알겠지? 그 얘길 뺑긋했다가는 이 상달도에서는 못 살아날 것이니께. 알았지? 엉?

연심 (멍하니 쳐다보며) 을득이는 나를 못 믿겠다는 거여?

을득 믿는다. 믿으니까 너를 위해서 하는 소리다! 이것아! 우… 우린… 장차… (하며 다가서려고 하자 연심이가 불쑥 자리에서 일어난다) 내 얘기 들어!

연심 싫어! 싫어! 내 얘기도 안 믿는다면 나도 을득이 얘긴 못 믿어! 안 믿어! (하고 피해간다)

을득   (막아서며) 연심아! 내 마음을 네가 몰라주면 누가…

연심   피차일반이지!

이때 소청이 뭐라고 중얼대며 팔을 허우적거린다. 두 사람이 놀라며 돌아본다.

청년   으… 으… 아… 그…

연심   을득아! 보았지? 살아있다고!

을득   그… 그런데… 저게…

연심   이래도 내 말을 못 믿겠단 말이여? 응?

을득   그… 그게 아니라… 난… 그저…

연심   그럼 어서 지게에다 실어!

을득   지… 지게에… 실어?

연심   죽어가는 사람을 이대로 모르는 척 할 수는 없잖여?

을득   그… 그렇지만…

연심   산 사람이면 살리고 볼 일이지! 을득아! (을득의 팔을 잡아 이끈다) 어서…

을득   (안절부절 못하다가) 알았어! 알았으니께 나는 너를 위해서지 나를 위해서 한 말은 아니라니까!

을득이 청년 앞에서 지게를 내려놓고 명령조로 거칠게 말한다.

을득   올라타!

청년   (못 믿겠다는 듯 어리둥절해지며 자신을 손가락으로 가리킨다) 응?

을득   그려! 연심이가 원하는 일이니 어쩔 수 없이 내가 진거다! 네가 이뻐서가 아니다. 이 병신아.

연심　고맙다. 을득아. (청년에게) 어서… 어서 올라타요!

청년이 비틀거리며 뗏목에서 내려온다. 그는 뗏목 위에 있는 검고 흰
당초무늬 보자기에 싼 것을 조심스럽게 집어 든다.

을득　그건 또 뭐냐? 짐까지 실어달라고?

연심　을득아, 선심 쓰려거든 끝까지 써. (청년에게) 어서 올라타요.

소청은 고마움에 목이 메이며 지게에 오른다. 연심은 마냥 표정이 밝다.
그러나 을득이는 우거지상에 입이 퉁퉁 부었다.

을득　내 평생에 산 송장 지고 가기는 삼대조 할아버지 송장 염할 때
부랄 본 후로는 처음이구먼! 흥! 에라 나도 모르겠다… 가자! (지
게를 지고 일어선다)

세 사람의 표정이 저마다 다르다.

암전

제2장

무대는 세 장면으로 구분된다. 마을 장로들이 모여 의논하는 평탄한
장소와 부정굿이 올려지는 제단과 그리고 죄인을 격리시키는 토굴로
구분한다. 그것은 무대의 상, 중, 하단의 공간을 이용하되 극의 진행에
따라 조명으로 장면을 표현하도록 한다. 막이 오르자 제단 쪽이 밝아

진다. 해묵은 후박나무 아래서 부정굿이 한창 진행되고 있다. 왕무당과 두 사람의 박수무당이 부정굿을 올리고 있다. 그 주위에 마을 사람들이 에워싸듯 앉아 손을 비비고 있다. (이 굿 가사는 최종용 씨의 무가를 참고로 재구성한 것이다)

무당 오다가다 마주쳐 보던 부정도 부정이요,
산에 올라서면 산 부정이고 들에 내려가면 들 부정이요,
산이슬 부정이요, 오고가다 손으로 만져도 부정이요,
귀담아 듣던 부정도 부정이요,
입으로 웃기고 마신 것도 부정이니,
슬슬 물리쳐 주옵소서…

경오년 해오년 달에 달식은 삼월하고도 열이레
상달도에는 성명 부지, 거처 불명하고 사람 같고 귀신 같고
듣도 보지도 못한 사내 한 사람 난데없이 떠밀려 왔으니
선량한 섬 마을은 위 아래로 들끓으니
마루 넘어 오는 부정 재 넘어 오던 부정
어찌하면 막으리까
실실이 적석이 물리쳐 줍소서

왕무당이 신명나게 춤을 추는 가운데 마을 사람들도 광신하듯 손을 비비고 절을 한다. 이윽고 조명은 마을 장로들이 모여 앉아 숙의하는 장면을 비춘다. 촌장을 가운데 두고 여섯 사람의 장로들이 자못 심각한 표정으로 앉아 있다. 배경으로 둘러싸인 대밭에 이따금 바람이 불어올 때마다 스산하게 대바람 소리가 울고 간다.

촌장 (길게 한숨을 쉬며) 해괴한 일이구먼! 우리 상달도로 말할 것 같으면 개벽 이래 타관사람이라곤 단 한 번도 발을 딛은 일이라고는 없지 않은감! 허기야 이렇다하고 내세울 것도 없고 넉넉하게 비축한 양식도 없지만 그래도 서로 오순도순 의논하고 상부상조하면서 살아왔으니 무릉도원이 따로 있을까. 서로 넘어다보지도 않고, 높낮이도 없고, 순리 따라 살았고 천리 따라 섬을 지켜나왔는디 난데없는 이런 괴변이 일어나다니 원… (그 이상 말을 이을 수가 없는 듯) 자네들… 안 그런감? 잉? (좌중을 둘러본다)

장로 갑 (무릎을 꿇고 앉으며) 촌장 어른 말씀대로 우리 상달도는 선대 조상들께서 여기다 터를 닦고 성주를 이룬지 기백 년 동안 타관 사람이라곤 쥐새끼 한 마리도 얼씬 못한 곳이라고 하늘이 알고 땅이 알고…

장로 을 (못마땅하게 쏘아보며) 앗다… 지금 그런 잔소리 듣자고 모인 거여?

장로 갑 잔소리라고? 그럼 자네의 큰 소리 좀 들어보드라고… 내 얘기 잔소리면 자네 소리는 얼마나 큰 지 들어나 보자고!

장로 을 좌우지간에 그 놈을 우리 상달도에다 발붙이게 할 것인가 말 것인가를 얘기하잔 말이여 내 말은!

장로 갑 그거야 당골래 부정굿이 끝나면 좌우당간에 무슨 점괘가 나올텐데 뭘 그렇게 성급하게 굴어? 굴긴…

장로 병 (아슬하게 들려오는 굿판의 소리가 나는 곳을 향하며) 굿도 다 끝판이 되어가는가 본디…

장로 정 (남의 일이라도 되는 듯 무관심하게) 자고로 무당이란 남의 점은 다 맞춰도 자기 점은 못 맞춘다고 했제… 음… 훗흐…

장로 병 그게 어째서 남의 점인가? 그럼 무당굿을 못 믿겠다는 거여?

장로 정 믿고 안 믿고 아니라… 내 말은…

장로 병 이 사람은 매사에 이렇게 구정물통에 호박씨 떠돌 듯 따로 노는

게 병이라구… 쯧쯧

장로 정 뭐 호박씨라고? 그래 내가 호박씨면 자네는 감씬가? 아무데서나 까벌리는 감씨 말이여! (서로 주먹을 휘두르며 분위기가 험악해지자 촌장이 불호령을 내린다)

촌장 조용히들 하드라고! 철딱서니 없이 이게 무슨 짓들인가? (분위기가 가라앉기를 기다려) 마을의 중대사를 의논하겠다는데 손자새끼 거느릴 나이에 이게 무슨 추태인가 말일세! 체통을 지키게. 체통을… 음.

촌장의 엄격하고도 위엄 있는 언행에 모두들 멋쩍어지듯 눈치만 살핀다. 굿판이 끝난 듯 운율은 이미 멎었다

촌장 우리 상달도는 예부터 나름대로의 법규에 따라 섬과 바다를 지켜나왔다는 건 다 알고 있을 것이니 여러 장로들의 의견부터 말해보게나. 우리 섬은 다 아는 바와 같이 소씨 성 바지만이 이뤄놓은 단일 성씨 마을로 우의가 깊고 협동이 잘되어 질서가 확립된 자랑스러운 마을이요 자고로 타지방에서 들어온 사람이라곤 없는데도 불구하고 이런 불상스런 일이 터졌으니 우리의 중론을 모아서 처리할 수밖에 없소. 우리 섬의 법규와 질서를 어길 수는 없는 노릇이니 여러 장로들의 의견을 숨김없이 말해보도록…

일동 (일제히) 예… 촌장 어른 뜻에 따르지라우.

촌장 그럼 거두절미하고 그 젊은이에 대한 처형여부를 묻기로 하겠는데…

일동 예… 촌장 어른 뜻에 따르지라우.

촌장 그럼 먼저 처형하자는 데 찬성한 사람… 손들어 보게

세 사람이 손을 든다.

촌장 그럼 살려주자는 사람은…

남은 세 사람이 손을 든다.

촌장 (난감해서) 어허… 처형하자는 사람과 살려주자는 사람이 절반씩
이니 난감하게 되었구만! (쓰게 웃는다)

장로 갑 신분도 알 수 없는 자를 받아들일 수 없지라우.

장로 을 촌장 어른도 어떠하신지 말씀해 주시지요…

촌장 나야 어디까지나 여러 장로들의 뜻에 따르기로 작심을 하였지만
일이 이렇게 되고 보니 이럴 수도 저럴 수도 없는 노릇 아닌가.
자고로 외부 사람의 침범을 받은 적이라고는 없는 상달도의 내력
으로 말하자면 즉각 처형해야 옳지만 한편으로 젊은이의 앞날을
생각하자면…

장로 갑 그렇지만 이런 경우엔 사감을 내세울 순 없지요. 불순한 자는 즉
각 처형을 해야 합니다.

정로 정 나는 반대요. 무슨 해를 끼친 죄인도 아닌데 어떻게 처벌을 할
수 있단 말인가!

장로 병 그럼 자네가 그 놈을 데리고 살 것인가?

장로 정 말이면 다 하는 줄 아는가? 데리고 살다니…

촌장 냉정히들 하게… 이렇게 싸움질 할 때가 아니여.

이때 장로 갑이 아래쪽을 내려다보다가 뭔가를 발견한 듯 크게 외친다.

장로 갑 촌장 어른. 저기 무당이 올라오고 있구면요?

촌장 무당이? (모두들 그쪽을 내려다본다. 이윽고 왕무당이 헉헉거리며 올라온다. 이마에 땀을 씻는다)

무당 (크게 숨을 몰아쉬며) … 숨차! 사람 살리려거든 마실 것이나 줄 일이지 그렇게 닭 좇던 개처럼 쳐다만 보기요? 아이고… 무심하고 맛대가리 없기는 꼭 우무가사리 맛이구먼 내참…

촌장 (젊은 사람에게) 막걸리 한 사발 따라줘라.

마을 청년 예… (그는 구석에 있는 호리병에서 막걸리를 따라 무당에게 내민다. 무당은 막걸리 잔을 냉큼 받아든다)

무당 (금세 반색을 하며) 오메 오메! 고마운 것! 홋호… 부정굿 하고 나서 목이 타고 혓바닥이 갈라지는데도 어느 놈 하나 막걸리는커녕 냉수 한 그릇 권하지 않으니 마음보부터 고쳐 먹어야제. 안되지. 안 되고말고… (술잔을 훅훅 입김으로 불고는 단숨에 비운다. 모두들 초조하게 바라보고만 있다) 아이고… 사람 살겠네… 홋후… 헛허…

촌장 부정굿 치루느라 욕 봤네 그려.

무당 욕보기는요. 홋호…욕보기사 피차 일반이지라우, 촌장 어른이나 쉰네나 우리 상달도를 위해서 치성드리는 일인디요… 홋호…

장로 갑 이 사람아, 호들갑 그만 떨고 부정굿 마쳤으면 촌장 어른께 보고 말씀 드려야지… 언제까지 이렇게 노닥거릴 것인가?

무당 앗다. 성질 급하긴 새끼줄로 생쥐모가지 묶을 소리만 하시네요… 홋호…

촌장 모두가 궁금하고 답답하다네… 어서 말하게. 점괘는 무어라고 나왔던가?

무당 (잠시 뜸을 들이다 말고 불쑥) 내쫓으라고 하시는구먼요.

촌장 내쫓아?

장로 병 죽이면 안 된다던가?

무당 살생은 또 다른 살생을 부를 것이며, 그렇다고 이 섬에 살려두는 날엔 후환이 있을지 모르니 섬 밖으로 내쫓아야만 된다고 했소! 피로 얻은 것은 피로 갚아야 하는 법이니…

장로 갑 내쫓는다면 어디로…

무당 어디든 이 섬 밖으로 내보내면 된다니 어찌할 것인고… 젊으나 젊은 목숨 죽이기는 아깝고 살리자니 두렵고… 그러니 어디고 먼 곳으로 떠나보내라는 점지인 것 같소.

좌중이 무겁게 가라앉는다. 특히 촌장의 표정이 심각하게 일그러진다.

촌장 음… 일이 난감하게 꼬이는구먼!

장로 갑 재앙을 막기 위해서는 죽여야지. 살려둬서는 안되지요 촌장 어른!

장로 정 그렇다고 죽여야 할 죄목이 없는데 무턱대고 죽일 순 없지.

무당 그러니께 섬 밖으로 몰아내야 쓴단 말이오! 안 그렇소? 이치가…

좌중은 금세 무겁게 가라앉는다. 그것은 희망도 절망도 아닌 난감한 분위기다. 무대가 어두워지며 토굴 안이 밝아진다. 땅바닥에 쓰러진 채 꼼짝도 안하는 소청의 모습이 흘러드는 달빛 아래서 흉물처럼 떠오른다. 풀벌레 소리가 처량하다.

이윽고 토굴 앞에 연심이가 조심스럽게 나타난다. 손에 밥그릇과 찬그릇을 담은 작은 대바구니가 들려있다.

연심 (망설이다가 속삭이듯 조심스럽게) 저 좀… 봐요…

소청 (여전히 대꾸가 없다)

연심 (두어 걸음 다가서며) 저 좀 봐요… 예?

소청 (여전히 답이 없다)

연심	저… 여기… 요기할 것 좀 두고 갈 테니… 드십쇼…

연심이가 대바구니를 소청의 머리맡에 밀어놓고 조심스럽게 돌아서
려는 순간 소청이 불쑥 상반신을 일으킨다. 연심이 질겁을 하며 엉덩
방아를 찧는다.
소청은 전보다는 생기 있어 보이나 아직도 불편해 보인다..

연심	아이고메…
소청	(아직도 경계심을 품은 듯) 말 좀 물읍시다! (그 말투는 어딘지 거칠다)
연심	(소청의 음성을 처음 듣는 의외로움에 놀라며) 말을 하실 줄 아시면 서… 벙어리인가 했는디…
소청	(꺼질 듯) 미안하오.
연심	댁의 음성을 들어본 일이 없었으니께 하는 말이지요.
소청	나는 벙어리도 귀머거리도 아니고…
연심	그럼 왜 여지껏 한 마디도…
소청	여기가 어느 땅인지… 무엇 하는 사람인지… 알 수 있는 것이라 곤 하나도 없었어. 몇 날을 두고 하늘과 바다 그리고 파도소리 속에서 떠다니다 보니 그만 말까지 잊고…
연심	(호기심에) 어디서 오신 뉘신데…
소청	내 이름은 소청이라 하오.
연심	무슨 일을 하지는지…
소청	옹기쟁이요.
연심	옹기쟁이?
소청	그릇을 굽는 도공이오. (쓰게 웃으며) 조상대대로 그릇을 구워왔소.
연심	그런데 어떻게 바닷길은…
소청	일본으로 그릇을 싣고 가던 길에 그만 풍랑을 만나…

바다는 넘치지 않는다

연심	그럼 혼자가 아니었구면요?
소청	일가 친척 다 합쳐서 족히 백여 명은 되었을 거요. (갑자기 슬픔이 복받치며) 그러나… 지금은… 지금은… 나 혼자만 이렇게 살아남 았으니… 난… 난

그는 말을 잇지 못하고 소리 죽여 흐느낀다. 연심의 눈에도 금세 이슬이 고인다.

연심	어쩜… 그렇게 한꺼번에 수많은 목숨을…
소청	(눈물을 삼키며) 나는 지금… 갈 곳도… 기다리는 사람도 없는 조각구름 같은 사람이오. 고향으로 되돌아 갈 길도 막막하고… 기다리는 사람도 없는… (다시 흐느낀다) 차라리 죽고만 싶소!
연심	죽다니요? 죽어서 되는 일인가요? 무슨 수를 써서든지 살아남아야지…
소청	어떻게 살아남을 수가 있겠소. 아… 벌써 갇혀 산지가… 토굴에 가둬둘 때는 나를 죽이자는 게 아니오? 어서 죽게 해주오! 어서…

그는 자신도 모르는 사이에 연심의 손목을 붙들고 애원한다. 연심이 본능적으로 그 손을 뿌리친다. 수치심이 앞선다.

소청	(제정신으로 돌아오며) 미안하오… 낭자… 내가 그만 정신없이… (자기 손을 비비면서 계면쩍어한다. 그러한 소청의 천진스런 모습에 연심은 새삼 동정과 호감을 느낀다)
연심	(침착하게) 기다려봐요.
소청	기다리다니!
연심	하늘이 무너져도 솟아날 구멍은 있다고 하잖던가요? (무슨 결심이

라도 선 듯) 기다리다보면 좋은 일이 있을지 누가 알아요?

소청   낭자가 어떻게 그걸…

연심   우리 아부지한테 말씀 드리겠소.

소청   아버지가 뉘신데…

연심   그 일은 저한테 맡기시고 요기부터 허시오. 기운을 타셔야죠. 우선 살고 볼일이니께요. 어서 드셔요… (하며 대바구니에서 밥그릇과 반찬그릇을 꺼낸다)

소청   (숟가락을 들며) 낭자… 고맙소! 이 은혜는 죽어도… 죽어도… (울음이 복받치며 손에 든 숟가락이 바닥에 떨어진다. 그리고 몸을 떤다. 연심은 말없이 숟가락을 집어 소청의 손에 들려준다. 침묵 속에 보다 뜨거운 정이 타오른다. 소청이 문득 생각이 난 듯 한구석에 놓은 당초무늬 보자기를 집어 내민다) 받아주시오.

연심   이게 뭔데… 저한테…

소청   내게 남아있는 마지막 물건이요. 목숨처럼 아껴 온… (이 사이에 연심이가 보자기를 푼다. 몇 겹으로 싸고 또 싼 보자기 앞에 관음보살여래상이 들어있다. 어둠 속에서도 신비롭고 영롱한 빛을 발산하는 여래상이 예사롭지 않다)

연심   이걸 저에게?

소청   나에게는 아무 소용이 없게 되었소.

연심   그렇지만 이렇게 귀중한 것을…

소청   배를 타고 고향을 떠나올 때 아버님께서 주셨소. 이 관음보살님을 품고 있으면 무사하리라고 말씀하셨소. 그 어떠한 풍랑 속에서도 이것만은 품에 안고… 낭자 나는 이제 머지않아 이승을 하직할 몸이오. 그래서 낭자의 고마움에 보답하기 위해서 드리니 받아주시오. 부탁이오!

319   바다는 넘치지 않는다

연심은 조용히 관음보살상을 품에 안을 듯이 든다. 얼굴엔 눈물과 웃음이 범벅되어 흘러내린다.

연심 고맙구먼요… 소중히… 간직할 것이구먼요!

소청 고맙소! 이것으로 나도 사람 구실을 한 셈이니.

연심 흑… 흑… 흑…

연심이가 자리를 박차고 토굴 밖으로 나간다. 조명이 꺼진다. 이때 바위 뒤에서 을득이가 불쑥 나온다. 입에 물었던 댓잎을 자근자근 씹다 말고 소리 내어 내뱉는다. 질투와 분노에 찬 표정이다. 연심이가 놀라 돌아본다.

을득 나 좀 보드라고.

연심 아니…

을득 (먼 산을 바라보며) 울고 싶을 땐 실컷 울어버려! 똥물이 기어 올라올 때까지 울고 나면 속 시원하것제… 헷헤…

연심 (입술만 깨물 뿐 말이 없다)

을득 뭣하러 그 놈은 만나? 만나긴…

연심 (땅바닥만 내려다본다)

을득 왜 그렇게 마음 쓰지? (눈치 보며) 설마 그 놈을 풀어주겠다는 건 아닐 테지?

연심 (밤하늘을 쳐다보며) 그럴 수만 있다면 얼마나 좋겠어…

을득 달도 차면 지고 꽃도 언젠가는 시든단다… 헛허…

연심 시들기 전에 살리는 방법이 있겠지.

을득 (표정이 굳어지며) 그래서? 저 놈을 살려주겠단 말이냐? 흥! 그렇게 되어만 준다면야…

연심	되고 안 되고는 두고 봐야지.
을득	너는 아직도 세상 돌아가는 물정을 모르는 먹통이구나… 먹통!
연심	뭐라고?
을득	결판은 났단 말이다.
연심	결판?
을득	오늘 마을 장로회의에서 의논 끝에 수장하기로 결정 났단다.
연심	수장이라니?
을득	날짐승 밥으로는 조장이요… 바다고기밥으로는 수장이지 뭐냐? 헛허…
연심	그… 그럴 리가 없다!
을득	내일이면 당산나무 아래서 마지막 결판이 날 텐데 넌 감감소식이구나… 헛허… 길고 짧고는 대봐야 안다. 이것아! 핫하… (하며 돌아선다)
연심	그럴 리가… 그럴 리가 없어! 그럴 리가… 흑… 흑…

암전

제3장

고목이 하늘을 가릴 듯 무성하다. 마을 사람들이 삼삼오오 모여 웅성거리고 있다. 불안과 초조가 긴장감을 돋운다. 이윽고 촌장과 장로들이 등장한다. 그 뒤에 소청이 마을 장정들에게 끌려 나온다.

마을 사람들이 다시 웅성거린다. 그의 표정은 죽음을 각오한 듯 차갑고 어둡다. 그는 바닥에 꿇어앉는다. 사람들이 신기한 눈으로 기웃거린다.

촌장 모두들 조용히 하고 내 말을 들으시오. (좌중이 조용해지기를 기다려)
여러분이 다 아시다시피 자고로 풍광이 아름답고 인심 후하고,
화평하게 살아온 우리 상달도에 이런 전무후무한 일이 터지니
심히 유감스러운 일이오. 뿐만 아니라 인심마저 흉흉해지니 촌장
으로서 책임을 통감합니다. (사이) 그래서 그동안 여러 장로들과
누차 협의 끝에… 결정을 내렸소. (좌중의 긴장을 의식하듯) 하달도
로 보내기로 합의를 봤소.

장내가 다시 한 번 술렁인다.

일동 하달도?

마을 사람 A 하달도는 사람이 안 사는 무인도가 아닌감?

마을 사람 B 뱃길이 험난해서 아무나 가기가 힘들 텐데…

촌장 우리 상달도의 미풍양속을 해칠 우려가 있는 점으로 봐서는 당장
에 처형도 생각할 수 있으나 (강조하며) 피로 얻은 일은 피로 갚게
되리라는 점괘도 있어 부득이 저 자를 뗏목에 실어 바다로 띄워 보
내기로 했으니 여러분께서는 그렇게 알고… 예… 다시는 우리 상달
도에 이런 재앙이 없기를 비는 바이오…

주민들이 다시 한 번 술렁거린다. 그 사이 소청은 미동도 안 한 채
고개를 수그리고 있다.

촌장 (소청을 내려다보며) 듣거라.

소청 (여전히 움직이지 않는다)

촌장 너는 오늘부터 네가 타고 나갈 뗏목을 손수 만들어야 하느니라.
뗏목은 풍랑을 가르고 나갈 수 있도록 튼튼하게 만들건 말건 그

건 네 재량에 매어 있다. 따라서 뗏목이 완성되는 날이 곧 이 섬을 떠나는 날이라는 걸 명심하여라. (군중들에게) 그리고 뗏목을 짜는 작업장에는 그 누구도 접근해서는 안 된다는 걸 잊지 말 것이다. 알것지?

소청   (말이 없다)

촌장   하달도는 뱃길로 30리 길. 파도가 거세고 물살이 사나워서 예부터 수많은 뱃사람이 조난을 당한 곳이니 생사 여부는 네 솜씨 여하에 달려 있다는 걸 잊지 말아라. 알것지?

소청   (담담하게) 예…

촌장   그럼 마지막으로 하고 싶은 말 있으면 해도 무방하니라.

마을 사람들이 일제히 소청 쪽으로 시선을 모은다.

소청   (침착하게) 이미 각오했던 일입니다. 구태여 하고 싶은 말이라곤 없소. 다만…

촌장   다만?

소청   뗏목을 혼자서 짜기란 힘겨운 일이니 누구고 한 사람 도우미가 있었으면…

촌장   도우미?

소청   예. 나무를 베고 자르고 칡넝쿨로 묶는 일이 혼자서는…

장로 갑   그럼! 힘들것지.

장로 병   장정 서너 명이 붙어도 해내기 힘들지. 하루 이틀도 아닌데.

소청   하루라도 빨리 저를 이 섬에서 떠나게 하시려거든 그만큼 일손도 필요하니…

촌장   무슨 뜻인지 알겠다… 잠깐만…

촌장과 장로들이 이마를 맞대고 수근거린다. 마을 사람들도 여기저기 웅성거린다.

촌장   (군중들을 향하여) 지금 이야기를 들었겠지만 누구고 일을 돕겠다면 허락하겠다. 누구고 지원할 사람…

서로들 시선을 마주칠 뿐 자청할 기색이 안 보인다.

장로 갑   우리 상달도에서 부정을 씻어내려면 하루라도 빨리 일을 끝내야만 된다니까! 누구 없어?

장로 정   이건 저 자를 돕는 일이 아니라 우리 섬을 구하는 일이란 말이여!

여전히 군중들은 묵묵부답이다. 이때 군중을 헤집고 연심이가 고개를 내민다.

연심   (담담하게) 제가 도울라요.

모두들 일제히 연심을 돌아본다. 동요가 삽시간에 번져간다.

촌장   연심아! 너 제정신이냐?

연심   제가 하겠소!

촌장   (엄하게) 안 된다!

연심   아버님.

촌장   안된다면 안 돼.

연심   (어디까지나 태연하려고 애쓰며) 남을 돕는 일인데 왜 안 됩니까? 힘 없고 약한 자를 보고 돕지 않는 건 사람의 도리가 아니라고 아버님께서 늘 가르쳐 주신…

촌장 (자리를 박차고 나서며) 저 자는 약한 자가 아닌 죄인이라는 걸 몰라?

연심 죄목이 무엇입니까?

촌장 우리 상달도의 질서를 문란케했다… 질서말이다!

연심 질서도 사람 있고 질서지 어떻게… 일방적으로…

촌장 이 애비 얼굴에 똥칠을 할 작정이냐? 고약한 것! (장로들에게) 그럼 오늘은 이만… (연심에게) 따라와! 집에 가서 따질 건 따지자! (하며 황급히 퇴장한다. 군중들이 멋쩍어하며 뿔뿔이 흩어진다. 무대 위엔 연심과 소청만 남는다)

소청 (어색한 미소로) 미안하오. 낭자.

연심 미안한 건 바로 저예요. 죄인 아닌 죄인으로 몰아 억지로 쫓아내려는 심사는 저로서는 좌시할 수가 없구먼요. 세상에 그런 법이 어딨으며…

소청 그것이 이 섬의 질서라는데 어찌합니까. 저마다의 고장엔 나름대로의 질서가 있게 마련이지요. 상달도의 질서가 있을 테니까… (쓰게 웃으며) 그 이상 마음 쓸 건 없소!

연심 도대체 질서란 게 뭔가요? 사나운 태풍을 만나 간신히 목숨을 건진 사람을 부정 탄다고 내쫓는 게 질서라면… 난… 난… (분노가 울음으로 바뀌며) 그런 게 질서라면 나도 결코 그런 질서는 믿지 않을거구먼요.

소청 낭자! 내 일은 내게 맡겨주시오. 나는 이상 더 살고 싶은 욕망도 없소. 나는 이미 죽음을 각오한 사람이오. 그러니 제발…

연심 그… 그렇지만…

소청 다만 한 가지 부탁은… 그 관음보살님을 잘 간직해주시오. 집 대대로 보전한 물건이오.

연심 걱정 마시오.

소청   어려운 일을 당했을 때 간절히 축원을 올리면 은혜를 입을 수도 있을지 모르오. 이미 죽은 나에게는 필요가 없지만 낭자에게는…

연심   (목이 메이며) 그… 그럴 리가… 흑… 흑…

소청   죽음을 각오하고 나면 마음이 더 편해진다고 했소. 나도 지금… 마치 흰 구름 방석을 타고 허공을 나르는 기분이오. 홀가분하오… 핫하…

이때 어둠 속에서 웃음소리가 들려온다. 두 사람이 놀라서 돌아본다. 을득이다. 약간 주기가 도는 듯 얼굴에 홍조를 띠었다.

을득   오다가 얘길 들었는데… 일손이 필요하다고? 그게 정말이여?

두 사람이 계면쩍어하며 대답을 꺼린다.

을득   다른 일은 모르지만 나는 나무 베고 깎는 일이라면 식은 죽 마시기지. 이 섬 구석에서 잔뼈가 굵어가면서 배운 일이란 그런 막일이었으니까… 헛허… 그래 며칠이나 걸리겠어?

소청   글쎄… 열흘은 잡아야…

을득   열흘씩이나 걸릴 게 있어? 되도록 서둘러서 하루라도 빨리 이 섬에서 벗어나야지… 안 그래? 연심아… 헛허…

연심   농담인지 진담인지 모르겠구먼!

을득   어차피 깨진 그릇인데 뭘… 갈 사람 하루라도 빨리 떠나야 남은 사람 마음도 편하지 안 그래? 헛허…

그는 두 사람의 대답을 들으려고도 안 하며 노랫가락을 흥얼거리며 나간다.

을득   (노래) 간다 간다 나는 간다

정든 님 두고 가는 길

바람아 광풍아 님 가시는 동안엔

동짓달에 피는 꽃도 생각해다오…

연심과 소청은 새삼 아쉬움과 사랑을 느낀다.

소청   낭자!

연심   이렇게… 이렇게… 가시면… 저는…

소청   모든 게 부처님의 음덕이라오.

연심   아…

두 사람이 서서히 다가가 이윽고 뜨겁게 포옹을 한다. 그들의 손놀림은 서로의 옷을 하나씩 벗겨낸다. 그것은 감미로움과 정열의 춤이다. 파도소리가 음악처럼 흘러나온다. 마치 동화 속에 나오는 왕자와 공주처럼 순결하고 감미롭다.

암전

제4장

촌장 집. 그다지 넓지는 않으나 깔끔하고 손질이 잘 된 꾸밈이다. 마루에서 연심의 모친과 동리 아낙 A, B가 물레질을 하고 있다. 맑은 하늘에 번개가 친다. 비라도 쏟아질 것 같다. 모친은 듬직하고 단정한 게 사대부집 마나님 같다.

아낙 A 3, 4월에 웬 벼락 천둥이람! 날씨하고는… 참…

아낙 B 세상이 막되어 가는 징조여!

모친 (물레질하며) 막가는 세상인지… 거꾸로 가는 세상인지… 누가 장
담하겠는가 말이제…

아낙 B 무슨 말씀이세요?

모친 되는 일이라곤 하나도 없으니께 하는 말이제!

아낙 A 사모님 말씀이 맞지라우.

모친 우리 상달도가 옛날엔 이러지 않았지. 있으면 있는 대로 없으면
없는 대로 편하게 살았는디. 근자에 와서는…

아낙 B 참 그 뗏목도 거진 다 되어 간다면서요?

아낙 A (넌지시) 연심이는 좀 어떤가요?

모친 (부로 무관심하게) 그저 그래…

아낙 A 당골래 데려다가 푸닥거리라도 해보시지라우.

모친 (긴 한숨) 글쎄 말이여.

아낙 B 밥도 안 먹고 잠도 못 잔다지요?

모친 망할 년! 배때기가 든든하니까 뭘 몰라서 그런지… 아니 뗏목 타
고 나갈 사람은 따로 있는데 제 년이 왜 몸은 달아서…

아낙 A 예? 지금 뭔 말씀을…

모친 (어물쩡하게) 응? 응… 그저 나 혼자 하는 소리여…

아낙 B 연심이는 어디 갔는감요?

모친 (비위가 상하듯) 몰라! 한시도 집에 안 붙어 있으니까.

이때 요란스럽게 뇌성이 지축을 흔들고 번갯불이 번뜩거리더니 먼데
서 쿵하고 벼락을 때리는 소리가 터진다. 아낙 A, B가 섬찟 놀란다.

아낙 A 아이고메! 간 떨어지것네.

모친   죄 짓고는 못 산다! 하늘이 노하시면 끝이 나는 거여!

이때 다시 한 번 벼락을 때리는 소리가 천지를 진동하더니 이윽고 바람과 함께 비가 내리기 시작한다.

아낙 B   어디다 불벼락 때렸는갑소.

아낙 A   그러기에 죄짓고는 못산다고 했지…

모친   기어코 쏟아지는구먼! 아… 비바람 한번 시원하다. (더 신나게 물레질한다. 빗소리가 드높아간다)

아낙 B   (문득) 뗏목 만드는 사람 욕보겠구먼… 이렇게 장대비가 쏟아지니…

아낙 A   (놀리는 말투로) 그럼 가서 거들어줘 봐. 누님 좋고 매부 좋게… 힛히…

아낙 B   성님도! 그걸 말이라고 하시오?

아낙 A   내가 못할 얘기했는감?

아낙 B   촌장 어른께서, 그 뗏목 작업장 근처에 접근하면 큰 벌을 준다고 하신 말 잊어버렸소?

아낙 A   부정 타는 사람이 걱정이지 우리 같은 무지랭이야 뭔 걱정인가!

아낙 B   허기사 성님이나 나나 백 년 가야 밭매고 조개 잡아 풀칠하는 팔자 아니오? 헛허…

두 사람이 깔깔대고 웃는다. 모친은 일손을 멈추고 바깥쪽을 내다본다. 마음에 걸리는 일이 있는지 초조함을 못 참는 눈치 같다.

모친   아주 깡그리 부셔버리든지 훑어가든지 끝장을 내버릴 일이제! 이상 더 아낄 것도 말 것도 없는 목숨이제!

329   바다는 넘치지 않는다

신경질적으로 다시 물걸레질을 한다. 아낙A, B가 서로 눈짓을 한다.

아낙B (낮게) 연심이 때문에 속상해서 저러신 거여.

아낙A 뭔 말씀이시오?

모친 (혼잣소리) 환장한 거여! 환장을… 그렇지 않고서야 이렇게 애미 속상하게 하고… (울먹거린다)

아낙A 그럼 아주 짝을 지어주지 그러시오?

모친 (무섭게 노려보며) 누구 송장되는 꼴 보고 싶어서 그러긴가? 내일 이라도 뗏목에 실려 쫓겨나갈 놈하고 짝을 지어주다니. 자네는 그 쥐딩이 조심 좀 하드라고! 잉?

아낙A 그… 그게 아니라요… 연심이가… 내가 보기 심상치가 않아서 그렇지요.

모친 뭣이 어째?

아낙B (은근히) 상사병이래요, 상사병!

아낙A 연심이가 그 총각을…

모친 (화를 내며) 시끄럽다! 그런 소리하려거든 냉큼 돌아가!

아낙A 그렇게 수군거리는 소리를 알려드린 것뿐이지라우.

모친 썩 돌아가라니께! (하며 윽박지른다)

두 사람은 일거리를 챙겨 일어난다. 이때 밖에서 사람들 웅성거리는 소리가 들린다.

아낙A 뭔 일인가?

아낙B 자라보고 놀란 가슴 솥뚜껑만 봐도 놀란다고 요즘은 큰소리만…

마을 삼재와 돌쇠를 비롯 네 사람이 든 들것에 을득이가 실려 나온다.

을득의 온몸은 피투성이며 한쪽 팔이 잘리어 나간 게 흉물스럽다. 그는 의식을 잃었다. 그것을 본 아낙 A와 아낙 B가 비명을 지르고는 부들부들 떨고만 있다.

모친 아니… 이것이 뭔 변인가? 삼재 워쩐 일이여? 응?

네 사람은 토방 아래다 들것을 내려놓는다. 어느새 비는 멎었고 멀리서 뇌성이 달아나듯 울려 퍼진다. 남정네들은 모두 비에 젖은 윗도리를 벗어 물을 짠다.

삼재 벼락 맞았소.
모친 벼락을?
아낙 A 누가?
삼재 누군 누구! 을득이지. 뗏목 짜는 장소에 얼씬도 말라고 했는디… 글쎄…
아낙 B 을득이가 금줄 친 안으로 들어갔구먼?
돌쇠 재수에 옴 올랐는지 허파에 바람 들었는지 원…
모친 삼재! 무슨 영문이니 자세히 얘기 좀 혀! 사람 복통 터지겠어! 응?

이와 동시에 무대 한구석에 해변가의 공간이 나타난다. 주위에 금줄이 둘러쳐 있다. 소청이 뗏목을 엮는 작업장이다. 통나무를 칡넝쿨로 얽어매는 중이다. 그의 모습은 어떤 구도하는 사람의 모습처럼 진지하다. 이마에서 땀방울이 흘러내리나 닦으려고도 안 한다. 파도 소리가 들린다. 을득이가 불쑥 나타난다. 약간의 주기가 있는 듯 얼굴이 붉다. 그의 말투는 시종 이죽거리는 조이며 도전적이다. 저만치 삼재가 서 있다.

을득   잘 돼 가는가? 홋흐… 내가 거들어 줄까했더니…

소청   (대꾸를 안 한다)

을득   왜… 내 얘긴 시답지 않다. 이건가? 어디서 나타난 말뼈다구인지
      쇠뼈다구인지 모르겠다만 빨랑 우리 섬에서 꺼지는 게 상책일
      게다. 알겠어?

소청   (입 안의 소리로 뭐라고 중얼거린다. 무슨 주문을 외우는 것 같다)

을득   (화가 치밀어) 임마! 뭐라고 대답해봐 입은 뒀다 언제 써? 응?
      (사이) 여긴 왜 왔어? 무엇을 바라고 왔느냐 말이다! (하며 금줄
      가까이 다가선다)

삼재   (황급히) 가서는 안 돼. 금줄 안에 들어가지마.

을득   알고 있다. (소청에게) 너 내 말 우습게 듣지 마. 네 마음은 내가 안다.

소청   (일을 계속 하며) 나도 네 마음 알지.

을득   뭐, 뭐라고?

소청   연심 낭자에게 마음을 쓰고 있는 모양인데… (쓰게 웃으며) 걱정
      마라.

을득   그… 그럼… 왜…

소청   갈 때가 되면 간다. 구름이 모여 비가 되고 과일이 익으면 절로
      떨어지듯… 그러니 헛된 생각일랑 마라.

을득   (내심으로 불안을 느끼며) 도대체… 넌 누구냐? 뭣 하는 놈이냐?

소청   나? 나도 모르겠어.

을득   몰… 몰라?

소청   조상으로부터 이어받은 도자기 굽는 기술밖에는… (그는 비로소
      일손을 놓고 한숨을 몰아쉰다. 그의 태도는 달관한 사람처럼 온화하고
      여유마저 보인다) 내가 이 섬에 온건 내 뜻이 아니라 부처님의 뜻이
      다. 하느님의 뜻일지도 모른다. 그러니 내가 어찌 그분들의 뜻
      을 알겠으며… 더구나 너같이 무지랭이 같은 인간에게는…

을득	(심한 모욕감에서) 이 자식이… 아가리는 터져서 제멋대로… (하며 금줄을 제치고 들어선다)
삼재	을득이! 안 돼! 거기 들어서면 안 된다니께!
을득	이런 수모를 당하고도 물러설 내가 아니다! (하며 성큼 다가서는 순간 벼락이 내리친다) 으악… (쓰러진다)
소청	(기도하듯 정좌를 하고 있다)
삼재	을득이! 을득이! 사람 살려! 사람 살려… (급히 퇴장)

파도 소리가 드높아지고 바람이 울부짖는다. 무대가 갑자기 먹구름으로 휩싸인다. 다음 순간 소청은 무릎을 꿇고 합장을 한다. 부처의 구원을 바라는 모습이다.

이때 연심이가 급히 나온다. 쓰러져 있는 을득의 주변에 선혈이 낭자함을 보자 더욱 놀란다.

연심	이러고 있을 때가 아니에요! 어서 여길 피하세요.
소청	낭자!
연심	마을 사람이 오게 되면… 위험해요!
소청	그렇지만… 내가 저 사람을…
연심	지금은 잘잘못을 따질 때가 아니에요. 섬을 떠나야 해요.
소청	그렇지만 낭자를 두고…
연심	만남과 헤어짐은 결코 우리의 뜻이 아니라는 것을 알았어요! 우선은 이곳에서 피하는 일이에요. 어서요!
소청	그… 그렇지만…
연심	뗏목에 오르세요. 어디론가 가세요. 어쩌면 하달도가 아니라도 어딘가에…
소청	하달도?

333   바다는 넘치지 않는다

연심 뱃길이 사납다지만 천운이 우리 편이면 또 길은 있을 거예요. 어서 어서… (연심이가 급히 뗏목을 밀어낸다. 그러나 움직이지 않는다. 안간힘을 쓴다) 도와줘요. 어서! 사람들이 오기 전에… 어서요.

망설이다가 소청이 일어나 뗏목을 밀어대자 움직인다. 바다 쪽으로 밀어내자 밀려온 파도에 뗏목이 크게 출렁인다.

연심 이제 됐어요.

소청 이… 이 은혜를 어떻게 다…

연심 살아만 계시면 돼요. 우선은 살아남는 일이고… 그 다음 일은 그때 가서… 그러니 어서 오르셔요. 어서… (하며 억지로 밀어낸다. 소청이 뗏목에 오른다. 출렁이는 뗏목의 요동에 따라 소청의 모습도 상하로 흔들린다)

소청 낭자! 내가 맡긴 보살님을… 보살님을 잘 간직해요.

연심 염려 마세요.

소청 우린 꼭 만나야 해.

연심 기다릴게요. 기다릴 거예요!

소청의 모습이 먹구름과 파도 소리와 그리고 번개의 섬광 속으로 사라진다. 혼자 남은 연심의 머리카락이 바다 바람에 심하게 흩날린다.

연심 (허탈하게) 기다릴게요. 기다릴게요.

암전

제5장

전장부터 약 3개월 후 촌장의 집.

매미 울음소리가 간드러지게 나다가 뚝 멈춘다. 마루 끝에 모친이 을 씨년스럽게 앉아있다. 무슨 걱정거리에 싸여 있는 표정이다. 이윽고 촌장이 행길 쪽에서 등장한다. 그러나 모친은 별로 마음을 쓰지 않고 풀빨랫감을 손질하고 있다.

촌장　　날씨가 푸덕지근한 게 소내기라도 오려나. (윗저고리를 풀어헤치고 들가에 있는 세숫대야에 물을 떠붓고 세수를 한다. 그동안에도 모친은 아무 말이 없다. 다시 매미가 운다. 촌장이 수건으로 얼굴을 닦는다. 방 쪽을 살피다 말고) 연심이는 좀 어때? 뭣 좀 먹었어?

모친　　(긴 한숨을 뱉고) 그냥… 그런데요.

촌장　　무슨 놈의 병이 그렇게 끈질기게…

모친　　(일손을 멈추고 무겁게) 영감… 일 났구먼요… (한숨을 몰아쉰다)

촌장　　일? 뭔 일… (하며 벗어 놓은 윗저고리를 다시 입는다)

모친　　연심이년…

촌장　　(담배를 피워 물며) 연심이가 어쨌어? 속 시원하게 말을 하라니께!

모친　　(낮으나 심각하게) 일이 터졌다니께요.

촌장　　(담배를 피우다 말고) 글쎄 무슨 일이냐고? 속 터지겠구먼!

모친　　(길게 한숨을 몰아쉰다)

촌장　　(답답해서) 연심이가 어쨌어? 병이 도졌단 말인가?

모친　　홀몸이 아닌가 봐요. (주변을 경계하듯 돌아본다)

촌장　　뭣이 어째?

모친　　(낮은 소리) 몸이 이상해요. 건구역질에다가… 음식도 제대로 못 먹고…

촌장 (입이 떡 벌어지며) 아니 그럼 애기를?

모친 이 일을 어쩌면 좋소? 영감. 세상에 이런 변이 어디 또… (울음이 터지며) 그년이… 그런 일을… 저지를 줄을… 누가… 알았겠소? 흑…

촌장 방에 있어?

모친 샘가에 가고 없어요.

촌장 그래 어느 놈이요? 그놈이… (벌떡 일어선다)

모친 (단념이라도 한 듯) 하달도로 쫓겨 간 그 젊은이래요.

촌장 뭐… 뭣이 어째? 이 년을 당장에 끌어내다가…

모친 영감! 그렇게 해서 세상에 알리자는 거예요? 예? 처녀가 애기를 뱄다고 광고라도 하자는 말씀이오?

촌장 지… 지금 임자는…

모친 소문이 나기 전에 미리 막아야죠… 가래로 막을 걸 호미로 막을 걱정부터 해야지요. 영감! 안 그래요?

촌장 (아직도 짐작이 안 가는 듯) 가래는 뭐고 호미는 또…

모친 세상 사람이 눈치 채기 전에 손을 써야죠!

촌장 손을 써?

모친 서둘러서 혼사를 치르게 합시다.

촌장 누구하고?

모친 을득이하고 짝을 지어줍시다.

촌장 (어이가 없어서) 을득이라니… 그 팔병신을?

모친 영감 하루가 급해요… 전부터 을득이는 연심이를 마음 속에 두고 있었고… 몸이 그렇게 된 후에도 연심이를 못 잊어하고 있대요. 그건 나도. 그리고 이웃들도 다…

촌장 (골똘하게 생각하며) 그래서 그 애기는 을득이의 애기인 것처럼 속여서…

모친   속이긴요. 두 사람이 마음만 맞는다면 누가 의심할 수도 없지요.

촌장   원 세상에 이럴 수가… (안절부절 못하고 마당을 서성거린다)

모친   만약에 때를 놓치게 되면 멍들 사람은 연심이가 아니라, 영감이죠.

촌장   뭐라고?

모친   상달도 촌장 어른의 외동딸이 외간 남자와 통정하여 애를 가졌다
는 소문이 나는 날엔 우리 집안 꼴이 무엇이 되겠소? 예? 촌장의
체면은 무엇이 되며 우리 가문은…

촌장   (발악을 하듯) 듣기 싫어! 그만 좀 노닥거리란 말이여! 그만! (하며
마루에 있던 빨랫감을 마구 집어던진다. 이성을 잃고 행패 부리는 촌장
의 모습은 전혀 다른 사람 같다)

모친   (냉정하려고 애쓰며) 영감! 참으시오. 그리고 깊이 생각하시고… 길
은 그것밖에 없지요. 영감 체면 살리고 우리 가문을 지키기 위해
서는… 예? 영감!

촌장은 땅바닥에 주저앉아 멍하니 허공만 쳐다본다. 넋 나간 사람 같다.

촌장   어쩌다가 이 지경이… 어쩌다가 내게 이런 날벼락이… (울분이
울음으로 바뀌며) 안 된다! 이래서는… 내가 살아갈 면목도… 체면
도… 흑… 안 된다! 윽…

모친   영감. 진정하시오. 누가 들으면… 어쩌시려고… (부축하며) 어서
방으로 들어갑시다. 예? 호랑이에게 물려가도 정신을 차리라고
했소. 그러니… 제발… 윽… 윽…

촌장이 간신히 일어나 돌아서려는데 울타리 뒤에서 연심이가 조심스
럽게 나온다. 얼굴이 창백해지고 병색이 완연하다.

모친　(놀라며) 연심아! 너 언제…

연심을 발견한 촌장의 눈에 금세 살기가 돈다. 그가 연심의 머리채를 잡아끌자 연심은 끌리는 대로 움직인다. 아무런 반항의 의지도 없다.

촌장　이년! 네가 애비 얼굴에… 똥칠을 하다니… 우리 가문에다…

모친　영감 이러지 마셔요. 이러신다고 되는 일 아니어라우. 참으시오! 영감…

촌장　우리 세 식구… 혀를 깨물고 죽자 죽어! 이것아… 죽어… 이년 아… 네 아가리는 왜 가만있는 거냐? 그래도 네가 우길 것이냐? 응?

연심　(냉정하게) 아부지…

촌장　(손을 놓고) 그래 어디 들어보자… 처녀가 애기를 배도 핑계가 있다는 말이 바로 너를 두고 나돈 말이었구나! 어디 들어보자. 말해라. (아버지가 마루 끝에 주저앉으며 숨을 몰아쉰다)

연심　아부지… 잘못했어라우…

촌장　그럼… 그 그게 정말이었어? 응?

연심　예… 어머니 말씀… 그대로입니다. 그렇지만 결코 일시적인 장난이 아니었고… 그 사람도 저를 농락하기 위해서가 아니라…

촌장　임자… 이년이 지금 무슨 개소리를 하고 있는 거요?

모친　영감! 연심이 마음도 헤아려 주셔야 해요. 가엾은 사람 구하고 싶은 마음이 그만…

촌장　설마가 사람 잡는구나! 이럴 수가… 이럴 수가… (원통하여 마룻바닥을 친다)

연심　아버지 용서하세요. 그리고 무슨 짓이라도 하라는 대로 하겠어요. 죽으라면 죽을 수도 있고 섬에서 나가라면 나갈 것이구먼요.

이제와서 무엇이 두렵겠습니까? 아부지… 흑… 처분대로 따르겠으니… 흑… 흑…

모친 영감. 연심이 얘기 들으셨지라우… 그러니 이제는 앞으로 다가올 일을 막는 일뿐이지요!

초장 (새삼스럽게 연심을 바라보며) 처분대로 하겠다고? 그게 참말이냐?

연심 예… 무슨 말씀이라도 따르겠습니다.

모친 그것 보세요. 영감! 들으셨지요?

촌장 그럼 을득이하고 혼인하겠다 이거냐?

연심 (담담하게) 아부지께서 시키시는 일이라면… 이제 와서 제가 무엇을 더 바라겠으며… 무엇을 내세우겠습니까… 제게 소원이 있다면 그건… (망설인다)

촌장 그건 뭐냐?

모친 어서 말씀드려. 일이 여기까지 번진 마당에 못할 얘기가 뭐냐?

연심 살아남아야 해요.

촌장 뭣이?

연심 무슨 일이 있어도 살아남기로 작심했으니까요! 그래서 언젠가는 또 다시 만나게 되리라고 믿으면서 살아갈 것이구면요…

촌장과 모친은 새삼 연심의 굳은 의지를 확인한 듯 시선을 마주친다.

모친 그러니까… 을득이하고 혼인하겠다. 이거제? 응?

연심 하겠어라우… 해야지요… 할 것이구면요…

모친 영감. 들으셨지라우. 우리 연심이 같은 효녀가 어디 또 있겠소? 안 그라요?

촌장 (새삼 연민의 정에서) 불쌍한 것… 네가 어쩌다가… 그런 놈한테 몸을 허락해서… 이런…

바다는 넘치지 않는다

연심   저는 부끄럽지 않아요. 저는 그 분을… 그 분을… (하며 말문이
막힌 채 흐느낀다. 촌장과 모친도 눈물을 감추지 못한다. 매미 울음소리
가 비오듯 쏟아진다)

암전

제2부

제1장

전막부터 7년 후, 제1장과 같은 바닷가. 여전히 평화롭고 나른한 봄날 오후의 풍경이다. 모든 게 그대로이다. 다만 조개를 캐는 아낙의 수가 셋으로 줄었다. 그리고 그들 가운데 연심은 이미 결혼을 한 모습으로 변했다. 세월이 흐름을 보여주는 듯하다. 그들의 처량한 노랫소리가 전보다는 쓸쓸하고 구슬프다. 그러나 연심은 우둑하니 바다 쪽만 바라보고 있다.

노래

해당화 피고 지고
기러기떼 울고 간지
몇 해나 되었는고
간다하고 가는 이 없고
온다하고 오는 이 없으니
철썩이는 파도야
너는 알고 있겠지
음… 음… 아라리요

저기 가는 저 큰 애기
내 말 좀 들어보소
꽃 피었다고 기뻐 말고

바다는 넘치지 않는다

가는 세월 섧다 말고

오는 백발 탓 말라고

바다는 타이르네

응… 응… 아라리요

아낙A 아… 살자니 고생이요, 죽자니 청춘이라더만 우리네 팔자는 죽을 때까지 고생바가지란 말이요!

아낙C 그러다가 한 세상 올 테니께 기다려보자고… 훗호… (웃다말고 문득 연심 쪽을 바라본다. 아낙B에게 눈짓을 한다)

아낙B 순동이네… 순동이네…

연심 (꿈에서 깨어나듯) 응? 응…

아낙B 뭘 그렇게 골똘히 생각하고 있어?

연심 (한숨) 아… 바다를 바라보고 있으면 온갖 생각이 꼬리를 물고 떠오르니…

아낙A 순동이네는 뭔 생각이 그리 많단가?

아낙B 서방 있겠다… 아들 있겠다… 알뜰한 친정 엄니 있겠다. 뭐가 걱정인가?

아낙C 호강에 초친 소리제… 우리 같은 과부 마음을 순동이 어메는 모를 것이구먼…

연심 (쓰게 웃으며) 왜 모를까… 알지라우.

아낙A 참말로 뭔 걱정이 있긴 있나벼? 안 그려?

연심 (문득) 하달도 가 본 사람 있어?

아낙A 난데없이 하달도는 왜…

연심 참 이상한 일이제… 이 섬과 저 섬. 저 바다와 이 바다에는 어딜 가나 길이 있다는데 어째서 상달도와 하달도 사이에는 뱃길이 없는지 알다가도 모를 일이어.

아낙 B	뱃길이사 있겠지만 풍랑이 여간 센 게 아니라서 건너갈 엄두를 못 내는 거겠지.
아낙 A	그 근처에는 용왕이 살아 있어서 물살이 소용돌이 칠 때는 천지가 윙윙거린다는구먼!
연심	그래도 어디고 사람이 건너갈 길은 있을 법도 하잖어?
아낙 A	순동이네. 하달도에 누구 아는 사람이라도 살고 있남?
연심	아니오… 그저…
아낙 B	그저?
연심	바다가 막혔다는 말 들어봤어?
아낙 B	그… 그야…
연심	바다는 사방으로 뚫려 있을 것이어. 마음만 먹는다면 건너갈 수도 있을텐디 아무도 그 길을 못 찾는 것뿐이라고…
아낙 A	알다가도 모를 일이구먼. 난데없이 하달도를 찾으니께 하는 소리지.
연심	성님은 모를 일이지요. (한숨)
아낙 B	갈 수만 있다면 우리도 가고 싶지만 목숨을 걸고 갈 수야 없지… 훗후…

이때 멀리서 순동이가 연심이를 부르는 소리가 들린다.

순동	(소리만) 엄니… 엄니!
아낙 C	(돌아보며) 저게… 순동이 아니여?
연심	순동인가? (일어나서 바라본다)
순동	(전보다 가깝게) 엄니!
연심	천천히 와… 넘어지겠다.

바다는 넘치지 않는다

이윽고 순동이가 뛰어온다. 일곱살박이지만 체구가 작다.

연심 뭔 일이냐? 순동아.

순동 (코를 훌쩍이며) 아부지가 찾아보래.

연심 나를?

순동 응.

연심 (낮은 소리로) 술 취하셨던?

순동 (도리질하며) 몰라! 엄니를 빨리 찾아오래.

연심 뭔 일일까? (표정이 어둡다)

아낙 A 서방님이 찾는다는데 빨랑 가봐.

연심 또 어디서 술이나 마시다가 술값 챙기러 왔는지도 모르지… (순동이에게) 할머니는 어디 가셨어?

순동 (도리질하며) 몰라. 엄니! 그럼 나 먼저 간다! (뒤도 안 돌아보고 뛰어간다. 연심의 표정이 어둡다. 그녀는 조개를 캔 바구니에 호미며 그릇을 챙긴다)

아낙 C (떠볼 양으로) 순동이 아부지… 요시 술이 과하다든디… 뭔 일 있남?

연심 일은 무슨… 그 양반이 언제 집안 걱정할 위인인감? 허구헌 날 투전마당 아니면 술청에서 세월을 보내는디… 세상에 신수 편한 사람이지요.

아낙 A 에그… 오죽하면 돌아가신 촌장 어른이 홧병 나셨을까?

아낙 B 그러기에 자고로 머리 검은 짐승은 거두지 말랬다네… 다 쓸데없는 헛짓거리라니께!

연심 나 먼저 가요. 천천히들 오시여… (하며 퇴장한다)

아낙 C 참말로 알다가도 모를 일이지.

아낙 A 뭐가?

아낙 C 그 엄하고 어질고 곧기가 시누대 같은 촌장 어른이 그 사람 뭘 보고 사위를 삼았는지 말이여. 알다가도 모를 일이제.

아낙 A 그… 그야 어딘가 눈에 들었으니께 사위로 삼았겠지.

아낙 C 술은 말술이요. 게다가 팔 병신인 위인한테 뭘 바라고 딸을 내 줘. 주긴!

아낙 B 성님! 그게 그렇게 걱정이 되시면 직접 물어보시지.

아낙 C 미쳤어? 내가 왜 물어봐!

아낙 A 그러기에 인간사는 매사가 인연이라고 하지 않던가. 모두가 인연으로 맺어지고 연이 끊기면 돌아서고… 그런 게 사람 사는 세상 아닌감!

아낙 B 하기사 팔 병신이 무슨 죄겠노? 부정 타서 벼락 맞은 사람이라 인생이 가엾어서 그렇게 연을 맺었겠지.

아낙 C 아닐 것이구먼!

아낙 B 뭣이?

아낙 A 지금 뭔 소리하고 있어?

아낙 C (주위를 살피더니 비밀스럽게) 내 귀동냥 한 일이 있는디 말이여…

아낙 B 귀동냥이라니?

아낙 C 순동이 아부지가 따로 있다고…

아낙 A, B (동시에) 뭐라고?

아낙 C 벌써 7년 전 일이라 죄다 잊어 먹었을 테지만… 아는 사람은 알고 있지라우… 헷헤…

암전

제2장

춘장의 집. 황혼 녘. 을득이가 마루 끝에 걸터앉아 혼자서 술을 마시고 있다. 안주도 없이 술 사발을 들었다. 이윽고 연심이가 행길 쪽에서 들어온다. 남편을 보자 섬찟 놀라는 표정이 어딘지 불안하다. 가지고 온 연장을 부엌 쪽에 다 내려놓는다. 서먹한 침묵. 연심이가 부엌 쪽으로 가려고 하자 말문을 연다.

을득   (명령조로) 거기 앉아.
연심   (얼버무리며) 안주라도…
을득   (거칠게) 앉으라면 앉아!

연심이가 저만치 떨어져 앉는다. 을득이가 잔을 비우고는 잔을 내민다. 연심이 불안을 감추면서 부러 웃어 보인다.

연심   내가 언제 술 마시던가요? 오늘 따라 안 하던 짓을 다… 하시는군요.
을득   (막무가내로) 술을 따르란 말이오!

연심이가 멋쩍어지며 술병을 들고 술을 따른다. 공연히 손이 떨린다. 을득의 눈길이 사납게 변한다.

을득   왜 떨어? 떨긴…
연심   (일어나며) 왜 찾았소? 순동이까지 내세워서…
을득   (잔을 반쯤 비우고 나서) 순동이까지 부려먹게 해서 안 되었구면! 흥!
연심   (비윗장이 상해서) 무슨 뜻이오? 난데없이 순동이까지 들먹거리면서 오장을 긁어야만 시원하시겠소? 예? (약이 오르며) 오늘따라 왜 이래요? 할 얘기가 있으면 순순히 하실 일이지 이렇게 사람 피가 마르게…

을득   (유들유들하게) 피 마르게 한 사람이 누군데…

연심   뭣이라구요? 내가 언제…

을득   지난 7년 동안 그렇게 대해 왔지. 내 입으로 말해야만 알겠어?

연심   순동 아부지!

을득   내가 왜 순동 아부지야?

연심   (크게 놀라며) 뭐라고요? 아니 지금 당신…

을득   (침착하게 술을 따르며) 맑은 정신이니 걱정 말드라고. 취중에 아무렇게나 내뱉는 얘기가 아니라…

연심   지금… 무슨 말을 하려고 이렇게 빙빙 돌려가면서…

을득이가 비로소 연심의 얼굴을 직시한다. 눈빛에 살기마저 돈다.

을득   나하고 혼인하려고 했던 속셈이 뭐였지? 7년 전에 말이다.

연심   (크게 놀라며 입술가에 경련이 일어나며) 지… 지금… 다… 당신은… 나… 나를…

을득   묻는 말에 대답만 해! (사이) 내가 좋아서가 아니었지? 그렇지?

연심   (부들부들 떤다)

을득   바른대로 대란 말이다! 팔 병신에게 시집가야겠다는 그 속셈이 있었을 게다. 안 그래? 내 말이 틀렸으면 틀렸다고 떳떳하게 말할 수 있을 거야. 나는 세월이 흐를수록 당신의 살갗이 뱀 허물처럼 차갑고 꺼끌거리는 걸 느꼈다. 왜 그러지? (포악하게) 말해! 어서! 진심을 말해! (하며 윽박지른다. 그러나 연심은 눈을 지그시 감은 채 입을 악물고 있다)

바다는 넘치지 않는다

을득 순동이가 태어난 후부터는 잠자리에서도 진심으로 몸을 내맡기는 적이라곤 없었다. 그저 마지못해서… 내가 이끄는 대로 따라왔을 뿐… 단 한 번도 동침하기를 자청한 일이라곤 없었다. 순동이 첫돌을 맞은 날 장인 장모님의 얼굴은 밝았지만 당신은 하루 종일 식은 숭늉이었지. 나는 무슨 연유가 있을 것 같으면서도 수줍음이었을 거라고 스스로 의심을 저어보기를… (다시 분노가 터지며) 그러나 그게 아니었다는 것을 알게 되었지.

연심 순동 아버지 왜 이러시는 거예요? 내가 어쨌기에… 내가 뭘 어쨌기에…

을득 (일그러진 웃음을 띠우며) 내가 속았다는 걸 알았지… 그것도 훨씬 세월이 지나서야… 병신처럼… 그것도 남의 귀띔으로…

연심 순동 아부지!

을득 난 순동이 애비가 아니란 말이다!

연심 뭐라구요?

을득 혼인 후 일곱 달 만에 순동이가 태어났을 때 까지만 해도 나는 그걸 믿었었다. 그런데 누군가가 말했다. 일곱 달만에 애기가 나오는 경우도 있는가 하고 사뭇 걱정스럽게 수근거렸지만… 그건 나를 놀리려는, 바보로 취급하는 수작이었다는 것을 알게 된 것도 훨씬 세월이 흘러간 다음 일이었다! (자신의 가슴을 치며) 이런 등신이 세상에 살아있었다니… 이런 팔 병신 아닌 미치광이가 남편 행세 애비 행세를 해오다니… (태도가 돌변하여 맹수처럼 덤비며) 말해봐! 네 년 입으로 사실을 말해봐! 그동안 내가 혼자서 속 태우고 술로 달래며 그 망령을 지워버리려고 발버둥 쳤던 그 아픔을 네 년이 알아? 응? 아는가 말이다! (하며 연심의 목을 짓누른다)

연심 으악… 사… 사람… 윽…

이때 밖에서 돌아오던 모친과 순동이가 이 광경을 보자 우루루 달려들어 뜯어 말린다. 네 사람이 서로 엉킨다.

모친   이 사람아! 이것이 무슨 짓인가!

을득   상관 말아요! 손을 놔요 놔!

연심   아… 엄니… 나 좀…

순동   아부지! 이러지마! 엄니 때리지 말랑께! (하며 을득의 바짓가랑이를 붙들자 을득이가 사정없이 발길질을 한다. 순동이가 저만치 나가떨어진다)

을득   저리가!

순동   으악! (비명을 지른다)

모친   순동아! 순동아! (안아 일으킨다. 다음 순간 무슨 결심이라도 한 듯 당당하게 대든다) 오냐! 네 놈이 이렇게 된 이상은 죽기 아니면 살기다! 이놈아! (모친은 뜰 한구석에 놓인 갈쿠리를 들고 쳐들어간다. 다음 순간 을득이가 연심을 잡았던 손을 푼다. 모친은 헛딛고 바닥에 쓰러진다)

연심   엄니! (하며 안아 일으킨다)

순동   할머니! (매달린다. 세 사람 엉키어 울자 을득은 난처해진다)

모친   네 놈은 사람의 자식이 아니라 짐승이다. 짐승!

을득   인자 사람도 부럽지 않소

모친   은혜는 갚지 못할망정… 이렇게 포악하게… 아… 영감! 영감! 왜 먼저 가셔서 이 지경으로… 영감… (통곡을 한다)

연심   (자리에서 일어나 을득을 정시한다)

을득   뭘 봐?

연심   (냉정하려고 애쓰며) 모두가 제 불찰이었소. 용서하시오.

을득   뭐라구? 아니 그럼…

연심   당신을 속인… 나는 죄인이요.

을득   속이다니?

연심   그렇지만… 단 한 번도 당신을 미워하거나 원망한 적이라곤…

순동   엄니, 울지 말랑께! (칭얼거리듯 매달린다)

연심   우리 순동이를 위해서… 순동이를 위해서… 거짓말을 할 수밖에… 흑…

모친   이것아! 이제와서 그게 무슨… 따지고 보면… 모두가 내 잘못이었지… 너를 이런 지경으로 만들어 놓고…

을득   무슨 말씀이오? 장모님 탓이라니…

모친   자네와 혼인 시키자는 생각을 꺼낸 것도 다 나였다네… 그때는 그 길밖에 없었으니께… 자네 장인의 체면도… 우리 가문의 위신을 위해서도…

을득   그럼 처음부터 꾸며진 일로… 나를 속이고…

모친   그러니 죄를 묻는다면 나에게 물어! 매를 때리려거던 나를 때리게. 순동이 애미는 아무 죄 없어. 순동 애미는 가문을 더럽힐 수 없어서… 부모 시킨대로 자네헌테 시집 간 것 뿐일세…

연심   엄니! 그만! 그만! 흑…

을득은 비로소 진상을 깨닫게 되자 발걸음이 휘청거린다.

을득   그럼… 난… 나는 뭔가? 나는… 뭐란 말이오? 나는…

모친   모든 책임은 우리에게 있었다네. 자네는 도리어 우리 집안을 구해준 은인이었지. 잘못이라곤 없었다네. 순동 애미가 그 자하고 정을 통했던 까닭이 죄라면 죄였지… (무릎을 꿇고 합장을 하며) 용서하게. 이렇게 내가 용서를 빌겠네… 돌아가신 순동이 할아버지의 한을 내가 이렇게… 윽… 윽…

을득은 지금까지 억제해 오던 감정이 일시에 폭발되자 야수처럼 자신의 머리며 가슴을 쥐어뜯는다.

을득 악… 나는 누구인가? 허수아비냐? 허깨비냐? 난 누구를 믿고 살란 말인가… 아… 으악… (하며 미칠 듯이 부엌 쪽으로 가 낫을 들고 나온다)

연심 여보! 안 돼요! 여보.

을득 모든 게 끝이다. 끝. (하며 자신의 배를 찌른다. 연심, 모친 그리고 저만치 훌쩍거리고 서 있는 순동이가 비명을 지른다) 갈 사람은… 가고… 남을 사람은… (쓰러진다)

모친 이것아, 우린 앞으로 어떻게 살 것인가 말이다.

연심 엄니… 엄니…

순동 할머니!

세 사람이 엉키어 통곡을 한다.

암전

제3장

전막부터 약 10일 후.
깊은 산속 멀리 바다가 내려다보이는 암벽과 제를 올릴 수 있는 판판한 암반. 암벽에는 마애불이 새겨져 있다. 암반에는 작은 제단이 있고 촛불이 켜 있다. 파도 소리가 아슬하게 들려온다. 달밤이다. 소복을 한 연심이가 불공을 드리고 있다. 제단 위에 관음보살상이 놓여 있다.

바다는 넘치지 않는다

달빛 아래 서 있는 관음보살여래상은 흡사 살아있는 양 생기가 돌고 신비롭게 빛난다.

연심   비나이다. 비나이다. 산신님, 해신님, 지신님, 부처님… 저를 살리시려거던 부디 순동 아범이 있는 곳을 점지해 주옵소서. 뜬소문으로는 하달도에 있을지도 모른다지만 하달도는 있어도 뱃길은 없으니 오도 가도 못하는 외딴섬이오. 단 한번의 인연으로 저에게 점지해주신 순동이에게 이제라도 아비를 찾아주고 싶은 이 간절한 소원을 굽어 살펴주시오. 살펴주시오!

간절하게 몇 번이고 절을 한다. 이윽고 연심은 바위 위에 이마를 대고 소리 없이 흐느낀다. 이때 한줄기 바람 같기도 하고 파도 소리 같기도 한 유현한 소리가 들려온다. 솔바람이 달빛이 더 아름답게 관음보살상을 비춘다. 연심이 그 보살상 앞에 다가가 산 사람을 대하듯 말을 건다.

연심   보살님! 보살님은 저한테 힘을 주시고 빛을 주시리라고 믿고 있소. 그 사람도 그렇게 말했지요. 위기에 부딪힐 땐 의지할 수 있는 분은 오직 보살님뿐이라고… (간절하게) 불쌍한 우리 순동이에게 힘을 주시오. 사랑을 주시오! (목이 메여 말을 잇지 못한 채 엎드려 다시 흐느낀다)

다음 순간 돌개바람이 불어와 촛불을 꺼버린다. 순간 무대가 어둠으로 싸인다. 연심이가 당황한다. 이때 하늘 저만치 노송이 서 있는 암석 위에 오색찬란한 구름과 다리가 나타난다. 그 위에 관음보살여래가 인자한 미소를 머금고 모습을 드러낸다. 그것은 기적이라고 해도 좋고 환상이라고 해도 좋다. 삼라만상이 잠든 시공을 초월한 그 순간에 나타

낸 그 모습은 하나의 상징적인 구원일 뿐이다. 신비스런 풍악이 들려
온다.

보살   듣거라… 고개를 들어라… 그리고 나를 보아라… (바람에 옷자락
      이 춤추듯 흩날린다)

연심은 꿈에서 깨어나듯 천천히 고개를 든다. 다음 순간 감전된 사람처
럼 입이 떡 벌어진 채 한동안 말을 잃는다. 그러다가 반사적으로 제단
위에 세워둔 보살여래상이 사라진 것을 발견하자 허공에 서 있는 관음
보살을 향하여 엉겁결에 합장을 한다.

연심   (감격하여) 보살님! 아… 보살님… 고맙습니다. 고맙습니다! (몇 번
      이고 절을 한다)
보살   고생이 많았느니라. 그동안 얼마나 많은 눈물과 땀을 흘렸는지
      나는 알고 있느니라.
연심   (황공하여) 흑… 흑…
보살   자고로 착한 사람의 땀은 달고 눈물은 덥다고 했느니라. 그동안
      네가 흘린 숱한 눈물과 땀이 그 얼마나 값진 것이었는가는 내가
      알고 있느니라. 그러기에 내가 너의 그 치성에 감응하여 여기 나
      왔느니라. 알겠느냐?
연심   (떨리는 목소리를 간신히 가라앉힌 다음) 지존하신 보살님께서 저와
      같은 미천한 것에 베풀어주신 그 은혜로 가슴이 터질 것만 같고
      이젠 죽어도 여한이라곤 없습니다… 보살님!
보살   죽다니! 아직도 해야 할 일이 첩첩한 몸이 어찌 그런 경망스러운
      말을 하느냐…
연심   보살님!

보살	사람은 생명의 소중함을 잊어서는 안 되느니라. 솜털처럼 가볍게 버리는 자는 영원한 업보에서 못 벗어나며 이승과 저승 사이에서 떠돌게 되느니라.
연심	그런데 보살님은 대체 어디서 오셨습니까? 왜 저를 만나러 오셨습니까?
보살	나는 바다에서 왔느니라.
연심	바다? 바다? (반사적으로 아득한 바다를 내려다본다. 파도 소리가 꿈속의 가락처럼 들려온다)
보살	보아라… (사이) 바다는 조용히 한 곳에 머물고 있는 듯 보이지만 실은 흘러가고 있다. 강물이 흘러가듯 말이다. 겉으로는 안 보이지만 바다 밑은 끊임없이 흐르고 있느니라. 너희들은 그것을 보지 못할 것이다.
연심	바다가 흐르고 있다고? 그럴리가!
보살	사람들은 그것을 보려고 하지도 않고, 느끼려 하지도 않고, 그저 깊은 곳에 고여 있을 뿐이라고 생각하니 그 얼마나 어리석고 얄팍한 생각인가 말이다.
연심	보살님… 무슨 말씀인지 도무지 저는…
보살	그러면서 바다는 쉬지 않고 모든 것을 받아들이고 있다. 그 속에는 맑은 것도, 탁한 것도, 산 것도, 죽은 것도 함께 섞여 살지만 결코 다투거나 빼앗는 일은 없느니라. 뿐만 아니라, 무리지어 살되 화평스럽게 살아간다.
연심	그… 그건 알 것 같구먼요.
보살	그럼 바다가 넘치는 적이 있던가? 강물은 넘쳐흘러도 바다는 변함이 없다. 폭풍우가 제 아무리 쏟아져도 바다는 단 한 번도 넘치지도 않고 천년만년을 그 모습 그대로 흘러가고 있다니 그 얼마나 속이 깊은가 말이다

연심	그렇지만 뱃길도 없고 파도가 높아서 오가도 못하는 곳이 있으니 어찌하면 되겠습니까?
보살	모르는 소리! 길은 있다.
연심	예?
보살	너는 지금 상달도와 하달도 사이에 오가는 길이 없다는 걸 말하려는 눈치인 모양인데…
연심	그… 그렇소! 바로 보셨소!
보살	길은 있다.
연심	예? 어디에…
보살	길은 있지만 그 길을 못 찾은 것뿐이다.
연심	어디에 있단 말씀인가요?
보살	분명히 있었다. 다만 그 길을 볼 줄 아는 사람이 없었을 뿐이다.
연심	(몸이 달아오르며) 말씀해주셔요. 보살님! 그 섬으로 가는 길이 대체 어디에 있다고 그러십니까?
보살	듣거라. 그 길은 아무나 찾을 수 없는 길이다.
연심	그렇다면 어떤 사람이…
보살	선한 마음을 가진 사람의 눈에만 보일 뿐이다.
연심	예? 선한 마음…
보살	그 길은 아득한 옛날부터 있었지만 사악한 마음을 가진 무리들에게는 안 보였을 따름이다. 길은 있다. 그것도 일 년에 한 번 상달도와 하달도 사이의 바다가 갈라지고 사람이 통행할 길이 있었다.
연심	보살님! 그게 언제입니까? 바다가 갈라진 날이 언제입니까?
보살	일 년을 기다려야 한다.
연심	일 년을요?
보살	해마다 삼월 첫 조금 때 바다가 갈라진다.
연심	삼월 첫 조금 때…

바다는 넘치지 않는다

보살	그것도 다섯 시간을 넘기지 못하고 다시 바닷속으로 잠겨버리니 아무나 갈 수는 없지.
연심	그럼 저는 어떻게 하면 그 길을 갈 수 있나요?
보살	일 년을 기다려라. 너희 식구들은 선한 마음을 품었으니 그 길을 볼 수 있으리라.
연심	보살님!
보살	그럼 나는 이만⋯
연심	가지 마셔요. 보살님!

이 말이 미처 끝나기도 전에 돌개바람과 함께 무대가 어둠 속으로 묻혀버린다. 어둠 속에서 연심이가 애절하게 부르짖는 소리만이 메아리 친다.

연심	보살님! 말씀해주세요. 보살님!

다음 순간 제단 위에서 찬란한 광채를 발산하는 관음보살여래상만이 남는다.

암전

제4장

촌장의 집. 아침. 전막부터 1년 후 봄. 마당에서 모친이 해초를 말리고 있다. 까치가 물고 간다. 모친은 전보다 늙고 등도 굽어 늙어 보인다.

모친   (해초를 뒤적이며) 네 것이 울어댔자 우리 집에 찾아올 손님은 없
      단다… 에그… (흥얼거리듯 노래한다)

      간다 하고 가는 이 없고
      온다 하고 오는 이 없으니
      철썩이는 파도야
      너는 알고 있겠지…

      이때 남루한 승복 차림에 대삿갓을 깊숙이 눌러쓴 과객이 뜰 안을 기
      웃거린다. 얼굴은 알아볼 수가 없다. 노래를 부르던 모친과 우연히 시
      선이 마주친다. 과객이 황망히 돌아선다.

모친   (무심코) 뉘시오? 누굴 찾아…

      그 말이 끝나기도 전에 과객은 대답도 않고 당황하여 사라진다.

모친   별 놈의 인간도 다 보겠구먼그랴! 공양하러 왔거든 목탁을 두들
      기든지, 막걸리 생각 있으면 주발이나 내밀지… 뭐가 겁나서 상
      추 밭에 똥 누다 도망치는 강아지 꼴인가 말이제… 나 원… (하며
      자리에서 일어선다)

      이때 연심이가 밖에서 물동이를 이고 들어선다. 전보다 수척해 보이고
      삶에 찌들인 듯 보인다. 다만 커다란 두 눈만이 이상한 광채를 발산하
      며 표정이 차갑다. 부엌으로 들어간다. 모친이 마루 끝에 앉아 담뱃대
      를 꺼내 잎담배를 챙긴다. 물 항아리 물 쏟아지는 소리…

모친   (힐끗 쳐다보며) 샘물은 안 말랐던? 올 봄 가뭄이 또 걱정이여… 아이고 섬 생활도 이제 지긋지긋하다. (한숨) 시끄럽고… 어수선하고… 한 고개 넘으면 또 한 고개… (담배연기를 길게 내뿜으며) 이렇게 살다가… 숨길 꼴깍 끊어지면… 그만 끝나는 인생…

부엌에서 연심이가 나온다. 수건으로 이마의 땀을 닦는다.

연심   (불쑥) 엄니. 이사 가요.

모친   (담뱃대를 문 채) 어디 간다고?

연심   여기선 이상 더 못 살겠소.

모친   (냉소를 내뱉으며) 어디 가면 사대부집 마나님 대우해 준다냐? 흥.

연심   (일방적으로) 하달도로 갈라요.

모친   (긴장의 빛으로) 어디라고? 하달도?

연심   예. 여기보다는 살기가 좋을 것이구먼!

모친   난데없이… 하달도는… 늬가 지금 자다가 봉창 두들기냐? 이것아. 하달도는 가다가 중간에 상어떼 밥 된다는 것도 몰라? 흥!

연심   뱃길 말고 가는 길이 있다요.

모친   이것이… 푼다푼다 하니께 하루아침에 겉보리 석 섬 푼다더니… 참말로… (정시하며) 뱃길 말고 어떻게 하달도에 가냐? 아니 가서 거기서 뭣하고 뭘 먹고 살 것이여? 무인지경 외딴 섬에서…

연심   곰곰이 생각해봤는디… 여기서는 정붙이고 살 수가 없어요.

모친   정? 홋호… 홋호…

연심   엄니! 참말이라니께요. 한시도 정이라고는…

모친   (웃다 말고) 하기사 네 신세로는 그런 말 하게도 되었지… 남편이 있을까… 애비 없는 자식 혹처럼 딸린 데다가… 섬 밖이라고는 한 발도 못 나간 청상과부가 되고 보면… (한숨) 그렇지만 그게 섬사람이 살아온 흔적이제… 하루 종일 보이는 건 바다, 들리는 건 파도… 만나고 싶은 사람 있어도 없는 신세… 어메도 그렇게 살았다. 네 아버지가 촌장이라고 대접은 받았었지만 돌아가신 후부터는 꼬리 잘린 가오리연 꼴이니… 홋호… 그저 그렇게 살다가 그렇게… 죽는 거여. 섬사람은…

연심　(신경질적으로) 나는 그렇게는 못 살아!

모친　뭣이! 못 살아? 그럼 죽어라.

연심　악착같이 살 것이요! 살고말고! 남보란 듯이 살 수 있지라우. 두고 보시오!

모친　(다소 압도당한 듯) 이년이 점심에 뭘 먹고 기를 쓴다냐? 잉?

연심　엄니… 나… 그동안 생각 많이 했지라우! 밤마다 꿈에서도 넓은 바다 내려다보면서도 그분 말씀 떠올리고…

모친　그분이라니… 그게 누구여?

연심　보살님.

모친　흥! 방구석 반닫이 위에 모셔놓은 보살? 흥. 꿈에서 깨거라.

연심　꿈이 아니라니께. 길도 있대요. 바다가 갈라지는 물때만 잘 맞추면 하달도와 상달도가 하나로 통하고…

모친　이년이 정말 실성했나보군! 바다가 갈라져? 아니 그것이 뭔 소리여?

연심　오래 전부터 그 얘기 하려고 했지만 가슴 속에 꽉 묻고만 있으니 복통이 터질 것 같아요. 엄니. 나 갈라요. 가게 해주셔요!

모친　거기 가서 어찌 살라고?

연심　순동애비가 살아 있을 것만 같아요! 참말이라우. 순동이 애비는 믿을 수 있는 사람…

모친　듣기 싫어! 이년아 한 번 속았으면 그만이지 그래 그런 놈을… 아직도…

연심 저는 못 잊어요! 잊을 수 없어요. 어떻게 잊어버려요. 살점을 억지로 떼어냈으면 냈지… 난… 흑… 흑…

모친 네가 병 치고는 중병 들었구나!

연심 일 년 동안… 그 일만 생각했어요. 하달도에 가면 순동애비가 기다리고 있을 것이라고… 그리고 꿈에 보살님이 하신 말씀이 가면 갈수록 귓가에 쟁쟁하니… 난 하루도 마음이 가벼운 날이라고는…

모친 뭔가 씌운 거여! 헛것이 네 마음에… 바다가 갈라져? 흥. 머리에 털 나고는 처음 듣는 말이제!

연심 마음 착한 사람의 눈에는 그 길이 보인다고 했어요. 엄니!

모친 듣기 싫단 말이다! 가든 오든 늬년 마음대로 해라! 해! 하달도로 가건 연평바다로 가건… (자리에서 불쑥 일어나 마당을 건너가려는데 행길 쪽에서 무당이 들어선다. 그 뒤에 박수무당이 따라선다. 북이며 징을 들었다)

무당 순동이 할매! 뭘 혼자서 중얼거리시오? 헛허… 우리 섬에 신들린 사람 나왔남? 헛허… (이 사이에 연심은 방으로 들어간다. 박수무당에게) 나 담배 한 대 치우고 갈텡게 먼저들 가봐… 제단도 준비하고… 준비들 혀! 잉?

박수무당 예… (옆의 동료에게) 가드라고… 그럼…

두 사람이 인사를 하고 나간다. 무당이 마루 쪽으로 간다.

모친 오늘은 무슨 굿인가?

무당 소문 못 들었는감요?

모친 소문?

무당 천지개벽이오.

모친 천지개벽?

무당	(과장을 하며) 바다가 '쫙' 벌어지고 바다 밑이 '쑥' 솟아난다니 그 것이 천지개벽이 아니고 뭐겠소? 홋호…
모친	(시들하게) 그 얘기… 듣긴 들었제. 허지만… 난데없이 그런 씨나 락 까먹는 소리가 어디서 나돌았단가?
무당	안 믿기요?
모친	믿는 일이 따로 있제… 그게 큰 애기 콧수염 나고 여우새끼 한낮 에 장개 간다는 소리나 다름없지 뭐겠어! 미친 지랄이지.
무당	미친 지랄이라우?
모친	그럼 미친 짓이지 그것이…
무당	사람을 우습게 보지마쇼! 그 지랄이라도 믿고 굿판을 열어서 입 에 풀칠이 하지라우!
모친	헛허… 자네보고 하는 소리는 아니고…
무당	허기사 그런 말을 퍼트린 사람이지요.
모친	누가 그랬어?
무당	어머… 그걸 모르셨소? 순동어매라고들 하든디…
모친	순동 어멈이?
무당	벌써부터 그랬다는디 모르시다니 참말로 등잔 밑이 어두워도 한 참 되었구먼! 홋호…

모친은 마음에 와닿는지 안방 쪽을 흘려본다. 이때 순동이가 급히 뛰 어온다.

순동	엄니… 엄니…
모친	순동아! 웬 수선이냐?
순동	누가 찾아! (하며 행길 쪽을 가리킨다)

　　　　　　　　바다는 넘치지 않는다

모친이 무심코 바라본다. 그 순간 크게 놀란다. 앞서 다녀간 대삿갓 쓴 과객이다.

모친	아니… 댁은…
무당	안면 있는 양반인감요?
모친	그… 그게 아니라…
무당	그나저나 삿갓이나 벗으시고 수인사하실 일이제… 힛히…

과객이 천천히 삿갓을 벗는다. 다음 순간 모친은 크게 놀라고 순동은 고개를 갸우뚱거린다. 어디서 본 적이 있는 얼굴이다. 회색 승복 차림에 머리를 깎고 구렛나루가 검실검실하지만 소청과 꼭 닮았다. 등에 간편한 짐을 졌다.

모친 (떨리는 목소리로) 당… 당신은… (방을 향하여) 순동애미야! 애미야! 빨랑 나와 보라니께!

방문이 열리며 연심이가 나온다. 중을 보자 그 자리에 못 박힌 듯 서버린다.

편운 인사드리겠소. 편운이라고 하오.

모두들 경악심과 불안에서 벗어나지 못한 채 우둑허니 서 있다. 저만치 있는 순동이를 보자 빙그레 웃는다.

편운	저 아이가 순동이… 맞습니까?
모친	그걸… 어떻게…

편운   알고 있었죠… (사이) 조카인걸요… 흠.

모친   조카? (연심에게) 조카라면… 그 뭣인가…

편운   소청은 제 아우였소.

연심   예? 아니 그럼.

편운   보시다시피 얼굴이 꼭 닮았기에 가끔가다 사람을 놀라게 했습지요. 헛허…

연심   (버선발로 토방 아래 내려서며) 시숙님! 절 받으십시오.

편운   아… 아니오. 난 물 따라 구름 따라 세상을 떠도는 운수중… 속세하고는 거리가 있으니 새삼 인사까지…

모친   그래도 이치가 어디… 어서 오르세요.

무당   그럼요. 중이건 장승이건 위아래 순서가 있는 법이제… 어서 절 받으시오!

편운   그럼… (하며 마루에 올라앉는다)

모친   순동이 너도 큰절 드려!

연심과 순동이가 나란히 서서 큰절을 올린다. 편운은 계면쩍어 하면서도 흐뭇해하는 호인이다.

편운   저간의 사연은 천천히 얘기하기로 하고… 우선 전해드릴 게 있어서… (하며 보따리에서 작은 회색 쌈지를 꺼내 놓는다. 모두들 시선이 집중된다)

연심   무엇인지… 그리고 누가…

편운   (담담하게) 아우가 순동 모자에게 전달해달라고 유언을 하고…

연심   유언?

모친   그럼 순동 아범이 주… 죽었다고?

편운   예… 반 년 전에…

모친	반 년 전이면…
연심	하달도에서 말입니까?
편운	아니오, 고향집에서 숨을 거두었지요. 한 달 보름 동안 바다 위에서 표류하다가 어선에 구원을 받아 집에서 요양하다가 그만… (눈을 감고 염주를 어루만진다)
모친	이 일이 뭔 날벼락이냐. 순동아! 늬 아부지 죽었다잖아. 이것아! 불쌍한 것아! (와락 끌어안는다) 흑…
연심	(침착 하려고 애쓰며) 그럴 리가 없지요. 칠 년 전 그이는 뗏목을 타고 하달도로 갔습니다. 바다가 사나워서 걱정은 되었지만 틀림 없이 하달도에 당도해서 그곳에서 우리를 기다리겠다고… (감정이 고조되며) 우린 꼭 만나야 한다고… 언제까지라도… 기다리겠다고… 목이 터지게 외쳐대며 떠나갔는데… 죽다니? 그럴 리가 없어! 그럴 분이 아니어! 하달도로 가서…
편운	(냉철하게) 진정하시오… 그리고 내 얘길 들으시오…
연심	흑… 흑…
편운	꿈에서 깨어나야 하오.
연심	꿈?
편운	당신네들은 꿈을 꾸고 있었소… (사이)
연심	하달도라고 했어요… 참말이에요.
편운	하달도? 그런 섬은 없소!
연심	없어요?
편운	그건 사람들이 지어낸 섬이요. 이름뿐인 섬이요.
모친	(무당에게) 자네가 말 좀 해보게.
무당	경문에도 그렇게 썼으께 분명히 있을텐디…
연심	언젠가 관음보살님께서도 분명히 그랬어요. 바다가 갈라지면 하달 도로 통하는 길이…

편운 꿈속에서 들었겠죠?

연심 예? 예.

편운 그것 보시오… 헛허… 모두가 꿈이라니까요. 사람들은 저마다 꿈을 꾸고 살아요. 그것도 자신에게 유리한 꿈만 꾸지요. 그게 욕심이오, 오욕이요.

모두들 그의 위엄 있는 말투에 압도당한 듯 입을 벌린 채 대꾸를 못한다.

편운 나와 소청은 쌍둥이 형제… 그건 현실이었소. 소청은 그림 그리기와 그릇 굽기가 좋았고 나는 떠돌이 땡중이 좋았었소. 그것은 현실이었소. 어느 날 많은 그릇을 싣고 먼 나라로 가면 돈을 벌 수 있다기에 마을 사람들과 친척들에 끼어 길을 떠난 것도 어김없는 현실이었소.

연심 우리와의 만남도 틀림없는 사실이었소!

편운 그런 이후 일은 모르오. 다만 약 석 달 동안 사경을 헤매이다가 고향으로 돌아왔고 내가 지어준 선약을 마시고 정양하다가 어느 날 매후가 흐드러지게 핀 산사에서 웃으면서 숨을 거둔 소청의 삶은 현실이었소.

연심 그럴 리가… 그럴 리가…

편운 믿기지 않을 거예요. 사실인즉 속세에서 우리가 믿을 수 있는 게 어디 있다고 생각합니까? 있다면 태어났다는 사실과 마지막 죽음일 거예요. 그러기에 사람이 어떻게 사는가보다 어떻게 죽는가가 더 중요한 거예요. 그런 점에서 소청은 복 많은 사람이었죠.

연심 무슨 뜻입니까? 복이 많았다니…

마룻바닥에 놓여 있는 회색 쌈지를 가리킨다.

편운 소청이 그동안 모은 전 재산이오. 이걸로 순동이와 제수씨에게 마지막 보은으로 여긴다면서 웃으면서 눈을 감았소. 그것이 내가 아는 현실의 전부요. 허황된 꿈도⋯ 허무한 소망도⋯ 미화된 포부가 아닌 꽃이 되었다가는 어느 날 소리 없이 져버리는 그 사실! 그것뿐이오. 다만 소청이 행복했다는 증거는 웃음으로 이승을 작별했다는 사실이오. 살아서 흘렸던 그 숱한 눈물이 메말라서가 아니라 온갖 미움도 근심도 욕심도 잊어버리고 홀가분하게 눈을 감을 수 있다는 게 얼마나 복 받은 일인지 아십니까? 아⋯ 우리는 아는 것보다 모르는 게 더 많습니다. 하물며 실제로는 없는 것을 있는 것처럼 꾸미고 억지를 부리다가 가는 사람 치고 슬픈 사연이 많은 법이라오. (입 안의 소리로 나무아미타불을 읊조린다)

연심이가 회색빛 쌈지를 집는다. 묵직한 무게가 느껴진다. 그녀는 쌈지를 열고 손바닥 위에 쏟는다. 그 순간 크고 작은 황금이 요란스럽게 소리 내어 마룻바닥에 쏟아진다. 밝은 햇살 아래서 발산되는 황금빛이 더없이 황홀하다. 모두들 눈을 지그시 감는다.
무대가 차츰 어두워진다. 어느 한쪽 허공 높다란 곳에 관음보살의 환상이 나타난다. 무대에는 연심과 보살만 남는다. 연심이가 소스라치게 놀란다.

연심 보살님, 보살님.

보살 나더러 왜 거짓말을 했는가라고 따지고 싶겠지?

연심 그래요. 왜 바다가 갈라진다고 하셨습니까?

보살 그건 사실이오. 한 달에 3월과 8월 조수가 가장 낮게 들어서는 첫사리 때 바다가 갈라지는 법. 그건 여기저기서 나타나지만 인간이 모르고 있었을 뿐이니라.

연심　그럼 하달도는…

보살　중생들의 한낱 소망이니라. 있어줬으면 하는 소망, 가지고 싶은 욕망, 있을지도 모른다는 꿈이니라…

이와 함께 멀리서 풍물소리가 바람을 타고 점점 퍼진다. 그 가운데 연심, 순동, 그리고 모친이 행복하게 손을 잡는다.

암전

제5장

제1장과 같은 해변가 마을 사람들이 운집하여 바다가 갈라지는 때를 기다리느라 북새통이다. 더러는 탈바가지를 쓰고 춤을 추는가 하면 폭죽을 터뜨리기도 한다,
씨름을 하는가 하면 한쪽에서는 조개를 캐기도 한다. 무당을 앞세우고 풍물패들이 들어선다. 흥겨운 노래와 춤으로 때 아닌 난장을 이룬다.
노래가 익어가면서 자연스럽게 원무로 변해간다.

무당　(노래) 세상사 볼 것 없네
　　　사랑도 꿈이던가
　　　인정도 꿈이런가
　　　꽃 핀다 웃지마소
　　　바람처럼 왔다가네

　　　물처럼 왔다가고

구름처럼 가버린 님아
수천 리 밖에다 정들어 넣고
못 살겠네 못 살겠네

갈미개는 어디가고
밀물도 썰물도 모르는가
사공은 어디 가고
님 떠난 배도 모르는고
아서라 마서라
사랑이랑 못 믿겠네
웃으면서 죽는 사람
내 꿈에서 내가 웃고 우네

-막

악어새 (9장)

- **등장인물**

    1. 한영규, 20대 후반부터 70대 초. 세칭 '동백림사건'에 연루되었던
       정치학자

    2. 정성배, 20대 중반부터 60대 후반. 북한의 농업경제학자

    3. 강상문, 재계의 거물. 젊었을 때 서독 광부로 있다가 서백림에서
       식당업을 경영한 경력의 소유자

    4. 한성운, 한영규의 아들. 중소기업인

    5. 진호, 그의 아들. 피아노 전공 대학생

    6. 혜인, 북한에서 온 여대생, 무용가

    7. 여비서

    8. 수사기관원 A

    9. 수사기관원 B

    10. 유학생 A

    11. 유학생 B

    12. 유학생 C

    기타 남자사원

- **때와 곳**

    1960년대 중기(서울, 서베를린)

    2000년대 초기(서울, 평양)

제1장 (과거)

무대는 가변성무대. 극의 진행에 따라 여러 장소로 설정된다. 다만 최
소한의 소품, 슬라이드 그리고 조명의 활용을 전제로 한 구조적 무대
라야 한다. 강철파이프를 적절하게 조립시킨 무대는 기하학적이면서
도 냉각된 현대사회의 분위기를 조성시켜야 한다.

항공기가 착륙하는 요란한 엔진 소리가 한동안 무대를 채우더니 이윽고
무대 중앙부의 가장 높은 위치에 조명이 떨어진다. 공항 구내의 안내
방송이 한국말과 영어로 되풀이 흘러나온다.

소리　지금 프랑크푸르트발 루프트한자 703호기가 김포국제공항에 도
착 하였습니다. 프랑크푸르트발 루프트한자 703호기가 김포국제
공항에 도착하였습니다……

곧이어 영어 안내 방송이 흘러나온다. 어수선한 공항 내의 여러 소음이
깔리면 조명이 떨어진 공간에 젊은 날의 한영규가 등장한다. 바바리코
트의 깃을 세운 채 작은 서류가방과 면세품 비닐봉지를 들었다. 건장한
체격이다. 그러나 얼굴은 분명히 알아볼 수가 없다. 사람들 찾는 듯 두
리번거린다. 이윽고 기관원 A, B가 불쑥 다가온다. A는 건장한 체구이나
B는 중키이다. 그들의 언행은 극히 사무적이며 일방적인 게 기관원 특
유의 냉담성을 그대로 나타내고 있다.

기관원 A　실례합니다.

영규　예?

기관원 B　(겉으로는 부드럽게) 수고스럽지만 함께 가실까요?

영규　뉘신데……

기관원 A　한영규 씨…… (사이) 틀림없죠? (차갑고 매섭다)

영규　예…… 내가 한영균인데요…… 그런데 왜……

기관원 A (일방적으로) 따라와! (팔을 이끈다)

영규　이게 무슨 짓이오? (하며 잡힌 팔을 털려고 하자 두 기관원이 양쪽에서 한영규의 팔을 붙들어 다그친다. 그 서슬에 손가방과 비닐봉지가 땅 위에 떨어진다) 도대체 당신들은 누구길래……

기관원 B (여전히 부드럽게) 가시면 알게 된다는데…… (주위를 힐끔 훑으며) 잠 간 물어볼 일이 있으니 함께 가시죠. 자…… (팔을 이끈다)

영규　불심검문이요 뭐요? 왜 죄 없는 사람을 이렇게 함부로.

기관원 A　죄가 있는지 없는지는 가보면 알게 돼! (강압적으로) 따라와 임마!

영규　임마? 당신네들이 무슨 권한으로……

기관원 A　안 되겠군! (허리에서 잽싸게 수갑을 꺼내 한영규 팔목에 철컥 채운다) 따라오라면 따라와 임마!

이와 동시에 조명 꺼지고 어둠 속에서 엘리베이터가 급강하하는 소리, 긴 복도를 걸어가는 구두소리, 돌층계를 내려가는 소리 등에 이어 철 문이 닫히는 소리가 자못 긴박감을 조성한 가운데 이어진다. 공포와 불안이 교차되는 암흑.

　　　　　　　　　　　　　　　　　　　악어새

제2장 (과거)

지하에 있는 취조실, 사벽이 잿빛 시멘트 벽이다. 방 한구석 계단 위에 작지만 육중한 철제 출입문이 있다. 음산하고 숨막힐 것 같은 중압감이 감도는 분위기다. 철제 책상을 사이에 두고 한영규와 기관원 B가 마주앉아 있다. 책상 위에 동그란 삿갓을 쓴 전기스탠드가 켜있다. 전등불은 기관원 B쪽만 밝게 비출 뿐 한영규의 용모는 여전히 불투명하다. 다만 바바리와 윗저고리를 벗은 그는 탈진한 듯 의자 등받이에 고개를 떨구고 있다. 졸고 있다. 기관원 B가 자술서를 들어 자리에서 일어나 읽는다. 그러나 그것은 확인이라기보다는 추궁하는 듯 또박또박 읽는데 오히려 위협을 준다.

기관원 B 본적, 전라남도 무안군 도초면 ×리 213번지. (사이) 현주소, 프랑스 파리시 까르체라뗑지구 78. 직업 학생. 1961년 1월 국립서울대학교 정치외교과 졸업. 같은해 10월 프랑스 파리 제7대학 국제정치학부 석사과정 입학 (영규에게 시선을 던지며) 4 · 19 때는 뭘 했는지 왜 안 써? 응?

영규 (어깨를 크게 올려 숨을 몰아쉬고) 후유…… 잠 좀 자게 해주세요.

기관원 B (가까이 다가가며) 몇 번 말해야 알겠나? 지금까지의 경력과정을 하나도 빼놔서는 안 된다고 했는데…… 이거 안 되겠는데 다시 써야겠어! (하며 종이와 볼펜을 내민다)

영규 졸려 죽겠어요…… 잠 좀 자게…… 해주세요. 아……

그가 몸을 일으켜 바로 앉으려 하다가 그만 마룻바닥에 흘러내리듯 쓰러진다. 기관원 B가 팔을 끌어올리며 다시 의자에 앉힌다. 그리고는 담배를 입에 물려준다.

기관원 B 사실대로, 있는 그대로 털어놓으면 된다니까. 잠이 문제인가? (라이터 불을 켜서 담뱃불을 붙여준다)

영규 (울상을 지으며) 그 이상 뭘, 어떻게 쓰란 말입니까? 벌써 일곱 번째나 썼는데 뭘 또 씁니까? 잠 좀 자게 해주세요. 제발……

기관원 B 기억력이란 때로는 무책임하고 불확실한 게야. 지금까지 같은 얘긴데도 쓸 때마다 내용이 다른데 어떻게 하지? (씨익 웃으며) 바쁠 것 없어. 차분히 생각하면서 있는 그대로 쓰기만 하면 돼! 그래야 하루라도 빨리 이곳에서 나갈 수 있잖겠어? 응? 내 말대로만 해. 알았지?

한영규는 멍하니 앉은 채 담배연기만 푸욱 내뱉고 나서 고개를 좌우로 서서히 도리질하며 낮게 중얼거린다.

영규 몰라요. 없어요. 난…… 그 이상…… 아는 것…… 없습니다.

기관원 B 그래? 그럼 한 가지 물어볼 일이 있는데…… (수첩을 꺼내 훑어보다가) 1961년 10월 파리유학을 떠나올 때 말인데. (눈을 가늘게 떠보이면서) 너의 가정환경으로 봐서 여권 발급이 어려웠을 텐데……

영규 (여전히 담배연기만 날린다)

기관원 B 아니지. 여권 발급은 불가능했어!

한영규가 담배연기를 내뿜다 말고 기관원 B를 쳐다본다.

기관원 B (비시시 웃으며) 짐작은 가겠지?

영규 (앵무새처럼) 짐작이 가다뇨?

기관원 B (수첩을 잠시 훑어보고 나서) 그럼 한 가지만 더 물어보자. (갑자기 엄숙해지며) 너희 아버지 말이다. 6·25 때 부역한 사실 알지?

영규 (멍하니 앉아 있다)

기관원 B (수첩을 읽으며) 도초초등학교 교사로 있으면서 면 인민위원회 위원장을 겸했고 공비소탕 군경이 섬에 상륙하자 월출산으로 입산. (수첩에서 눈을 떼고) 틀림없지?

영규는 지그시 눈을 감은 채 담배를 한 모금 빨아 길게 연기를 뱉는다.

영규 (담담하게) 그 일과 나와 무슨 관계가 있죠?

기관원 B 관계? 있잖구. 그 당시는 부역자의 아들에게 여권과 비자 발급을 해줄 수 있는 상황이 아니었으니까. 설사 있다 해도 3급 이상급 공무원이 세 사람 신원보증을 해줘야만 가능했거든. 틀림없지?

영규 (길게 숨만 몰아쉰다)

기관원 B (기다렸다는 듯) 그 사람이 누구였지? 누가 신원보증을 했는가 말해봐.

영규 그, 그걸…… 저……

기관원 B (태도가 돌변하여 위협조로) 답변을 회피해서 이로울 건 없다!

영규가 담배를 다시 물려고 하자 잽싸게 빼앗아 바닥에 내던지고는 구둣발로 짓이기듯 꺼버린다.

기관원 B 너를 프랑스로 가게 한 배후인물이 누구였는가 대란 말이다!

영규 (되도록 침착하려고 애쓰며) 나를 강제연행한 이유가 바로 그거였군요? 나의 유학을 도와준 사람을 밝히라니 이제 와서 그게……

기관원 B 무슨 필요인가라고 반문할 생각이겠지만 이번 사건 수사상 절대 필요하거든. 흠……

영규 이번 사건? (당당하게) 말씀 잘 하셨소. 이 한영규, 이번에 문교부와 외무부가 공동주최하는 '국제정치학계 심포지움'에 발제자 자격으로 정식 초청을 받아 입국했소. 그런 나를 이런 식으로 강제 연행하여 며칠째 잠도 안 재우다니 이게 법치국가인 대한민국에서 백주에 있을 수 있는 일인가 말이오! (자기도 모르게 책상을 치자 물컵이 넘어진다)

기관원 B (실소를 내뱉으며) 졸립다고 엄살을 부리더니 말짱 헛소리였군! 연기가 제법인데…… 헛허…… 대학시절에 연극 서클에서 활약한 실력이 아직도 남아 있나 보지?

영규 (새로운 사실에 놀란 듯) 뭐, 뭐라구요?

기관원 B 민중연극운동을 했었다지? 그리고 "정치혁명은 무장에서 비롯된다" 모택동 어록에 나온 말이었지? 아마……

영규 (몸을 부르르 떨며) 비비 꼬지만 말고 내 말에 대답해요! 국제학술회의 국가 대표 자격으로 입국한 나를 이런 식으로 구속할 수 있어요? 교육부 장관에게 연락해요! 외무부 장관에게도 그리고 국제정치학회장 임인수 박사에게도……

기관원 B 핫하…… 헛헛……

영규 (허점을 떨친 듯 멍하니 쳐다본다)

기관원 B (비양거리듯) 한영규 박사! 잘못 아셨어. 흠……

영규 잘못 알다뇨?

기관원 B (냉담하게) 그런 국제회의는 예정에 없어! 정부가 한영규 씨에게 초청장을 발송한 적도 없고……

영규 뭐, 뭐라구요? 난 분명히 초청장과 왕복 항공권을 받았는데 그런…… 내 가방 안에 초청장이 들어 있어! 내 가방 어디 있죠?

기관원 B 그 초청장은 그 누군가가 임의로 작성한 가짜 서류일게야. 아

악어새

마…… 흠……

영규 가짜 서류?

기관원 B (빙그레 웃으며) 한영규 박사, 사실은 말이야 우리 회사에서 당신을 불러들이는 수단으로써 학술회의 참석을 부탁했을 뿐, 사실은 아무런 근거는 없다!

영규 우리 회사? 뭘 하는 회사죠? 어떻게 나를……

기관원 B 차차 알게 돼.

영규 (격분을 토해내듯) 법치국가요, 자유민주주의 국가인 대한민국에서 그런…… 그런 비열한…… 나를 내보내줘. (자리에서 일어나 기관원 B에게 대든다)

기관원 B 오…… 그렇게 흥분한다고 되는 일이 아니지. 헛허…… 자 앉아요. 그리고 흥분을 가라앉힌 다음 상호타협적으로 얘기하자구! 커피 하겠어?

영규 (방안을 서성거리며) 기만이다! 사기야! 사람을 이런 식으로 우롱하다니. 이건 인권 유린이다! 인권 유린!

영규가 출입문 쪽으로 뛰어간다. 그 순간 삐이 하는 소리와 함께 철문이 무겁게 열리며 기관원 A가 들어선다. 신사복 차림이다. 체격이 건장한 게 체육선수 같다. 영규가 겁을 먹고 뒷걸음질로 물러선다. 기관원 B가 자리에서 벌떡 일어서서 부동자세를 취한다. 꽝하고 철문이 닫힌다.

기관원 B 전무님, 나오셨습니까?

기관원 A 좀 진전이 있나? 이 과장? (의자에 앉는다)

기관원 B 예……

그는 조서를 꺼내 보이며 뭐라고 수근거린다. 두 사람의 거동을 신기한 눈초리로 바라보는 영규의 표정에 새로운 불안의 빛이 감돈다.

기관원 A (날카롭게 영규 쪽을 쏘아보며) 그래? 그럼 별 수 없지. 내가 손 좀
　　　봐야겠다.

기관원 B 예.

기관원 A (영규에게 명령조로) 앉아!

한영규가 머뭇거리며 여전히 서 있다.

기관원 A (호령하듯) 내 말 안 들려? 앉으라면 앉아, 임마! 여기가 어딘 줄
　　　알아? 파리도 베를린도 아닌 대한민국이다. 로마에 들어가면 로
　　　마법을 따른다는 말 몰라?

영규가 최면술에 걸린 사람처럼 천천히 기관원 A쪽으로 간다.

기관원 A (조서를 훑어보다 말고) 나는 이 과장하고는 성격이 좀 달라. 일체
　　　변명은 싫다. 고상하고 유식한 지식인들의 그 합리적이며 논리적
　　　인 말장난 따위는 성미에 안 맞는다. 그러니 내가 묻는 말에는
　　　예스, 노 둘 중의 하나다. (날카롭게) 알겠나?

영규 　　(말이 없다)

기관원 A (소리를 버럭 지른다) 왜 대답 안 해, 임마!

영규 　　(간신히) 알겠습니다.

기관원 A (잠시 뜸을 들이다가 대뜸) 정성배, 알지?

영규 　　정…… 성배요?

기관원 A 알아 몰라? 자유 베를린 대학에서 농업경제학 박사과정을 이수
　　　했지…… 응?

영규　(순순히) 압니다.

기관원 A (기관원 B에게) 기록해, 이 과장!

기관원 B 예, 알겠습니다, 전무님. (그는 저만치 떨어진 곳에서 기록을 한다)

기관원 A 정성배와 몇 차례 만났지?

영규　글쎄요…… 그건……

기관원 A (다그치듯) 다섯 번? 일곱 번?

영규　아마 그쯤 될 겝니다.

기관원 A 정성배와 동베를린에 간 일 있지?

영규　(새로운 공포감이 엄습한 듯) 예?

기관원 A 갔어, 안 갔어? 응?

영규　(사이) 갔습니다.

기관원 A 몇 번 갔어.

영규　두 번.

기관원 A 세 번이다.

영규　(놀란 표정이다)

기관원 A 대한민국 국적을 가진 자가 해외여행을 하는 경우 제한된 나라가
　　　　있다. 북한은 말할 것도 없고 소련을 비롯한 동구권 공산국가들
　　　　이다. 그 안에 동독도 포함되어 있다는 사실…… (날카롭게) 알고
　　　　있겠지?

영규　(깨질 듯) 예.

기관원 A 그런데 왜 갔어?

영규　그건…… 저……

기관원 A (책상을 쾅 치며) 왜 갔는가 말이야! 응?

영규　저…… 그냥…… 관광차……

기관원 A 관광? (벌떡 일어나서 다가가며) 임마? 네놈 처지에 관광여행 할 수
　　　　있다고 생각했어? 늬놈 집안도 대대로 빨갱이였지?

영규 아니오!

기관원 A 아니오? 이 새끼!

구둣발로 영규의 정갱이를 걷어차자 영규는 비명을 지르며 바닥에 쓰러진다.

영규 으악!

기관원 A 늬놈 할애비는 1925년 도초도 농민 폭동 때 폭도측에 가담했다가 1년 6개월 실형을 받았었잖아?

영규 폭동이 아니라 일본놈 지주와의 소작쟁의였소.

기관원 A 소작쟁의나 폭동이나 그게 그거 아니냐. 그리고 늬 애비는 해방 후 초등학교 교사로 있으면서 좌익계열에서 암약하다가 6·25 때는 면 인민위원회 위원장을 지낸 빨갱이였다, 틀림없지?

영규 그건 사실과 다릅니다, 아버지는……

기관원 A (말문을 막으며) 그리고 한영규 너는 서울대학교 재학중 반독재 반파쇼를 외치며 반미 운동단체에 가담했고 4·19가 터지자 사회적 정치적 혼란기를 교묘히 이용하여 진보세력의 국회의원 장정삼, 정치과 교수 이동영 등의 비호와 신원보증을 받아 해외도피에 성공! 틀림없지?

영규 그, 그렇지 않습니다. 사실과 달라……

기관원 A 이 새끼가 또 변명하네? 응? (하며 마구 발길질을 한다. 영규의 코에서 피가 주르륵 흘러내린다. 기관원 B가 급히 다가와 수건으로 피를 닦아준다)

기관원 B (부드럽게) 솔직하게 대답해. 이런 식으로 나가다간 너…… 우리 전무님의 실력을 몰라서 그래.

기관원 A 다시 묻겠다. (의자로 가서) 동베를린에 왜 갔어? 정성배가 권유해서냐?

영규 (눈을 지그시 감는다)

기관원 A 대답하기가 괴롭다 이건가? 이 과장, 그 자식 정신 차리게 소리
좀 들려줘라.

기관원 B 예.

그는 급히 한구석 벽쪽으로 가서 벽의 버튼을 누른다. 다음 순간 무대
한쪽 벽 위에 전기고문 당하는 장면이 투영된다. 그리고 비명소리가
귀청을 찢을 듯이 울려퍼진다. 영규는 자신도 모르게 두 귀를 막고
비명을 지른다.

영규 으악! 윽…… (하며 땅바닥에 얼굴을 파묻듯이 엎드리면서 몸을 떤다.
기관원 B가 버튼을 누르자 영상은 사라지고 굴 속처럼 조용해진다. 그
러나 영규의 거친 숨소리와 흐느낌 소리가 퍼진다)

기관원 B 네 입을 열게 할 방법은 얼마든지 있어. 그러니 모두 털어놔. 어차피
말하지 않고는 여기서 못 벗어날 텐데 뭘 주저하니? 응?

기관원 A 마지막 기회를 준다. (사이) 동베를린엔 왜 갔지? 여행금지국인데
왜 갔어?

영규 (되도록 침착하려고 애쓰며) 저의 진심을 믿어주겠다 약속하시겠습
니까?

기관원 A 뭐라고? (쓰게 웃으며 B에게) 이번엔 네가 나를 심문하겠다는 게냐
뭐냐? 헛허……

영규 어떤 선입견이나 고정관념을 버리시고 들어주십시오.

기관원 A 고정관념? 좋아. 어디 들어보자. 너의 진심을……

영규 호기심에서였습니다.

기관원 A 호기심? 여자? 술?

영규   아니오. 동베를린이 서베를린하고 어떻게 다르며 그곳 사람이 어떻게 살고 있으며 무엇을 생각하고 있는가를 알고 싶어서……

기관원 A 그럼 네가 먼저 제의했단 말인가?

영규   정성배가 권유했습니다. 정성배의 전공학은 농업경제학인데 그는 나보다 일찍 유럽에 나와 북유럽부터 남유럽까지 여러 나라의 농촌 실태를 현지답사를 했고 해서 학문이란 어디까지나 현실문제에 대한 체험이 중요하다고 역설했는데 저도 그 점에서는 의견이 일치했죠.

기관원 A 말하자면 공산국가에 대한 환상적인 호기심 말이니?

영규   아니오. (사이) 통일을 향한 갈구 말입니다.

기관원 A 통일? 동독과 서독의?

영규   분단국가라면 어느 민족이고 공통된 염원이자 과제라고 생각했습니다.

기관원 A (비양거리듯) 하필이면 공산국가에 대해서 말인가.

영규   아니오. (사이) 평화통일에 대한 갈구에서였습니다.

기관원 A (손에 들었던 펜을 놓고는 영규의 얼굴을 유심히 들여다본다) 지금 뭐라고 했지?

영규   (침착하게) 우리 조국의 평화통일입니다.

기관원 A 계속해.

영규   우리 조국이 언제까지나 이렇게 남북으로 갈라져야 되겠는가라는 문제는 오래 전부터 제 가슴 속에서……

기관원 A (벌떡 일어나서 무섭게 노려보며) 임마! 동베를린과 우리의 남북통일과 무슨 상관이 있어?

영규   저는 정치학을 전공하는 학도로서 분단된 국가의 이모저모를 알고 싶었기 때문에 갔었소! 아니 어쩌면 미지의 세계에 대한 호기심과 현재로부터 탈출하고 싶은 충동이라고 하는 게 더 솔직한 심정이었을지도 모르죠!

기관원 A 현재로부터의 탈출? 무슨 현실?

영규　조국의 참담한 현실 말입니다.

기관원 A 조국의 참담한 현실? 임마! 너는 지금 어느 편이냐?

영규　예?

기관원 A 대한민국은 참담하고 북한은 지상낙원이니 그 낙원으로 탈출하
고 싶다 이거지?

영규　아니오! 나는 다만……

기관원 A 이 과장!

기관원 B 예?

기관원 A 너도 들었지? 참담한 현실이라고 했다.

기관원 B 예!

기관원 A 참담한 현실이 어떤 것인가 직접 보여줘!

기관원 B 예!

　　기관원 B가 영규를 사정없이 밀어붙인다.

기관원 B (포악하게) 따라와!

　　암전

제3장 (현재)

무대는 평양 시내에 있는 호텔 객실 넓은 유리창 너머로 대동강 강변의 야경이 내다보인다. 제법 서정적이다. 창가 소파에 푹 파묻히듯 한영규 노인이 앉아 잠이 들었다. 넥타이를 느슨하게 풀어 제친 모습이 피곤한 사람 같다. 백발인데다가 머리숱이 적어서인지 얼핏 보기에는 대머리처럼 보인다. TV에서는 군중집회의 장면이 방영되고 행진곡이 흘러나온다. 다음 순간 한영규가 양팔을 허우적거리며 비명을 지른다. 악몽을 꾼 모양이다.

영규   안 돼! 안 돼! 난 아니야! 아니란 말이야!

출입문 쪽에서 초인종이 울린다. 그 서슬에 한영규가 잠에서 깨어난다. 꿈이라는 걸 알아차린 듯 길게 숨을 몰아쉰다.

영규   후유……

초인종 소리가 다시 울린다. 그는 반사적으로 탁자 위에 벗어놓은 안경을 집어 쓰며 일어난다. 손목시계를 보며 출입문 쪽으로 간다.

영규   뉘시오?
성배   (소리) 한 박사 동지, 저 올 시다. 정성배입니다.
영규   정 박사? 잠깐만요.

영규가 TV 스위치를 끈 다음 도어 쪽으로 간다. 잠시 후 정성배가 들어

악어새

선다. 키가 그다지 크지 않으나 어깨가 딱 벌어지고 혈색이 좋아 나이보다는 젊어보인다.

영규 어서오세요. 정성배 선생!

성배 주무신 걸 괜시리 깨운 게 아닙네까?

영규 아니오, 잠깐 책을 읽다 그만…… 헛허……

성배 밤늦게 폐가 된 게 아닐런지……

영규 아니올시다. 자, 앉으시오. (소파에 앉는다)

성배 (앉는다) 고단하시지요? 종일 학술발표에다 환영만찬회며 가극 감상에다…… 헛허…… 참. (은근히) 그 뱀술 맛이 어드레요? 입에 맞습데까?

영규 독하던데요. 피곤해서 한두 잔 마셨더니 금세 취기가 돌더군요. 여기 앉아서 평양시가의 밤경치를 내려다보다 그만 깜빡 잠이 들었지 뭐요. 헛허…… 이제 나이에는 못 당하게 되었나 봅니다. 헛허……

성배 별말씀을 다…… 한 박사 동지는 실제 나이보다 10년은 더 젊어 보이는 걸요.

영규 농담도 잘 하시는군! 헛허……

성배 아니야요. 낮에 학술회의 때 한 박사 동지의 그 짜랑짜랑 울리는 음성하며 제스추어를 보니까니 젊었을 때와 별로 변한 게 없구나 했드랬지요. 헛허…… 참 올해 춘추가 어케 되었디요? 일흔……

영규 (말꼬리를 물며) 둘…… 일흔둘이오.

성배 그럼 제가 두 살 아래니끼니 앞으로 형님으로 모시겠습네다! 헛허……

영규 좋을대로 합시다. 헛허…… 이제 함께 늙어가는 처지에 못할 게 뭐가 있겠소.

384   차범석 전집 8

성배 (담배를 피워 물며) 세상 많이 달라졌웨다! 이케 서울과 평양길이 뚫리고 민간인의 서신왕래도 자유롭게 되다니 생각하면 꿈만 같수다! 헛허…… 이제 남북 통일 정부를 세우는 일만 남았시요. 안 그래요? 한 박사 동지?

영규 동감이오. 얼마 전에 이번 남북공동학술대회에 참석해 달라는 초청장을 받던 날 말씀이야. 나는 자식놈들 앞에서 그만 눈물을 흘렸어요. 늙은 게 주책없이…… 홋호……

성배 그게 왜 주책입네까? 오랜 세월 통일을 위해 투쟁해 나온 승리의 개가지요! 헛허……

영규 낮에 학술대회에서도 그런 얘기가 나왔지만 나는 오래 전부터 남북이 통일만 된다면 동양뿐 아니라 이 지구상에서도 가장 살기 좋은 나라로 발돋움하리라 믿어요. 지금까지도 그렇게 믿었고요. 정 선생도 그런 점에서는 저와 의견이 일치했었잖소?

성배 (회상에 잠기며) 그럼요. 우리가 처음 만났던 게 아마…… 1963년 5월이던가…… 파리에서.

영규 (담뱃불을 붙이며) 그렇소. 지하철 오데온 역 지하도에서였죠. 나는 처음엔 웬 히피족인가 했지. 헛허……

성배 예. 그 무렵 나는 스톡홀름에서 기차로 파리로 오다가 계획을 바꾸어 무전여행을 했드랬지요. 돈도 없었지만서도 세상 공부는 무전여행이 제격이라는 생각에서 무작정 내려왔어요. 인심 좋은 사람 만나면 공짜로 차도 타고 침식도 하면서…… 헛허…… 그러고 보니까니 사람 사는 속사정은 서양이고 동양이고 매한가지더라니…… 양놈들 코만 컸지 실속은 없더라구! 헛허……

영규 그게 바로 현실로부터의 탈출이자 모험이었겠지요.

성배 맞아! 모험이었디! 헛허……

영규 그런데 참 이상한 일이었죠. 첫눈에도 정 선생이 어디선가 꼭 만난 적이 있는 사람처럼 낯이 익은 게 말이에요.

성배　그야 같은 조선동포인데 별 수 있습네까? 난 유럽 여행을 하면서 황색인을 만나면 무조건 말부터 걸었어요. 그게 내 버릇이었시요. 핫하……

영규　그날도 나더러 대뜸 "형씨, 조선에서 왔습네까?" 하기에 나도 곧바로 "아니오. 한국이오!" 하니까 "조선이나 한국이나 매한가지디요! 안 그렇소?" 하고는 박장대소하던 일…… 아…… 엊그제 같은데 벌써 40년 세월이……

성배　오랜 세월이웨다. (감회에 젖으며) 그러나 비행장에서 한 박사 동지를 보자마자 난 금세 알아볼 수 있었시요.

영규　어떻게 말입니까?

성배　글쎄 뭐라고 한마디로 설명할 수 없는 그 뭐랄까 눈에 안 보이는 끄나풀이 마구 나를 잡아당긴다고나 할까요? 헛허……

영규　알고보니 시인이시군!

성배　아니 그럼 고리타분한 농업경제학을 가르치니 시인의 소질이 없는 줄 아셨습네까? 내래 이래 뵈도 시도 잘 씁니다! 헛허……

영규　헛허…… 그럼 이런 시 아시오? 남한 시인의 작품이라 접한 적이 없으셨겠지.

성배　무슨 시인데요?

영규가 창가로 가서 바깥 야경을 내다보며 시를 읊조린다. 성배도 그 시 세계로 침잠해 들어간다.

철마는 달리고 싶다
찬란한 햇살을 가르고
달리던 그 길

그 꿀길을 달리고 싶다

피나는 울음까지, 웃음까지

울어가면서 웃어가면서

기적을 울리고 달리고 싶다

영규 (정성배를 돌아보며) 어떻소?

성배 (심각해지며) 음……

영규 나는 이 시를 읽을 때마다 언제나 북쪽 땅을 가게 되나 하고 먼 산만 바라보았는데…… 이렇게 평양에 와서 대동강 밤 경치를 내려다보니 그야말로 만감이 가슴속에서 교차되는군요.

성배 만감이 교차된다라…… 음.

영규 우리들의 만남, 우리들의 이별, 그리고 이렇게 재상봉을 하게 되었으니.

성배 (악수를 하며) 정말이외다! 이케 반가울 수가 어디메 있갔소?

영규 (문득 생각난 듯) 정 선생! 그 서베를린에서 우리가 만났던 식당 말씀이요. 그 식당 상호가…… 가만 있자.

성배 모란봉.

영규 그래. 모란봉! 그 주인이 강……

성배 상문! 강상문이디요.

영규 맞아 강상문. 독일 탄광부로 일해오다가 서베를린에 주저앉아 한국 식당을 경영했다면서 늘 자랑했지. 그 식당이 시내 번화가 쿠우담 근처 골목 안에 있었지 아마…… 경상도 사투리가 억셌지만 인정은 후했었지. 한국 유학생이 가면 김치며 깍두기는 듬뿍 듬뿍 퍼주고 홀에서 잠도 재워주고 했었지?

성배 뿐입네까? 모란봉에 모이는 날은 흘러간 노래로 목이 쉬도록 부르고 김치찌개를 안주로 보드카 마시고…… 핫하……

악어새

영규   아, 그 강상문이란 친구 지금 어디서 뭘 하고 있을까요? 살았을까?

성배   (약간 당혹감을 느끼며) 글쎄 말이외다.

영규   집안이 어려워 고등학교만 마치고는 군대에 갔다 제대하자 곧바로 독일 광부를 지망했노라고 들었는데…… 어딘지 엉뚱하고 당돌한 구석이 있었다구.

성배   얘기로는 한동안인지 반체제운동에 기를 쓰고 뛰어들었던 것 같았어요.

영규   언젠가는 나더러 동독에 있는 북한 대사관하고도 줄이 닿는다고도 하고…… 또 어떤 때는 한국 신문사 특파원하고도 가깝다고 하던데 도무지 종잡을 수 없었어. 지금 생각하면 모두가 추억의 꽃이지 뭐겠소. 헛허……

이와 동시에 장면이 어두워진다.

제4장 (과거)

한국 식당 모란봉 안. 밖에는 비가 내리고 있다. 그다지 넓지 않은 방이다. 식탁을 가운데 하고 영규, 성배, 그리고 교포 A, B, C가 둘러앉아 있다. 식탁 위엔 먹다 둔 안주 접시와 술병이 놓여 있다. 서먹한 분위기다. 이때 강상문이 김이 무럭무럭 나는 뚝배기를 쟁반에 받쳐 들고 들어선다. 앞치마를 둘렀다.

상문 와 이래 묵다 둔 쑥떡처럼 앉아있노? 잉? 자…… 이거 스페샤루 두부찌개다! 잉?

성배 미안해서 어떡하죠? 강형? (뚝배기를 받아 놓는다)

상문 미안은 살(쌀) 낯짝인기라! 퍼뜩 들거라. 비오는 날이라서 고국 생각도 나고, 마음도 우중충하고 심란한데 이게 뭐꼬? 초상집 문상왔나 보제 잉? 헛허……

모두들 까르르 웃는다. 분위기가 다소 누그러진다.

성배 참 소개하지. (영규를 가리키며) 파리 제7대학에서 정치학 박사 과정 밟고 있는 유학생인데 우연히 파리에서 만나게 되어 신세를 진 답례로 내가 놀러오라고 했어요.

영규 한영규라고 합니다. 잘 부탁합니다.

상문 파리대학? (과장하며) 와 끝발 좋다! 나 같은 무지랭이는 쳐다보도 몬하겠지예…… 헛허…… 나 강상문이오. 이래 코딱지같은 식당하고 있지만도 동포를 만나면 그저 반가운기라. 헛허……

손님 A 강사장의 그 심성 때문에 이 모란봉은 교포 사회에서는 고향집이

악어새

나 다름없지요.

손님 B 음식 맛깔스럽겠다, 서비스 후하겠다.

손님 C 말만 잘하면 외상값 재촉도 안 하니, 웠다 좋은 거! 난 못산당께!
헛허……

일동 핫하……

상문 지랄하고 자빠졌다. 이게 어떻게 시작한 장산데 외상 재촉 안 하
노? 이 강상문이, 독일 탄광에서 3년 동안 새빠지게 모은 돈이 장사
밑천인기라. 석탄 캐서 돈 번다카는거 이거 피 마르는 일이라 카
는거 모르제? 안다카는 사람 있으면 나와보래이.

손님 C 왜 결투할라고?

상문 아니다. 술 한 잔 줄란다!

일동 핫하……

상문 (영규에게 술을 권하며) 파리 학생! 한 잔 들고 나도 주시이소. 마,
오늘은 비도 오고 손님도 없을 테니까네. 문 때려 잠그고 우리끼
리 한판 벌립시더. 헛허……

손님 A 강사장 기마에는 못말려. 헛허……

상문 기마에가 뭐꼬? 당신은 아직도 그 왜놈들 말투 못고치나베? 이래
시상 돌아가는 것도 모르니 언제 남북통일이 되겠나 말이제! 안
그런기요. 파리 대학생. 참 이름이 뭐라고?

영규 한영규.

상문 맞다! 드시이소!

영규 (술잔을 비우고 상문에게 되돌려 준다) 나 때문에 영업에까지 지장을
가져오다니 미안해요!

상문 보소! 그 정내미 떨어지는 소리 좀 말거래이! 우린 다 같은 동포
아이가! 잉? (강조하며) 어디서 만났건 어디 있건 우리가 한겨레
한마음이라카는 게 바로 이 강상문의 인생철학인기라!

손님 B 이 양반 공자 앞에서 논어 읽고 번데기 앞에서 주름살 잡는다는 말도 못 들었나?

상문 뭐라꼬?

손님 B (영규와 상배를 가리키며) 두 박사님 앞에서 인생철학 운운하니까 하는 말이지!

일동 핫하……

성배 학력은 우리가 더 배웠을지 모르지만 인생철학에 있어서는 우리 강형이 선배지! 나는 평소에 그런 점에서 존경하고 있소.

상문 (싫지 않은 듯) 그렇게 볼 수도 있지. 마 이 세상에 학식 많다고 다 되는 게 아니니까네! 4·19 때 장면 박사 몬 봤나? 박사면 뭐하노? 때로는 똥도 뀌고 후려칠 줄도 알아야제. 그렇다고 5·16이 되니까네 군빠리들이 세상 뒤흔드는 꼴이란! 한마디로 꼴불견인 기라! 자고로 군인이라카는 건 국방이 임무인기라! 그런데 우째 즈그들까지 뛰쳐나와가지고 뭐, 뭐…… "방공을 국시로 삼고?" 웃기고 자빠지다가 배꼽도 못 찾을 일이다!

일동 헛허…… 핫하……

성배 강 형 말이 옳아! 지금 한국의 현실은 한마디로 막 가는 길이디요! 민주주의가 뭣이며, 진정한 자유가 뭣인지 쥐뿔도 모르는 간나새 끼들이 날뛰고 정치 모리배끼리 싸움만 하고 있으니 이건…… (열을 올려 말하다 말고 영규에게) 어케 생각해? 한형 얘기 좀 들어보 자우.

상문 옳소! 오늘의 주빈이며 서베를린을 처음 찾아주신 한영규 형의 얘기 좀 들어보소! (하며 박수를 친다. 다들 박수친다)

영규 (조심스럽게) 글쎄요. 나도 아르바이트 하면서 공부하는 학생의 처지라서 잘은 모르겠지만……

성배 파리 유학을 결심한 동기부터 말해보라우.

악어새

상문 그것 좋지! 얘기해봐.

영규 (담담하나 또릿또릿하게) 한국이 싫어졌기 때문이죠.

상문 한국이 싫어져?

영규 작년 이른 봄 내가 김포공항에서 파리행 비행기에 올랐을 때 내가 맨 먼저 무슨 결심을 했는지 알겠소?

손님 C 뭐라고 했을까잉?

영규 (무표정하게) 다시는 고국에 안 돌아가리라였소. 두 번 다시는 한국 땅을 밟지 않으리라고 기내 유리창 문에다 대고 손가락 끝으로 몇 번이고 썼었지.

손님 B 그 이유가 궁금한데?

손님 A 박사학위 따가지고 금의환향하는 게 순서일 텐데……

영규 난 그게 아니었어. (사이) 내가 유학수속을 시작했을 때 먼저 걸림돌이 신원 조회였는데……

손님 C 신원 조회?

영규 빨갱이 자식은 안 된다는 거야.

상문 빨갱이였나? 아부지가?

영규 (또박또박) 아니오. 빨갱이는 아니었어. 선량한 초등학교 훈장이었어. 그 대신 불의와 부정한 일은 단호하게 거부하는 성격이었어. 그런데 설상가상으로 우리 조부님까지도 빨갱이라는 거야! (말끝이 떨려온다)

성배 조부님이?

영규 나 술 좀……

상문 여기 있다. (잽싸게 술을 따라주자 단숨에 마신다. 영규의 그런 당돌한 행동에서 어떤 위기감을 감지한 듯 모두 말이 없다)

영규 (다시 차분해지며 성배에게) 정 형은 농업경제학 전공이니까 알테지. (사이) 1925년 전남 무안군 도초도에서 일어났던 소작쟁의 사건.

성배   알다마다! 도초도 소작쟁의는 농민운동으로서는 일제통치 하에 있었던 큰 사건 가운데 하나라구. 암태도 농민투쟁 운동과 쌍벽을 이룬 대사건이었지만 암태도 소작쟁의는 같은 조선 사람 지주를 대상으로 한데 반해서 도초도의 경우는 왜놈 지주와의 치열한 투쟁이었다는 점이 크게 다른 점이었드랬지.

모두들 새로운 사실에 접한 듯 고개를 끄덕거린다.

상문   그라이 한 형 조부님께서 그 왜놈 지주를 (목을 치는 시늉으로) 이래 했나?

영규   (쓰게 웃으며) 우리 조부님은 벌레 한 마리 못 죽이시는 분이셔. 한문을 좀 깨우쳤을 뿐 아무런 실권도 없었다. 다만 왜놈 지주에게 가을 곡수 때 소작료를 5할까지 수탈당하는 농민들을 좌시할 수 없어서 동참한 거야. 그런데 목포에서 경찰이 쳐들어왔어. 섬사람들이 괭이를 들고 나루터에 모여 길을 막았을 뿐인데 (한숨을 몰아쉬며) 결과적으로는 1년 6개월 실형선고 받고 복역 중 반 년 만에 원통하게 옥중에서…… 흑…… (울음이 복받쳐 말끝이 흐려진다)

상문   쥑일 놈들!

성배   그와 비슷한 사건은 조선 농촌 어디 가나 있었지. 다만 당하고도 말을 못한 것 뿐이었고 그걸 피해 만주로 쫓겨갈 수밖에 없었다. 가엾은 백성의 말로였어.

영규   (간신히 울음을 삼키고 나서) 그런데도 조부님과 아버지의 행적을 끝내 빨갱이 소행으로 몰아붙이더라구. 그리고는 나더러 유학을 단념하라는 거야. 집안 어른들도 그리고 해당 관공서의 공무원들까지도…… 애비가 빨갱이면 그 자식도 빨갱인가? 아니지, 그런

법은 없어져야 해. 나는 포기할 수 없었어. 그렇게 누르면 누를수록 오히려 반발심이 고개를 쳐들었어! (다시 흥분이 되며) 지금 시대가 어떤 시대인데 연좌죄를 적용시키는가 말이야. 18세기 조선조 시대에 산 한 사람의 죄과로 인해 삼족을 멸하게 하던 그 악법이 있었지만 20세기의 과학문명기에 와서도 엄연히 살아있는 나라가 나의 조국이었어! 그러나 나는 못해! 싫어! 나는 안 돌아가! 오라고 해도 안 갈거야. 그런 나라를 내 조국이라고 부르지 않겠다고 혼자서 얼마나 울었는지…… 몰라…… 나는…… 나는 그렇게…… 조국을 버린 놈이라구. (잠시 감정을 억제하고) 언젠가는 할아버지도 아버지도 그 누더기 같은 죄명을 벗을 날이 올 때까지 나는 나대로의 길을 가야겠다고 결심했었어. 그것이 내가 조국을 떠나온 이유라면 이유일까. (쓰게 웃는다)

성배 약혼녀가 있다고 했지?

영규 응. 이곳에서 학위를 따고 자리를 잡으면 꼭 불러들이기로 약속하고 우리는 헤어졌어. 바람이 강하게 불던 날. 인천 연안부두에서 회 한 접시와 소주 한 병으로 초라한 이별을 하고 홀연히 떠나왔지. (다시 슬퍼지며) 나는 그런 인간이었소. (하며 식탁에 이마를 쿵쿵 처박으며 몸부림한다. 모두들 숙연해진다. 빗소리가 한결 굵어진다. 강상문이 스푼을 들어 탁자 모서리를 때리며 장단을 친다)

상문 두만강 푸른 물에…… 노젓는 뱃사공……

모두가 따라 부르기 시작한다. 노래를 부르는 게 아니라 가슴 속의 불길을 토해내고 있다. 이윽고 영규가 얼굴을 든다. 뺨에 눈물이 범벅이 되었다. 그도 목이 터져라 노래를 부른다.

영규 그리운 옛 님이여- 그리운 옛 님이여- 언제나 오시려나……

어느새 밖에는 바람까지 불어 닥치고 있다.

암전

제5장 (현재)

평양에 있는 호텔. 제3장과 같은 장소. 어딘지 센치멘탈한 분위기이지만 노년의 두 사람 사이에는 일종의 허무감이 더 짙게 풍겨나오고 있다.

성배 한 박사 동지의 70평생은 그야말로 한 편의 연극이외다. 그 역경 속에서 정치학 박사 학위도 따내고…… 학계에서 굳건한 위치에 계시고…… 진심으로 존경합네다.

영규 상처뿐인 영광이지요! 헛헛……

성배 그래 서울엔 언제 돌아오셨드랬지요?

영규 (담배연기를 토해내며) 1980년 여름인가요…… 그 왜 서울의 봄이 왔던 그 무렵이었소.

성배 (마음을 떠볼양) 다시는 돌아가지 않겠다고 해놓구서? 무슨 바람이 불었기에…… 훗흐……

영규 (쓰게 웃으며) 가족 때문이었소.

성배 가족?

영규 이것 좀 보시겠소? (하며 지갑을 꺼내 그 사이에서 사진 한 장을 꺼내서 건넨다)

성배 이게 뉘시오?

영규 죽은 아내와 그리고 아들 내외 그리고 손자…… 내가 파리에 있을 때 보내온 사진이니……

성배 기래요? 그럼 부인께서는 아직……

영규 벌써 갔지요. (쓸쓸하게 웃는다) 내가 파리로 떠난 후 이미 아내는 애기를 가졌었던 거예요. 친정식구는 애기는 유산시키고 결혼하라고 종용했지만 내가 돌아올 때까지 무슨 일이 있어도…… 그

리고 애기도 자기 손으로 키워내겠다고 버티면서 온갖 고생을
…… 약한 것 같아도 강한 게 여자인가 봐요.

성배　그럼 진작 파리로 데려갈 일이지…… 어째서……

영규　(쓰게 웃으며) 그럴 처지도 못 되었을 뿐더러 올 수도 없었죠.

성배　?

영규　나는 이미 공산주의자로 낙인이 찍혔고, 내 아내도 주위에서 색
안경으로 보고…… 게다가 아들 녀석이 철들면서부터 그렇게 나
를 미워하더라지 뭐겠소?

성배　아드님이?

영규　나더러 공산주의자라면서……

성배　(놀라움에서) 뭬라고요?

영규　교육이란 무서운 힘을 지녔지요. 한창 자랄 나이에 반공교육을
철저하게 받은 탓이죠. 공산주의는 무조건 증오와 원수의 대상이
었으니까 그런 점에서도 북한도 예외가 아니었죠. 미국은 무조건
원수고 남한은 미제국주의의 앞잡이고…… 그렇게 굳어버린 지
가 어언 반세기…… 벌써 반세기…… (하며 창가로 간다)

성배　(난처해지면서) 부끄러운 얘기지만 내 자신도 그런 면에서는 예외
가 아니었습네다. 철저하게 경멸하고 철저하게 증오하는 일만을
교육시키면서 살아 나왔으니끼니……

영규　내가 파리대학에서 공부할 때 지도교수가 한 분 계셨는데 미시엘
교수라고 (돌아보며) 그 교수가 언젠가 이런 얘기를 하더군요. (또
박또박) 너희 민족은 즉 남북을 통틀어서 얘긴데…… 어째서 너
희들은 말로는 하나가 되어야 한다면서 서로 미워하는데 급급하
는가라고. 사람과 사람의 만남이 사랑과 이해에서 비롯되듯 한
나라와 나라의 만남도 사랑에서 오고, 사랑을 필요로 하는 법인
데 너희 나라는 그 사랑 이전에 증오하는 것부터 가르치고 배운

다라고요. (허공을 쳐다본다) 나는 세월의 흐름과 함께 미시엘 교수의 말이 생각이 나더군요. 지난날 내가 대학 다녔을 때까지만도 남한의 국시는 반공이었죠. 프랑스의 혁명정신처럼 자유, 평등, 박애에서 출발한 게 아니라 오직 반대되는 이데올로기, 반대되는 인물, 반대되는 집단은 철저하게 증오하라는 교육을 받았지요. 해방 후 자유당 집권 당시 이승만 대통령이 얼마나 많은 사람을 죽였으며, 공산치하에선 얼마나 학살이 많았으며 그 역습으로 우익진영에서는 또 얼마나 보복행위가 극심했는지 생각하면 끔찍해요. 나는 파리에서 공부하면서 이 반대 이념이 곧 반대 이데올로기를 낳고, 그것은 다시 인간에 대한 증오심을 낳는 일종의 악순환적인 타성에 회의를 가지기 시작했죠. 인간을 알기 이전부터 인간을 미워하는 방법만을 배워온 우리민족. (차츰 열에 받치며) 인간에 대한 사랑을 알려고 하지 않고 증오하고 저주하고 복수하는 것부터 교육받은 우리 민족! 정 선생, 그동안의 남한의 정치계에 대해서 알고 계시죠? (자조적으로) 증오의 이데올로기에 바탕을 둔 추악한 이권 쟁탈이었소. 국민들 살리고 살찌우는 게 아니라 보다 강도 높게 증오할 줄 아는 독재자 밑에 사람을 모이게 하고 그 강력한 집단은 그 누구도 가까이 할 수 없는 높은 성벽을 쌓아올리는 일이 정치였지 뭡니까?

성배   (숙연해지며) 바로 보셨습니다. 그런 시각에서는 우리 북한도 예외는 아니었어요! 아니 그 증오와 보복과 파괴의 강도에 있어서는 남한보다 한술 더 떴을거야요. 부끄러운 일이지만.

영규   정 선생처럼 김일성대학 교수를 지내신 분이 그렇게 말씀하시니 더이상 할 얘기도 없지만…… 나의 젊은 날 언제부터인가 우리는 지금 '갇혀 사는 자유'를 누리고 있다는 생각이 들었소. 겉으로는 모든 게 자유이면서 안으로는 힘으로 누르는 정치였지요. 나는 그 힘에 대해서 반발한 것이지 공산주의자가 되겠다는 생각은 없었어요, 사실이오.

성배 동감이외다. 그러기에 지금 우리가 이렇게 무릎을 맞대고 얘기할 수 있는 세상이 왔다는 게 그저 막혔던 숨통이 터지는 느낌이에요. 헛허……

영규 (긴 한숨을 내뱉는다) 남한이건 북한이건 반대하거나 비판적인 생각을 가진 사람은 무조건 반국가, 반정부, 반민족 분자로만 몰아붙였던 현실. 사회주의도 기회주의도 무정부주의도 모두가 빨갱이로 몰려야 했던 시대, 글쎄 내 아들놈이 나를 공산주의자로 간주했으니 할 말 없지 뭡니까! 안 그래요? 헛허.

성배 믿어지지 않는군요.

영규 나는 언제부터인가 내 정체를 밝혀서 주변의 오해도 풀어야겠다는 생각도 있었지만 사실인즉 나를 위해 전 인생을 희생한 아내에게 속죄하기 위해서 귀국을 결심했죠. 때마침 정치학과 교수 자리로 영입해주겠다는 학교도 있고 해서……

성배 그럼 도대체 한 박사 동지의 사상…… 아니 인생철학은 뭡네까?

영규 (대뜸) 허무주의자요.

성배 허무주의?

영규 (빙그레 웃으며) 젊어 한때는 낭만적 이상주의를 신봉한 적도 있었지만 지금 생각하면 모두가 허망한 꿈이었다고나 할까요. 헛허……

성배 (긴장하며) 그럼 한 박사 동지는 남북 통일정부 수립도 헛된 꿈이라고 보십니까?

영규 천만에요! 그렇다면 내가 이번에 평양에 올 이유가 없었지요. 다만 한 가지 걱정은 마음이죠.

성배 마음.

영규 마음의 장벽, 반세기 동안 굳을 대로 굳어버린 우리 서로의 마음이 쉽게 허물어질 것인가라는……

성배 이렇게 서울과 평양 간을 철마가 달리게 되었지 않소? 얼마 전 부산과 싱가포르 그리고 파리로 연결되는 유라시아 철도망의 건설계획안이 실현만 된다면 결코 꿈만은 아니외다. 그게 바로 남북한의 담이 허물어지는 전조지 뭡네까 헛허…… 지난날은 지난날이고 앞으로는 다시는 그렇게 되지 말아야디요!

영규 그 장벽이 깡그리 허물어질 거라고 생각하시오?

성배 그럼 한 박사는 아직도……

영규 (쓸쓸하게 웃으며) 단정은 못하겠지만…… 인간이 인간으로 살아남은 한…… 그 증오하는 버릇, 미움의 장벽은 쉽사리 허물어지지 않을 것 같은 예감이 드는데요. 적어도 내게 있어서는……

성배 어드런 근거에서 하시는 말씀입네까? 이해가 안가는데요?

영규 아까 얘기 했죠? 내 아들이 애비를 바라보는 눈빛에서 그걸 예감해요.

성배 한 박사 같은 훌륭한 분의 가정에서 그런 일이……

영규 (일부로 화제를 돌리며) 사사로운 가정사는 그만둡시다. 그런데 한 가지 궁금한 일이 있어요.

성배 뭡네까?

영규 (불쑥) 누가 나를 밀고 했을까요?

성배 (난처해서) 미, 밀고라뇨?

영규 내가 김포공항에서 강제 연행된 이후, 나는 고문으로 사경을 헤메이기를 60일이었소. 그리고 다시 독방에 수감되기를 46일, 그 동안 나는 줄곧 그걸 생각했어요. 취조받았을 때 정성배를 아는가라는 말을 듣고는 당신이 밀고자일거라는 단정도 했었소.

성배 그럴리가 있습네까! 나도 위기일발로 피신한 피해자 가운데 한 사람이외다!

영규 그럼 누구의 짓이었을까요? (사이) 내게서 이렇다 할 혐의 사실이 안 드러나니까 마침내는 나를 파리로 강제추방하더군요. 파리로 돌아온 후 나는 얼마 동안은 그 동백림 사건의 전모에 관해서는 알지도 못했고 또 알고 싶지도 않았죠. 몸서리치는 악몽의 계속 이었소. 그러나 시간이 흐르자 묵은 신문에서 비로소 읽었죠. (사이) 1967년 7월 8일 한국정부의 김형욱 중앙정보부장이 사건전모를 발표했는데, 무려 194명이 간첩혐의로 체포되었다는 걸 비로소 알았소.

성배 나도 읽었소. 그 유명한 이응로 화백이며, 작곡가 윤이상 동지도 포함되었드랬디요?

영규 (과거를 회상하며) 대학교수, 의사, 공무원, 학생…… (갑자기 긴장하며) 그런데 어떻게 나 같은 졸자가 그 194명 가운데 끼어들 수가 있었던가라는 의문이 불쑥 고개를 쳐들더군요. 그 중에는 북한측의 공작금을 받고 이북에 왕래한 범법자도 있었지만 나는 아니었소. 다만 허가 없이 동베를린을 여행한 것과 몇 차례 회동하여 식사를 한 죄밖에 없는데 내가 어떻게 그 간첩단에 끼었어야 했는지 도저히…… 정 선생은 마음에 짚으신 게 없습니까?

성배 음…… 사실은 나도 하마터면 쇠고랑 찰 뻔 했었는데 누가 귀띔을 해줘서 북쪽으로 피신했드랬지요. 훗흐……

영규 누가요?

성배 강상문.

영규 (크게 놀라며) 예? 강상문이라니 그 모란봉 식당의 주인 말입니까?

성배 그 친구 알고 보니까 정보부 끄나풀이었지 뭡니까! 그것도 이중으로.

영규 이중정보원?

성배 남쪽, 북쪽 사람들 접하면서 정보를 수집한…… 그 모란봉도 공작금으로 운영했드랬지요. 얼마 후 찾아갔더니 가게도 처분하고 잠적해버렸지 뭡네까!

영규 (열이 오른 듯) 어디로 갔을까요? 인접국? 아니면 북쪽으로?

성배 (망설이듯) 이북에 왔으문야 내가 모를리 있갔소?

영규 그럼 어디에 있죠?

성배 (잠시 생각에 잠기다가) 남한에 있을거야요.

영규 예? 강상문이가 나, 남한에요?

성배 몇 가지 물증이 있습네다.

영규 (놀라며) 강상문이가 한국에?

암전

제6장 (과거)

모란봉 식당 내부. 늦은 아침, 강상문이 전화 통화 중이다. 심각한 애기를 주고받는 듯 표정이 굳어 있다.

상문 알겠십니더…… 예…… (사이) 그 점은 걱정마시이소. 예? 뭐라꼬 예? (사이) 이 강상문의 실력을 그래 못믿겠능교? (사이) 이래 뵈도 물밑으로 삼십리 뛰는 마산 태생이라예! 헛허…… 그래 쪼매만 기다리이시소! 마 좋은 소식 있을테니까네. (사이) 그래 아이고…… (사이. 밝아지며) 언제 안들르시겠능교? (사이) 김 과장 좋아하시는 돼지고기 양념불고기에 고국 소주 한 잔 하십시더! 예? 물론 서울서 가져온 소주라예. 헷헤…… 그럼 끊겠십니더! 예…… 예…… (수화기를 놓는다)

아까부터 저만치서 듣고 있던 한영규와 시선이 마주치자 당황하는 눈치다.

상문 벌써 깨어났나베. 더 자지 않구서……

영규 오랜만에 잘 잤습니다. 파리보다는 서베를린이 뭔가 차분하고 안정된 도시 같아요. 아…… (기지개를 켠다)

상문 그 친구는?

영규 예, 오늘 대학에 서류 낼 게 있다면서 일찍 나갔죠. 강 선생님 이거 염치없습니다. 초면에……

상문 무신 그런! 우린 어디 가나 동포인기라! 한 핏줄을 나누는…… 참 한국신문 읽어보겠나?

영규 (놀라움과 반가움에서) 한국 신문이 있습니까?

한구석에 신문철에 철한 신문을 들고 나온다. 귀퉁이가 너덜너덜 헤진 신문이다.

상문 날짜가 좀 지나서 신문이 아니라 구문이지만도 읽어보제인 고국 소식은 알터이니……

영규 (감개무량해서) 지난 1년 6개월 동안 한국 신문이라고는…… (신문을 편다)

상문 외국에 나오면 다 그래 되는기라.

영규 아르바이트로 관광안내 하랴 학교 나가랴 신문 읽을 틈이 어디 있어야죠. 헛허…… (신문을 읽다 말고) 6대 대통령 선거전이 끝났군요. (기사를 읽으며) 제6대 대통령 선거 결과는 박정희 후보가 윤보선 후보를 백만표 차로 물리치고……

상문 (담배를 피워 물며) 보나마나 그 자슥들 부정투표제! 무신 용빼는 재주 있겠나!

영규 (기사를 다시 읽으며) 선거 결과는 공화당 1백29석 가운데 지역구가 1백2석, 전국구가 27석, 신민당 45석, 대중당이 1석을 차지하였으며 주요 도시를 제외한 타지역에서의 신민당 당선은 불과 3석에 그쳐……

상문 뻔할 뻔자인기라. 1960년 자유당 말기에 있었던 3·15 부정선거는 저리 가라라는 사상 최악의 부정선거라카드라 개새끼들!

영규 (한숨) 한심스럽군요! 이래 가지고 언제 남북평화통일을 하죠?

상문 (다른 신문을 몇 부 꺼내 보이며) 여기 북한에서 나온 노동신문있다. 읽어보레이.

영규 노동신문이요? 아니 이걸 어떻게……

상문   손님이 읽다가 두고 간 것들이제!

영규   (신기한 듯) 아…… 이럴 수가……

상문   (눈치를 살피며) 우리야 무식해서 몬배우고 몬먹고 살았지만도 입은 삐뚜러졌어도 피리는 바로 불랬다카지 않더나!

영규   예? 그렇죠.

상문   그 자슥들은 입으로만 민주주의가 어떻고 인권이 어떻고 하면서 찧고 빻고 해쌌지만도 속은 말짱 허깨비요 날강도들 소굴인기라! 그 신문에도 써있지만도 이래 가지고는 남한이 북한보고 욕할 처지도 몬되고 흉볼 처지도 아닌기라. 안 그렇나?

영규   사실이에요. (장난기 섞인 어조로) 그런데 강 사장은 반체제 민주화운동에 가담하신다죠?

상문   내사 반체제고 전체제고 아무것도 아니다! 굳이 말한다면 무슨 수를 써서라도 남과 북이 하나가 되기만을 바라는 통일주의자인기라. 내 말이 틀렸나?

영규   아닙니다. 저도 그 점에서는 전격으로 동감이죠! 다만……

상문   다만 뭐꼬?

영규   남쪽도 북쪽도 저마다 문제가 있습니다. 내가 국제정치학을 공부하겠다는 이유도 사실은 그 점에서 시작되었고 조국을 떠나 유럽으로 온 것도 내가 모르는 나라 안에서 직접 체험을 통해서…… (문득 자기 말을 의식한 듯) 그렇다고 오해 마십시오. 공산주의 찬양은 아니니까요.

상문   천만에! 옳은 말인기라. 그 우물 안의 개구리 꼴로는 학문도 통일도 없는기라. 넓은 세상에서 남이 사는 꼴을 바로 봐야제잉?

영규   저도 그런 신념입니다.

상문   그 새끼들 공산주의가 무엇인지 쥐뿔도 모르면서 나불대니 무슨 소린지 모르겠더라!

영규 예?

상문 (넌지시) 동베를린 안 가보고 싶나?

영규 동베를린을? 어떻게……

상문 가고 싶으면 말하거라. 내가 다 주선 해 줄 테니까네. 잉?

영규 그렇지만 제 여권은……

상문 그런 걱정은 안 해도 된다카이. 가고 싶다면 언제든지 말해. 숙소,
차편 그리고 관광안내도 다 내가 책임지고 해줄 테니까네.

영규 저, 정말이세요? 그렇지만……

상문 와, 내가 가난한 유학생 등쳐묵을 까봐서 그러제? 헛허…… 핫
하……

영규 그곳을 가보고 싶은 생각은 태산같지요. 어제도 얘기했지만 제가
서울을 떠나온 것도 따지고 보면……

상문 안다! 알고말고! 헛허…… 나도 이런 장사하고 있지만도 나라와
민족의 장래를 걱정할 줄 안다! 남북의 평화통일 없이도 진정한
독립도 민주주의도 없는기라! 안 그렇나?

영규 그래요, 지금처럼 이렇게 갈라져서, 그것도 자기 의사가 아닌 배
후에서 조종하는 미국이나 소련이나 일본 등 대국의 눈치만 보면
서 살다가는 어느 세월에……

상문 학생! (영규의 손목을 덥석 쥐며) 말 한번 시원스럽게 잘 했대이!
그런 생각을 우리 모두가 가져야겠는데 그게 우째 안 되는지 모
르겠다!

영규 (눈치 보며) 그런데 동백림에 가면 위험하지 않습니까?

상문 무신 귀신 씨나락 까먹는 소리 하노? 아닌 말로 공산주의 사회가
사람 몬사는 곳인 줄 아나? 그게 아닌기라. 동베를린은 그것대로
살 맛이 있지. 서베를린하고는 다른…… (영규의 시선을 의식하자)
내가 와 이래 동베를린 타령이제! 헛허…… 다음 여름방학에 한

번 들르거라.

영규 그렇잖아도 파리의 여름은 온통 바캉스 시즌에다 관광도 비수기여서 어떻게 하나 걱정 중이에요. 언젠가 정성배 형의 권유도 있고 해서 실은 여기에 들려서……

상문 말하자면 사전 시장조사인가에… 헛허.

영규 그건 아니고… 외국 유학생에 대한 장학금 혜택도 파리보다는 독일이 더 후하다는 얘기도 있고 해서 한번 와봤습니다, 흠……

상문 그것 잘 생각했구마. (은근히) 앞으로 어려운 일 있으면 언제든지 이 강상문을 찾거라! 알았제? 헛허……

영규 예… 고맙습니다.

암전

악어새

제7장 (현재)

서울에 있는 한성운의 집.

거실, 세련되고 고급스런 가구가 이 집의 생활수준을 나타내주고 있다. 초저녁 전등불이 밝다.

한영규의 아들 한성운이 방안으로 들어선다. 외출에서 돌아오는 길인 듯 정장을 했다. 40대 후반의 믿음직한 중년실업가이다. 그 뒤에 부인 윤문숙이 따라 들어온다. 화사한 홈드레스 차림이다. 남편의 손가방을 들었다.

성운이 소파에 앉는다. 피곤해 보인다.

성운   아 피곤해. 여보, 안약. (소파에 주저앉는다)

문숙   또 눈이 안 좋으세요? (서랍에서 안약을 꺼내와서) 고개 늡히세요.

소파 등받이에 몸을 늡히자 문숙이 점안약을 몇 방울 떨어뜨린다.

문숙   과로하시는 거 아니에요? 피로는 눈에서부터 온다던데… (안약을 치운다) 사업도 중하지만 당신 건강이 우선이라야죠.

성운   (소파에 기댄 채로) 아버지는?

문숙   좀 늦으시겠다고 밖에서 전화 연락 왔었어요.

성운   (퉁명스럽게) 노인네도! 평양 다녀오신 지가 엊그제인데 날마다 어딜 나다니시는지…… 어디 계신다고 그래?

문숙   뭐라더라…… 참 해외 인력수출 공사라던가?

성운   (노골적으로 불쾌감을 나타내며) 해외 인력수출? 이젠 이민 가시겠다는 게야 뭐야? 그만큼 가족들 골탕 먹였으면 되었지. 아직도 외국 생활만 그리워하는 거 아니야?

일어나 구석에 있는 미니바에 가서 양주를 따른다.

성운 　노인네가 평양에 다녀오신 후 좀 변하신 것 같잖아? (술을 마신다)

문숙 　변하시긴요?

성운 　방에서 뭘 열심히 쓰신다면서?

문숙 　진호 얘기로는 책을 뒤적거리고 사전도 펴보고 하시더래요.

성운 　(노골적으로) 뒤늦게 또 무슨 박사논문 쓰시려나보군! 흥! (한숨)
　　　입맛 없다고! (술잔을 비운다)

문숙 　자기 아버님한테 무슨 말버릇이 그래요?

성운 　아버님? 흥? 미안한 얘기지만 나는 아버지라는 말 자체가 실감이
　　　안 난다고.

문숙 　여보! 그런 법이…

성운 　왜, 내가 못할 얘기했어? 이 한성운, 할 얘기는 바로 해야 직성이
　　　풀리는 성미라는 걸 몰라서 그래?

문숙 　그렇지만 어떻게 해요. 이제 와서……

성운 　아버지 때문에 겪어야 했던 지난날의 갖가지 일들 생각하면……
　　　(미니바로 가서 다시 술을 따른다)

문숙 　식전인데 조금만 드세요!

성운 　남북의 장벽이 뚫려서 아버지는 신바람 나실지 모르지만 난 아니
　　　라구. 아버진 김일성 대학에 특강까지 나가시게 되어 제 세상 만
　　　난 기분이시겠지만…… 난 싫어! (술을 마신다)

문숙 　여보! 그렇게만도 생각할 일 아니잖아요, 아버님은……

성운 　싫은 건 싫어! 내가 철들면서부터…… 아니지, 유럽에서 16년만
　　　에 돌아오셨을 때부터 나는 그랬어! 존경심이나 외경심 따위는

없었으니까!

문숙   그럼 따로 살림을 차리게 하실 일이지. 이제 와서 그러시면 어떻게
해요! 당신도 참 남의 이목도 생각하셔야지…… 당신의 사회적
체면도 있잖아요?

성운   남의 이목을 의식했기 때문에 내가 꾹 참았을 뿐이라구!

문숙   뭐라구요?

성운   아버지를 학대한 불효자식으로 몰아 댈테지! 흥! 기분 같아서는
내가 따로 나가 살고 싶은 심정이라구!

문숙   못할 얘기 없으셔! 아버님의 처지도 이해하셔야지 어떻게 그런
식으로……

성운   그런 식? 어떤 식? (노려본다)

문숙   (꾹 참으며) 그만 둡시다. 당신은 아버님 얘기만 나오면 무조건
신경질부터 내시지만…… 그 편견 좀 버리세요.

성운   편견? 그게 무슨 뚱딴지같은 소리야?

문숙   사람은 저마다 사정이 있게 마련인데 왜 당신은 당신 입장만 생
각하세요?

성운   그럼 아버지 사정은 중하고 내 사정은 문제도 안 된단 말이오?

문숙   그야 아버지 때문에 당신이 겪어야 했던 아픈 상처는 짐작이 가
지만……

성운   (단정적으로) 짐작 정도가 아니야!

문숙   (허점을 찔리듯) 예?

성운   당신은 몰라! (의자에 앉으며) 대학 나와 취직을 하려고 직장을 찾
아갈 때마다…… 그뿐인가 취직이 거의 확정되어 해외파견근무
가 결정되었을 때도 매번 신원조회에서 퇴짜 맞고…… 추운 겨울
날 제3 한강다리 난간에서 투신자살까지 하려던 나였어!

문숙   (위로하듯) 여보…… 제가 잘못 생각했어요. 어서 몸 씻고 저녁

드세요. 예?

성운이가 잠시 생각하다가 일어선다.

성운　다른 전화 연락은 없었소?

문숙　참 임기철 의원한테서…… 다시 걸겠다고……

성운　임 의원이?

문숙　또 돈 얘기 아닐까요? 북한 황해도의 광산 개발 문제가 오가곤
　　　했잖아요?

성운　응…… 나와 합작하자는 얘긴데 아직은……

문숙　그분 스케일은 커 보이지만 사람이 좀 허해 보여요. 어쩐지 싫더
　　　라, 나는……

성운　정치계 물 먹으면 절반은 사기성에 물들지. 제아무리 청렴결백한
　　　사람도 끝장엔 쇠고랑 찼었잖아. 구정권 때 그런 사람이 어디 한
　　　두 사람이었나?

이때 초인종이 울린다.

성운　누가 왔나?

문숙　제가 나가보겠어요. (나가면서) 진호니? (문 여는 소리 나고, 소리만)
　　　아버님, 이제 들어오세요?

성운이는 약간 눈살을 찌푸리며 나가려는데 한영규가 들어선다. 두툼
한 서류봉투를 들었다. 어색하고도 어정쩡한 두 사람의 시선이 교차된
다. 문숙이가 초조하게 두 사람을 지켜본다.

영규	일찍 들어왔구나.
성운	(서먹하게) 예…… (돌아서 가려고 한다)
영규	바쁘지 않으면 얘기 좀 할 수 있겠니?
성운	(흥미 없다는 듯) 예? (하며 앉는다)
영규	(문숙에게) 너도 같이 있어도 되고……
문숙	예? 예, 차 좀 끓여 오겠어요. (하며 급히 나간다)

영규가 소파에 마주 앉는다. 주머니에서 담배를 꺼내 피어문다. 라이터를 찾는다. 성운이가 응접탁자 위에 있는 라이터를 켜댄다. 마지못해 하는 짓이다. 침묵이 흐른다.

영규	(눈을 가늘게 떠보이며) 한 지붕 아래서 살면서도 좀체로 마주앉아 얘기할 짬도 없었지. 너는 너대로 사업이 바쁘고 나는 나대로…… 생각하면 이상한 부자간이지? 우린…… 홋흐…… (쓰게 웃는다)
성운	(딴전을 부리며) 하실 얘기가 있으시다면서요?
영규	응? 응…… 뭣 좀 알아볼 일이 있어서 말인데……
성운	저한테요?
영규	네 도움이 좀 필요해서…… 정 바쁘면 괜찮아. (봉투를 꺼내며) 실은 사람을 찾고 있는데 말이다……

문숙이가 홍차를 두 잔 쟁반에 받쳐 들고 들어오다가 저만치서 엿듣는다.

성운	누군데요?
영규	응…… 저 유럽 유학 중 만났던 사람인데…… 그런데 벌써 40년 가까운 세월이 흘러놔서……

성운 지금 뭐하는 사람인데요?

영규 그 확실한건 나도 몰라. 다만 과거에 서독 탄광에서 일했던 경력
이 있어서 해외 인력 수출공사에 가서 그 당시 외국에 취업한
노무자 명단을 일단 찾았지만……

문숙 (쌩긋 웃으며) 그럼 아버님께서 이민 가시는 게 아니었군요? 홋
호……

영규 내가 이민을? 핫하…… 글쎄 나 같은 늙은이를 받아주는 나라가
있다면야 가고 싶구나. 헛허……

성운 그래 저더러 그 사람을 찾아내라 이건가요?

영규 꼭 그, 그게 아니라…… 수소문을 했더니 무슨 미국하고 거래하
는 무역회사일거라고도 하고…… 그런데 이름이 다르거든! 그래
서 혹시 너라도……

문숙 여보, 알아볼 수 있잖아요? 당신 사업관계로 무역계에도 친구분
도 있고……

영규 바쁘면 됐어…… 다만 내가 여기저기 쑤시고 다니기가 뭘해서
……

문숙 시키실 일 있으시면 아범한테 시키세요. (찻잔을 나누어 놓으며 부
러 밝게) 아버님께서 말씀도 잘 안하시고 2층에서만 기거하시거
나 아니면 밖으로만 나다니시니까 자연히 대화가 끊기고 또 남
보기에도 이상해요. 저 자신부터도 어쩐지 쑥스럽고요. 안 그래
요 아버님! 흠……

영규 내 성격이 못되어 먹어서……

문숙 진호도 할아버지 대하기가 쑥스럽대요. 뭐라고 그런지 아세요?
아버님더러 우리 집 하숙생이래요. 홋호……

영규 하숙생? 헛허…… 그 녀석! 참 피아노 공부는 잘한다던?

문숙 예. 올가을 '한민족 대학 예술축전'을 서울과 평양에서 공연한다

고 준비에 바쁜가 봐요.

영규 북한 대학생하고 같이?

문숙 예, 북한 대학생 무용반은 이미 서울에 와서 연습 중이라나 봐요.

영규 진호는 피아노전공인데?

문숙 연습 과정의 피아노 반주를 맡았다고 좋아라 하던데요.

영규 (모처럼 밝은 표정으로) 대견하구나! 대단해! 핫하……

성운 (대뜸) 뭐가 대견합니까? 그게 그렇게 대견하세요?

영규 응?

성운 남북학생들이 몰려다니는 게 대견해요? 우리 실정으로는 경제가 더 문제라구요. 금강산도 식후경이죠!

문숙 당신은 사업을 하시니까 경제가 중요하겠지만 예술학도들은 그들대로……

성운 (싸늘하게) 참견 말아요!

문숙 어머머……

성운 신문도 안 읽었어? TV도 못 봤냐구! 날마다 북쪽에서 내려오는 사람들이 늘어나고 그들이 어떤 상황인지도 몰라?

문숙 그건 친지 방문이 목적이며 일시적인 현상이죠.

성운 여행목적은 친지방문이지만 그대로 주저앉는 사람이 기하급수적으로 늘어만 간다는 걸 몰라? 30여 년 전 우리나라 사람들의 해외여행이 자유화되자 너도나도 나가더니 일본, 미국에 불법 이주했던 일 기억 안 나? 지금 그 꼴이라구! 남북의 벽이 뚫렸다 해서 덮어놓고 긍정적으로만 볼 일이 아니야. 이건 심각한 사회문제라구. 베를린의 벽이 무너졌을 때 동독사람이 홍수처럼 밀어닥친 일도 기억 못하느냐구, 젠장!

영규 (불쾌감을 억제하듯) 그럼 3·8선은 역시 있어야겠구나?

성운 무슨 말씀을 그렇게 하세요?

영규　방금 그랬잖아! 남북의 벽이 뚫렸다 해서 덮어놓고 기뻐 날뛸 일
　　　이 아니라고.

성운　아버진 남의 말꼬리만 붙잡고 트집이세요?

문숙　여보! 이이가⋯⋯

영규　그게 트집이냐!

성운　아니면 충고인가요? 아버지의 머릿속에는 아직도 잠재적인 그
　　　무엇이 남아있다구요!

영규　잠재적인 그 무엇? (표정이 경직되더니 경련을 일으킨다)

성운　김일성 대학에서 초청강연을 하고 나니까 마치 인생에 새로운
　　　전환기라도 열린 듯 생각하시는 모양인데요. (정면으로) 아버지!
　　　저는 분명히 말씀 드리지만⋯⋯ (힐끗 쳐다보다 시선을 피하며) 이
　　　북엔 동조할 수도 없고 그곳 사람도 싫습니다. 아시겠어요? 평화
　　　통일이 어쩌고, 단일 민족이니 단일 문화니 하고 떠드는 그 진보
　　　주의자들이 싫단 말입니다!

식은 홍차를 후루룩 마셔 버린다. 영규는 어리둥절해지며 아들을 쳐다
만 본다.

문숙　여보, 그게 무슨 소리에요? 지금이 어떤 시대인데 아직도 그런
　　　고리타분한 아집을 부리세요? 예? 그게 무슨 자랑거린가 말이에요?

성운　(길게 숨을 몰아쉬고 나서 침착하려 애쓰며) 돌아가신 어머니 생각을
　　　하면⋯⋯ 나는 공산주의자라는 말만 들어도⋯⋯

영규　(쓰게 웃으며) 이 애비 보고 하는 소리냐?

성운　아버지에게도 그 절반의 책임은 있지요. (사이) 그 동백림 사건
　　　때, 아버지 옥바라지 하시던 어머니 생각하면⋯⋯ (자학적으로 웃
　　　으며) 속된 표현으로 비가 오나 눈이 오나, 바람이 부나 땅이 갈라

지나…… 밤마다 눈물로 지새시던 어머니! 돈이 될 만한 물건은 모조리 팔고, 외할아버지에게 머리채 끌려다니면서도 면회날만 기다리시던 우리 어머니.

문숙이가 울음을 삼킨다. 영규도 눈을 지그시 감은 채 돌처럼 앉아있다.

성운   그런데 어느 날 난데없이 석방이라는 기별을 받고 허둥지둥 교도소로 뛰어갔는데 아버지는 이미 김포공항으로 떠난 뒤였대요. (영규를 증오의 눈으로 노려보며) 왜 그랬죠? 왜 어머니와 그리고 나를 놔둔 채 가셨죠? 불쌍한 아내에게 따뜻한 말 한마디라도 했어야 옳았지요. 애비 없는 사이에 태어난 자식을 한 번쯤은 안아주셨어야죠! (울먹이면서) 왜 그냥 떠나가 버렸죠? 조국의 품에서 가족들과 함께 살겠으니 허락해 달라고 사정할 수도 있었을 텐데…… 그런데 왜 한마디 말도 없이 어머니와 나를 버렸죠? 예? 왜 그랬죠? 왜! 왜! (분에 못 이겨 탁자를 쾅 친다)

문숙   여보! 왜 이러세요? 제발…… 진정해요!

성운   그로부터 16년…… 그 16년 동안 제가 겪었던 수모, 멸시, 따돌림을 말씀드릴까요? 아버지께서 젊은 시절 빨갱이 자식이라고 천대 받았던 그 걸레조각 같은 유산을 고스란히 저에게도 물려주셨어요. (눈물을 삼키고 냉철해지며) 그때부터 나는 '북'이라는 말만 들어도 소름이 끼쳤어요! 나는 돈밖에 몰랐어요. 간경화증으로 새까맣게 숯덩어리처럼 말라 제대로 약도 못 사먹고 죽어가신 어머니 앞에서 나는 아버지를 저주하고 원망했어요!

문숙   (부드럽게) 여보, 그만하세요. 아버님도 말씀은 안 하시지만 마음속으로는 돌아가신 어머님이나 당신에게 왜 죄책감인들 없으시겠어요? 그렇죠? 아버님.

영규 (오래 말문이 막힌 탓으로 쉰 목소리로) 미안하다…… 입이 열 아니라 …… 백 개 있어도…… 할 말이 없다…… 그러기에 지금까지 나 는…… 한 지붕 아래 살아도…… 진호 말대로 하숙생이었지. 하 숙생. 염치 없고 줏대 없고……

문숙 그것 봐요. 아버님께서도 다 이해하시고 또 후회하시고 계시잖아 요?

영규 (머리를 숙이며) 미안하다, 모두가 이 애비 탓이었다!

문숙 아니에요. 시대를 잘못 만나신거에요. 아버님 탓만은 아니죠.

성운 아버지 저와 약속해 주세요.

영규 약속?

성운 (사이) 앞으로는 북한 나들이 삼가하세요. 김일성대학이나 민간 사 회단체건 강연요청이 있더라도 거절하겠다고 약속하세요.

영규 (눈을 똑바로 뜨고 아들을 응시한다)

성운 약속하시는 거죠?

영규 (넌지시) 그래야만 되겠니?

성운 (단호하게) 싫으니까요!

영규 내가?

성운 세상 사람들 앞에서 애국자연 하는 게 싫단 말이에요!

영규 애국자연? (안면 근육에 심한 경련이 일어난다)

문숙 여보!

성운 신문, 잡지, 방송에서 그런 말을 식은 죽 먹듯 하는 사람들이란 나에게는 위선자로만 보여요. 달면 삼키고 쓰면 뱉고, 시류에 따 라 힘센 측에 붙어서 큰소리 치는 사람, 모두가 악어새들이에요.

영규 악어새?

성운 해방 전에는 일본놈들에게 붙어먹더니 해방 후는 남쪽은 미국에, 북쪽은 소련에 붙어 먹는 악어새들. 그것이 바로 한국사람의 정체였지 뭡니까!

영규 그럼 이 애비도 악어새란 말이냐?

성운 전혀 아니라고는……

영규 (소리를 버럭 지르며) 아니야! 아니다! 나는 아니란 말이다! (벌떡 일어난다)

문숙 아버님! 고정하세요!

영규 내가 파리 유학을 꿈꾸었던 일도 안기부에 강제 연행되어 지옥 같은 옥살이 하다가 조국을 버린 것도 따지고 보면 모두가 증오 때문이었다! 어떤 힘에 따라간 건 아니었다!

성운 증오?

영규 사랑을 배우기 이전에 남을 미워하는 것부터 배웠던 우리들의 슬픈 초상! 언제고 자기 마음 속을 속 시원히 털어보지 못한 채 눈치로 살아남은 찌꺼기 인생들!

성운 그게 무슨 뜻이죠?

영규 내가 유학을 열심히 한 것은 썩고 병든 조국으로부터 도피하기 위해서였지 어떤 힘을 이용하기 위해서가 아니었다. 그 당시 나는 솔직히 말해서 염세주의자였다. 자식과 아내와 조국을 버린 것은 잘난 조국이 미워서였다! 다시는 남을 미워하지 말자고 천 번 만번 맹세한 나였지만 그 지경에 이르렀을 때는 또 다시 증오심만이 살아남았었다. 사랑? 그게 뭔데? 그게 어디 있는데? 내게 는 없었다. 서빙고에 있던 안기부에 가보지 못한 사람은 미움이 무엇인가를 모를 게다. 오직 사랑으로 참고 이겨내라고 남의 일 처럼 말할 뿐, 책임은 안 지더구나. 그런데 너는 이 애비더러 악 어새라니…… (어이가 없어 서류봉투를 집어들며) 그만두자, 그러 나 나는 악어새가 아니다…… (하며 2층으로 올라간다)

성운은 벼락 맞은 고목처럼 서 있다. 문숙이가 빈 찻잔을 쟁반에다 챙긴다.

문숙   여보, 아버님을 너무 울리지 마세요. 그래도 아버지와 자식 간인
        데…… 당신에게 어렵사리 부탁 말씀 하시겠다더니 얘기도 못
        꺼낸 채 이렇게…… 난 아버님이 가엾어요.

성운   가엾어?

문숙   가령 당신이 진호한테서 그런 말 들었다고 가정해 보세요. 아무렇
        지 않으시겠어요?

성운   나는 악어새가 아니란 말이야!

문숙   저마다 그렇게 얘기하죠, 허지만……

성운   (화가 치밀어) 허지만 뭐야?

문숙   (천천히 나가며) 사람은 누구나 악어새의 속성이 잠재하는 법이거
        든요. 정도의 차이는 있지만요. (퇴장)

성운   뭐라고?

암전

악어새

제8장 (현재)

제7장과 같다. 화사한 햇살이 쏟아지는 아침나절, 무대 한구석에서 잠바 차림의 영규가 전화로 통화를 하고 있다. 그러나 이따금 안쪽을 돌아보는 게 통화 내용을 다른 사람에게 알리고 싶지 않은 세심한 배려이다. 그의 목소리는 낮고 조심스럽게 들린다.

영규   거기가 퍼시픽 통상 공사가 맞습니까? (사이) 저 혹시 회장님 성함이 강상문 씨라고…… 예? (사이) 틀리다구요? 그럼…… (사이) 규스탑, 강? (사이) 외국사람인가요? 아무튼 성이 강씨는 강씨…… (사이) 나 말입니까? (사이) 나 한영규라고 합니다. (사이) 예. 오래전 일이라 기억을 못하실지 모르지만 베를린에서…… 예…… 예…… 기다리라고요? 예…… (한줄기 희망이 살아난 듯 숨을 몰아쉰다. 주머니에서 담배를 한 개비 뽑아 입에 물다 말고) 여보세요, 여보세요? (사이) 그런 사람 모른다고요? (사이) 그럼 회장님 좀 바꿔 주실 수…… 예? (사이) 출타 중이라고요? (사이) 내 이름을 분명 전했죠? 서베를린에서 만난 한영규라고…… (사이) 바쁘긴 피차 매일반이에요. 그런데…… (사이) 만날 필요 없다구? 여보세요, 여보세요. (이미 전화가 끊긴 듯 허탈해지자 힘없이 수화기를 놓고 돌아선다) 원 이럴 수가…… 음…… (얼마 전부터 그 광경을 지켜보던 진호가 밝게 웃는다. 붉은 티셔츠에 하늘빛 진바지 차림이다. 큼직한 백을 어깨에 걸쳤다)

진호   할아버지가 닭 쫓던 무슨 꼴이 되셨네? 헛허……

영규   젊은 여자가 교양이라고는 티끌만큼도 없구나. 비서라는 직업은 그 주인의 거울 같은 존재라는 걸 모르나 보군! (담뱃불 붙인다)

진호   회장 지시에 따를 뿐 비서 자신의 의사는 무시하는 법이지요.

영규   (혼잣소리처럼) 분명히 자리에 있으면서도 안 만나겠다는 심보지. 그걸 무슨 권위의식이라 생각하겠지.

진호   그게 사장족들의 천박한 악취미에요, 헛허…… 그렇지만 어떻게 사람 대접을 그런 식으로…… 할아버지 그러지 마시고 직접 쳐들어가시죠.

영규   쳐들어가?

진호   그 회사가 분명하다면 직접 점령하세요. 호랑이 굴에 쳐들어가야 호랑이 잡는다는 원시적인 작전이 때로는 가장 효율적일 수 있거든요. 점잖게 절차, 체면, 인사 따위를 찾다가는 백날 가야 허사죠, 흠……

영규   네 말도 일리가 있다. 차례를 기다리는 사람에게 그 차례가 저절로 돌아오는 시대는 지났으니까.

진호   꿩 잡는 게 매니까요! 속결주의, 현장 담판주의라야 살아남는 세상 아닙니까. 핫하…… 그래서 저도 오늘 아버지 어머니하고 담판할 일이 있거든요.

이때 초인종이 울린다.

진호   (활짝 웃으며) 드디어 진군 나팔은 울렸도다! 핫하…… (하며 현관 쪽으로 뛰어간다)

영규는 어리둥절해 하면서도 한편으로는 손자가 믿음직스럽기만 하다. 이윽고 웃음소리와 함께 진호와 정혜인이 들어온다. 혜인도 밝은 미색 블라우스에 검은색 바지를 입어 날씬한 몸매가 싱그럽다. 무용으로 다져진 몸매가 아름답다. 영규를 보자 혜인이가 먼저 당황해 한다.

    악어새

잽싸게 눈치 챈 진호가 영규를 돌아본다.

진호　할아버지, 제 친구에요. 정혜인이라고 평양에서 온…… (혜인에게) 우리 할아버지시다! 인사 드려.

혜인　어머? 얼마 전 김일성 대학에서 특강을 하셨다는…… 교수님이십네까?

진호　그래, 정치학 박사이셔.

영규　나도 얘기 들었지. 남북한 대학생들이 민족통일 예술축전을 준비한다고?

혜인　예, 앞으로 잘 좀 부탁드리갔시요. 교수 동지. (하며 악수를 청한다. 영규가 얼떨떨해지며 손을 내민다)

진호　혜인아! 그 동지란 말 좀 안 쓸 수 없니? 듣기 거북하다.

혜인　미안, 버릇이 되어서 그만…… (영규에게) 죄송합네다. 이해하시라우요.

영규　(두 사람을 번갈아 보며) 그래 무슨 일로 이렇게……

진호　할아버지 아까 말씀 드렸잖아요.

영규　(영문을 몰라서) 응?

진호　호랑이 굴로 들어갈 것입니다. 그러니 할아버지께서도 응원해 주세요.

영규　호랑이 굴은 또 뭐냐?

진호　차차 아시게 될 겝니다, 헛허……

이때 안쪽에서 성운 부부가 나온다. 혜인을 보자 당황하면서도 호기심은 잃지 않은 눈치 같다.

문숙　이 아가씨가…… 그 친구니?

진호　예…… (혜인에게) 인사드려, 우리 아버지, 엄마!

혜인　정혜인입네다. 진호 동지한테는…… (하다 말고) 아니 진호 형한
테서 여러 가지 배우고 또 신세도 지고 있습네다.

성운　(소파에 앉으며) 신세를 졌다고?

혜인　예? 예……

문숙　앉아.

혜인　예…… (눈치를 보며 앉는다)

진호　혜인아, 긴장 풀어. 이래 뵈도 우리 부모님은 비교적 진보적이며
개방주의시다. 너희들이 생각하는 그런 선입견은 버리라구.

영규　진호 말이 맞다. 선입견을 버려야 한다. 앞으로 살아가는 데는 남
쪽이건 북쪽이건 그릇된 선입견이나 편견부터 청산해야 한다.

진호　우리 젊은이 걱정일랑 마세요. 할아버지나 아버지 세대를 걱정이
나 하세요. 그렇지? 혜인아.

혜인　(부모 쪽을 의식하나 구김살 없이) 기래요. 지금까지 우리가 그 얼마
나 골 깊은 편견 속에서 살아 왔으며 그것이 얼마나 우리를 후진
속에서 방황케 했던가를 이번에 서울에 와서 뼈저리게 느꼈습네
다. 이건 저의 솔직한 심정이자 감상입네다.

문숙　(감탄하듯) 말도 조리 있게 잘 하는구먼.

혜인　의사 표시는 정직해야지 않습네까?

진호　동감이다.

성운　(못마땅하나 꾹 참으며) 그래, 할 얘기가 있다더니…… 뭐냐?

진호와 혜인이 서로 눈짓을 하나 망설이는 눈치다.

성운　나도 곧 나가봐야 해. 수출업체의 회합이 있어서…… 길게 얘기
할 시간은 없으니까 그렇게 알고……

진호   (대뜸) 혜인이 첫인상 어때요? 합격이죠?

성운   뭐, 뭐라구?

문숙   (새삼 훑어보며) 예상했던 것보다는…… (성운에게) 그렇죠?

성운   그러니까 말하자면 이 아가씨 선을 보이러 왔다 이거냐?

혜인   선이 뭡네까?

진호   첫인사 소개지.

문숙   솔직히 말해서 북한 아가씨라기에 난 좀…… 그렇죠, 아버님?

영규   어때서 그러니? 이만하면 진호 색시감으로는 충분하지.

성운   아버지!

영규   (자리에서 일어나며) 네 결혼 때야 내가 서울에 없어서 그랬지만
       진호 일인데 나도 한마디 할만 하잖니? (혜인을 돌아보며) 마음에
       든다. 썩 든다! (하고는 2층으로 가려 한다. 남은 네 사람은 저마다
       반응이 다르다)

진호   할아버지! 감사합니다! 그 대신 저도 품앗이로 할아버지 일 도와
       드릴게요.

영규   고맙구나. (퇴장한다)

성운   (불쾌해지며) 아버진 뭘 아신다고 참견이시지?

문숙   할아버지로서 참견 못하실 것도 없죠. (혜인을 보며) 몇 살이라구?

혜인   스물하나야요.

문숙   좀 빠르잖니? 결혼하기엔.

진호   어머니 누가 당장에 결혼한댔어요. 우리도 앞으로 해야 할 일이
       있잖아요. 그래서 우선 아버지 어머니의 정식 승낙을 얻고 나서
       천천히……

성운   (불쑥 일어나며) 나는 반대다!

진호   아버지.

성운   내가 반대하는 이유는 네 엄마가 잘 알고 있을 테니 엄마한테

물어봐. 난 바빠서…… (하며 휑하니 퇴장한다)

진호 아버지! 잠깐만요! (하며 뒤를 좇는다. 무대엔 문숙과 혜인만 남는다. 혜인은 고개를 숙이고서 손등만 내려다보고 있다. 문숙이 어찌할 바를 몰라 안절부절이다)

문숙 저…… 혜인이…… 내 얘기 잘들어요. 진호 아버지 얘긴 마음 쓸 것 없으니까…… 사실은……

혜인 (침착하게 고개를 들며) 알고 있어요.

문숙 알고 있다니?

혜인 진호 형한테서 대충 얘기 들었어요. (자리에서 일어나며) 저도 이해가 될 것 같아요. 아버지의 마음……

문숙 혜인이.

혜인 우리 집안에도 이와 비슷한 일이 있었어요. (사이, 회상하듯) 처녀 집안이 월남가족이라는 이유만으로 남자측 부모가 결혼을 반대하자 두 사람이 야밤에 어선으로 남하하려다가 풍랑으로 수중귀신이 되었어요. 슬픈 얘기인지 억울한 얘긴지 그때는 잘 몰랐드랬는데 요즘 와서는 그 이유를 알 것 같아요.

문숙 그, 그렇지만……

혜인 (밝은 표정으로) 그렇다고 나와 진호 형이 어선 타겠다는 건 아니니 염려마시라요. 흠…… (웃다 말고 얼굴에 그늘이 드리우며) 그러나 걱정은 되요. 남북의 길이 이제 겨우 뚫렸고 진짜 통일 정부가 서려면 또 몇 해는 기다려야 할 텐데…… 이렇게 언제까지나 편견을 버리지 못한다면…… 오마니! 저는 그 우월감이 두려워요!

이때 현관 쪽에서 진호가 들어온다.

진호 우린 우월감 따위 없다! 우린 진작 버렸다고 했잖아?

악어새

혜인   물론 우린 괜찮아, 문제는 우리 아버지, 어머니 아니 할아버지 할머니가 문제지 뭐갔어? 뿌리 깊은 편견, 반세기 이상 마음속에 굉이가 박혀버린 우월감. (차츰 감정이 끓어오르며) 따지고 보면 누가 더 잘난 것도 없고 못난 것도 없는 주제에 굳이 자기가 월등하다고 우기면서 늙어버린 칡넝쿨같은 삶이 문제라구! 안 그래? (하고 바라보는 혜인의 눈에 어느새 이슬이 고여 있다. 진호가 혜인의 어깨를 감싸듯 안는다)

진호   걱정말아. 우리는 버티는 거다.

혜인   버티다니?

진호   기다리는 거다. 반세기 이상을 기다리며 견디어나온 우리의 저력이 있잖아! 안 그래?

혜인   정말 그케 생각하갔어?

진호   아버지 말 한마디로 주저앉거나 물러설 일 같으면 아예 처음부터 마음 쓰지도 않았어! 혜인아! 무슨 뜻인지 알겠지?

혜인   그래, 기다리자. 편견이 사라질 때까지 말이다. 그까짓 버티는 힘이야 남쪽보다 북쪽사람이 세잖구!

진호   천만에! 남쪽이 세다구! 핫하……

혜인   북쪽이 세다니까니!

혜인도 문숙도 따라 웃는다. 저만치서 문숙도 싫지 않은 눈치 같다.

암전

제9장 (현재)

강상문의 무역회사인 퍼시픽 통상공사의 회장실. 베니샨 커튼 사이로 붉은 놀이 보인다. 여기저기 영문으로 쓰인 광고 포스터며 명패 등이 보인다. 방 한구석의 팩스 박스에서 수신소리가 흘러나온다. 중앙 의자에 한영규가 눈을 감은 채 돌처럼 앉아 있다. 옆방에서 외국어로 통화하는 소리 간간이. 여비서가 눈치를 살피듯 들어와서 커피잔을 놓고 나가려 한다.

영규　회장님은 아직……

비서　(냉담하게) 아직 회의 중이십니다.

영규　내가 기다린다고…… 알고 계시겠죠?

비서　네, 총무부장님께 메모를 드렸으니까요.

영규　(시계를 보며) 무슨 회의가 이렇게 길지요? 두 시간 넘게……

비서가 뽀로통해지며 나간다. 영규가 커피를 한 모금 마신다. 그는 다시 방안을 휘둘러본다. 그의 발밑에 양주병인 듯한 종이에 포장된 물건이 놓여 있다. 그는 2병을 들어보고는 탁자 아래로 숨기듯 옮겨 놓는다. 벽시계(뻐꾸기시계)가 넉점을 친다. 이윽고 강상문이 들어선다. 젊었을 때보다 몸이 비대하며 배가 불룩 나왔다. 사람이 달라진 듯 의복도 고급스럽고 머리에 기름을 발랐으나 반백이다. 테가 굵은 안경을 써서인지 인상이 전혀 다르다. 강상문이 한영규의 앞을 지나가며 오만하게 말을 던진다.

상문　나를 찾아오셨다고요? 용건이 무엇이죠? (하며 회장 자리에 주저앉

　　　　　　　　　　악어새

는다. 한영규가 자리에서 일어선다)

영규 오랜만이오.

상문 (앉은 채 안경을 이마로 올려 보이며) 뉘시드라……

영규 (두어 발자욱 다가가며) 나…… 한영규요.

상문 (고개를 갸웃하며) 미스터 한영규?

영규 비서한테 누차 전화로, 그리고 아까 회의 중이라고 하기에 메모쪽
지도……

상문 (서양 사람처럼 어깨를 으쓱해 보이며) 전혀 모르겠는데…… 나 그
동안 캐나다와 미국에서 지내다가 한국 나온 지가 얼마 안 되어
서…… 어디서 만난 적이 있었던가요?

영규 서베를린에서였죠.

상문 (일부러 외국어로) 웨스트 베를린?

영규 서베를린 번화가인 구우탐 지구 뒷골목에 있는 식당에서…… 그
러니까 그게 1966년…… 아니 67년 여름? 성함이 강상문 씨죠?

상문 노우! 규스탑 강이오!

영규 한국식당 모란봉! 기억나시오?

상문 (잠시 기억을 되살리듯 침묵을 지키다가 대뜸 큰소리로) 오…… 모란
봉! 헛허…… 핫하…… 모란봉! 거기서 우리가 만났었던가요? 핫
하…… 이거 세월이 약이라더니 나에게는 건망증 환자로 만든
독약이구려! 헛허…… 그래 성함이……

영규 (불쾌감을 꾹 참으며) 한영규요, 파리 제7대학에서 정치학을 공부
하다가 나중엔 서베를린 자유대학에서도 잠깐 있었던……

상문 (과장된 제스처로) 미스터 한…… 미스터…… 오…… 맞다. 무슈
한영규!

지리에서 일어나 앞으로 나오며 덥석 두 팔로 영규 몸을 얼싸안고 외

국식으로 양 볼에다 자기 뺨을 마구 부빈다. 영규는 몸을 내맡긴 채로
서 있다.

상문   (새삼스럽게 얼굴을 바라보며) 그때 그 한… 영규가 지금 내 앞에
서 있는 유우? 오 마이 갓! 이럴 수가…… 이렇게 만날 수가……
자, 앉읍시다. 자…… 여기 앉아요. (하며 응접세트 쪽으로 이끌고
간다)

한영규는 처음 앉았던 자리에 앉고 강상문을 마주보는 자리에 앉는다.
강상문은 갑자기 울음을 터뜨리더니 주머니에서 야한 실크 손수건을 꺼
내어 얼굴을 닦는다.

상문   세월이 유수 같다더니 정말… 그동안 얼마나 고생이 많았소? 아
니 그동안 어디서? 파리? 베를린? 아니면 그때 박사학위 받으면
한국으로 돌아간다고 했던가요? 난 지금 전혀 기억이 잘 안 나는
군요. 헛허…… 나도 이제 늙었지. 참 지금 몇이오? 세븐티 원…
투?

영규   일흔둘이오.

상문   오… 나는 세븐티 식스! 그렇지만 인생의 황혼기라는 실감은 없
어요. 할 일이 너무 너무 많아서요. 올 여름에는 홍콩에 지사가
들어서요. 홍콩이 중국영토로 환원되면서 아시아에서의 찬탄은
홍콩과 상하이… 그래서 나는 지금까지 미국과 캐나다와의 통상
방향을 아시아 쪽으로 돌리려고 연구 중이오! 헛허… 오 아임 쏘
리… 내 얘기만 늘어놓구… 미스터 한은 지금 뭐하시오? 대학?
아니면 회사의 컨설턴트? 응?

영규   둘 다 아니오.

악어새

상문   예?

영규   강 사장의 놀라운 사업가적 수완에는 경의를 표하고 싶지만 그
      비범한 변신에는 약간 거부감이랄까…… 그런 게 느껴지는군요.

상문   무슨 얘기를 하시려는 거죠?

영규   지난날 모란봉 식당 주인으로 있으면서 동서 베를린을 이웃집
      드나들듯 하더니 어느 날 행적을 감췄다 했더니 지금은 무역계의
      실력자…… 그 비결이 뭘까요?

상문   (불쾌감을 느끼며) 지금 무슨 얘기를 하려는 거죠?

영규   강상문의 이름 대신 (명패를 가리키며) 규스탑, 강이시라던가? 그
      래도 강이라는 성을 안 버리시는 게 가상타면 가상하군요. 요즘
      사람들은 낡고 오래된 것은 모조리 버리는 버릇이 있는데 말씀이
      오. 훗흐……

상문   미스터 한.

영규   영규라고 불러주시지. 내게는 그게 더 친근감이 가고 또……

상문   (신경질을 내며) 도대체 나를 찾아온 용건이 뭐요?

영규   한두 가지가 아니죠. 너무 많아서 무엇부터 물어볼까 하고 생각
      하다가 그만…… 헛허……

상문   (일어나며) 그런 넋두리를 들을 여유가 있는 내가 아니오! 난 지금
      바빠요.

영규   바쁘긴 매한가지요. 그러나 내가 강 사장을 찾아내려고 얼마나
      신경을 썼으며 주변 가족들로부터 얼마나 멸시를 받았는지 상상
      도 못할 걸요 강 사장! 알고 싶은 게 너무 많은데 어떻게 하죠?

상문   (신경질적으로) 그러니 어서 말해요! 나는 지금 바빠요!

영규   그렇게 하죠. 우선 앉으시지! (하며 가볍게 밀치자 소파에 쿵하고
      주저앉는다)

상문   아니 이 사람이……

영규 그전에 우리가 얘기하는 동안 아무도 드나들지 말라고 비서에게
시달하시오!

상문 아니 나한테 명령을?

영규 모두가 우리 두 사람을 위해서죠. 이 순간이 있기까지 내가 얼마
나 노심초사했던가는 아까도……

상문 나를 공갈협박하기요?

영규 천만에 과거에 대해서 알고 싶어서요. 그렇게 되면 시간이 좀 걸
릴듯 싶어서죠. 어서요.

상문이 버튼을 누르고 지시한다.

상문 나야, 내 지시가 있을 때까지 내 방엔 아무도 들여보내지 마라.
(버튼을 끈다)

영규 고맙소. (사이) (그 사이 도어를 안에서 잠근다)

상문 알고 싶은 게 뭐요?

영규 나를 KIA에 밀고한 사람이 누구요?

상문 뭐, 뭐라고?

영규 나더러 동베를린을 가보라고 권장한 사람은 당신이었소.

상문 그건 사실이요. 견문을 넓히기 위해서……

영규 그리고 수 삼차 모란봉에서 모임을 갖고 숙식까지 제공하고……

상문 가난한 유학생을 동생처럼 아끼는 마음이었지.

영규 그리고 한국신문뿐만 아니라 북한의 노동신문까지 읽게 하면서
동족의식을 강조하셨죠.

상문 알기는 아는군. 나는 어디까지나……

영규 (공격 태세로) 왜 그렇게 했죠? 뭣때문에, 누구를 위해서 말이오!

상문 (당황한 빛을 감추며) 그, 그런 게 어디 있어. 나는 내가 좋아서 하

악어새

는 일이지 결코 다른 의도가 있었던 게……

영규 아니다?

상문 물론이지. 어디까지나 나는 나였으니까.

영규 (화제를 바꾸듯) 정성배 기억하시오?

상문 정성배?

영규 건망증 탓으로 돌리지는 않겠지. 정성배에게 남한 유학생들과 접
촉하여 동베를린으로 가게 하고 궁극적으로는 북조선 노동당에
가입시키게 한 장본인이 당신이었으니까.

상문 뭐, 뭐야? 이게 이제 공갈협박으로……

영규 그래 그게 나의 목적이다. (탁자 밑에서 병을 꺼내 보인다)

상문 응?

영규 (포장을 풀며) 이게 뭔 줄 아니? 휘발유다. (포장지를 벗기자 하얀 병이
나타난다)

상문 휘발유?

영규 못 믿겠다면 자…… (하고 마개를 뽑은 다음 상문의 코 앞에 내민다.
휘발유 냄새에 반사적으로 코를 막는다)

상문 무슨 생각이지?

영규 나의 누명을 씻게 해주오.

상문 누명이라니?

영규 그 대신 그 누명을 당신이 받아주겠다고 약속해요!

상문 무, 무슨 잠꼬대 같은 소리.

영규 거절한다면 이렇게 밖에는 할 수가 없지!

영규는 방안 여기저기에다 휘발유를 붓는다. 상문의 당황하는 기색이
도리어 희화적이다.

상문 이것봐! 나를…… 나를 그런 식으로 위협한다고 해서 당신이 살아남을 것 같아요? 나는……

영규 물론 나도 함께 죽겠어! 우리는 동반자니까. (하며 빈병을 바닥에 버린다. 영규는 주머니에서 라이터를 꺼내어 보인다)

상문 무슨 짓이야?

영규 (찰칵 불을 켜대며) 단 일초면 끝이 나는 거야. 모든 게 끝이 나는 게야. 우리의 과거도 현재도 그리고 기약할 수 없는 미래도 재로 돌아간다. 어때?

이 말이 떨어지기가 무섭게 상문이 바닥에 무릎을 꿇는다.

상문 내가 잘못했소. 용서하오! 그 대신 얼마든지 낼 테니 제발 이러지 말고…… 우리 타협합시다. 얼마면 되겠소? 예?

영규 (라이터 불을 끄며) 타협이라고? 좋소. 그러니 밀고자가 누군가부터 말해요. 아니지. 내 아들이 나보고 악어새라고 했는데 진짜 악어새가 누구였나를 말해? 어서.

상문 (울상이 되어) 한 선생! 용서하시오!

영규 밀고자는 바로 당신이지요?

상문 그, 그건……

영규 KIA에 정보를 흘리고, 북한대사관에도 정보를 제공하며 연명해 나온 악어새! 그 악어새가 이번에는 태평양 건너가 미국에 자리를 잡더니 이제는 아시아를 삼키려는 악어새! 분명하지?

상문 흑…… 흑…… (엎드려 운다) 나 좀 살려줘.

영규 살아서 뭘 하지? 그 더러운 지폐뭉치로 이번에는 무엇을 사들여 누구를 함정 속으로 몰아넣지?

상문 윽…… 윽……

영규   (자기도 모르게 목이 잠기며) 조국을 가지면서도 돌아갈 수 없는 조국, 핏줄은 있어도 만나볼 수 없는 원수가 되어버린 나에게 네 놈이 가져다준 게 뭐냐?

상문   사정 좀 봐줘요! 얼마면 되겠소. 내 잘못은 보상할 수 있는 길은 그것뿐이오! 한 선생!

영규   나와 함께 죽어줘야겠소!

상문   안 돼.

영규   그것만이 내가 악어새가 아니었다는 증명이 될 수 있소. 강 사장! 함께 갑시다. 진짜 악어새와 가짜 악어새가 나란히 손잡고 날아가는 거요. 당신이나 나나 살아남을 자격도 없는 이상은, 아시겠소?

영규가 다시 라이터를 켠다. 불길이 솟자 상문이 공포에 떤다. 이때 도어 밖에서 조급하게 외친다.

비서   (소리) 회장님 ! 회장님, 문 좀 열어주세요!

영규   대답하면 안 돼! 가만히 있어.

비서   (소리) 손님이 오셨어요! 급한 일이래요. 회장님.

영규   (라이터를 껐다가 다시 켜며) 말해. 그 버튼을 누른 다음 "나는 악어새다!"라고 말해!

상문   한 선생! 제발!

영규   내 자식들에게 누더기 같은 유산을 남기지 않는 방법은 이것뿐이오. 강 사장! 당신이나 나나 그 점에서는 같은 운명이었소.

도어를 쿵쿵하고 두들기는 소리.

소리   나는…… 악어새…… 다…… 윽.

영규   (광적으로) 놈들아! 들었니? 진짜 악어새의 소리를 들었지? 핫

하……

소리   회장님, 문을 열어요! 어서요.

다음 순간 영규가 라이터를 내던지고는 바닥에 엎드려 통곡한다. 그것은 동물의 포효같기도 하고 전신을 뒤흔드는 절규이기도 하다.

영규   여보! 나를 용서해줘요. 나를…… 흑……

이와 동시에 밖으로부터 밀어붙이는 힘에 못이겨 도어가 꽥 열리며 문짝이 바닥에 떨어진다. 진호와 성운, 비서 그리고 남직원들이 웅성거리며 들어선다. 강상문은 기절을 한다.

비서   회장님! 어디 다치지 않으셨어요?

남자   회장님! 업히세요! 어서요.

남직원들이 강상문을 업고 나간다. 무대엔 영규, 성운, 진호가 남는다. 영규는 기도하듯 눈을 감은 채 무릎을 꿇고 있다. 성운이가 조용히 다가간다.

성운   (낮게) 아버지 제가 잘못했어요.

영규   나는 아니다…… 아니다.

진호가 바닥에 버려진 라이터를 집어든다.

진호   이거 할아버지 것 아니에요?

찰칵 불을 켠다. 불꽃이 치솟는다.

진호   와…… 불꽃 세다! 헛허……

영규가 성운의 손을 쥐며 일어선다.

−끝

무정해협 無情海峽 (13장)

• **등장인물**

김동진(23세), 1992년생, 학병

김동진老(83세), '김동진'과 동일인

김현희(23세), 16~25세

사카이 유키(35~50세), 간호사, 국악인

오쓰께 타다시(58세), 정신과의사

니시자키 요우스케(28세), 간호사

김수근(43세), 동진의 부친, 국악인

어머니(42세), 동진의 모친

김영진(25세), 동진의 형, 한 쪽 다리 절음, 85세

무당(45세), 현희의 모

노파(60세), 할머니, 고오베 나가다에 살고 있는 교포

무라이, 중대장

안토 미츠나리, 김동진의 대학선배, 견습사관

고다마(상등병), 이와키(상등병), 오찌(상등병)

사병 갑, 을, 병

후미, 요정 '시라기쿠'의 마담

일본 기생 갑, 을, 병

미따니, 정신과 과장

츠다 마코토, 「아사히」의 기자

젊은 간호사

청년(통역)

헌병

군청 직원 갑, 을

카메라맨(신문사)

• **때**

1930년대 중반부터 2004년까지

• **곳**

일본, 한국, 필리핀

프롤로그 / 장의소

임시로 설치된 장의장이라 설비도 형식적이고 썰렁한 분위기가 한층 을씨년스럽다. 무대 정면에 '고인 가네다 동진'의 빛바랜 영정 사진과 향로가 탁자 위에 놓여있을 뿐이다. 향로에서 피어오르는 가느다란 향연이 서글프다. 그 옆에 유물이 들어있는 작은 상자가 달랑 놓여있다. 애절한 살풀이의 구음이 땅속에서 울려오듯 번져 나온다. 이윽고 세 사람의 소복한 무용수가 춤을 춘다. 망자의 죽음과 원한을 달래려는 진혼의 춤이다. 춤이 익어갈 무렵 검은색 상복 (일본 기모노) 차림의 중년 부인 사카이 유키가 흰 유골함을 두 손으로 받쳐 들고 서서히 등장한다. 무용수의 소복과 상복이 묘한 조화를 이루어 눈이 시리다. 사카이 유키는 영정 앞에다 유골함을 내려놓고 합장한다. 두 손에 염주가 들려있다. 무용수들의 춤이 끝나고 퇴장하자 유키가 천천히 관객을 향한다. 조명은 유골함, 유키, 사진만을 비춘다.

유키   (일어나며) 제 이름은 사카이 유키. 도쿄 다마까와 국립정신센터에 근무하는 간호사에요. (사진을 돌아보며) 저분의 임종을 지켜본 마지막 사람입니다. 그 영혼은 아직도 저 상자 안에 머물러 있을지도 몰라요. 지난 4월 15일 오후 국립정신센터 4호관 1층 병실에서 조용히 숨을 거두셨어요. 말기 암 환자였지요. 당직 의사가 30분 동안 심장마사지를 한 보람도 없이 오후 2시 6분 사망이 확인되었어요. 향년 85세. 그리고 저분이 이 세상에 남긴 물건이라고는…… (테이블 쪽으로 다가가서) 이 뼛가루가 든 항아리와 이 것뿐. (하며 유물상자를 열어 보인다) 일본돈 4만 1천원과 외국인등록증, 그리고 낡은 일기장이 전부에요. 유족…… (말끝을 흐리며) 차차 아시게 되겠지만, 아무튼 이 분은 철저하리만큼 고독과 싸우다가 지친 끝에 가신 분이에요. (사이) 김동진. 그리고 또 다른 이름이 있지요. 가네다 동진. 이 세상에 이름이 둘이라고 해서 뭐가 대견한가, 라고 생각하시겠지만 한국 사람에게 있어 그것은 한마디로 치욕과 굴욕을 함께 안겨준 슬픈 역사의 기록이랍니다. (일기장을 꺼내 조심스럽게 펼치며) 김동진…… 1943년 일본 와세다 대학 전문부 입학…… 그해 10월 20일 학도병으로 강제징집 출정…… 그 후 필리핀의 민다나오 섬 오지에서 싸우다가 도피 중 정신질환을 앓아 마침내 기억상실증 환자가 되었음. 그 후 전쟁이 끝난 것도, 자기 조국이 독립한 사실조차 모르는 채 일본의 각 병원에서 60년 동안 전전하다가 유폐 생활을 강요당한 자신이 누구이며, 어떻게 살아나왔는지도 모르고…… 아니, 어쩜 알려고 하지 않은 채 목숨만 이어 나오다가 사망. 어쩌면 가네다 동진의 시계는 60년 전 그 시각에 멈춘 셈이죠. (치밀어 오르는 울음을 가까스로 삼키다가 손수건을 급히 꺼내 입을 막는다)

무대가 어두워지며 배경에 광활한 바다와 큰 배가 떠오른다. 귀환병을 실은 수송선이다. 목쉰 뱃고동소리가 멀리 여운을 남긴다. 〈고향〉이라는 노래가 아련히 들려온다. 현해탄의 풍경이 떠오른다. 한국과 일본이 어찌 보면 다정한 형제처럼 마주보고 있는 풍경이다. 어둠 속에서 귀환병들의 열광하는 목소리가 터져 나온다.

한국인1 (한국말로) 불빛이 보인다!

일본인1 (일본말로) 육지다!

모두들 어-이! 어-이!

한국인2 사람이 보인다!

일본인2 손을 흔든다!

모두들 오-이! 오-이!

일본인3 거기가 시모노세키요?

한국인3 일본이오!

일본인4 일본이다! 일본!

한국인4 한국이란 말이여! 한국!

일동 핫하. 헛허. 고향이다. 만세! 만세! 대일본 제국 만세! 만세! 핫하 ……

수송선의 목쉰 고동소리가 더 크고 힘차게 울려 퍼지면서 sds이 사라 지고 무대 위엔 가네다 유키만 남는다. 파도소리.

유키 저 현해탄은 지난날 얼마나 많은 한국 사람이 일본으로 건너갔으 며, 또한 일본 사람이 얼마나 자주 한국땅을 밟았는지 알 길이 없지요. 때로는 우정으로, 때로는 마음으로, 때로는 저주하고, 때 로는 화목의 손길을 마주잡으며 넘나들었으련만, 현해탄은 단 한 번도 입을 열지 않고 있어요. (파도소리) 영겁을 두고 되풀이 되는 파도소리는 헤아릴 수 없을 만큼 많은 사연을 알고 있으련만 바 다는 무겁게 입을 다물고 있으니, 그게 한이 되고 응어리가 되어 우리들의 입을 막았는지도 모르지요. 그런데, 저는 어느 날 한국 의 음악과 춤에서 그 잔영을 찾아낼 수 있었어요. 그리고 가네다 동진의 한많은 인생 역정이 어디서 와서 어디로 갔는가 라는 실 마리도 어렴풋이 알게 되었어요. 무정한 현해탄이 숨기고 있는 그 이야기가 이제 우리에게 또 하나의 물음표를 던지게 될 거 에요.

얼마 전부터 5, 6명의 무용수가 살풀이와는 또 다른 환상적이면서도 목가적인 춤을 추기 시작한다. 그것은 슬픔과 아픔을 초월한 따뜻하고 평화로운 인간적인 춤이다.

암전

제1장

가을이다. 도쿄 근교에 있는 정신병원의 정원. 손질이 잘 된 잔디밭 풍경. 투명하리만큼 맑게 게인 날, 따사로운 햇살에 반사되는 잔디밭의 푸른빛이 눈부시다. 간호사 차림을 한 유키가 벤치에 걸터앉아 책을 읽고 있다. 그것은 가네다 동진이 남긴 일기다. 해묵은 일기는 겉장이 반쯤 떨어져 나갔고, 누렇게 빛이 바랬다. 유키는 일기에서 눈을 돌려 허공을 향하여 길게 숨을 몰아쉰다. 그녀의 표정은 동정이라기보다는 체념이요, 슬픔이라기보다는 아픔을 이겨내려는 듯 괴롭기만 하다.

유키   (관객을 향하여) 가네다 동진 노인이 남긴 일기에요. 아니, 일기라기보다는 생각난 대로 적어놓은 비망록이요. 마치 추수가 지난 들판에서 이삭을 줍듯이 이것저것 메모한 글이죠. 그래서인지 빈 칸이 더 많아요. 두 줄 이상 넘는 게 없어요. (쓸쓸하게 웃으며) 그럴 수밖에 없었겠죠. 젊었을 때는 그렇다 치고 나이가 들어 기억상실증이 점점 심각해지면서부터는 글이 아니라 낱말만 적었어요. 마치 토끼 똥처럼 드문드문 흠…… (다시 일기를 보며) 엄마, 배고파, 도토리묵, 감나무, 기차, 오줌마려…… 말을 배우기 시작한 어린애의 말버릇이에요. (다시 일기장을 넘겨 읽는다) 해금, 가야금, 좋다, 장고…… (고개를 들며) 조선의 전통악기들이죠. 가네다 동진의 아버지는 이왕가 직속의 아악연구소 악사였지요. (한숨) 담당의사의 말을 빌리자면 불치병이래요. 사는 날까지 죽음을 기다리며 숨만 쉬는 산송장이래요. 가엾어 못견디겠어요. 사실은 제가 가네다 상을 돌봐야겠다고 자청한데는 몇 가지 이유가 있어요. 그 하나는 은혜에 보답하는 일이고, 다른 하나는 그분이

까맣게 잊고 살아온 과거사에서 한 가지라도 더 옛 기억을 찾아 드리겠다는 생각이었어요. 예? 무슨 은혜를 입었느냐고요? 아닙니다. 제가 가네다 상으로부터 직접 은혜를 입은 게 아니라…… (사이) 실은 어떤 한국 사람의 도움을 받은 일이 있어요. 내 딸 나미의 목숨을 구해준 분이 계셔요. 할머니였어요. (과거를 회상하며 자리에서 일어난다) 지금부터 10년 전 1995년 1월 17일 아침 8시 5분 저는 고오베 대지진을 당했어요.

무대가 어둠에 싸인다. 이와 동시에 무서운 폭음과 건물 쓰러지는 소리, 불길 치솟는 소리, 비명소리, 소방차, 구급차 달리는 소리가 뒤엉켜 아비규환의 생지옥을 연상시킨다. 가능하다면 필름을 투영시키는게 효과적이다. 무대 한 귀퉁이 내려앉는 소리. 그 속에서 '사람 살려!'라는 비명이 들린다. 이재민이 우왕좌왕 할 뿐 그 비명은 들은 척도 안한다. 이때, 한 할머니가 짐 보따리를 이고 가다가 그 소리를 듣자 짐을 부려놓고 쓰러진 짐 더미 속으로 들어간다. 애기 우는 소리가 들린다. 사람 살리라는 유키의 필사적인 비명소리.

할머니 (소리) 힘을 써요! 내 손을 잡고…… 하나, 둘, 셋!
유키 (소리) 윽…… 윽…… 아…… 내 다리…… 다리가 말을 안 들어요.
나미 (소리) 엄마…… 엄마……
할머니 (소리) 다시 한 번…… 내 손을 붙잡고…… (힘을 주며) 하나, 둘, 셋! 됐어…… 다시 한 번 (힘을 주며) 하나, 둘, 셋!

이와 동시에 널빤지더미 속에서 세 살 난 나미를 안고 유키가 기어 나온다. 전신에 흙먼지를 뒤집어썼다. 기진맥진 길바닥에 그만 쓰러진다. 이윽고 역시 먼지투성이의 할머니가 나온다. 허리는 굽었지만 아직도 기력은 남아있다.

할머니   정신차려요! 여기서 쓰러지면 죽어요! 어서 일어나요…… 어서!

유키   아…… 나미야…… (허우적거린다)

할머니   어서 피하자구…… 불바다가 되기 전에……

할머니가 반실신한 유키의 뺨을 때린다. 잠을 깨워 억지로 끌고 나간다. 나미의 찢어질 듯 울어대는 울음소리가 처절하다. 연기와 불길이 무대에 가득찬다.

암전

제2장

무대가 다시 밝아지며 전과 같은 자리에 유키가 서 있다.

유키   그때 나는 고오베 시내 나가다에서 셋방살이를 하고 있었어요. 그곳은 구두를 만드는 가내공장이 들어선 나가다 구로 한국인이 대부분이었죠. 우리 모녀를 구해준 할머니는 나와 세 살 난 나미를 극진히 돌봐주셨죠. 더구나 어린 나미에겐 한국의 옛날 얘기며 노래며 자장가도 들려주셨죠. 내가 병원에서 돌아올 때까지 나미는 그 할머니가 키워주신 셈이죠. 그게 흔히 말하는 인연이라면 인연일 수도 있겠지만, 우리는 한 식구처럼 지냈어요. 그리고 두부찌개며 깍두기 등 한국음식을 맛보게 해주신 것도 그 할머니였으니…… (이때, 가네다 동진이 환자복을 입은 채 저만치서 환자용 휠체어에 몸을 싣고 서서히 다가온다. 먼 하늘을 막연하게 바라본다. 그의 앞가슴에 소형 카세트 라디오가 걸려있다) 가네다 상, 산책 오셨수? 흠…… (휠체어를 뒤에서 밀어준다. 말없이 웃는 얼굴은 백치 같기도 하고, 순진한 아이같기도 하다. 그는 고개만 끄덕인다) 제 이름 아세요?

동진老   (천천히) 유키.

유키   어머! 잘 기억하시네요. (군인 말투로) 가네다 환자님을 담당하게 된 간호사 사카이 유키입니다. 이상 무! (하고 군인처럼 거수경례를 한다) 홋호……

동진老   (덩달아 웃으며) 유키 상…… 흠……

유키   (얼굴을 들여다보며) 오쓰께 과장님께 부탁을 드렸어요. 할아버지를 맡게 해달라고. 잘 부탁드려요. 할아버지…… 흠흠……

동진老 고마워…… 유키 상……

유키 (웃다 말고 카세트 라디오를 보자) 라디오 좋아하세요? 어느 채널 들으세요? (하며 다이얼을 돌린다. 가야금 음악이 흘러나온다)

동진老 (힘없이 쳐다본다)

유키 어머나! 가야금? 그 음악 좋아하세요?

동진老 가, 야, 금?

유키 그래요. 가야금. 한국의 고전악기죠.

동진老 (고개를 갸웃거린다)

유키 한국 전통악기…… 가, 야, 금!

동진老 (쓰게 웃으며) 가, 야, 금.

유키 일본의 고또와 닮았죠? 은근하고…… 유연하고…… 고담하면서도 끈기 있는 음색의 가야금! (동진, 앞주머니에서 수첩을 꺼내더니 가느다란 연필로 뭔가 적는다. 유키가 들여다본다) 좋아요. 그렇게 한 가지씩 새로운 단어를 적어나가면서 기억하세요.

동진老 가야금. (하며 웃는 얼굴로 쳐다본다)

유키 그런데 가네다 상 아버님께서 옛날에 조선 아악원의 악사로 지내셨다 던데 기억나세요?

동진老 아악?

유키 대대로 내려온 조선 아악을 보존하기 위해서 아악원을 세워 후손들에게 그 전통아악을 전승시키고 있다죠? 어느 잡지에서 읽은 적이 있어요. 할아버지 아버님께서 무슨 악기를 연주하셨죠? 해금? 아니면 대금? 아니면 가야금? 흠……

동진老 (힘없이 고개만 젓는다)

유키 제 질문이 너무 까다로웠나 봐요. 홋호…… 할아버지께서 옛날 기억을 되살리기 위해 물었을 뿐이에요. (이때 오쓰께 과장이 흰 가운차림으로 등장) 오쓰께 과장님!

오쓰께　벌써부터 환자와 커뮤니케이션이 잘 통하나보죠?

유키　통하기는요. 아직도 굳은 벽이죠. 홋호……

오쓰께　(동진에게) 기분이 어때요?

동진老　(빙그레 웃기만 한다)

유키　지금 우연히 가야금 음악을 들었을 때 기억이 나는가 봐요.

오쓰께　가야금?

유키　일기에서 읽었어요. 아버지가 이왕가 아악연구원에서 악사로 계셨다는……

오쓰께　(담배를 꺼내 피우면서) 사카이도 괴짜야!

유키　제가요?

오쓰께　상이 군인이자 조선 국적을 가진 사람의 간호를 자청하다니 하는 말이죠.

유키　저의 직분인 걸요. 당연하죠.

오쓰께　이 노인은 우리 병원에서도 중환자 측에 속하지. '60년간의 기억 상실'이라 의학사상 그리 흔한 사례는 아니거든. 전임 담당 의사들도 여러 가지 손을 써보았지만, 별다른 효험은 못 보았으니 딱하지 뭐야.

유키　가네다 상은 60년간의 기억 상실뿐만 아니라 기억력 자체를 상실했다고 들었어요.

오쓰께　통상적으로 기억 상실자는 과거의 자신의 기억을 생각하지 못하는 경우를 말하는 데, 그 사람들은 새로운 사실을 기억하는 능력을 아직도 가지고 있지요. 다시 말해서 과거의 기억은 잃었어도 시간을 두고 처음부터 한 가지씩 쌓아나가는 건 가능하죠. 그러나 가네다 상은 새로운 기억을 축적시키는 능력을 상실했거든요.

유키　과거의 기억도, 그리고 미래의 기억도 없다는 뜻인가요?

오쓰께　자기 자신의 존재 자체를 잃은 셈이지.

유키　선생님…… 그렇지만 만약에……

오쓰께　그러니까 기억 상실이라기보다는 중도 정신 장해자라는 표현이 적절하다고 봐야지. 그럼…… 수고해요. (오쓰께가 손을 들어 인사를 남기고 퇴장. 유키가 무심코 동진을 내려다본다. 라디오 스위치를 누르자 가야금이 되살아난다)

유키　가야금이 마음에 들어요?

동진老　(빙그레 웃는다)

유키　들어봐요. 뭔가 색다른 생각이 날지도 모르니까. (이때 동료 간호사 니시자키가 등장. 활발한 여성이다)

니시자키　(과장하며) 가네다 상! 무슨 음악?

동진老　(무심코) 가야금.

니시자키　가야금? 그게 뭐죠?

유키　한국의 전통 악기. 일본의 고또와 닮았죠. 니시자키 상.

동진老　(전보다 분명하게) 가야금! (수첩에 다시 쓴다)

니시자키　(놀란듯) 벌써 커뮤니케이션이 이루어졌나요?

유키　이제 서막인 걸. 훗호……

니시자키　훗호…… (두 사람은 유쾌하게 웃다 말고 무심코 동진에게 시선을 꽂는다. 다음 순간, 그의 거동에 변화가 일어난 것을 발견하고 놀란다. 동진은 라디오에서 흘러나오는 음악에 박자를 맞추듯 손가락을 움직이고 있다. 한국민요 〈도라지 타령〉이다)

유키　보세요. 노래를 부르고 있어요!

니시자키　노래를?

유키　그 노래 아세요? 〈도라지 타령〉……

동진老　(눈을 감은 채 입 안의 소리로) 도 라 지…… 도 라 지……

니시자키　사카이 상! 의식이 돌아왔나 봐요!

유키　한국 민요예요! 아, 이럴 수가… (반가워서) 가네다 상! 손가락으로 박자를 맞추고……

니시자키 운동 신경은 아직 남아있을지 모르죠. 오쓰께 과장님께 어서 보고해요.

유키　예. (돌아서려는데 동진이 갑자기 배를 움켜쥐며 통증을 이겨내려고 안간힘을 쓴다)

동진老　음…… 음……

유키　왜 그러세요? 할아버지.

동진老　아…… 음……

니시자키 어디가 편찮으세요? 예?

동진老　아이고…… 배야…… 배가……

유키　배가 아프세요? 예?

동진老　음…… 어머니……

니시자키 뭐라고요?

유키　어머니래요. 한국말로……

니시자키 어서 병실로 데리고 가요! 어서……

유키　예…… (하며 휠체어를 급히 밀고 간다. 니시자키도 뒤를 따른다)

암전

제3장

병실 침대 위에 동진이 누워있다. 오쓰께 과장이 복부에 청진기를 대고 있다. 유키와 니시자키가 걱정스런 표정으로 지켜보고 있다.

오쓰께   맥박은 정상으로 돌아왔는데……

유키   괜찮을까요?

오쓰께   무슨 충격을 받은 모양인데, 주사는 놓았죠?

유키   예…… 그런데 선생님 〈도라지 타령〉 노래를 따라 불렀어요.

니시자키 어머니를 찾던데요.

오쓰께   음…… 그리고 보면 가능성이 전혀 없지는 않은데……

니시자키 연세가 너무 고령이라서 걱정이에요.

유키   (울먹거리며) 너무…… 너무 비참해요. 이 세상에 이런 비극이, 어디……

오쓰께   따지고 보면 모든 게 전쟁 때문이지. (동진이 깨어난 듯 뭐라고 중얼거린다)

유키   가네다 상, 정신 차리세요.

동진老   현…… 희……

오쓰께   현희? 무슨 뜻이지?

유키   (동진을 흔들며) 뭐랬어요? 예?

동진老   현…… 희……, 현…… 희……

유키   현희가 뭐에요? 정신 차리세요! 가네다 상!

동진老   (눈을 뜨고 두리번거리며) 가, 네, 다?

유키   가네다 상, 나를 알아보시겠어요?

동진老   (사이) 유키 상.

무정해협

유키   맞아요. 그리고…… (그의 가슴을 가볍게 누르며) 가네다 상! 흠
      ……

동진老   가네다? 가네다? (망연히 허공만 쳐다본다. 세 사람의 표정이 복잡해
      진다)

오쓰께   (유키에게) 뭔가 이상한데…… 지금까지의 분위기완 좀 다른 것 같
      아!

유키   기억이 되살아나는 게 아닌가요? (오쓰께 과장이 동진의 눈꺼풀을
      까보고 다시 맥박을 짚어본다) 아까 외과에서 받은 치료가 무슨 효
      과를 나타나는 게 아닐까요?

니시자키   별다른 치료는 없었는데……

오쓰께   무슨 쇼크를 받았다 해도 일시적이니까 의학적으로는 60년이나
      지난 과거 기억이 갑자기 되살아나는 일이란 상상할 수가 없거
      든…… (동진이 뭐라고 입 안의 소리를 중얼거린다)

유키   가네다 상! 정신 차리세요! 아직 희망은 있데요! 과장 선생님도
      그러시고요! 저도 그렇게 되어야 지난 고오베 지진 때 나가다의
      할머니께 입은 은혜를 갚을 수도 있어요. 예? (갑자기 동진이 상반
      신을 일으킨다. 세 사람이 긴장한다. 허공을 뚫어지게 바라보던 동진이
      갑자기 소리를 지른다)

동진老   형! 형! 형! (다음 순간 눈물이 뺨에 흘러내린다)

유키   (왈칵 껴안으며) 울고 계시는군요? 가네다 상! 눈물을 홀리고……
      윽……

오쓰께   이건 보통상황이 아닌데.

니시자키   과장님, 무슨 말씀을……

오쓰께   깜짝 놀랄 일이 일어날지도 몰라요

동진老   (현실로 돌아온 듯) 형! 형! 으악! 윽…… (하며 침대에 얼굴을 파묻고
      발광한 듯 몸을 떤다. 오쓰께 과장은 유심히 지켜보고 있고, 간호사 둘

은 겁을 먹은 듯 떤다)

오쓰께 (혼자소리로) 아버지…… 형? 아버지…… 형?

동진老 흑…… 흑…… 으악! (무대가 서서히 어두워지면서 해금소리가 깊은 땅속에서부터 흘러나온다. 애절하면서도 끈기 있고 단장의 아픔으로 심금을 흔들어놓는 음악이다)

암전

제4장

무대는 서울에 있는 동진의 집 대청마루. 전형적인 한옥이다. 그다지 넓지도 높지도 않은 낡은 건물이라 답답하고 폐쇄적이다. 어머니는 빨래를 주무르고 있다. 곱게 빗어 넘긴 쪽진 머리가 전형적인 한국의 어머니 상이다. 그러나 회색 저고리에 받쳐 입은 고동색 몸뻬 바지가 시대 상을 말해주는 듯 이질적이다. 비행기가 옥상 위를 쏜살같이 지나가는 소리에 어머니가 무심코 그 소리를 눈으로 쫓다가 길게 한숨을 몰아 쉰다.

어머니 (혼잣소리) 에그, 몹쓸 놈의 세상…… 남의 집 귀한 자식 데려다가 …… 에그, 이런 난리가 언제 또…… (마루와 대문 쪽을 번갈아 본다. 누구를 기다리는 듯 초조한 표정이다) 올 때가 되었는데… (마루를 향해) 차 시간이 몇 시였죠? (그러나 대답이 없다. 어머니는 한숨을 몰아쉬고 빨래를 계속한다. 이때, 대문밖에 인기척이 난다. 어머니가 반사적으로 돌아본다) 영진이니? 응? (허리를 펴며 일어선다. 이때 국방색 국민복차림의 영진이 여행 가방을 들고 등장. 영진은 대꾸도 않고, 마루 끝에다 가방을 내려놓는다. 수근은 여전히 거문고를 타고 있다) 동진이는? (대문 쪽에서 동진이 들어선다. 와세다 대학 특유의 네모진 사각모자에 금빛단추를 단 학생복차림이다. 약간 피로해 보이나 젊음이 가득 찬 표정이다) 동진아, 어서 오너라…… (젖은 손을 몸에다 문지르고 나서 동진의 등을 정답게 두들긴다)

동진 절 받으셔야죠. 마루로 올라가세요.

어머니 절은 무슨…… (마루 쪽을 향해) 영감! 막내 왔어요! 동진이가 왔다니까요.

454 차범석 전집 8

수근이 비로소 거문고를 무릎에서 내려놓고 동진을 본다. 반기는 것도 아니고, 그렇다고 싫어하는 표정도 아니다. 동진이 어머니와 함께 마루로 올라간다. 어머니가 수근과 나란히 앉자 동진이 큰 절을 한다. 어머니는 반기지만 수근의 표정은 냉랭하다. 영진은 마루 끝에서 담배를 피워 문다. 그리고 신문을 읽는다.

어머니 아직 식전이지? 시장하겠다.

동진 생각 없어요. 천천히 먹죠.

어머니 관부 연락선 타고, 또 기차 타고 힘들지 않던? 그러기에 집을 나가면 고생길이지.

수근 지금 세상에 고생 안하는 사람 있어? 비상시국이야. 나라가 존망의 기로에 서있다는 걸 몰라서 그래?

영진 (신문을 읽으며) 일본 항공 모함이 또 격침되었대. 필리핀 근처에서…… (냉소적으로) 도대체 이놈의 전쟁이 이기는 전쟁인지, 지는 전쟁인지 원…… (잠시 침묵이 흐른다)

어머니 (동진에게) 관부 연락선은 괜찮던?

동진 예…… (대화가 또 끊어진다. 수근도 어색한 표정이다) 아버지, 저…… (망설인다)

수근 그래, 어떻게 하기로 했니? 결심했어?

동진 (고개를 숙인다)

수근 애비 말대로 그렇게 결심했겠지?

동진 아버지……

수근 대답부터 해. 가겠니? 안 가겠니? (어머니가 걱정스럽게 바라본다. 영진은 여전히 신문만 내려다보고 있다. 침묵)

동진 지원서는 안 내기로 했습니다.

수근 뭐라고?

455 무정해협

영진 (쳐다보며) 그럼 학병에 안 가겠다는 거니?

동진 학병에 나가야 할 이유가 뭔지 아직도……

영진 이유?

동진 (담담하나 분명하게) 조선 청년이 무엇 때문에 일본 천황 폐하를 위해 목숨을 바쳐야 합니까? 아버지 그 이유부터 말씀해주세요. 그게 납득이 가면 저도……

수근 그걸 말이라고 해? 천황폐하를 위해서가 아니라 아버지를 위해서야. 가족을 위해서야.

동진 뭐라고요?

영진 네가 학병에 안 나가겠다면 당장에 아버진 아악원을 그만둬야 해. 그래도 괜찮겠니?

동진 아버지가 무슨 잘못이 있으시기에……

어머니 하루가 멀다 하고 헌병대며 경찰서에서 사람이 다녀갔다.

동진 헌병대라뇨?

영진 동회에서도 동 서기가 왔더라. 너한테서 아직 기별이 없냐고……

수근 동진아. 얘기는 간단히 끝내자. (사이) 우리 집안을 살리려거든 학병 출정 동의서를 내는 거고, 그게 싫다면 우리 식구는 그날로 알거지가 되는 것 뿐이다. 아악원 오카모토 원장의 말씀이다. 개인적으로는 친하고 사정이 어려운 건 안됐지만, 국가와 민족을 위해서는 하는 수 없으니 나더러 사표를 쓰라는 게야.

동진 그런 법이 어디 있습니까? 저는 지금……

영진 (화를 내며) 지금이 법을 따질 때냐? 임마! 늙으신 아버지께서 오랜 생각 끝에 너한테 편지를 쓰신 게 우리 가문을 위해서라는 걸 몰라서 그러니? 소위 대학생이라는 게 그 이치도 모르니? 나는 중학교밖에 안 나왔지만 그 정도는 안다! 대학생이 뭐 별거니? 자식아! (신문을 들어 찢는다)

어머니 영진아! 제발 고분고분 말로 해라. 행여 이웃들이 알까 두렵다! 원……

영진 대학 공부했다는 놈들 주둥아리만 살았어! 그런 식으로 자기목숨만 생각하냐? 응?

동진 형! 그게 아니죠. 저는……

영진 아니면……?

동진 조선 사람이 왜 일본 천황을 위해서 목숨을 바쳐야 하며……

영진 이 새끼 말귀 못 알아먹기는…… 임마! 일본천황을 위해서가 아니라 아버님과 우리 가족을 위해서라고 했잖아! 몇 번 말해야 알겠니?

동진 (사이. 다소 침착해지며) 형 내 결심은 이미 말씀드린 대로 저는 더 이상…… (하고 자리에서 일어서 나가려 하자 영진이 그의 다리를 걸어찬다. 그 서슬에 동진이 마루에 거꾸러진다)

어머니 무슨 짓들이냐? 늙은 부모 앞에서……

수근 (소리를 버럭 지르며) 천하에 몹쓸 것들! (모두가 말을 잃고 굳어버린다)

어머니 여보. 제발 소리 좀…… (급히 대문 쪽으로 간다. 대문 닫는 소리)

수근 동진아. 네 결심이 그렇다면 이상 더 얘기 않겠다. 다만, 이 애비에게도 신의라는 게 있고 체면이라는 게 있다는 것 알아라. 가난한 집안에서 태어나 신식 공부를 못 배우고 겨우 보통 학교 나와 15살에 아악원에 들어갔지. 국악을 공부하기 위해서가 아니라, 학비 안들이고 공부하고 용돈까지 준다는 말에 혹해서 들어갔다. 그게 어언 28년! 아무도 돌아보지 않는 우리 전통 음악을 배우고 갈아보니까 그 참맛을 알게 되더라. 주상전하 어전연주회에서 치하말씀도 들었고, 근속 20주년째 은주전자를 상품으로 받았고, 너희 형제 학비까지도 받았다. 그러면서 나도 은혜며 의리라는 걸 생각하게 되었다. 그 은혜가 없었던들 내가 어떻게 우리 전통 음악을 익혔으며 너를 대학까지……

어머니　이웃들에게 풍각쟁이니 재인놈이니 광대, 협률사당패라고 수없이 수모당한 일은 어떻게 하구요. 그런 늙은 아버지 처지를 생각해서라면…… 뭔가…… 뭔가…… 흑……

수근　나는 그저 국악이 좋아지다 보니까 국악을 지키게 되었지. 결코 천황 폐하를 위해서 한 짓은 아니었다. 그러나 나는 지금까지 쌓아온 탑을 하루아침에 허물고 싶지는 않다. 만약 아악원에서 쫓겨나면 그날로 굶어죽을까 겁나서가 아니다. (사이) 자존심이다. 나라를 빼앗겼어도 우리의 전통음악을 지켜왔다는 그 자부심이다! (수근의 눈에 눈물이 맺힌다. 어머니도 울고 있다. 그러나 영진은 얼음처럼 차갑게 노려보고 있다)

영진　대학 공부했으면 제값을 해! 임마! 나는 다리병신에다가 가난 때문에 못 배웠지만 너는 그게 아니니 사람된 도리는 알아야지. 이건 개돼지보다도 못한 짓거리로……

동진　형! 그말 취소해!

영진　아이쿠, 이제 형한테 명령조냐?

동진　내가 학병에 안가는 게 누구를 위해서가 아니란 말이야. 일본 놈들에게 더 이상 짓밟힐 수 없다는……

영진　네가 학병에 안 간다고 전쟁이 어떻게 된다고 생각하니?

동진　뭐라구요?

영진　솔직히 말해! 죽기 싫은 거야!

동진　그건 사실이죠!

영진　그럼 너만 살고 다른 식구는 죽어도 괜찮다 이거니?

동진　(말문이 막히자 몸을 떤다) 형!

영진　오늘부터 나는 형도 아니고, 너는 동생도 아니다! 다 끝난 거야! (자리에서 일어난다)

동진　빈정대기예요? (대든다)

영진 아니라고 할 순 없지. 왜? 기분 상해?

동진 (멱살을 잡으며) 형은 그 비뚤어진 버릇 좀 고쳐요! 병신 육갑 떨지 말란 말이야! (두 사람이 엉겨 붙자 어머니가 사이에 끼어든다. 엎치락 덮치락)

어머니 이게 무슨 짓이냐? 놔! 놔!

이때 수근이 문갑에서 단도를 꺼내 거문고 줄을 단숨에 끊어버린다. 그 둔탁하면서도 패부를 찌르는 소리에 세 사람이 돌아본다. 수근은 줄이 끊긴 거문고를 멍청하니 내려다본다.

어머니 영감, 이럴 수가…… (뛰어가며) 목숨보다 귀한 물건을 이렇게 할 수가……

수근 자식도 죽이는 세상이다. 그까짓…… (참다못해 동진이 대문 밖으로 뛰쳐나간다)

어머니 동진아! 어디가? 안돼! (바로 이때 대문 쪽으로 가던 동진이 뒷걸음질 치며 들어선다. 이윽고 일본 헌병과 형사가 천천히 들어선다. 모두들 놀란다. 형사가 수갑을 채운다. 동진이 두 손을 내민다. 수근이 손에 든 거문고를 떨어뜨리자 그 육중한 울림이 크게 울려 퍼진다. 비행기가 저공으로 지나가는 소리)

암전

제5장

일본 군가 〈잘있거라 라바우루〉가 흘러나오면서 무대 후면에 영상이 투영된다. 돌진하는 탱크. 가미가제 특공기의 편대. 격침당하는 군함, 불타는 초원과 일본의 도시 등…… 치열해지는 전국과 일본군의 패색이 더 짙어만 가는 여러 장면들의 몽타주 영상이다. 무대 한구석에 사카이 유키가 떠오른다.

유키   김동진. 또 하나의 이름은 가네다 동진. 23세. 본의 아닌 외압에 의해 강제로 학병으로 출정한 가네다는 1945년 1월 일본 시모노세키 시 근처에 있는 부대로 배치되었죠. 이때 계급은 이등병. 이미 선배들은 하사관이나 간부 후보생으로 진급한 사람도 있었지만, 가네다 동진은 그런 진급 따위에는 관심이 없었죠. 날마다 고된 훈련과 언제 죽음의 땅으로 끌려갈지 모르는 불안과 강박관념 속에서 날로 위축되어가는 생활이 계속되었죠. 내일을 모르는 삶. 죽음도 삶도 불확실한 나날. 분명한 사실이라고는 거대한 조직 앞에서 몸을 떨고만 있는 한 개인의 처참한 존재일 뿐이었죠. 그러던 어느 날 우연히 한 선배를 만났었죠. 안토 미츠나리 安膝光成. 그는 대학 2년 선배로 견습사관의 계급장을 달고 있는 일본 청년이었습니다.

사카이 유키의 모습이 사라지면서 무대 위에 일본식 요정 '시라기쿠' 2층 객실이 나타난다. 한때는 고급 요정으로 성업했으나, 지금은 전시 체제인지라 모든 게 간소화되어 빛바랜 사진꽃이다. 폭풍을 막기 위해 거미줄처럼 붙어있는 종이조각 전등에도 검정색 방공 차광막이 반쯤 씌워져 있다. 넓은 술상을 중심으로 안토 견습사관과 김동진 이등병이 마주앉았다. 그 좌우에 기생들이 대령하고 있다. 이미 술기가 돈지라 안토의 목소리는 드높다. 기생 갑이 샤미센 반주로 일본 민요 〈기소부시〉를 부르고, 다른 사람들은 박자로 맞장구를 친다. 흥겨움이 고조되자 안토가 일어나 춤을 춘다. 군복 윗옷을 벗은 채 흰 양말과 흰 와이셔츠 차림으로 춤을 춘다. 가네다 동진의 군복은 어딘지 초라하고 풀기가 없다. 민요가 끝나자 모두들 박수를 친다. 일동 와…… 와…… 박장대소하며 자리에 앉는다. 그의 언행은 폭이 굵직하고 남성적이다 못해 허세로 보일 수도 있다. 그러나 결코 남에게 불쾌감을 주지 않는, 일종의 보스 기질의 소유자다.

안토   핫하…… 가네다! 오늘밤은 철저하게 마시고, 철저하게 취해서, 철저하게 청춘을 향락하는 거다! 가네다 이등병! 알았지?

동진   (엉겁결에 무릎을 꿇고 군대식으로) 하잇! 알겠습니다!

안토   핫하…… 이런 자리란 상하 구별없고……

기생 을 (잽싸게 받아서) 남녀 구별없고……

기생 병 빈부 구별없는 무릉도원이오!

일동   핫하…… (활짝 핀 웃음바다로 변한다. 동진도 유쾌하게 웃는다)

안토   (동진에게) 들었지? 오늘밤은 바로 그 무릉도원에서 취해보자! 모든 건 안토 미츠나리가 책임진다! 알았는가?

동진   명심하겠습니다. 선배님!

안토   그리고 또 한 가지! 수칙이 있다.

기생 갑 수칙?

기생 을 그게 뭐에요?

안토   오늘 밤은 조선 문화의 밤이다. (기생들에게) 너희들 알겠니? 핫하……

461   무정해협

기생들 '조선 문화의 밤'?

안토 그 전에 소개해야 할 일이 있다. (사이) 이 친구는 내 대학 후배
가네다 동진이다. 조선 청년이라는 걸 기억해!

기생 을 어머나, 그러세요? (훑어보며) 그런데 전혀 우리하고는 다른 점이
라고는 없어요? (동료 기생에게) 그치?

기생 병 눈, 코, 입, 피부…… 일본 사람하고 꼭 같아요!

안토 무식한 것들 일본과 조선민족이 동조동근이란 말 못들었어?

기생 갑 근친상간은 들어봤지만, 동조동근은…… 글쎄요…… 안 그렇
니? (옆의 기생에게 눈짓을 보낸다)

안토 무식한 것들! 따지고 보면 일본민족의 조상은 조선 사람이다. (기
생들이 반신반의의 표정들이다)

기생 갑 그래서 내선일체군요.

안토 너 유식하다. 잔 받아라! (하며 술잔을 비우고는 내민다)

기생 병 어머머…… 황공하옵고…… 행복하옵고…… 소녀 몸둘 바를 모
르겠사와요! (마치 신파 배우의 흉내를 내며 애교를 떤다)

일동 핫하……

안토 그래서…… 오늘밤도 이 친구를 위해 모든 절차상 조선 문화 일
색으로 판을 짜는 거야. 노래, 춤, 음악…… 어때?

동진 영광입니다. 선배님!

안토 그 대신 격식은 버려! 주석은 노소동락이다. 그걸 일본서는 부레
이코라고 한다! 알겠는가?

동진 예, 알겠습니다.

기생 갑 그런데 조선 문화가 그렇게도 마음에 드신 까닭이라도 있으십니
까?

안토 있다마다! 고대 일본 문화는 그 뿌리가 조선이니까. 의식주, 그리
고 사랑도…… 핫하…… (웃다말고 옆방을 향해 손뼉을 치며) 준비

되었나?

옆 방의 '예' 하는 소리와 함께 후스마 문이 양편으로 조용히 열린다. 거기엔 한복차림의 여인이 다소곳이 한쪽 무릎을 세운 채 고개를 숙이고 있고, 그 옆에 장고와 가야금쟁이가 앉아있다. 모두가 놀라며 황홀해진다. 이때 요정 '시라기쿠'의 마담 미카와 후미가 나와서 공손히 두 손을 짚고 절한다. 기모노가 잘 어울리는 50대 후반의 여성, 왕년에 미모와 도량이 아직도 남아있다.

후미　요코소 미카와 후미 데스. 오코시 구다사이마리시떼…… 고노 우에나이 요로코비니 존지아게마스. (잘 오셨어요. 이상 더 없이 기쁘게 여기는 바입니다)

안토　역시 시라기쿠는 시모노세키에서 전통과 품위를 자랑하는 요정이지! 핫하…… (박수를 친다) 지금은 한물갔지만, 지난날에 내로라하는 일본 사람이나 조선 사람은 시모노세키에 내리면 우선 여기서 한 잔하고 몸을 풀었지.

후미　세상이 제 아무리 변했어도 물장수에게는 물장수로서의 격식과 긍지라는 게 있습죠! 예…… 그리고 손님을 맞는 정성만은 영구 불멸이라는 게 우리 시라기쿠의 영업정신이죠, 예……

안토　너희들 마담 애기 새겨들어? 요즘 젊은 것들하고는 근본이 다르다.

후미　전쟁은 전쟁일 뿐 그것이 인간의 본성까지 뒤흔들 수는 없잖겠어요? (동진에게 눈짓을 보내며) 안 그렇습니까? 도련님!

안토　들었니? 너더러 도련님이란다! 핫하……

일동　핫하……

안토　보아하니, 마담이 이 친구한테 흑심이 있는 모양인데, 이미 선약이 있다는 걸 잊지 말라. 핫하……

기생 을 그게 누구에요? 저는 아닐테고……

일동 핫하……

후미 (옆방을 향해) 그럼 우선 시작할까요?

안토 물론이지. 자. 이제부터 막이 오른다!

모두가 박수를 치자, 여자가 자리에서 고개를 들고 일어난다. 김현희다. 그리고 어딘지 애수가 녹아든 신선함이 매력적이다. 이윽고 연주가 시작된다. 〈한백년〉 타령이다. 그 애절한 목소리에 이어 분위기가 익어간다. 춤까지 춘다. 아름다운 한복의 선에 기생들은 입을 딱 벌리고 깨어나지 못한다. 안토도 참을 수 없는 충동감에서 어깨춤을 추다가 춤을 추기 시작한다. 결코 서툴지 않은 춤 솜씨에 동진이 새삼 경이로운 시선으로 바라본다. 노래와 춤이 끝나자 박수가 터진다. 모두 술상 가까이 모여든다.

안토 오늘밤은 철야로 마시자! (마담에게) 술 공급엔 지장 없겠지?

후미 그거야 세무서 직원에게 약간의 약만 쓰면 술 배급쯤이야 냉수 마시기입죠. 홋호…… 그보다, 한 가지 걱정이 있어요.

안토 뭔데?

후미 적기내습으로 공습경보가 울리면 등화관제상 불을 켤 수 없어서 어떻게 하죠?

안토 더 좋지. (음탕하게) 이불 속에서 마시고 또 마시고…… 헛허…… 비 오는날 바다 속에서 수영하는 기분 모르나?

일동 핫하!!! (마담이 자리에서 일어난다)

후미 그럼 재미있게 지내셔요. (나간다)

안토 나는 어렸을 적부터 조선의 노래와 춤에 심취된 사람이다! 그리고 이 한복의 유연한 선의 아름다움은 사람을 미치게 하거든! 핫하……

기생 갑 혹시 조상께서 조선 사람이셨나요?

안토 (서슴없이) 그걸 말이라고 해? 아까 얘기했잖아. 동조동근이라고! 두 나라의 수많은 설화, 신화, 민화, 그리고 의식주 양식에 이르기까지 닮은꼴이 한두 가지가 아니지. 우리가 잊어버렸을 뿐이다.

기생 갑 어떻게 그렇게 소상하게 아셔요?

안토 중학교 때 조선에 거주한 적이 있었지. 경상도 안동 근처였어. 아버지가 과수원을 했었지. 그래서 내 이름 '안토'도 조선 발음으로는 '안동'이다! 핫하…… (모두들 박장대소한다. 현희에게) 손님한테 한 잔 전해야지. 그렇게 먹다둔 쑥떡처럼 앉아만 있는 거야?

현희 죄송합니다.

안토 내가 알고 있는 현희는 좀 더 화끈한 여자였는데…… 헛허……

현희가 공손히 술잔을 동진에게 건네자 동진이 말없이 받는다. 그러나 그의 눈빛에는 이미 불꽃이 타오르고 있다.

안토 (한국어로) 오늘밤은 네가 이 친구를 모셔! 알았지? (현희는 말없이 고개만 숙인다)

기생 을 어머! 조선말도 하실 줄 아세요?

안토 하다마다…… 나는 조선의 이 치마저고리만 봐도 가슴이 울렁거린다. 오랜만에 한국의 음악을 듣고 있노라니까 뼈마디가 쑤시고 전신이 저려오는 것 같다! 핫하…… 그러니, 너도 실컷 즐겨봐!

동진 감사합니다. 솔직히 말해서 일본 땅 시모노세키에 이런 술집이 있었다는 것도 놀랍고, 이렇게 치마저고리를 입고 한국 민요를 완벽하게 부르는 여성이 있다는 사실만으로도 꿈만 같습니다. (일본말로 현희에게) 아리가또!

현희 (한국말) 어머! 저도 조선 사람이에요.

동진   어? 당신이?

현희   예.

동진   그럼, 고향은?

현희   고향? 흥…… 나라를 빼앗겼는데 고향이 따로 있나요?

동진   뭐라고?

현희   (잔을 건네며 은근히 비아냥거리는 어조로) 대학생이라면서 순진하시네요? 흥! 여자의 운명은 바람에 흔들리는 갈대와 같다면서요?

동진   (약간 당황하며) 내가 잘못 얘기했으면 용서를……

현희   천만에요! 조국도 없는 계집인들 왜 그 운명이 안 흔들렸겠어요? 생각하면 비극도 아니고 희극도 아니죠. 조선이 망한 덕분에 관부 연락선이 생기고…… 그 연락선 덕분에 나같은 천덕꾸러기가 일본땅을 밟게 되었고…… 시모노세키까지 흘러 흘러 떠내려오다보니 댁과 같은 잘난 남자도 만나게 되고…… 안 그래요? 손님? 홋호…… 핫하…… (현희의 너무나 당돌하고도 파격적인 말투에 모두들 충격을 받은 듯 분위기가 굳어진다)

안토   보아하니 고향 친구 만났다고 우리는 개 무시하는구먼! 헛허……

동진   죄송합니다, 선배님.

안토   그럼 사적인 얘기는 이따가 이불 속에서 실컷 해, 이 자식아!

현희   저, 술 한 잔 주실래요?

동진   예. 예…… (술잔을 건네고 술을 따른다. 손이 떨리며 잔에서 술이 넘친다)

현희   술 따르는 솜씨는 유치원…… 머리는 대학생…… 홋호…

안토   어쭈…… 이젠 제법 철학적으로 나오는군. 헛허…… 그런 뜻에서 기분을 내서 다시 시작하자.

기생들   (일제히) 하잇. 여러분, 오늘 밤은 '조선 문화의 밤' 홋호……

안토   그렇다. (연설조로) 사라져가는 것들의 미학! 고려 청자와 조선 백

자의 아름다움! 그것이 바로 멸망하는 조선의 참된 아름다움임을
너희가 아는가!

동진   그 조선을 멸망케 한 건 일본이었소!

안토   반드시 그렇지만도 않지. 일본의 죄악사도 있었지만, 조선 사람
자체에도 그 책임이 없었던 건 아니지.

동진   그런데 왜 선배님은 조선 사람, 조선 문화를 그토록 사랑하십니까?

현희   조선의 노래며 춤이 그렇게도 마음에 드시다니 참 이상한 일본
사람이셔! 흥!

안토   이상한 일본 사람일 수도 있지. (동진에게) 그러나 이것만은 확실
하다!

동진   말씀하시죠.

안토   (술을 마시다가 기생들에게) 미안하지만, 자리 좀 비켜주겠니?

기생 갑   예? 나가라고요?

안토   아래층에 내려가 있어. 내 곧 내려갈 테니까! 나, 이 두 사람에게
긴히 할 얘기가 있어서 그러니 아래층에서 기다려.

기생들   알았어요. 가자…… (기생들 나가고, 동진, 안토, 현희 세 사람만 남는
다. 분위기가 어색하다. 멀리서 비행기의 폭음이 들려온다. 아래층에서
부르는 유행가 〈누군들 고향을 생각못하리〉가 들려온다)

동진   선배님의 생각은 뭡니까?

안토   (사이) 우리는 장차 하나의 새로운 세계를 창조하자는 주의다.

동진   새로운 세계라뇨?

안토   관습, 문화, 정치…… 모든 면에서 편견에 구애 받지 않는 새로운
세계!

현희   어렵네요. 저는 무식해서 도저히……

안토   유식, 무식이 문제가 아니다. 그 어떠한 편협한 철학이나 욕망에
집착한 세계가 아니라 인종과 국토를 초월한 새로운 인간형들이

모여서 세운 새로운 나라를 위하여 젊은이들은 싸워야 한다! 그것을 이룩하기 위해서 일본과 조선은 하나로 뭉쳐야 한다. 이거야!

동진 그 전쟁 때문에 희생된 수많은 생명은 어떻게 하죠? 앞으로 죽어가는 생명들의 고통과 번뇌는 어떻게 하며…… 누가 보호하죠?

안토 (냉철하게) 어느 시대이고 대의를 위한 개인의 희생이란 어쩔 수 없다.

동진 그 죽어갈 사람이 가령 선생님의 양친이어도 괜찮습니까?

안토 불가항력이지. 그러나 나의 이런 생각엔 우리 부모님도 찬성하시리라 믿는다. 왜냐하면 내가 바라고 가려는 길은 결코 개인적인 이해에 얽매인 길이 아니라 참된 인류의 평화를 위하는 길이기 때문이다!

동진 그건 저도 공감입니다. 그러나 문제는 방법이죠. 그 방법이 글렀단 말입니다!

현희 선생께서는 음지에서 일어난 일에는 관심이 없으시네요.

안토 음지?

현희 일본이 양지라면. 조선은 음지가 아니겠어요? (두 사람은 새로운 발견이라도 한 듯 경이로운 시선으로 현희를 바라본다)

현희 무식한 년의 무식한 잠꼬대라고 생각하세요. 그러나 선생님은 그 양지보다 음지에서 일어나고 있는 무지막지하고, 잔인하고, 비겁한 방법론에는 한마디 말도. 안하셨잖아요? 그렇죠?

안토 얘기해봐!

현희 싫어요!

안토 (명령조로) 말해봐. 말하란 말이야!

현희 싫다면 싫어요! 싫어! (돌아앉는다)

동진 선배님 말씀대로 국가와 인종을 초월한다든가 세계 평화를 이룩한다는 게 가능하다고 생각하십니까?

안토	그럼 내 얘기가 탁상공론이란 말이냐?
현희	바로 보셨군요. 그건 알맹이 없는 공론이죠.
안토	건방진 소리 마라. (술잔을 바닥에다 내리친다. 산산조각이 난다) 건방진 조선놈들이…… 네놈이 알면 얼마나 안다고 까불어? (현희가 깨진 유리 조각을 하나씩 줍는다)
동진	멸망하는 조선의 미학? 흥! 강 건너 불구경입니다, 선배님……
안토	강 건너가 아니다. 지금 조선과 일본이 현해탄을 사이에 두고는 있지만, 한 덩어리다. 조선 문화도 일본 문화도 하나라고 나는 믿는다.
동진	일본이 무력으로 조선을 위협하고 억누르고 침략했다는 생생한 역사는 어떻게 하시렵니까? 임진왜란이나 한일 병합 같은 지나간 역사가 아니라 지금 이 시대 이 시간에 일어나고 있는……
현희	(냉정하게 동진을 보며) 이 분도, 그리고 제 자신도, 그 증인이자 희생자인 걸 모르세요?
동진	현희가?
현희	(쓰게 웃으며 가볍게 내뱉듯) 전…… 정신대였어요. 1년 전까지만 해도……
동진	정신대?
현희	군수공장에 가면 돈벌이가 된다기에 지원했는데…… 지금은…… 이 꼴이 되었어요…… 그 대신 수입은 좋아요! 마음먹기에 따라서는……
동진	정신대는 왜 지원했지? 나이도 어렸을 텐데……
현희	그때 제 나이 열여섯 살 시골 초등학교 고등과를 졸업했지만 취직자리란 없었어요. (사이) 게다가 집안이 세습무당이었죠.
안토	세습무당? 그게 뭐지?
동진	미코! 무당!

안토   무당?

현희   3대째 이어진 무당 집안이니 주변에서는 거들떠보지도 않고, 학
        교에 가면 무당 딸이라고 따돌림 받고…… 그러니 저는 학교보
        다는 어머니가 돌리는 굿판을 따라다니는 게 더 마음이 편했어
        요. 우선 굶지 않아 좋았고…… 노래와 춤 구경하니 좋았고……

동진   그런데 왜 정신대에 지원을 했지?

현희   세상이 싫어졌어요. 그날 내가 당했던 일…… 아, 그곳에서 벗어날
        수만 있다면 어디라도 갈 수 있었어요. 이 지구 끝자락까지라
        도…… (눈물을 삼킨다) 그날은 몹시 추운 날이었어요. 동네 어른
        들이 정월 대보름날 당제를 지내면서 어머니께 굿을 해달라는
        부탁이 있어서 우린 그곳에 있었어요.

        암전

제6장

신명나는 굿판이 벌어지고 있다. 현희 모친 왕무당이 춤을 추고, 그 옆에서 어린 현희는 징을 치고 있다. 저만치에 동네사람들이 모여 있다. 정월 대보름날 올리는 당제 판이라 제단엔 풍성한 제물이 차려있다. 시루떡, 어물, 과일 등…… 제법 푸짐하다. 굿판이 최고조로 달할 무렵, 일본 순경과 완장을 찬 군청직원 갑, 을 등장한다. 그들은 전투모에 각반까지 찬게 흡사 군인 같다. 손에는 목도가 들렸다. 경찰관이 호루라기를 불고 들어서자 모두들 놀란다.

경찰 해산! 해산!

무당 무신 일이꼬?

군청직원 갑 뭣들 하는기고?

무당 보면 모르나? 굿한다. 굿한다 와?

군청직원 을 미쳤나? 잉? 지금이 비상시국이라카는 걸 모르나?

무당 비상시국이 뭐꼬? 마을이 태평하고 올해 농사 잘 짓게 해달라고, 마, 산신님께 빈다카는데 뭐가 잘못이고?

마을노파 이 굿이라칸 조상 대대로 전해온 일인기라요.

경찰 미신이다! 미신! 지금 세상에 미신을 믿겠다카이 무신 넋빠진 소리고 그것부터가 틀렸는기라!

마을노파 에고 시엄마야…… 우리시, 낫놓고 기역자도 모르고…… 신식 공부한 놈들은 깡그리 끌려가고 늙은 무지렁이만 남은기라…… 그래서 우리 살아가는 낙이 어디 있는기요? 이래 마을 사람들이 한자리에 모여서 당제 지내는 게 무슨 죄인가 말이제. (군중들에게) 안그렇나? 잉?

마을사람들 아모! 아모! 당제는 우리 마을 자랑인기라! (마을사람들이 여기 저기서 동의를 하고 고함을 지른다. 경찰관이 호루라기를 불어제낀다. 장내가 혼탁해진다)

군청직원 갑 시끄럽다! 무신 잠꼬대고? 대동아 전쟁을 이기기 위해서 국 민 총력을 기울이자카며…… 정부의 지시에 순종해야 한다카는 건 우리 국민으로서의 의무인기라요. 그런데, 이게 무신 지랄 발 광인가 말이제! (목도로 상을 두들긴다. 과일이 우르르 쏟아져 굴러간다)

무당 천도가 무섭지 않나? 잉? 벌 받는다! 벌 받을기라!

군청직원 을 미신타파는 국민의 의무라카는 걸 모르나? 잔소리 말고 당장 해산해라! (하며 목도를 휘두르자 마을 사람들이 사방으로 흩어진다. 촛대가 넘어지며 지전에 불이 옮아붙는다. 마을사람들의 비명소리, 경 찰들과의 몸싸움, 그리고 경찰관들이 불어대는 호루라기 소리로 장내가 아수라장으로 변한다. 마침내 제사상이 무너져내린다. 제물이 사방으 로 흩어진다. 아이들이 우르르 모여들어 과일이며 고기를 집어들고 달 아난다. 무당이 땅바닥에 털썩 주저앉는다)

무당 망했다! 망했어! 이놈들아. 느그들은 조상도 없나? 신령님도 몰 라? 이놈들! 천신 지신 산심님도 몰라보고 네놈들이 안 망할 줄 아 나? 망할기라…… 이런 꼴을 당하고 이래 구박받으면서 살겠다고 버둥대는 이 백성이 가엾제. 가엾제. 아이고, 아이고…… (현희를 향하여) 희야! 희야…… 우린 우째 사노! 우째……흑! (어린 현희가 무당 곁으로 가서 팔을 끈다)

현희 어무이…… 가자! 가자!

무당 가긴 어디로…… 어디 가면 살겠나?

현희 어무이, 춥다. 배고프다!

무당 불쌍한 것아. 이젠 굿도 몬한다카이 우째 살겠노. 희야! 우린 굶 어 죽을기라.

현희	(문득) 나 돈벌끼다!
무당	(귀가 트인 듯) 뭐? 돈? 니가?
현희	전부터 생각있었다카이.
무당	무신 소리…… 누구한테서 들었노?
현희	정신대에 가면 공장이나 탄광에서 일 시켜주고 기숙사에서 밥 먹여주고 월급도 준다 카드라.
무당	누가?
현희	선생님이…… 졸업한 후 취직도 못할 바엔 정신대에 나가서 일 하면 돈도 벌고 나라에 충성도 바치는 일이니 지원할 사람은 지원 하라고…… 어무이! 나 정신대 갈란다! 잉? 가도 되제? 잉?
무당	(멍하니 현희의 이마를 바라보며) 정말이가? 갈 수 있겠나?
현희	한다카문 한다! 남들도 간다는데 못 할 것 없다.
무당	그래, 가거라.
현희	정말이제?
무당	옹야…… 이래 지랄같은 세상 살 바엔 차라리 딴 타관에서 배불리 먹고 살거라. 희야! 니 고생시키기 싫다.
현희	어무이! (두 사람 뜨겁게 보듬어 안는다)
무당	(마치 창을 하듯) 에고…… 에고…… 불쌍해라. 내 새끼 고금에 없는 내 새끼. 어쩌다가 조선 사람으로 태어나…… 이래 생고생 구박받으니…… 차라리 너만이라도…… 너만이라도…… 어허……
현희	(뺨에 흘러내리는 눈물을 닦으며) 내 돈 벌어올구마! 어무이, 무당안 해도…… 편히 모실구마! 어무이!
무당	희야! 희야! (무대 뒤엔 바람 연기가 가득찬다)

암전

제7장

요정 시라기쿠의 별실. 잠자리가 깔려있다. 희미한 일본식 스탠드 등이 켜있다. 엷은 가운 차림의 현희와 윗저리고는 벗고, 바지차림의 동진이 마주 앉아있다. 마시다 둔 술병과 술잔이 보인다. 멀리서 일본의 민요 〈신나이 나가시〉의 샤미센곡 아슬하게 들려온다. 멀리서 뱃고동 소리가 흐느끼듯 들린다.

동진   (길고 무거운 한숨소리) 아…… 아……

현희   공연한 얘기로 분위기 잡쳤죠? 홋호…… 죄송해요, 김 선생님. 제가……

동진   가네다라고 불러요. 가네다 동진……

현희   이름이야 무슨 상관이에요?

동진   나는 지금 일본 군인이니까…… 일본식에 따를 거요.

현희   그래요. 원치 않던 일이지만 길들게 되면 마음도 편해진데요. 제가 화류계 물을 먹은지도 어언 4년이 된 것은 흠……

동진   결국 못된 일본놈의 감언이설에 속아서……

현희   아니죠. 나를 꼬드긴 놈은 조선 사람이었어요. 이를테면 하수인?

동진   결과적으로는 현희 씨나 나나 따지고 보면 조선 사람으로 태어난 업보라고……

현희   업보?

동진   불교에서 말하는……

현희   알고 있어요. 그런 목탁소리 같은 소리!

동진   목탁소리라뇨?

현희   밖으로 울려퍼지긴 하지만 속은 텅 비어있는 걸요. 흠…… 난 지금까지 그런 설법 수없이 들었어요. 교회에도 가보고, 절에도 가고, 남묘호란계도 외우고…… 홋호…… 모두 그 소리가 그 소리죠, 뭐. 그래서 이젠 듣기 좋아라, 하는 말은 신물이 나요! 홋홋……

동진   (의아하게) 그럼 어떤 말을……?

현희   말보다 행동이죠.

동진   예?

현희   열 마디 말보다 단 한 번의 행동!

동진   행동?

현희   (빤히 바라보며) 나 좋아해요?

동진   예?

현희   조선 사람이라서 동정한다는 그런 것 말고…… 싫어요? 좋아요? (접근해간다)

동진   물론 좋죠. 사실은 첫 눈에 좋아졌어!

현희   그럼 됐어요. (하며 대뜸 동진의 바지를 벗긴다)

동진   아니…… 이, 이건……

현희   (막무가내로 옷을 벗기며) 변명은 필요없어요. (바지를 쑥 벗어던진다. 일본식 속옷바지 차림이다) 에그, 뭐가 그리 소중하다고 남자들은 이렇게 겹겹이 껴입는지 알다가도 모르겠어! 흥! (속옷바지도 벗긴다. 하얀 허벅지살이 육감적이다)

동진   이러면 안돼! 난……

현희   안되긴…… 난 책임 완수하는 것 뿐이어요.

동진   책임 완수?

현희   안토 상한테서 화대선물도 받았으니까요. 가네다 상을 잘 모시라고. 홋호…… (자기 잠옷을 홀랑 벗는다. 잘 익은 과일처럼 탄력있고 하얀 젖가슴과 날씬한 지체가 드러난다)

동진   (도망치듯 물러앉는다) 안돼! 이러면……

현희   그건 내가 할 대사에요! (정색으로) 가네다 상 나를 안아줘요. 어서
       요. (육박해가며) 책임 완수란 변명이었어요. 가네다 상이 좋아진
       걸요! (하며 끌어안는다)

동진   (뿌리치려 하나 끄덕도 안한다) 난, 난…… 아직 이런 경험 없어! 난,
       난……

현희   총각? 훗호…… 그럼 더욱 좋지요. 사흘 후면 남방으로 가신다면
       서요? 거기 가면 마지막이 될지 모르죠. 그러니까 제가 가네다
       상의 동정을 고스란히 지켜드릴 거에요. 이렇게! (하며 동진을 눕
       히고 그 위에 올라탄다)

동진   현희 안돼! 난……

현희   제게 맡기라니깐! (하며 스탠드 불을 끈다. 무대는 어둡고 달빛이 흘러
       든다. 파도소리가 들려온다. 두 사람이 흐느끼듯 속삭이듯, 신음하
       는 듯하는 숨소리에 〈신나이 나가시〉가 맞물리며 바로 창밖에서 들려온다)

       암전

제8장

취주악이 하늘을 찌르듯이 울려 퍼진다. 시모노세키 항. 항구를 내려다 볼 수 있는 언덕 위, 벤치가 놓여있다. 멀리 바다가 햇빛을 반사하여 은빛으로 물결친다. 선박의 엔진 소리며 화물을 실은 작업장 소음이 들린다. 동진이 헉헉거리며 올라온다. 완전 무장을 하고 어깨에 일장기를 둘렀다. 출정하는 군인들이 착용하는 차림이다. 그는 휘둘러보다가 손목시계를 본 뒤 벤치에 걸터앉는다. 사람을 기다리는 눈치다. 환송 나온 시민들이 열창하는 합창곡에 밴드 반주가 들려온다. 불어오는 바람의 강도에 따라 노래소리가 파동치듯 들려온다. 군가 〈새벽에 기도하다〉는 다소 애상적이면서도 고무적인 곡이다. 그는 담배를 피워문다. 담배연기가 허공으로 흩어져 날린다. 그도 자연스럽게 시를 읊조린다. 김소월의 〈약산의 진달래〉다. 시의 종반부에 이르렀을 때, 저만치서 현희가 등장한다. 몸뻬 차림이다. 전날의 분위기와는 전혀 다른 소박한 처녀같다. 손에 작은 보자기를 들었다. 무심코 돌아보던 동진이 자리에서 반사적으로 일어선다.

동진   와주었군! 고마워. (거수 경례를 한다)

현희   기다리셨죠? 죄송해요, 늦어서……

동진   언덕길이라 벅찼죠?

현희   (벤치에 앉으며) 배가 떠났으면 어쩌나 하고…… 흠…… (깊게 심호흡을 한다)

동진   솔직히 말해서 말로는 그랬지만 설마 안나오겠지 하고……

현희   믿을 수 없었다는 뜻? 흠…… 믿는 게 당연하죠!

동진   그런데 왜 나왔지?

현희	같은 동료니까요.
동진	동료?
현희	동료끼리의 약속은 지켜야죠. 그것마저 없으면 끝인 걸요. 훗......
동진	(내뱉듯) 고마워! 나같은 놈을 그렇게까지...... (허공을 쳐다보며) 이 세상에 나를 믿어주는 사람이 단 한 사람이라도 있다는 것만 으로도 나는 모든 잡념을 훨훨 털어버리고 죽을 수 있을 꺼요! 정말이오! 난......
현희	죽긴 왜 죽어요? 악착같이 살아서 돌아오셔야 해요!
동진	살아서 돌아오라고? 엿장수 마음대로? 흠! 다 틀렸어!
현희	저는 믿어요. 그래서...... 이걸...... (하며 보자기에 싼 것을 내민다)
동진	죽음 속으로 뛰어든 놈에게 웬 선물이지? (하며 펴본다. 센닌바리이 다. 그는 놀라움과 고마움으로 천을 양손으로 펴본다) 이게 뭐죠?
현희	센닌바리.
동진	센닌바리?
현희	복대예요. 일천 명의 사람으로부터 한 바늘씩 맺은 매듭을 모은 거에요.
동진	복대? (하며 배에 두른다)
현희	일본 사람들은 옛부터 전쟁터에 나가는 무사에겐 센닌바리를 배 에 두르게 하는 관습이 있어요. 적의 화살을 막기 위한 방편이라 지만. 따지고 보면 정성 아니겠어요? 흠......
동진	이걸 나더러 두르라고?
현희	살아서 돌아오려면!
동진	일본의 풍속을 따르라고? 싫어!
현희	일본 아니라 아프리카 토인 풍속이면 어때요? 가네다 상이 돌아 올 수만 있다면야......

동진　끝까지 일본의 덕을 보라고? 못해!

현희　사흘 동안 시장터에서 센닌바리를 마련하느라고, 일본 사람이건 조선 사람이건 중국 사람이건 닥치는 대로 부탁했어요. 살아서 돌아오기만을 기원하면서…… 그런데 이렇게 거절 하시다니…… 그럼…… 나는…… 나는…… (동진은 복받치는 울음과 감동을 억제 못한 듯이 현희를 왈칵 껴안는다. 현희도 힘을 주어 포옹한다) 가네다 상…… 살아야 해요…… 꼭 살아 돌아오셔야 해요. 설령 다리병신이 되더라도…… 살아서…… 살아서……

동진　아…… 현희! 고마워. (하며 포옹한다. 얼마 전부터 멈췄던 밴드의 연주가 다시 시작된다. 국민가요 〈아버지는 정말 강하셨네〉가 울려 퍼진다. 이때, 완전무장한 안토 미츠나리가 등장한다. 허리에 일본 칼을 차고 계급장을 달았다)

안토　핫하…… 이별이 길다고 뱃시간이 늦춰지나? (두 사람이 놀라며 떨어진다)

동진　(거수경례를 하며) 죄송합니다!

안토　10분 휴식 지났다. 승선 시간이다.

동진　예!

안토　(센닌바리를 보자) 그 센닌바리는 누가……?

현희　제가요.

안토　어떻게 그걸 알았지?

현희　장님 귀머리가 아닌데 왜 몰라요? 무운 장수를 비는 뜻에서…… 열심히 뛰어 다녔어요. 야시장에까지 가서 바나나 장수 아주머니한테도요! 그럼 되었죠? 홋호…… (안토 갑자기 부동자세로 거수 경례를 한다. 현희는 황당한 빛이다) 갑자기 왜 그러세요? 싫어요! (안토의 눈에 이슬이 맺히고 경례를 하는 손이 떨린다. 감동의 눈빛이다)

안토　현희. 당신은 천사요. 아니, 이 세상의 온갖 때를 말끔히 씻어준

…… 관세음보살.

현희 무슨 말씀을…… 전 조선 여자에요! 보잘 것 없는 창녀라구요! 다만 우리 동포를 만나 마지막으로 좋은 일 한 번 해본 것뿐이에요. 남들이 다하는데 왜 나라고……

동진 그만! 그만! (하며 힘껏 껴안는다. 안토는 언제까지나 경례 자세로 두 사람을 지켜본다. 환송객들의 노래소리며 밴드 소리가 더욱 우렁차게 울려 퍼진다)

안토 가네다! 봤지? 우리는 꼭 이겨서 돌아와야 한다. 이겨서……

동진 (경례를 붙이며) 하잇!

암흑 속에서 폭격소리. 침몰하는 대형 군함의 마지막 순간. 기진맥진하며 패주하는 일본군, 불타는 일장기 등의 영상이 이어진다.

암전

제9장

1945년 6월 필리핀 군도에 속한 루손 섬의 오지 정글 울창한 숲. 그 속에 남루한 차림의 패잔병이 여기저기 눕기도 하고 쭈그리고 있다. 이름 모를 새울음소리도 가끔 들린다. 이미 전투력은 잃은 지 오래인 패잔병들이다. 기아와 피로의 빛이 역력하다. 부상한 환자도 보인다. 밤하늘에 남십자성이 반짝인다. 가끔 파도소리 같기도 하고, 바람소리 같기도 한 소리가 밀려왔다가는 멀어진다. 비교적 건강해 보이는 이와키 상병이 하모니카를 불고 있다. 일본의 동요 〈고향〉이다. 애수에 젖은 곡이라 분위기를 한층 쓸쓸하게 만든다.

무라이 누구 물 가진 것 없나? (대꾸가 없자 신경질로) 없어? 있어? (사이. 옆에 누워있던 사병이 물통을 내민다)

사병 갑 (힘없이) 아껴 마십시오. 중대장님. 남은 게······

무라이 (몇 모금 마시다 말고) 빌어먹을! (물통을 돌려주며) 정찰대는 아직 안돌아왔나?

사병 갑 아무 연락 없습니다.

무라이 뭣들 하는 거야? 몇 시냐?

이와키 (시침을 떼고) 비상시죠! 비상시! 힛히······

무라이 (어이없다는 듯) 이와키 너는 아직도 남을 웃길 힘이 남아있으니 죽지는 않겠다!

이와키 (킬킬대다가) 무라이 중대장님!

무라이 뭐냐?

이와키 언제쯤 고국으로 돌아갈 수 있을까요?

무라이 모른다! 본부와의 연락두절 상태에서는 그 누구도 모른다! 그걸

알 수 있다면 누가 이 고생을…… (이때 고다마 상병이 벌떡 일어나 고함을 지른다)

고다마 (구령하듯) 차렷! 주목! (그의 언행은 비정상적이다) 웬 말대꾸냐? 응? 누워서 낮잠을 잘거야? 에잇!

이와키 (비양거리며) 고다마 사단장 각하! 낮잠을 자고 있는 게 아니오라, 고구마를 캐다가 그만 지쳐서 졸았습죠!

고다마 그럼 송장이 아니라 거름통인가. 핫하…… 핫하……

사병 갑 (한숨) 이제 완전히 돌았군! 돌았어!

사병 을 이지경이 되면 누구나 미치고야 말지. 아, 미치겠다! (오찌에게) 안그래? 오찌 상?

오찌 (탄식) 식량도 탄약도 바닥이 난 판국에 전쟁은 무슨…… 아…… 배 터지게 먹고나 죽었으면…… (몸을 비튼다) 제기랄! 세상은 불공 평해…… 이와키! 얘기 들었냐?

이와키 무슨 얘기?

오찌 우리 보고는 모든 걸 현지 조달하라 해놓구서 사단 본부의 제놈 들은 흰쌀밥에 고기반찬에 처먹지 뭐냐? 개새끼들!

이와키 정말?

오찌 따지고보면 우리의 적은 양키가 아니고 바로 일본이다. 그 군국 주의자들!

이와키 말 조심해. (무라이 중대장을 돌아보며) 우린 죽은 몸이다. (절망적 으로) 열한 사람 남았다. 언제 또 누가 송장이 될지…… 아…… (저만치서 열병을 앓는 듯 신음소리가 들린다) 아, 이럴 때 시원한 메밀국수에 냉수 한 잔의 짜릿한 맛! (술마시는 시늉을 한다) 아……

오찌 우리 고향은 지금쯤 은어낚시가 한창일 게다. 갓 잡은 은어를 대 나무가지에 낀 소금구이 맛! 아…… (입맛을 다시며) 엄니! 엄니 …… (정글 쪽을 향하여 외친다. 이때 정글 쪽에서 정찰나갔던 안토와 동진이 들어선다. 철모에 나뭇가지로 위장을 했다. 모두들 반긴다. 두 사람이 무라이 중대장 앞에서 부동자세로 보고를 한다)

안토   안토 미츠나리 정찰 임무 마치고 돌아왔습니다. (경례한다)

무라이   (건성으로 답례 경례를 부치며) 수고! 무슨 정보라도 있는가?

안토   희소식입니다.

무라이   희소식이란?

안토   중대장님! 병원선이 내일 아침 출항 예정이랍니다!

무라이   병원선이?

안토   예. 시간이 조금 촉급합니다! 내일 새벽까지 동해안에 도착해야지, 그렇지 않으면 병원선을 놓치게 됩니다!

일동   만세! (환호성을 올린다)

무라이   그럼 즉시 출발!

이와키   (벌떡 일어나며) 가자! 고향으로 가자! 몽매 간에 그리운 고향이다! (춤을 추듯 널뛴다)

고다마   (노래하듯) 간다…… 나는 간다…… 너도 가고…… 고향 산천 그립구나! 가자, 가자…… 돌아가자! (하며 물건을 챙긴다. 사병 병의 신음소리가 갑자기 커진다)

이와키   (사병 병에게) 야! 퍼뜩 일어나! 고국으로 가는 거야!

사병 병   난…… 난…… 갈 수 없어! 아……

무라이   갈 수 없다?

동잔   (사병 병에게) 이번 배를 놓치는 날엔 영원히 못 돌아간다! 힘을 내! 어서……

사병 병   안돼. 난…… 못 가겠어. (몸을 떤다) 어…… 추위…… 어.

이와키   어디가 아픈거야?

동진   (사병 병의 이마를 짚다 말고) 열이 높은 게…… 혹시 말라리아 아닌가요.

일동	말라리아? (겁을 먹고 접근을 꺼려한다)
이와키	빌어먹을! 하필이면 이런 때 말라리아냐?
사병 병	(전보다 심하게 몸을 떨며) 추워…… 아…… 추워…… 음…… 음 ……
안토	단까에 싣고 갈 수밖에 없어요, 중대장님!
무라이	단까로?
사병 갑	단까를 만들려면 시간이 걸릴 텐데요.
이와키	이 판국에 단까가 있어요? 그냥 가는 수밖엔……
사병 갑	그건 무리지! 이 정글 지대를 걸어서 가자면 새벽까지는 어림도 없지!
오찌	그렇다고 단까를 만드는 게 어디 쉽니? 언제 통나무를 베고? 아침 까지 무리라고!
사병 을	그럼 어떻게 하지?
이와키	젠장! 일흔 살 먹은 노처녀가 시집가려니까 하늘이 말린다더니, 모처럼 고국에 돌아가려는데 하필이면…… (사병 병의 괴로워하는 신음소리가 더 처참하다)
안토	중대장님! 방법은 하나뿐입니다.
무라이	방법?
안토	혼자 남겨두고 갈 수밖에 없습니다!
일동	예? (모두들 심각해진다)
무리아	혼자? (반사적으로 환자를 내려다본다)
안토	한 사람 때문에 남은 사람 전체가 희생당할 순 없잖습니까?
무라이	(난처해지며) 음……
사병 병	(심하게 몸을 떨며) 음…… 음…… 아…… 추워! 추워!
오찌	(울음을 터트리며) 이 자식아! 정신 좀 차려. 임마. 우린 다 너 때문 에……

안토   (태도가 돌변하며) 중대장님! 명령을 내리십시오! (무라이는 어쩔
         바를 모른다. 부대원들에게) 각자의 의견을 타진하십시오.

무라이   의견이라니?

안토   각자의 의사에 따라 행동할 수밖에 없잖습니까? 예?

무라이   그, 그건 그렇지만……

안토   (다른 사람들에게) 너희들 의견을 물어보자. (사이) 환자를 두고 가
         기를 원하는 사람? (사이, 눈치를 본다. 하나 둘 손을 든다. 모두가
         손을 든다. 그러나 동진만 손을 안든다)

안토   가네다! 어떻게 된 거냐?

동진   (침울하게 고개만 숙이고 섰다)

안토   (재촉하며) 가네다!

동진   (담담하나 분명하게) 저는 여기 남겠습니다!

안토   남는다! (모두들 웅성거린다)

무라이   남아서 어떻게 하겠다는 거야?

동진   전우의 병이 우선해질 때까지 기다렸다가……

안토   병원선이 그때까지 기다려 주지 않는다.

동진   (똑바로 쳐다보며) 기다려주지 않으면 다른 배를 기다렸다가……

안토   다른 배를 기다려? 언제까지……? 죽을 때까지? (윽박지르듯) 무
         슨 잠꼬대냐? 너 지금 제정신이냐? 응? 그런 안일한 감상주의는
         버려! 여긴 전쟁터다.

동진   감상주의라니요? 생각이 다릅니다. (사이) 안토 견습 사관님! 지금
         제정신으로 하시는 말씀입니까? 견습 사관님께서는 그게 감상주
         의로 들리신다면 그거야말로 감상주의입니다.

안토   뭐? 뭐라고?

동진   병든 전우를 혼자 남겨두고 우리만 살아남겠다는 그 마음. 진심
         입니까? 예? 그것이 '야마토다마시'*입니까? 말씀해보세요! (다음

순간, 안토가 동진의 뺨을 후려친다. 동진이 비틀거린다. 모두들 긴장과
불안으로 떤다)

안토　　지금 그 말 취소해.

동진　　못합니다!

안토　　(멱살을 휘어잡으며) 사과해라, 상관을 모욕했다.

동진　　(악에 받친 듯) 못합니다!

안토　　일본 민족 전체를 모욕한 언사다. 너는 지금 상사를 모욕했을 뿐
만 아니라 대일본 제국의 국체를 부인한 불경죄를 범한 거다. 알
겠나?

동진　　좋을대로 생각하십시오. 다만 저는 지금까지 제가 누구보다도 존
경해왔던 분의 정체를 보았다는 게 후회됩니다. (차츰 흥분하며)
아니, 분합니다! 억울합니다! 내가 존경했던 안토 미츠나리의 인
격이 고작해서 그것밖에 안되었다는 게 슬픕니다. 기만! 가식!
이중성……

안토　　닥쳐라, 더 이상 주둥이를 놀리면 죽여 버리겠다! (마구 때리며 발
길질한다. 동진은 때리는 대로 비틀거릴 뿐 반항은 안한다. 쓰러지고
다시 일어나고. 또 쓰러진다)

무라이　무슨 짓들이냐? 안토! 참아라! 이러다가 또 한 사람의 낙오자가
생긴다는 것 모르나? 참아라!

안토　　(씨근거리며) 죄송합니다. 중대장님! 제가 경솔했습니다. (다시 화
가 치밀며) 하지만, 일본군인 전체를 모욕하는 이런 자식을 그대
로 둘 순 없습니다. 야마토다마시를 모욕한 언사는……

무라이　참으라고 했잖아! 지금은 그런 사감에 좌우될 때가 아니다!

안토　　예…… (고개를 떨군다)

---

* やまとだましい(大和魂), 大和心과 동일, 일본 민족의 고유한 정신.

무라이 (모두에게) 그럼 지금부터 작전 개시다. (부동 자세를 취한다) 앞으로 이 무라이 중위의 명령엔 절대 복종할 것이며, 어떠한 개인적인 행동도 용서 못한다. 알겠나?

일동 하잇! 알겠습니다.

무라이 지금부터 정글을 벗어나 산을 넘어 병원선이 정박 중인 해변으로 행군한다.

오찌 이 친구는 어떻게 하죠? (신음하는 사병 병을 가리킨다)

무라이 (냉담하게) 사살해!

일동 사살?

무라이 한 시라도 빨리 괴로움을 덜어줘야잖겠나? 함께 돌아가지 못할 바엔…… (안토에게) 처치해!

안토 알겠습니다. (권총을 꺼낸 다음 장전한다)

사병 갑 중대장님, 함께 데리고 가는 게……

안토 시간이 없다. (사병 병에게 다가간다. 이때, 쓰러져있던 동진이 고개를 든다. 권총을 빼든 안토와 시선이 마주친다)

동진 안됩니다! 안돼! 그건…… (다음 순간 권총이 불을 뿜는다. 사병 병이 그 자리에 픽 거꾸러진다. 모두들 눈을 감는다. 총소리에 놀란 새들이 후드득 날아가는 소리. 동진이 넋나간 사람처럼 멍하니 허공을 쳐다본다) 으…… 으…… 히…… (정신착란증을 일으킬 징조다. 이윽고 킬킬거리다가 일어선 채 허공을 향하여 큰소리로 깔깔거린다. 모두들 놀라서 떤다. 동진은 비틀거리며 정글 밖으로 나간다)

사병 갑 가네다 어디 가니? (동진은 환상을 좇듯 웃으면서 정글 속으로 들어간다. 사병 갑, 을이 '가네다!'를 연호하며 뛰어간다. 멀리서 함포 사격소리가 둔탁하게 들려온다)

암전

제10장

다른 밀림지대. 실성한 동진이 허우적거리며 등장. 불빛 속엔 동진만 보인다. 그의 동작은 리얼한 일상적인 행동이라기보다는 현대춤의 동작에 가깝다. 여기 등장하는 인물들의 말투도 시를 읊조리듯이 어딘가 비현실적이라야 한다. 모두가 동진의 정신 착란 가운데 표현되기 때문에 초현실적으로 이루어지고, 음악도 현대 음악이 효과적이다.

동진   여기가 어디…… 어디까지 왔니? 아, 어둡다!

이때, 저만치 불빛이 허공으로 떨어지며 동진의 아버지 김수근을 비춘다.

동진   아버지! 아버지! (뛰어간다)

수근   (물러서며) 가까이 오지 마라. 네 길은 저쪽이다. 애비가 가는 길과 네가 가는 길은 다르잖느냐.

동진   아버지! 인도하소서. (다음 순간 수근의 환상이 사라지고 다른 지점에 다른 불빛이 떨어진다. 그곳에 어머니의 초라한 모습이 손만 흔들고 서 있다) 어머니, 저는 어떻게 하면…… 어디로 가면…… 됩니까? (어머니는 가라는 뜻도, 가지 말라는 뜻도 아닌 애매한 동작만 반복하다가 사라진다) 어머니! (절규한다) 어디 계십니까? (다음 순간, 다른 지점에 다른 불빛이 떨어진다. 그 가운데 안토가 팔짱을 끼고 서 있다) 선배님! 저를 살려주십시오.

안토   배신자! 은혜를 원수로 갚는 자! 조선놈은 모두 그렇다.

동진   아니오, 선배님이야말로 한 입으로 두 소리를 내뱉는 이중 인격자! 웃음 속에 비수를 감춘 자, 약한 자에겐 강하고 강한 자에겐 굽실거리는 비겁!

안토 조선인인 너의 정체는 뭐냐? 강한 자에겐 아부하고 약한 자를 무시하는 노예 근성!

동진 언제는 형제라 했고, 또 언제는 원수로 몰아붙이는 위선!

안토 달면 삼키고 쓰면 뱉는 속물주의들 핫하…… 헛허…… (사라진다)

동진 배신이다. 가식이다! 웃음 속에 번득이는 비수! 아…… 이제 나더러 어쩌란 말이냐? 두 개의 이름을 가진 나의 정체는 무엇인가? 왜 우리는 두 개의 이름을 가졌는지요? 아버지! 어머니! (하다 말고 어떤 희망을 찾기라도 하듯 한 공간을 향하여 절규한다) 현희! 현희는 말해줄 게다! 현희! (이 말과 동시에 새로운 불빛 속에 치마저고리 차림의 현희가 나타난다. 소복 차림이다) 현희! 역시 나를 기다리고 있었군! 현희! 뭐라고 한 마디만…… 나에게 길을 인도하는 말 한 마디…… (그러나 현희는 돌처럼 서있을 뿐이다. 동진이 가까이 가자 현희는 피한다. 그것은 거절의 뜻이 아니라 체념의 표현이다. 합칠 수 없는 이질의 비정적인 표시다. 현희는 우아하지만 냉철한, 연약하지만 끈질긴 살풀이춤을 추면서 서서히 사라진다) 가지 마! 현희! 현희! (그의 절규에 응답이라도 하듯 멀리서 동진을 연호하는 전우들의 목소리가 교차되며 들려온다)

소리들 가네다! 어디 있느냐? 가네다! (동진이 다음 순간 제정신으로 돌아온다. 고개를 번쩍 들고는 자기도 모르게 응답한다)

동진 가네다 동진! 여기 있소! 나는 죽지 않았소!

암전

제11장

환상적이면서도 비정상적인 조명이 신비감을 자아낸다. 환자복차림의 가네다 동진이 무대에 엎드려 있다가, 이윽고 빗자루를 들고 일어선다. 객석을 향하여 총 쏘는 시늉을 한다.

동진老 (입 안의 소리로 총소리를 흉내 내며) 빵⋯⋯ 빵⋯⋯ 아⋯⋯ 한 놈 죽었다! 죽었다! 핫하⋯⋯ 나는 해냈다. (이때, 간호사복 차림의 유키가 등장하자 동진은 반사적으로 방어자세를 취하여 빗자루를 들이댄다)

유끼 (피하며) 가네다 상! 왜 그러세요? 저예요.

동진老 (겁에 질린 듯) 나는 죽이지 않았어요. 난 사람 안죽였다. 난 아니야!

유키 (가까이 가서 빗자루를 빼앗으며) 정신 차리세요! 지금 무슨 소릴 하고 있어요? 예?

동진老 (금세 안도의 숨을 몰아쉬며) 아⋯⋯ 난 또⋯⋯ 약속시간 잘 지키셔! 흑.

유키 약속시간? 누구하고?

동진老 암! 시간은 지켜야지⋯⋯ 암⋯⋯ 그래야지⋯⋯ 흠.

유키 가네다 상! (얼굴을 바싹대며) 날 모르시겠어요? 유키에요. 사카이 유키.

동진老 (멍하니 바라본다. 기억이 안난다)

유키 이제 내 이름도 잊으셨어. (손을 이끌고 침대로 가며) 흠, 간밤에 잠을 잘못 주무셨어요? 안색이 안좋으신데⋯⋯ (침대 위에 걸터앉힌다. 동진도 여전히 유키가 시키는대로 인형처럼 움직인다)

유키	가네다 상! 오늘따라 좀 이상하셔요. 혹시 무슨 하고 싶은 얘기라도 있어요?
동진老	(수줍어하며) 아…… 뇨. 아…… 뇨. (소녀같다)
유키	가네다 상은요…… 지금 무엇이 중요한고 하니…… (타이르듯 꼼꼼히) 안정이 제일이에요. 식사를 마치시면 한숨 푹 주무셔요. 아셨죠?
동진老	몰라.
유키	예?
동진老	왜 약속 안 지켰어?
유키	약속?
동진老	(불쑥) 망한다. 일본은 망한다. 두고봐.
유키	(쓰게 웃으며) 일본은 벌써 망했어요. 전쟁이 끝난 지가 언젠데…… 흠…… 지금은 1986년 5월이에요. 정말 꿈을 꾸고 있나봐. 훗호……
동진老	히로시마 군수 공장에 가고 싶다.
유키	히로시마?
동진老	친구가 기다린다. 놀러오라고……
유키	정말 못 말려. 훗호…… 자, 딴 생각 말고 쉬세요. (하며 억지로 침대에 눕히고는 나간다. 이윽고 동진老가 천천히 자리에서 일어난다. 유키가 퇴장한 반대 방향 쪽에서 한 줄기의 강렬한 광선이 쏟아져 내린다. 동진老가 두 손으로 그 눈부신 광선을 가린다. 다음 순간, 그 광선 속에서 한 여인의 모습이 떠오른다. 동진老는 빗자루를 다시 들고 방어 태세를 취한다)
동진老	난 안 죽었다! 난 안토 선배를 죽이지 않았다! 난 다시는 전쟁터에 가기 싫다! 사람을 죽이기 싫단 말이야. (다음 순간, 광선 속에서 서있던 여인이 아주 천천히 다가온다. 동진老는 겁먹은 듯 뒷걸음질을 치며

(피한다. 여자는 웃는다. 현희다. 흰 간호사복 차림)

현희 저예요. 몰라보세요?

동진老 현희! 현희! 언제 왔어? 그 옷은?

현희 나, 취직했어요. 작은 병원이지만, 장차 정식 간호사가 되도록 교육을 시켜준대요…… 일손이 부족했어요. 나같은 견습 간호사도 괜찮다고 해서…… 흠…… 어때요? 어울려요? (하며 간호사복 치맛자락을 펴보인다. 여학생처럼 청순하다)

동진老 아…… 그래?

현희 밖에서 들은 얘긴데…… (낮게) 혼자만 알고 있어요…… (주위를 경계하듯) 일본은 조만간 망할 거래요.

동진老 정말?

현희 난 전쟁이 끝나고 조선이 광복되면 고향에 돌아갈 거야.

동진老 고향?

현희 생각나세요? 시모노세키에서 처음 만났던 요정 시라기쿠…… 나더러 고향이 어디냐고 물었죠?

동진老 몰라……

현희 내 고향은 진도예요. 지금까지 숨겨왔지만……

동진老 진도…… 진도……

현희 푸른 바다 위에 크고 작은 섬들이 그림처럼 떠 있는 아름다운 고장이죠. 마치 의좋은 형제들이 손에 손을 잡고 앉아있듯이……

동진老 진도……

현희 진도 사람치고 노래 못하는 사람 없어요. 그래서 객지 사람이 진도에 왔다가 큰코 다치며 도망쳐 나온다는 얘기까지 있어요.

동진老 도망쳐 나와?

현희 밭매는 아낙네들이 노래를 부르고 있으면 지나가던 육지 남정네들이 멋모르고 노래 부르기를 겨루다가 본전도 못 찾고 도망친대요. 홋호……

동진老 노래 불러봐.

현희 〈진도 아리랑〉 아세요?

동진老 현희 노래솜씨…… 최고지. 어서 불러봐.

현희 그럼…… (사이) 옛정을 생각해서…… (노래를 부른다) 아리아리 랑…… 스리스리랑…… (〈진도 아리랑〉을 부른다. 후반부에 가서는 동진老도 따라 부른다. 어느덧 두 사람은 어깨를 나란히 맞대고 앉아있 다. 노래가 끝나자 두 사람은 행복에 취한 듯 밝게 웃는다. 동진의 허리 를 두 팔로 감으며) 난 정말 갈 거야. 내 고향 진도로 ……

동진老 글쎄…… (불쑥) 정말 평화스런 시대가 올까?

현희 오겠지요.

동진老 안토 선배가 노상 주장하던 새로운 세계가 정말 올까? 국경과 인 종의 담을 넘어선 세계 말이야.

현희 그럼요! 꼭 와야죠!

동진老 나도 믿고는 싶지만……

현희 나를 사랑해요?

동진老 말이라고 해?

현희 아…… 사랑해요! (두 사람이 포옹한다. 이때, 사이렌 소리가 울린다. 지난날의 지겨웠던 공습경보 소리가 환청으로 들려온다. 소스라치게 놀 라며) 공습경보예요. 어서 대피해요. (침대에서 끌어 내린다)

동진老 가지마! 현희! 함께 있어줘!

현희 방공호로 대피해요. 안돼요! 위험해요. 어서…… (하며 뛰어간다. 동 진老가 침대에서 일어나 그 뒤를 좇으려다가 그만 거꾸러진다)

동진老 앗! (땅위에 쓰러진 채) 현희! 가지마! 가지 말라니까! 현희! (하고 필사적으로 외친다. 이때, 지금까지의 조명이 현실로 바뀐다. 유키가 급히 나온다)

유키   (놀란 듯) 왜 그러세요? 가네다 상! 무슨 일 있었어요? 예?

동진老   (유키의 얼굴을 보자 꿈에서 깨어난 듯 멍청하니 바라만 본다)

유키   가네다 상. 정신 차리세요.

동진老   (서서히 주위를 돌아보며) 전쟁은 끝났어?

유키   그럼요……

동진老   그런데 내가 왜 여기 있지요? (자기 두 손과 몸을 훑어보며) 내가
       언제 이렇게 팍 늙어버렸지? 예? 내가 왜 여기 있죠? (손을 붙잡고
       흔들며) 말해 봐요!

유키   (불안에 떨며) 이러지 말아요! 이 손을 잡고!

동진老   내가 왜 여기 있죠? 말해줘요!

유키   (울부짖으며) 아무도 없어요? 사, 사람 살려요! 사람…… (필사적으
       로 그의 손을 뿌리치고 뛰어간다. 동진老가 멍한 상태에서 허공을 쳐다
       본다. 어디선가 〈진도 아리랑〉이 들려온다. 동진老가 밝게 웃는다)

동진老   〈진도 아리랑〉이다…… (흥얼거린다)

       암전

제12장

국립 정신 신경 센터. 전에 오쓰께 단장이 썼던 방. 그러나 세월이 흘러 방 책임자도, 그리고 시설에도 변화가 있다. 특히 정면 벽에 설치된 대형 텔레비전 수상기가 눈에 띈다. 앳된 간호사가 서류를 정리하고 있다. 탁상 라디오에서 다니우라 신지의 〈타비타치〉 곡이 달콤하게 흘러나오고 있다. 세월의 흐름을 직감하게 한다. 전화벨이 울린다. 간호사가 한 손으로 글을 쓰고, 다른 한 손으로 수화기를 든다.

간호사 모시모시…… 그렇습니다. (사이) 아닌데요. 오쓰께 선생은 진작 정년 퇴임하셨어요. (사이) 지금은 미따니 과장님이셔요. 지금 회진 중이세요. (손목시계를 보며) 곧 돌아오실 시간인데요…… (사이) 실례지만 어디시라고…… (사이) 신문사요? 아사히신문 국제 협력…… 예…… (이때 미따니 과장이 들어선다. 키가 작달막하며 정력적으로 생긴 젊은 의사다. 청진기를 꺼내놓는다) 잠깐만요. 미따니 과장님 지금 막 돌아오셨으니까요. (일어서서) 전화 왔어요.

미따니 내게 온 전화야?

간호사 예…… 과장님.

미따니 어디라고?

간호사 아사히신문 국제협력부라는데요. (수화기를 건네준 다음 라디오를 끈다)

미따니 (수화기를 받아들며) 전화 바꾸었습니다. 미따니인데요. 예…… 오쓰께 선생은 벌써…… 그 후임이죠. (사이) 괜찮습니다. 말씀하시죠. (사이) 예? 가네다 동진? 글쎄요…… (사이) 국적은 조선? 대한민국…… (사이) 어렴풋이 얘기 들은 적은 있지요. 이 병원에

무정해협

서만 수십 년 넘게 치료를 받고 있다는…… (사이) 예? 가족이 나타났다고요? 예…… 예…… 그럼요! 면담은 가능하지만 워낙 노쇠한데다가 기억력이…… 예…… 예 그렇게 하세요. 예…… 기다리겠습니다…… 예…… (수화기를 놓는다)

간호사 가네다 상 애긴가요?

미따니 가족이 나타났다는군. 환자 리스트 좀 챙겨봐.

간호사 예. 어머나! 기적같은 애긴대요…… (서류함을 연다. 이때 유키가 들어온다. 반백의 중년 부인이다. 안경을 썼지만, 말투는 아직 젊다) (기쁨을 감추지 못한 채) 사카이 상! 뉴스! 빅 뉴스! 홋호…… 농담이 아니에요! 가네다 할아버지의 가족이 나타났대요.

유키 가족이? 사실인가요? (미따니를 돌아본다)

미따니 아사히신문 한국 특파원으로부터 연락이 있었군. 가네다 상의 백씨와 인터뷰하는 과정에서 밝혀졌나봐. 일루 오겠다는 군!

유키 이런 일도 다 있군요! 50년 만에 가족을 찾다니…… 정말 기적이에요, 기적!

간호사 (바쁘게 서류를 정리하면서) 가네다 할아버지…… 얼마나 반가워하실까요?

유키 그런데 알아볼 수 있을까요? 기억력이 없어서요.

미따니 글쎄…… (담배를 피워 물며 생각에 잠긴다) 잃었던 기억력도 어떤 강한 쇼크를 받으면 되살아나는 경우가 없는 건 아니니까…… 성공 확률은 50대 50이라고나 할까?

간호사 할아버지한테 알려야죠.

유키 지금 주사 맞고 잠들었는데……

미따니 서둘 필요 없어요. 사카이 상! (시계를 보며) 시간은 얼마든지 있으니깐! 50년 만의 상봉이라…… 이거야말로 감격적인 이산가족의 상봉이지! (두 사람도 웃는다)

유키 (문득) 과장 선생님…… 걱정이에요. 만약에 가네다 할아버지가 무반응일 때는 어떻게 되죠?

미따니 어떻게라니?

유키 가족이 만나겠다고 왔는데도 당사자가 한사코 거부한다면 어떻게 하죠?

미따니 글쎄요.

간호사 있어요! (서류를 뽑아 미따니에게 가지고 온다. 미따니는 서류를 받아 검토하기 시작한다)

미따니 1947년 6월 27일 필리핀 루손 섬에서 체포…… 1948년 히에지 육군 병원…… 1950년…… 오사카 국립의료원. 음…… 한마디로 기구한 운명이군. 이쯤이면 답을 얻기란 힘들지? (이때, 전화벨이 울린다. 간호사가 받는다)

간호사 모시모시…… 현관 수위실? 예…… 예…… 잠깐만요. (미따니에게) 신문사에서 오신 모양인데요.

미따니 들여보내라고 해요.

간호사 (수화기에 대고) 오케이에요. (수화기를 놓는다)

미따니 (유키에게) 면담하게 되면 아무래도 사카이 상이 동석하여야겠어. 우리 병원에서는 누구보다 잘 알고 있으니까 만일의 경우에 대비해서 대기하세요.

유키 알겠습니다. (하며 나가려는데 기자와 카메라맨이 들어선다. 기자는 서류가방을 어깨에 들쳐 메었다)

기자 미따니 선생님이신가요?

미따니 어서 오세요. (서로 인사를 나눈다)

기자 (명함을 주고받으며) 업무에 바쁘실 텐데…… 죄송합니다.

미따니 참…… (유키를 가리키며) 이 분이 오래 전부터 그 가네다 상을 돌보신 고참 간호사이신……

유키 사카이 유키라고 합니다. (공손히 절한다)

기자 그렇습니까? 그럼 그 분에 관해서는 누구보다는 잘 알고 계시겠군요?

유키 알면 뭘합니까. 대화 소통이 끊긴지라 벌써…… (한숨) 정말 안타까운 일이죠. 하느님께서 내리신 형벌이라면 모를까, 이렇게 혹독한 시련은…… (울먹거리며) 없을 거예요. 옆에서 보기에도 딱하고 가엾어서…… (손수건으로 급히 입을 막는다)

미따니 사카이 상 어서 가보세요. 내가 연락할 테니까……

유키 예…… 실례하겠습니다. (기자에게 인사를 하고 나간다)

미따니 그건 그렇고, 어떤 계기에서 가네다 할아버지의 건을 아시게 되었죠?

기자 예…… 실은 오래전부터 기획해 나온 사업 가운데…… (기획서를 가방에서 꺼내서 건넨다)

미따니 종전 60년, 한일 수교 40년 기념 특별 기획…… 〈한국 땅에 꿈을 파묻고 살아온 일본인〉

기자 쉽게 말해서, 제2차 세계대전이 끝났는데도 아직도 고국땅에 못 돌아오거나 안돌아오는 일본 사람, 특히 일본 여성의 실태 조사를 통하여 새로운 시대에 대비하자는 기획 의도가 그 발상입니다.

미따니 (감탄한 듯) 그렇군요. 정말 수고가 많습니다.

기자 그런데, 그 과정에서 일본에도 그런 한국 사람이 수월찮게 남아 있다는 사실이 밝혀짐으로써 이 문제는 일본과 한국이 다함께 책임질 문제라고 인식되자 본격적으로 제작에 나선 다큐멘터리입니다.

미따니 정말 존경스럽습니다. 매스컴에서 아니면 도저히 엄두도 못낼 …… (사이) 그런데 어떻게 가네다 상 애기가……

기자 현지 기자가 김영진이라는 분을 면담하는 과정에서 그 아우인 김

동진, 일본이름으로 가네다 동진을 알게 되었다고 합니다.

미따니 그럼 직접 면담을 통했군요?

기자 예. 그뿐 아니라 비디오 촬영을 통하여 물증을 얻었고, 그 형 되시는 김영진 옹의 모습과 목소리를 직접 보여줌으로써 사실 확인을 하라는 지시가 내려 제가 어떻게…… (하며 가방 안에서 비디오 테이프를 꺼낸다. 그리고 몇 장의 낡은 사진도 들어있다)

미따니 놀랍군요 가네다 할아버지가 이걸 보시면 깜짝 놀라실 걸요. 그럼 곧 돌아오라고 합시다. (하며 일어나 벽에 있는 인터폰을 든다) 여보세요. 사카이 상? 나예요. 올라오세요. 지금. (인터폰을 끊고 돌아선다)

기자 수상기 세트가 가동되니 안성맞춤입니다. (하며 비디오 세트를 준비한다)

미따니 역사적인 순간입니다. (비디오 테이프를 받아 낀 다음 조명을 끈다. 무대가 어두워지고 정면에 영상이 투영된다. 한국의 농촌 풍경. 시골길. 옹기종기 모인 촌락. 그 가운데 초라한 슬레이트 지붕의 ─자 집. 보기에도 빈한한 가정임을 알 수 있다. 토방에 한 노인이 앉아있다. 백발에 이가 빠지고 시력도 약해진 김영진의 모습) 저분이 가네다 상의 백씨되는 분이군요.

기자 그렇습니다. 거동하기도 어려운…… 팔순이 지났으니까요. (이때, 유키가 밀어주는 휠체어에 실려서 동진이 들어온다. 그는 멍하니 앉아있고 화면도 보려고 하지 않는다)

미따니 저 사진 알아보시겠어요?

동진 (무표정하다)

유키 할아버지…… 잘보셔요…… 누군지 아시겠어요?

동진 (여전히 반응이 없다. 기자가 비디오 불륨을 높인다. 음성이 흘러나온다)

기자 들리세요?

동진   (반응이 없다. 기자의 질문에 고개를 살래살래 흔들던 영진 옹이 멋쩍게
       웃는다. 주위에서 한마디 하라고 권하는 게 쑥스러운 것이다)

유키   할아버지 형님이셔요. 똑똑히 보세요.

동진   (입술이 조금씩 움직인다)

영진   (화면에서 나오는 말) 동진이냐? 동진이가 맞어? (옆 사람에게) 대답
       안 하잖아? (꺄르르 웃는 소리에 영진 옹도 덩달아 웃는 게 천진한 소년
       같다. 옆에서 다시 하라고 재촉한다. 전보다는 정색을 하며) 동진아,
       오랜만이다…… 내 나이가 여든 고개 넘었으니 너도 이제 여든
       다 됐겠지…… 무슨 말을 어떻게 해야 할지 모르겠어. (주먹으로
       눈물을 쓱 훔친다)

동진   (손가락을 내세우며) 저거…… 누구…… 지?

미따니   의식이 돌아왔어.

기자   그래요 알아보는군요.

영진   (움직이며 소리가 갑자기 높아진다) 동진아! 동진아!

동진   (자기도 모르게) 예…… 예……

영진   아버지도 돌아가시고, 어머니도 가시고, 이제 남은 건 나뿐이다
       …… 잉……

동진   (입 안의 소리로) 형…… 님……

영진   네 조카들, 아들 둘…… 딸…… 둘…… 다 밥은 안 굶지만……
       그저…… 아이고…… 우리 사는 꼴 언제나 풀릴지…… 일제 때
       는 왜놈에게 빼앗기고, 광복 후엔…… 이쪽 저쪽…… 돌아가며
       빼앗기고…… (한숨) 지금도…… 우리…… 농사꾼도…… 거기
       서…… 거기니…… 무슨…… 낙이 있겠냐? 잉? 동진아! 너 보고
       싶은 생각이사 굴뚝같지만……

동진   (완전히 의식이 돌아온 듯 상반신을 세우며) 형님! 영진 형님! 왜……
       거기 계세요?

영진 남들은…… 이산가족이니…… 뭐니 하고 혈육 찾기에 나서더라 만…… 난 못해. 안돼, 너 보고 싶지만…… 만나기만 하면 뭣해! 잉? 배부르게 먹지도…… 뜨뜻하게 자지도 못하는데…… 만나면 뭐하느냐고!

동진 (의자에서 일어서려다 쓰러진다)

유키 할아버지! 일어나시면 안돼요! (부축한다)

동진 (울음이 터지며) 형님!

영진 만나면 뭣해! 차라리…… 지금처럼 조카들이 모시는 제삿날에 …… 혼백이라도 되어 날아와서…… 제삿밥이나…… 먹고 가 …… 잉?

동진 (절규하며) 형님. (두 손을 들고 외치다가 그만 마룻바닥으로 굴러떨어 진다)

유키 가네다 상! (미따니가 벽 스위치를 켜자 실내가 훤해진다. 모두들 쓰러 진 동진을 에워싸듯 모인다. 미따니가 동진의 맥을 짚고 눈을 까본다. 절망적인 듯 고개를 떨군다. 화면에서는 비디오가 꺼진 채 영진이 울고 있다) 불쌍한 가네다 상 이렇게 가시려고…… 60년을, 으악!

일동 가네다상!

암전

　　　　　　　　　　　　　　　　　　　무정해협

제13장

다시래기 굿판. 정면에 제물이 올려진 제사상과 병풍. 그 앞에 고 김동 진의 영정이 을씨년스럽게 놓여있다. 여기저기 술판도 벌어져있다. 아낙이 안주 접시에 술주전자를 가지고 드나든다. 한쪽에 잽이들이 반주를 하고 있다. 무당이 춤을 놀고, 그 주변에 마을사람들이며 외지 사람들이 둘러앉아 구경하고 있다. 기자와 사카이 유키가 귀엣말을 하고 있다. 통역인 듯 싶은 마을 청년이 두 사람에게 설명을 하고 있다. 유키는 양장차림이다. 장내 분위기는 엄숙하거나 슬프다기보다 오히 려 구성지고 유머러스하며 활기에 넘치고 있다. 이따금 손님들이 '얼 쑤'하고 추임새를 가하자 더욱 분위기가 활기에 찬다. 카메라맨이 자 리를 바꿔가며 플래시를 터뜨린다. 제사라기보다 축제같다.

청년 이건 다시래기라는 굿판입니다.

기자 다시……

청년 (곧 받아서) 래기…… 다시래기.

기자 (메모하며) 다. 시. 래. 기…… 무슨 뜻이죠?

청년 이를테면 망인의 넋을 위로하고 그 유가족들의 슬픔을 덜어주기 위한 굿이죠.

유키 그래서 저렇게 표정들이 밝아 보이는군요.

청년 우리 한국 사람들의 풍속 가운데 애경사가 많은데, 초상집에는 슬픔보다는 오히려 활기가 차 있다는 게 통례입니다. 그래서 저렇 게 술과 안주상이 쉴새 없이 드나들고…… 한쪽에서는 화투놀이 까지 하고 있죠.

기자 (둘러보며 반신반의의 표정이다) 우리 일본 사람으로서는 이해가 안

가요.

유키　그게 한국민족의 기질일지도 모르죠.

기자　무슨 뜻이죠?

유키　고인이 되신 가네다 동진…… 아니지. 가네다 옹에게서도 그런 점을 가끔 발견할 수가 있었지만…… 뭐랄까, 역으로 세상을 들여다본다고나 할까…… 아니면, 열은 열로 끄고 냉은 냉으로 이겨내는 그런……

청년　잘 아시네요.

유키　저도 그동안 한국에 관해서 공부 많이 했답니다. 이래봬도 친한파로 자처하고 있으니까요. 홋호……

청년　감사합니다.

유키　생각하면 우리들의 착각, 무지, 그리고 편견이 모든 비극의 실마리가 아니었나 싶어질 때가 있어요.

청년　양쪽이 피차일반이죠. 그 점에서는 모두가 절반의 책임이 있다고 봅니다.

기자　구체적으로 말씀해 주시겠어요?

청년　제가 대학시절 때만 해도 왜놈은…… (눈치를 채고) 실례했습니다.

유키　상관없어요. 으레 왜놈이라고 하던데요. 그러니까 같은 전쟁인데, 우리는 '분로크게이죠의 난'이라 하고, 한국은 '임진왜란'이라고 호칭했지요.

청년　잘 아시네요. 우리가 대학 다닐 때만 해도, 일본은 우리에게 있어서 하나의 가해자였고, 침략자로 낙인찍혔던 철저한 반일 교육과 반일 외교로 일관되었던 까닭으로 우리가 일본을 보는 시각은 비정상적으로 왜곡되었지요. 그리고 일본 역시 우리 문화를 미신 아니면 미개발 국가의 유산 정도로밖에 안 보았던 것도 사실이었고……

유키   그렇지만 저는 그게 아니었어요. 적어도 김동진 옹을 알게 된 이
       후부터는……

청년   무슨 뜻이죠?

유키   왜곡되었던 시야가 바로잡혔고, 감춰진 점이 백일 하에 선명히
       나타나서 훨씬 편한 걸요. 훗호……

기자   자기 혁명이군요?

유키   그 하나로 이…… 아까 뭐랬죠? 다시……

청년   다시래기.

유키   그래요. 제사를 지내는데 이렇게 명랑하고 개방적으로 지내는 제
       사란 상상도 못하겠어요. 그것이 곧 한국 민족의 본질이자 에너
       지의 근원이 아닌가 싶어요.

청년   바로 보셨습니다. 슬픔과 아픔을 도리어 노래와 춤으로 희석시키
       고 승화시킨다고나 할까……

기자   (메모하다 말고) 그…… 판소리 음악이 그런 특성을 지녔다고 하
       던데……

청년   예. 어떤 사람은 한국의 문화가 '한'에서 비롯된다고 주장하지만,
       굳이 말하자면 한이 아니라 '정'이죠. 한은 복수 감정을 전제로
       하지만, 우린 복수 감정이 아니라 절실한 것, 끊길 듯하면서 이어
       지는 가야금의 선율같은 것!

기자   잠깐만…… 아주 의미심장한 표현인데요. (메모하며) 절실한 것
       …… 끊길 듯…… 이어지는…… 가야금……

청년   그런 점에서는 일본의 전통 악기 고또와도 일맥상통하죠.

유키   그 대신 일본 문화는 이른바 '와비'와 '사비'라고 했어요.

청년   맞습니다. 그러나 그 와비와 사비가 무기력하거나 비생산적이며
       시대감각에서 밀려났다고 생각하는 사람은 없잖아요? 한국문화
       도 그렇습니다. 그래서 한이 아닌, 뭔가 절실한 면면히 흐르는

맥이 바로…… (이때, 다시래기 굿 가운데서 흘러나오는 소리가 들린다)

기자 잠깐, 저 선율! (세 사람 귀를 기울인다)

청년 (사이) 어떠세요? 연약한 소린가요? 아니죠? 슬픈 소린가요? 아니면 살아있는 맥박이죠. 그래서 학자들은 판소리음의 근원이 바로 무가에서 나왔을 거라는 주장도 하지요?

유키 (눈을 지긋이 감고 듣다 말고) 정말 심금을 울린다는 표현…… 이해가 가요. 그러나 단순한 비통함이나 애절함이 아닌 그 이상의 어떤 힘! 그것이 곧 나를 이렇게 감동케 하는…… (목이 메인다)

청년 사카이 상은 한국 사람 이상으로 한국의 정서를 잘 이해해주시는 군요.

유키 맞아요. 제가 우연한 기회에 한국 할머니한테 구원을 받았던 인연으로 해서 김동진 옹을 간호한 지 20년 가까이 되는 동안 제가 느낀 점은…… (말문이 막힌다)

기자 계속하시지.

유키 대화에요.

기자 대화?

유키 솔직한 사과, 편견없는 대화, 객관성 있는 대화! 그것이 살아있는 한 일본과 한국은 영원히 친구로 형제가 될 수 있다고 확신했어요. 제가 이렇게 사고무친한 고 김동진 옹의 유골함을 들고 현해탄을 건너오면서 이런 생각을 했어요. (무대 앞으로 나오며 시를 읊듯)

말없는 바다야
그러나 무정한 현해탄아
너만은 알겠지
이 좁은 해협을 두고

오고 간 사람들의 심정을
때로는 부푼 꿈을
때로는 깨진 꿈을
때로는 사악한 꿈을
때로는 원망한 꿈을
저마다 가슴에 품고
천 년을 두고 넘나들었던 사람들의
그 천 갈래 만 갈래의 마음을
너는 알고 있겠지
그런데 왜 너는 말이 없니?
현해탄의 파도가 제 아무리 높기로
너만은 그 사실을 말해주련만
아! 무정한 사람, 무정한 바다여……

이 시가 끝날 무렵 다시래기판에서 웃음이 터져나오고, 새로운 흥에 취한 노래와 춤이 파도처럼 되살아난다. 남녀노소가 어우러진다. 무당이 춤을 춘다. 청년도, 그리고 유키도 춤을 춘다. 죽은 망령들도 하나 둘 내려와 춤을 춘다. 카메라맨이 이리저리 뛰어다니며 플래시를 터뜨린다. 무대가 차츰 어두워지고 모든 움직임이 슬로우 모션으로 변해가며 유독 김동진의 사진만이 떠오른다. 슬프고도 화려한 향연이다.

암전